21世纪 经济管理精品教材 工商管理系列

Customer Relationship Management

Theory and Practice

客户关系管理
理论与实务

冯光明　余峰◎编著

清华大学出版社

北京

内 容 简 介

本书以客户关系管理原理为基础，以客户关系管理流程为主线，以客户关系管理技术为支撑，以客户关系管理应用为最终目标的框架结构对客户关系管理的相关知识进行了全面的、系统的介绍。本书结构清晰、体系完整、内容紧凑，在正常授课内容的基础上增加了案例导入、案例分析等模块，方便学生抓住客户关系管理的基本框架，在学习中达到事半功倍的效果。在写作特点上，本书兼顾学术性与通俗性，叙述时力求深入浅出，简单易懂。

本书例证真实生动，理论联系实际，适合作为普通高等院校经济与管理类及相关专业本科教材，同时成人高等院校、高等职业学院经济与管理类及相关专业学生可有选择地使用本书，本书也可作为商务人士学习参考书和企业培训用书。

图书在版编目（CIP）数据

客户关系管理理论与实务 / 冯光明，余峰编著. —北京：清华大学出版社，2019 (2025.1重印)
（21世纪经济管理精品教材. 工商管理系列）
ISBN 978-7-302-52322-2

Ⅰ. ①客… Ⅱ. ①冯… ②余… Ⅲ. ①企业管理－供销管理－高等学校－教材 Ⅳ. ①F274

中国版本图书馆CIP数据核字（2019）第028037号

责任编辑：陆浥晨
封面设计：李召霞
责任校对：宋玉莲
责任印制：宋 林

出版发行：清华大学出版社
      网　　址：https://www.tup.com.cn，https://www.wqxuetang.com
      地　　址：北京清华大学学研大厦 A 座　　　　邮　　编：100084
      社 总 机：010-83470000　　　　　　　　邮　　购：010-62786544
      投稿与读者服务：010-62776969，c-service@tup.tsinghua.edu.cn
      质量反馈：010-62772015，zhiliang@tup.tsinghua.edu.cn
      课件下载：http://www.tup.com.con，010-62770175 转 4506
印 装 者：三河市科茂嘉荣印务有限公司
经　　销：全国新华书店
开　　本：185mm×260mm　　　　印　张：21　　　字　数：482 千字
版　　次：2019 年 8 月第 1 版　　　印　次：2025 年 1 月第 7 次印刷
定　　价：55.00 元

产品编号：080192-02

前　言

随着全球经济一体化进程加快，互联网经济蓬勃发展，迎来了利用信息技术将速度和知识结合起来创造价值的新经济时代，企业之间的竞争从原来的以产品质量、价格和技术为中心，转变为以客户为中心。越来越多的企业都已意识到客户才是决定企业成败的最为重要的战略资源。谁拥有了客户，谁就赢得了市场，谁就赢得了利润。那么如何制定有效的客户关系管理战略，进行相应的新客户开发、老客户维护、流失客户管理等问题都将是企业需要解决的重要课题。

本书以客户关系管理原理为基础，以客户关系管理流程为主线，以客户关系管理技术为支撑，以客户关系管理应用为最终目标，对客户关系管理的相关知识进行了全面的、系统的介绍。在学术思想上，本书展示了当前客户关系管理研究的基本理论，力求做到知识完备、结构系统、内容充实、通俗易懂。在结构体系上，本书结构清晰、体系完整、内容紧凑，在正常授课内容的基础上增加了格言、学习目标、案例导入、案例分析等知识模块，使学生能容易地抓住客户关系管理的基本框架，在学习中达到事半功倍的效果。在写作特点上，本书兼顾学术性与通俗性，叙述时力求深入浅出，简单易懂。

全书共有十二章，内容依次为客户关系管理概述，客户关系管理理论基础，客户关系管理技术基础，客户关系管理战略，客户的分析、识别、选择与开发，客户信息管理，客户分级管理，客户沟通管理，客户信用风险管理，客户满意管理，客户忠诚管理，客户流失管理。

本书适用于普通高等院校工商管理、市场营销、电子商务及经济与管理类相关专业客户关系管理课程教学，同时也可以供客户关系管理培训机构的老师和学员使用，亦可作为从事客户关系管理实践的企业经营管理者和营销人员及业界人士自学用书。

本书的编写参阅了国内外学者的文献资料，汲取了大量专业方面的研究成果及新思想、新方法，在此对这些专家学者表达深深的谢意。本书编写出版过程中，得到了北京师范大学珠海校区国际商学部领导和清华大学出版社领导与编辑的大力支持，诚致谢忱！

客户关系管理是一门理论性和实务性较强的课程，由于作者的水平有限，加之成书时间较紧，虽然尽了最大努力，但书中难免有不足之处，恳请各位专家和广大读者批评指正。

编者

目 录

第一章

客户关系管理概述

> 公司无法提供职业保障，只有客户才行。
>
> ——韦尔奇
>
> 实际上只有一个真正的老板，那就是客户。他只要把钱花在别处的方式，就能将公司的董事长和所有雇员全部都炒鱿鱼。
>
> ——山姆·沃尔顿

学习目标

1. 理解客户与客户关系
2. 掌握客户关系管理的概念及内涵
3. 掌握客户关系管理的理论基础
4. 了解客户关系管理的产生、发展和趋势

案例导入

第一节　客户与客户关系

随着竞争的加剧，企业的经营管理模式逐步转向以客户为中心，以实现客户价值和达到企业利润最大化的经营管理模式。良好的客户关系是企业求得生存与发展的重要资源，企业为了获得满意的客户关系就必须实施客户关系管理。

一、客户

（一）客户的概念

何为客户？在我国唐朝以前，"客户"一词原本是对寄居本地而无田地房产的外来户的称谓，是"主户"的对称。随着西方经营管理思想在中国逐渐传播开来，客户才开始有了顾客、购买者的意思。一般来讲，消费者、用户、顾客、客户等名词之间并没有严格的界限，它们彼此存在着相互解释或替换的关系。但是，不同的学者、学派出于不同的研究目的，对它们进行了较为严格的区分。

消费者（consumer）是指为满足个人或家庭的生活需要而购买、使用商品或服务的个体社会成员。消费者的消费应当是公民为生活目的而进行的；消费者应当是商品或服务的受用者；消费的客体既包括商品，也包括服务；消费者主要是指个人消费者。

用户（user）是指占有和使用生产资料或生产性服务品的集团购买者，亦即组织市

场购买者，有时也称生产市场购买者。

相对于消费者和用户而言，顾客是一个更广义的概念。凡是接受或可能接受任何单位、个人提供的产品或服务的单位或个人，都可以称为顾客。从这个意义上说，顾客不仅仅指个体，同时也包含企业、政府等团体组织。其购买对象不仅包括用于消费者生活的生活资料和服务，也包括用于生产的各类生产资料和服务。就其购买行为而言，既包括购买商品的人，也包括不购买商品而只到商店浏览观光的人。随着市场营销理论的发展，顾客的概念也进一步延伸，顾客被分为两大类：外部顾客和内部顾客。外部顾客不仅包括产品或服务的最终消费者，也包括产品流通过程中的顾客，甚至相关的社会团体。内部顾客包括股东、经营者、员工。因此，企业的顾客是相对的。

客户意义则更为广泛。客户（client）是指购买企业产品和服务的个人或组织，包括企业的内部员工、股东、中间商等合作伙伴，以及企业价值链中的上下游合作伙伴，甚至竞争对手等。因此就客户关系管理的角度而言，客户不仅是顾客，而且是与企业经营相关的任何利益者。

1. 客户与消费者的区别

传统观点认为，客户与消费者是同一概念。但对企业而言，客户与消费者是有区别的，它们之间的区别表现在以下几个方面。

（1）客户是针对某一特定细分市场而言的，他们的需求具有一定的共性，如某电脑公司把客户分成金融客户、工商企业客户、教育客户和政府客户等；而消费者是针对个体而言的，他们处于比较分散的状态。

（2）客户的需求相对复杂，要求较高，购买数额也比较大，而且交易的过程、延续的时间比较长，如客户购买了电脑以后，牵涉维修、耗材的供应、重复购买等；而消费者与企业的关系一般是短期的，不需要长期、复杂的服务。

（3）客户注重于企业的情感沟通，需要企业安排专职人员负责和处理他们的事务，而且需要企业对客户的基本情况有深入的了解；而消费者与企业的关系相对比较简单，即使企业知道消费者是谁，也不一定与其发生进一步的联系。

（4）客户是分层次的，不同层次的客户需要企业采取不同的客户策略；而消费者可看成一个整体，并不需要进行严格区分。

2. 顾客与客户的共性和区别

在现实工作或生活中，顾客与客户常常被同时使用。两者之间的共性与区别是在客户管理研究中需要解决的问题。

（1）顾客与客户的共性：顾客与客户都是购买或享受产品或服务的组织和个人。

（2）顾客与客户的区别。①稳定性，客户比顾客购买的稳定性要大得多。②主动性，在总的购买次数里，顾客的主动性较高；而在每个购买者的交易次数里，客户的主动性较高。③交易的次数，大多数顾客是一次性交易，而客户是多次购买。

随着关系营销理念的兴起，一些学者将顾客与客户严格地区分开来。①大多数企业没有顾客的资料，而客户在企业存有相应的资料，企业会将客户信息资料建成数据库，以提供服务和发展业务。②顾客是作为某个群体的一部分为之提供服务的，而客户则是以个人为基础的。③顾客可以是企业任何人为其提供服务，而客户则主要由专门的人员来提供服务。

（二）对客户的认识

企业的价值是由客户带来的，客户是企业生存与发展的基石。企业注重的是客户的价值，而且关注客户的终生价值。

1. 客户是企业的利润源泉

企业要实现盈利，必须依赖客户。因为只有客户购买了企业的产品或服务，才能使企业的利润得以实现，因此客户是企业的利润源泉，是企业的"摇钱树"，是企业的"财神"，管好了客户就等于管好了"钱袋子"。企业的命运是建立在与客户长远利益关系基础上的。企业好比是船，客户好比是水，水能载舟，亦能覆舟，客户可以给企业带来利润，使企业兴旺发达，同时也可以使企业破产倒闭。

GE（通用电气公司）变革的带头人韦尔奇说：公司无法提供职业保障，只有客户才行。著名的管理学大师彼得·德鲁克说：企业的首要任务就是创造客户。沃尔玛创始人山姆·沃尔顿说：实际上只有一个真正的老板，那就是客户。他只要把钱花在别处的方式，就能将公司的董事长和所有雇员全部都炒鱿鱼。

企业利润的真正来源不是品牌，品牌只是吸引客户的有效工具，再强势的品牌，如果没有客户追捧，同样是站不住脚的。这可以解释为什么有些知名品牌异地发展遭遇"瓶颈"，不是品牌本身出了问题，问题是没有被异地的客户接受。

可见，客户是企业生存和发展的基础，客户起的作用是决定性的。一个企业不管它有多么好的设备、多么好的技术、多么好的品牌、多么好的机制、多么好的团队，如果没有客户及客户的忠诚，那么一切都将为零。

2. 聚客效应

自古以来，人气就是商家发达的生意经。一般来说，人们的从众心理都很强，总是喜欢锦上添花，追捧那些"热门"企业，这样，是否已经拥有大量的客户会成为人们选择企业的重要考虑因素。

形象地说，客户是"播种机"，因为满意和忠诚的客户会带来新的客户。也就是说，已经拥有较多客户的企业容易吸引更多的新客户加盟，从而使企业的客户规模不断扩大。

如果没有老客户带来的旺盛人气，很难想象企业能够源源不断地吸引新客户，也不可能长久地持续发展。

3. 客户信息价值

客户信息价值是指客户为企业提供信息，从而使企业更有效、更有的放矢地开展经营活动所产生的价值。这些信息的主要来源是：企业在建立客户档案时由客户无偿提供的信息、企业与客户进行双向互动的沟通过程中客户以各种方式（如抱怨、建议、要求等）向企业提供的各类信息。这些信息包括：客户需求信息、竞争对手信息、客户满意度信息等。

企业是为客户服务的，检验服务优劣好坏的唯一标准就是客户评价。所以，形象地说，客户就是"整容镜"。客户的意见、建议为企业的正确经营指明了方向，也为企业节省了收集信息的费用，而且为企业制定营销策略提供了真实、准确的一手资料，因此，客户给企业提供的信息是一笔巨大财富。

4. 客户口碑价值

客户的口碑价值是指由于满意的客户向他人宣传本企业的产品或者服务，从而吸引更多新客户的加盟，而使企业销售增长、收益增加所创造的价值。所以，形象地说，客户是"宣传队"，他们会对其他人诉说正面或者负面的评价，从而影响他人对企业的兴趣和期望。

研究表明，在客户购买决策的信息来源中，口碑传播的可信度最大，远胜过商业广告和公共宣传对客户购买决策的影响。因此，客户主动的推荐和口碑传播会使企业的知名度和美誉度迅速提升，充分发挥和利用客户的口碑价值，还可以降低企业的广告和宣传费用。

5. 客户是企业间竞争的资源

企业的核心竞争力是技术，是资金，是管理？实际上，企业的核心竞争力是企业拥有优质客户的多少。从根本上说，一个企业的竞争力有多强，不仅要看技术、看资金、看管理、看市场占有率，更关键的是要看它到底拥有多少忠诚的客户，特别是拥有多少忠诚的优质客户。业务流程重组的创始人哈默先生就曾说：所谓新经济，就是客户经济。

在产品与服务供过于求，买方市场日渐形成的今天，客户对产品或者品牌的选择自由越来越大，企业间的竞争已经从产品的竞争转向对有限的客户资源的争夺，尽管当前企业间的竞争更多地表现为品牌竞争、价格竞争、广告竞争等方面，但实质上都是在争夺客户。

企业拥有的客户越多，就越可能降低企业为客户提供产品或者服务的成本，这样企业就能以等量的费用比竞争对手更好地为客户提供更高价值的产品和服务，提高客户满意度，从而在激烈的竞争中处于领先地位，有效地战胜竞争对手。同时，拥有众多的客户，还会给其他企业带来较高的进入壁垒。"蛋糕"（市场份额）就那么大，你拥有的客户多了，意味着其他企业拥有的客户就少了。可以说，忠诚、庞大的客户队伍将是企业从容面对市场风云变幻的基石。

6. 企业要重视客户的终身价值

客户的价值不能仅仅根据单次购买来判断，而需要预测客户一生的购买能力和购买总和。例如，美国一家航空公司预测一位忠诚客户 10 年内能给公司带来的收入是 20 万美元，忠诚的万事达卡客户在关系生命周期内预测刷卡金额 20 万美元，定期光顾酒吧的客户在关系生命周期内预测可能消费 2 万美元。

客户终身价值既包括历史价值，又包括未来价值，它随着时间的推移而增长。因此，企业千万别在意老客户一次花多少钱，购买了多少产品或者服务，而应该考虑他们一生给企业带来的财富。企业必须把眼光放长远，不但要重视客户眼前的价值，更需要进一步创造和提高客户的终身价值。

客户终身价值的意义在于表达忠诚客户对企业生存和发展的重要与长远的影响，以刺激企业对忠诚客户的高度重视，努力维系自己的忠诚客户。

总之，客户是企业的衣食父母，是企业的命脉，给企业带来巨大的利益；客户的存在是企业存在的前提，没有客户，企业就会倒闭。其实，市场竞争就是企业争夺客户的竞争，企业要实现盈利，就必须依赖客户，开发新客户，维系老客户。客户对企业及其产品或者服务的态度如何，直接影响企业的经营状况及其命运。因此，企业应该像珍爱财富那样爱惜客户，重视和加强对客户忠诚的培养，从而提高客户的终身价值。

（三）客户的分类

根据客户的价值、需求、偏好等综合因素对客户进行分类，可以为客户提供针对性的产品和服务，提高客户满意度。在实际中按照客户的消费行为、购买方式、客户的规模、客户忠诚度等不同的分类标准可以把客户分成不同类型。

1. 根据客户与企业的关系划分

根据客户与企业的关系，客户可以划分为消费者客户、中间商客户、内部客户及公利客户。

（1）消费者客户。消费者客户购买企业最终产品与服务，通常是个人或家庭，又称终端客户。该类客户数量众多，但消费额一般不高。

（2）中间客户。中间客户购买企业的产品或服务，但他们并不是产品或服务的直接消费者，他们将购买来的产品或服务附加到自己的产品或服务上，再进行销售。他们是处于企业与消费者之间的经营者，经销商就是典型的中间客户。

（3）内部客户。内部客户是企业内部的个人或业务部门，这是最容易被企业忽略的一类客户。企业中采购部门为生产部门服务，生产部门为销售部门服务，销售部门为外部客户服务。在企业中，采购部门、生产部门、销售部门三者之间形成了客户服务关系。而对于销售部门来说，销售人员又成了这个部门的内部客户。

（4）公利客户。公利客户是代表公众利益，向企业提供资源，然后直接或间接从企业获利中收取一定比例费用的客户，如政府、行业协会等。

2. 根据客户对企业的价值大小划分

根据客户对企业的价值大小，客户可以划分为贵宾客户、重要客户及普通客户。

（1）贵宾客户。贵宾客户一般是指消费额占企业销售额总量的比例非常高，对企业销售贡献价值最大的客户，这类客户数量很少。

（2）重要客户。这类客户是指除贵宾型客户之外，对产品或服务消费频率高、消费大、客户利润率高而对企业经营业绩能产生一定影响的要害客户。

（3）普通客户。个体消费总量不大，给企业带来的利润也不多，有时可能给企业带来负利润的客户，这类客户人数众多。

3. 根据客户的忠诚度划分

根据客户的忠诚度，客户可以划分为忠诚客户、老客户、新客户及潜在客户。

（1）忠诚客户。忠诚客户是指那些对企业十分满意和信任，长期、重复地购买同一企业的产品和服务的客户。从其购买行为上看，其具有指向性购买、重复性购买、相关性购买、推荐性购买四个特征。

（2）老客户。老客户是指与企业有较长时间的交易，对企业的产品和服务有较深的了解，但同时还与其他企业有一定交易往来的客户。

（3）新客户。新客户是指刚刚开始与企业有交易往来，对企业的产品和服务缺乏较全面了解的客户。

（4）潜在客户。潜在客户是指对企业的产品或服务有需求，但尚未与企业进行交易、需要企业大力争取的客户。

4. 根据客户状态划分

根据客户状态，客户可以划分为非客户、潜在客户、目标客户、现实客户及流失客户。

（1）非客户。非客户是指那些与企业没有直接的交易关系，不可能购买企业的产品或服务的群体。

（2）潜在客户。潜在客户是指那些与企业没有直接的联系但是对企业的产品和服务有需求或者有欲望，并且有购买动机和购买支付能力，但购买行为还没有发生的人群。

（3）目标客户。目标客户是指那些能够给企业带来收益，力图开发为现实客户的群体。

（4）现实客户。现实客户是指企业产品或者服务的现实购买群体。

（5）流失客户。流失客户是指那些曾经是企业的客户，但是现在不再购买企业产品或服务的群体。

知识补充

二、客户关系

（一）关系的概念

（1）事物之间的相互作用、相互影响的状态。如朋友关系，是双方相知、相互有共同爱好的相互作用；敌人关系是双方互相仇恨、敌视的相互作用、相互影响的关系；亲人关系是各方之间的一种血缘或姻缘的相互作用、相互影响的关系。

（2）人和人或人和事物之间某种性质的联系。如夫妻关系、干群关系等。

（3）有影响或重要性。如没关系，不会出什么大乱子。

（4）泛指原因、条件。如由于时间关系，我就简短地说几句。

（5）牵涉。如交通安全是关系千家万户幸福的大事。

关系是指人与人或人与组织之间相互的行为方式以及相互的感觉状态，如图 1-1 所示。关系发生在人及由人构成的组织之间，包括行为和感觉两个方面，二者缺一不可，并且行为和感觉是相互的。

图 1-1　关系理解图

按照这个定义，可以得出以下理解要点。

（1）关系发生在人与人之间，这样就排除了人同机器之间的关系概念。虽然你很喜欢某个事物或某个宠物，但不表明你同它有"关系"。另外，由于组织本身由人组成，因此组织同人的关系根本上还是人与人之间的关系。

（2）一个关系同时具有行为和感觉两种特性，对于仅有某种行为而没有感觉或只有感觉而没有适当行为的，应该说是"欠缺的关系"。

（3）关系本身是中性的，它没有说明这个关系重要与否、好的和坏的，这些形容词必须由你自己去判断。

（4）关系有一种"束缚"的特性，或者说对关系双方有所约束的特性，使得想脱离关系的一方有某种程度的"逃离代价"。

企业与客户之间的关系是双方在一定时间内通过一系列互动事件所积累的结果，这些事件如信息咨询、商品交易、销售回访、投诉处理、公共关系等，都对企业与客户之间的关系产生影响。

关系的形成和发展存在一定的规律。罗伯特·德怀尔（Robert Dwyer）将关系演进的一般过程分为五个阶段：注意、熟悉、深入、信赖和解散。

注意（awareness）是关系发展的起始阶段，当企业或客户任何一方开始注意对方，并将对方视为可能的交换伙伴时，双方即进入关系的注意阶段。一方是有意识地接近另外一方，属于单边行为。在注意阶段双方不会产生互动。

当双边的互动行为开始发生时，关系就进入第二个阶段：熟悉（exploration）。企业与客户双方开始考察彼此的实力与偏好，可能会发生一些测试性的交易行为。如果测试没有获得理想的效果，双方的关系可能就此终结，好在此时双方的关系涉入不深，所以因关系结束所付出的成本（包括货币成本和心理成本）并不高。熟悉阶段还可以再分为五个子过程：吸引、沟通议价、确定交易地位、确立交易规范和形成预期。

当交易双方在熟悉阶段持续获得利益，相互依赖的程度不断增强时，二者的关系就进入了深入（expansion）阶段。大量的交易在这个阶段产生，交易双方开始形成对对方的信任（trust），对彼此交易动机、交易能力的怀疑与冲突开始减少。当然，信任的形成也意味着交易双方结束关系的障碍增强，无形和有形的转换成本都会因为双方关系投入的加深而逐渐提高。

信赖（commitment）可以看作彼此对各自交易动机、交易能力以及发展长期合作关系意愿的一种承诺。交易双方在长期的交往中都逐渐认识到对方是不可或缺的，而且真心愿意尽最大努力与对方维持长期合作关系。信任、共同的价值观和彼此的倚重都有助于这种承诺的达成。在这个阶段，交易行为可能是一种自动化的形式，交易双方由于非常熟悉各自的需求与要求，同时形成了稳固的信任关系，所以不需要对每次的交易行为进行严格的审查与复杂的谈判，许多日常的交易活动可以依照预先设定的条件和程序直接进行下去。

不是所有的关系都可以发展到信赖或承诺这个阶段，在此之前就可能出现交易双方关系的解散（dissolution）。关系的解散既可以是单方面的行为，也可以是双方通过协商达成的。解散的原因是多方面的，可能是买卖双方出现信任危机，对彼此的交易诚意产生严重的质疑，认为对方做出了损人利己的事情，交易动机不纯；或买方无法忍受卖方多次的交易失误或低效率的服务；或买方对产品有了新的需求，而卖方无法满足；或卖方觉得从买方获得的直接和间接利益都在急剧降低，关系的持续将会给企业带来更大的损失等。

（二）客户关系

根据上述对客户和关系的分析,所谓客户关系主要是指企业与客户之间互动的伦理、情感、利益方面的联系,通过持续性的交往、交易,来寻求双方利益上的共赢。企业之间的竞争经历了产品的竞争、服务的竞争,发展到了客户关系的竞争。在客户关系中,企业要力求与客户建立和保持一种长期、良好、和谐的合作关系,这是一种互动的、相互了解和影响的关系。在两者这种互动联系的过程中,企业主观能动性的发挥情况决定了关系的质量和时效。在互利互惠的基础上,长期满足客户要求和需要并使其满意的同时实现企业的利润,因而这种关系的结果应该是双赢的。企业与客户的关系有以下特征。

1. 客户关系的时间性

任何关系都可能有一个生命周期,即从关系建立、关系发展、关系维持到关系破坏、关系结束,企业与客户的关系也有从建立到终止的时候,即客户关系生命周期。好的客户关系需要慢慢积累,企业要有足够的耐心进行培养。

2. 客户关系的脆弱性

企业与客户建立、发展与维持关系需要投入大量的人力、物力、财力与时间。在客户关系建立阶段,企业是要求建立关系的一方,付出会比较多。关系稳固以后,企业才开始逐渐获得回报,不过越是这个阶段,企业越容易懈怠,越容易忽视维持关系的必要性。在如今这个供过于求的时代,作为被追求方的客户一般是比较挑剔的,只要有一次让他们感觉不好,就有可能导致企业的所有努力前功尽弃。

3. 客户关系的双重性

企业与客户的关系可以分为外在客户关系和内在客户关系。外在客户关系具有一定的行为特征,如重复购买;而内在客户关系则具有感情特征,如偏爱和向外推荐等。显然,外在客户关系可以带来企业明显的利润增加,但外在客户关系却具有明显的脆弱性,企业往往只重视外在客户关系而忽视内在客户关系,结果造成关系的破坏。例如,对重复购买的客户拼命进行电话营销,干扰了客户的正常生活,破坏了与之刚刚建立的情感关系,使客户愤然离去。实践证明,企业一旦与其客户建立情感关系,就有可能使客户忠诚。忠诚客户乐于与企业交往,乐此不疲地购买企业的产品,会对企业更加宽容,对产品价格也相对不敏感,这样的客户关系就变成了企业的核心竞争力,使竞争对手不易模仿。

（三）客户关系的类型

从客户关系的表现形式来看,客户关系可分为买卖关系、供应关系、合作伙伴和战略联盟四种类型。

1. 买卖关系

一些企业与其客户之间的关系维持在买卖关系水平,客户将企业作为一个普通的卖主,销售被认为仅仅是一次公平交易,交易目的简单。企业与客户之间只有低层次的人员接触,企业在客户中知名度低,双方较少进行交易以外的沟通,客户信息极为有限。

客户只是购买企业按照其自身标准所生产的产品，维护关系的成本与关系创造的价值均极低。无论是企业损失客户还是客户丧失这一供货渠道，对双方业务并无太大影响。

2. 供应关系

企业与客户的关系可以发展为优先选择关系。处于此种关系水平的企业，销售团队与客户企业中的许多关键人物都有良好的关系，企业可以获得许多优先的甚至独占的机会，与客户之间信息的共享得到扩大，在同等条件下乃至竞争对手有一定优势的条件下，客户对企业仍有偏爱。

在此关系水平上，企业需要投入较多的资源维护客户关系，主要包括给予重点客户销售优惠政策，优先考虑其交付需求、建立团队，加强双方人员交流等。此阶段关系价值的创造主要局限于双方接触障碍的消除、交易成本的下降等"降成本"方面，企业对客户信息的利用主要表现在战术层面，企业通过对客户让渡部分价值来达到交易长期化的目的，可以说是一种通过价值向客户倾斜来换取长期获取价值的模式，是一种"不平等"的关系，客户由于优惠、关系友好而不愿意离开供应商，但离开供应商并不影响其竞争能力，关系的核心是价值在供应商与客户之间的分配比例和分配方式。

3. 合作伙伴

当双方的关系存在于企业的最高管理者之间，企业与客户交易长期化，双方就产品与服务达成认知上的高度一致时，双方进入合作伙伴阶段。

在这个阶段，企业深刻地了解客户的需求并进行客户导向的投资，双方人员共同探讨行动计划，企业对竞争对手形成了很高的进入壁垒。客户将这一关系视为垂直整合的关系，客户企业里的成员承认两个企业间的特殊关系，他们认识到企业的产品和服务对他们的意义，有着很强的忠诚度。在此关系水平上，价值由双方共同创造、共同分享，企业对客户成功地区别于其竞争对手、赢得竞争优势发挥重要作用。双方对关系的背弃均要付出巨大代价。企业对客户信息的利用表现在战略层面，关系的核心由价值的分配转变为新价值的创造。

4. 战略联盟

战略联盟是指双方有着正式或非正式的联盟关系，双方的目标和愿景一致，双方可能有相互的股权关系或成立合资企业。两个企业通过共同安排争取更大的市场份额与利润，竞争对手进入这一领域存在极大的难度。现代企业的竞争不再是企业与企业之间的竞争，而是一个供应链体系与另一个供应链体系之间的竞争，供应商与客户之间的关系是内部关系外部化的体现。

这四类关系并无好坏优劣之分，并不是所有企业都需要与客户建立战略联盟。只有那些供应商与客户之间彼此具有重要意义且双方的谈判能力都不足以完全操控对方，互相需要，又具有较高转移成本的企业间，建立合作伙伴以上的关系才是恰当的。而对大部分企业与客户之间的关系来说，优先供应商级的关系就足够了。因为关系的建立需要资源，如果资源的付出比企业的所得还多，那么这种关系就是奢侈的。

第二节　客户关系管理

一、客户关系管理的定义

客户关系管理（customer relationship management，CRM）的定义是由美国高德纳咨询公司（Gartner Group）在 1993 年前后提出的。究竟什么是客户关系管理，理论界与企业界众说纷纭，从不同的角度提出了各自的理解，主要有以下几种学说。

1. 客户关系管理的战略说

美国高德纳咨询公司最早对客户关系管理给出了定义：客户关系管理是代表增进赢利、收入和客户满意度而设计的企业范围的商业战略。美国高德纳咨询公司强调客户关系管理是一种商业战略而不是一套系统，它涉及的范围是整个企业而不是一个部门，它的战略目标是增进赢利、销售收入和提升客户满意度。美国高德纳咨询公司认为，所谓的客户关系管理就是为企业提供全方位的管理视角，赋予企业更完善的客户交流能力，使客户的收益率最大化。

2. 客户关系管理的策略说

客户关系管理的策略说认为，客户关系管理是企业的一项商业策略，它按照客户细分情况有效地组织企业资源，培养以客户为中心的经营行为及实施以客户为中心的业务流程，并以此为手段来提高企业的获利能力、收入及客户满意度。可见，客户关系管理实现的是基于客户细分的一对一营销，所以企业资源的有效组织和调配是按照客户细分而来的。以客户为中心不是口号，而是企业的经营行为和业务流程都要围绕客户，通过这样的客户关系管理手段来提高利润和客户满意度。

客户关系管理是一种以客户为中心的经营策略，它以信息技术为手段，对业务功能进行重新设计，并对工作流程进行重组。美国高德纳咨询公司的定义更多是从战略角度出发，而这个定义则是从战术角度来阐述的，认为客户关系管理是一种基于企业发展战略上的经营策略，这种经营策略是以客户为中心的，不再是产品导向而是客户需求导向。信息技术是客户关系管理实现所凭借的一种手段，这也说明了信息技术对于客户关系管理不是全部也不是必要条件。客户关系管理实现的是什么？是重新设计业务流程，对企业进行业务流程重组，而这一切是基于以客户为中心、以信息技术为手段的。

卡尔松营销集团（Carson Marketing Group）对客户关系管理的定义是：通过培养公司的每一名员工、经销商和客户对该公司更积极的偏爱或偏好，留住他们并以此提升公司业绩的一种营销策略。客户关系管理的目的是形成忠诚的客户，从客户价值和企业利润两方面实现客户关系的价值最大化。

3. 客户关系管理的行动说

客户关系管理的行动说认为，客户关系管理是指企业通过富有意义的交流沟通，理解并影响客户行为，最终实现提高客户获得、客户保留、客户忠诚和客户创利的目的。在这个定义中，充分强调了企业与客户的互动沟通，而且这种沟通是富有意义的，能够基于此来了解客户并在了解客户的基础上影响、引导客户的行动，通过这样的努力最终可以获取更多的客户、留住老客户、提高客户的忠诚度，从而达到客户创造价值的目的。

客户关系管理是一个获取、保持和增加可获利客户的方法与过程。客户关系管理既是一种崭新的、国际领先的、以客户为中心的企业管理理论、商业理念和商业运作模式，也是一种以信息技术为手段，有效提高企业效益、客户满意度、雇员生产力的具体软件和实现方法。

客户关系管理是一种手段，它的根本目的是通过不断改善客户关系、互动方式、资源调配、业务流程和自动化程度等，降低运营成本，提高企业销售收入、客户满意度和员工生产力。企业以追求最大赢利为最终目的，维护好客户关系管理是达到上述目的的手段。因此，客户关系管理应用是立足企业利益的，同时方便了客户，让客户满意。在市场营销和企业管理中，客户关系管理将首当其冲地应用于各企业的销售组织和服务组织，为其带来长久增值和竞争力。

4. 客户关系管理的理念说

客户关系管理的理念说认为，客户关系管理是企业处理其经营业务及客户关系的一种态度、倾向和价值观，是一种管理理念，其核心思想是将客户视为最重要的企业资产，通过完善的客户服务和深入的客户分析，发现并满足客户的个性化需求，不断增加企业带给客户的价值，提高客户的满意度和忠诚度，以此建立和巩固企业与客户的长期稳定的关系，使企业获得可持续发展的动力。

5. 客户关系管理的目的说

客户关系管理的目的说认为，客户关系管理的焦点是改善与销售、市场营销、客户服务与支持等领域与客户关系有关的商业流程并且实现自动化。它既是一套原则制度，也是一套软件和技术。其目的在于增加收入，寻找扩展业务所需的新的市场和渠道，以及提高客户的价值、营利性满意度和忠诚度。

客户关系管理在方式和内容上，通过对市场营销、销售和服务等前台工作导入流程管理的概念，让每一类客户的需求，通过一系列规范的流程可以得到快速而妥善的处理，并且让服务同一个客户的销售、市场营销、服务与管理人员能够紧密协作，从而大幅度提高销售业绩与客户满意度，使客户不断重复购买本企业的产品或服务。

客户关系管理通过对信息、资源、流程、渠道、管理、技术等进行合理高效的整合利用，使企业能够获得较高的利润回报，并从长远的角度在赢得与巩固客户和市场等方面获得利益。

6. 客户关系管理的制度说

客户关系管理的制度说认为，客户关系管理是一套原则制度，在整个客户生命周期中都以客户为中心，其目标是缩减销售周期、降低销售成本、增加销售收入，从而提高企业竞争能力，真正实现客户满意的最大化。

也有学者认为，客户关系管理从管理科学的角度来考察，它源于以客户为中心的市场营销理论，是一种旨在改善企业与客户之间关系的管理机制。

7. 客户关系管理的技术说

客户关系管理的技术说认为，客户关系管理是一套管理软件和技术，目的是通过分析客户兴趣爱好从而为客户提供更好的服务。它由网络化销售管理系统、客户服务管理系统、企业决策信息系统三部分组成。它将客户关系管理视为对客户数据的管理，客户数据是企业最重要的数据中心，记录了企业在整个市场营销过程中与客户发生的各种交互行为、各类相关活动的状态。

SAS 公司是全球著名的统计软件提供商，该公司认为，客户关系管理是一个过程，通过这个过程，企业最大化地掌握利用客户信息，以增加客户的忠诚度，实现客户的终身挽留。该定义强调对客户信息的有效掌握和利用，强调技术如数据库、决策支持工具等在收集和分析客户数据中的作用。

Gum Group 也提出了客户关系管理的技术说，认为客户关系管理是企业在营销、销售和服务范围内，对现实的和潜在的客户关系及业务伙伴关系进行渠道管理的一系列过程和技术。

SPA 公司认为，客户关系管理是对客户数据的管理，它记录了企业在整个营销与销售过程中和客户发生的各种交互行为，以及各类相关活动的状态，并提供各种数据库的统计模型，为后期的分析与决策提供支持。

Jon Anton 认为，客户关系管理是一种客户接入的整合技术系统。它是将公司内部与外部客户对公司重要信息的无缝接入，提高的公司电话系统、网站以及电子邮件接触点的整合，形成电脑电话集成和呼叫中心，使客户通过自助服务就能实现对重要产品购买的目的，最终提高客户忠诚度、客户价值和客户利润率。

IBM 公司认为，客户关系管理是企业用来管理客户关系的一套方法和技术，企业通过提高产品性能，增强客户服务，提高客户交互价值和客户满意度，与客户建立起长期、稳定、相互信任的密切关系，从而为企业吸引新客户、维系老客户，提高效益和竞争优势。

IBM 公司对客户关系管理的定义包括两个层面：第一个层面，企业实施客户关系管理的目的是通过一系列的技术手段了解客户目前的需求和潜在的需求，适时地为客户提供产品和服务。第二个层面，企业要整合各方面的信息，使企业对某一个客户的了解达到完整性和一致性。也就是说，企业内部相关部门实时地输入、共享、查询、处理和更新这些信息，并且对客户信息进行分析和挖掘，分析客户的所有行为，预测客户下一步对产品和服务的需求，根据客户的需求进行一对一的个性化服务。

IBM 公司还把客户关系管理分为三类：关系管理、接入管理和流程管理，涉及企业识别、挑选、获取、保持和发展客户的整个商业过程。

关系管理是与销售、服务、支持和市场相关的业务流程的自动化历程管理，利用数据挖掘技术数据库分析客户行为、期望、需要、历史，并具有全面的客户观念和客户忠诚度衡量标准与条件。

接入管理主要是用来管理客户和企业进行交互的方式，如计算机电话集成（CTI）、电子邮件响应管理系统（ERMS）等，包括行政管理、服务水平管理和资源分配功能。

流程管理是客户关系管理成功实施的关键，所有的业务流程必须灵活，要随商业条件或竞争压力的变化做出相应改变。

8. 客户关系管理的工具说

客户关系管理的工具说认为，客户关系管理是一个"聚焦客户"的工具，网络时代的客户关系管理应该是利用现代信息技术手段，在企业与客户之间建立一种数字的、实时的、互动的交流管理系统。

客户关系管理系统是通过应用现代信息技术，使企业市场营销、销售管理、客户服务和支持等，以客户为中心设计业务流程信息化，实现客户资源有效利用的管理软件系统。

客户关系管理应用软件简化和协调了销售、市场营销、服务和支持等各类业务功能的过程，同时，它还将多种与客户交流的渠道，如面对面、电话沟通及 Web 访问等集合为一体，以方便企业按客户的喜好使用适当的渠道与之交流。

9. 客户关系管理的方案说

客户关系管理的方案说认为，客户关系管理是信息技术、软硬件协调集成的管理办法和解决方案的总和。

作为一种专门的管理软件和管理方法，客户关系管理是一套基于当代最新技术的企业问题解决方案，它将市场营销的科学管理理念通过信息技术集成在软件上，将互联网、电子商务、多媒体、数据库与数据挖掘、智能系统、呼叫中心等技术因素与营销等管理要素结合，为企业的销售、客户服务及营销决策提供一个系统的、集成的、智能化的解决方案。

客户关系管理既是帮助企业管理客户关系的方法和手段，又是一系列实现销售、营销、客户服务流程自动化的软件乃至硬件系统，强调客户关系管理系统首先是一种管理信息系统。

二、客户关系管理的内涵

客户关系管理首先是一种管理理念，其核心思想是将企业的客户作为最重要的企业资源，通过完善的客户服务和深入的客户分析来满足客户的需要，实现客户的价值。客户关系管理也是一种旨在改善企业和客户之间关系的新型管理机制，它通过向企业销售、市场和客户服务的专业人员提供全面、个性化的客户资料，并强化跟踪服务、信息服务能力，使他们能够协同建立和维护一系列与客户、生意伙伴之间卓有成效的一对一关系，从而使企业得以提供更快捷和周到的优质服务，吸引和保持更多的客户，进而增加营业额。客户关系管理包含了以下三个层次内容。

1. 客户关系管理是一种经营理念

客户关系管理作为一种经营理念，主要体现在四个方面：其一是客户价值的理念，客户关系管理的目的是实现客户长期价值的最大化；其二是市场经营的理念，要求企业的经营以客户为中心；其三是业务运作的理念，要求企业从以产品为中心的业务模式向以客户为中心的业务模式转变；其四是技术应用的理念，要求通过先进的技术水平来支持、改进业务流程。

客户关系管理的核心思想是将企业的客户视为最重要的企业资源，通过完善的客户服务和深入的客户分析来满足客户的个性化需求，提高客户满意度和忠诚度，进而保证客户终身价值和企业利润增长的实现。

客户关系管理吸收了数据库营销、关系营销、一对一营销等最新管理思想的精华。通过满足客户的特殊需求，特别是满足最有价值客户的特殊需求，来建立和保持长期稳定的客户关系，客户同企业之间的每一次交易都使得这种关系更加稳固，从而使企业在同客户的长期交往中获得更多的利润。

客户关系管理的宗旨是通过与客户的个性化交流来掌握其个性需求，并在此基础上为其提供个性化的产品和服务，不断增加企业给客户的交付价值，提高客户的满意度和忠诚度，最终实现企业和客户的双赢。

2. 客户关系管理是一种管理软件和技术

客户关系管理是信息技术、软硬件系统集成的管理方法和应用解决方案的总和。它既是帮助企业组织管理客户关系的方法和手段，又是一系列实现销售、营销、客户服务流程自动化的软件乃至硬件系统。

客户关系管理最佳的商业实践与数据挖掘、工作流程、呼叫中心、企业应用集成等信息技术紧密地结合在一起，为企业的销售、客户服务和决策支持等领域提供了一个智能化的解决方案，使企业有一个基于电子商务的面向客户的系统，从而顺利实现由传统企业模式到以电子商务为基础的现代企业模式的转化。

客户关系管理作为一个解决方案来讲，集成了互联网和电子商务、多媒体技术、数据库和数据挖掘、专家系统和人工智能等当今最先进的信息技术。客户关系管理作为一个应用软件来讲，体现了许多市场营销的管理思想。任何一个客户关系管理软件当中都包括客户关怀和客户满意这样的内容。

3. 客户关系管理是一种管理机制

客户关系管理也是一种旨在改善企业与客户之间关系的新型管理机制，可以应用于企业的市场营销、销售、服务与技术支持等与客户相关的领域。

客户关系管理通过向企业的销售、市场和客户服务的专业人员提供全面的、个性化的客户资料，强化其跟踪服务、信息分析的能力，帮助他们与客户和生意伙伴之间建立与维护一种亲密信任的关系，为客户提供更快捷和周到的优质服务，提高客户满意度和忠诚度。客户关系管理在提高服务质量的同时，还通过信息共享和优化商业流程来有效地降低企业经营成本。

成功的客户关系管理可以帮助企业建立一套运作模式，随时发现和捕捉客户的异常行为，并及时启动适当的营销活动流程。这些营销活动流程可以千变万化，但是基本指导思想是不变的，即利用各种计算，在提高服务质量和节约成本之间取得一个令客户满意的平衡。例如，把低利润的业务导向低成本的流程（自动柜员机 ATM 和呼叫中心），把高利润的业务导向高服务质量的流程（柜台服务）。

三、客户关系管理的作用

1. 全面提高客户满意度

市场激烈竞争的结果是许多商品和服务在品质方面的区别越来越小，这种同质化，使商品品质不再是客户消费选择的唯一标准，客户越来越注重企业能否满足其个性化的需求和能否提供及时的高质量服务。在企业越来越感觉到客户将是市场竞争至关重要的资源时，客户满意度和客户忠诚度就显得越来越重要。

客户满意度是指通过一个产品或服务的可感知效果与他的期望值相比较后所形成的

愉悦或失望的感觉状态。客户满意度取决于可感知效果和期望值之间的比较，如果可感知效果低于期望值，客户就表现出不满意；如果可感知效果与期望值相匹配，客户就表现出满意；如果可感知效果大于期望值，客户就表现出非常满意。较高的客户满意度能使客户在心理上对产品品牌产生稳定的依赖和喜爱，也正是这种高满意度创造了客户对该产品品牌的高度忠诚。对于企业来说，仅仅知道和了解客户对企业已经或正在提供的产品和服务是否满意是不够的，一般只具有借鉴和参考的作用，只是意味着企业获得了进入市场的"通行证"。只有通过对客户满意度的研究，了解客户对企业产品的信任和满意程度，全面提高有价值客户的满意度，才对企业发掘潜在的客户需求、扩大未来市场销售具有重要的指导意义。

2. 努力增加客户忠诚度

客户满意度是企业一直追求的目标，追求客户满意的目的从长远来看在于缔造客户的忠诚度。因为只有忠诚客户才是企业持续不断的利润来源，这不仅由于忠诚客户直接的重复消费，更由于其口碑和推介效应，忠诚客户给企业带来的间接收益无法估量。要想提高客户的忠诚度，企业首先就要完整地认识整个客户生命周期，从技术提供与客户沟通的统一平台，提高员工与客户接触的效率和客户反馈率，建立多样化的沟通渠道和灵活高效的激励机制，形成一个完整的反馈流，从而既能为客户提供完全一致的高品质服务，使客户在意想不到的时刻感受来自企业点到点、面对面的关怀，又能使企业实时掌握市场动态，迅速开发出新的市场。其次，要提供个性化的产品和服务，或根据客户的不同需求提供不同内容的产品，客户再次光顾的可能性才会大大提高。此外，在保证客户服务，让客户满意和建立良好信誉的基础上，通过适当的方法实施客户忠诚度计划将为企业带来巨大的价值。

3. 开发新客户，保持老客户

从企业的经营过程来看，无论企业多么努力，客户仍然是不断流失的，只是不同阶段速度不同而已，所以不断开发新客户以补充流失的客户以及扩大客户群，是企业终生要做的工作。而保持老客户的意义更是不言而喻，老客户的再次营销成本会显著降低，老客户也能通过示范和推荐给企业带来新客户。因此，开发新客户和保持老客户一直是客户关系管理的核心问题。一方面，企业通过客户关系管理对客户信息资源整合，帮助企业捕捉、跟踪、利用所有的客户信息，在全企业内部实现资源共享，从而使企业更好地管理销售、服务和客户资源，为客户提供快速周到的优质服务；另一方面，客户可以选择自己喜欢的方式同企业进行交流，方便地获取信息并得到更好的服务。客户满意度得到提高，就能帮助企业保留更多的老客户，并有效地吸引新客户。

4. 鉴别把握核心客户

"二八效应"是最常见的，客户亦是如此。客户之间并不是生来就平等的，他们并不相同。无数市场实践都表明，经常是20%甚至更少的客户可以给企业带来80%的利润，而绝大多数客户却只作出极小贡献，有的甚至是负利润，但企业对他们的服务却没有太大的差别。这就需要企业进行合理的区分，作出科学的判断。客户是分等级和层次的，这在各个行业都不例外。在这种情况下，实施客户分级，有效地识别和维护核心客户，将对企业的利润产生至关重要的影响。企业是个以利润为核心的经济体，在不违背社会道德规范的前提下，企业无须使所有的客户都百分之百满意。正如果农会摘去一些羸弱的果实，以获得更好的收成，企业也要学会鉴别客户，从中甄选出交易频率高、金额大的核心客户来。但这种鉴别需要科学测算而不是主观臆断，需要建立在准确的数据分析而不是印象和经验的基础之上。客户关系管理系统会准确记录企业与客户在市场、销售和服务环节上的每一次接触，并提供科学分析遴选的工具和方法，从接触的历史中帮助企业鉴别出核心客户来。同时，由于客户关系管理贯穿于企业整个销售服务的始终，可以为核心客户提供定制化的个性服务，自然可以有效地把握核心客户，使其满意并忠诚。

四、实施客户关系管理的意义

1. 提高工作效率

客户关系管理系统通过整合企业的全部业务环节和资源体系，使企业的运营效率大大提高。资源体系的整合，实现了企业范围的信息共享，使业务处理流程的自动化程度和员工的工作能力大大提高，使得企业的运作能够更为顺畅，资源配置更为有效。

客户关系管理系统可以提高与客户的外部沟通效率。系统具有多种与客户外部沟通的渠道，包括电话、传真、网络、信函、邮件等，这种多样化的沟通方式可以最大限度地覆盖企业的客户群，提高企业与客户的外部沟通效率。客户无论以何种方式、何种频率与企业联系，企业都会以统一形象来面对客户，而不会因为客户选择的渠道不同或不同的客户代表而提供差异化的消费体验。而且，前端办公自动化程度的提高使很多重复性的工作（如批量发传真、邮件）都由计算机系统完成，工作的效率和质量都是人工不可比拟的。

客户关系管理系统可以提高与客户直接接触的效率。由于客户关系管理建立了客户与企业交流的统一平台，整合了市场、销售、服务环节的流程，使客户与企业的任何环节接触都可以完成多项任务，因此办事效率大大提高。例如，在市场营销环节的客户信息会向销售环节和服务环节提供，客户与企业在任何环节直接接触都能避免反复提供原始信息，可以进行无障碍的交流和互动，因而可以大大提高企业与客户接触时的工作效率。

2. 降低运营成本

客户关系管理是通过管理和保持企业与客户之间的良好关系，持续实现企业价值和客户价值最大化的一种新型双赢的营销理念，同时也是为了实现这一理念的计算机支持系统。在客户关系管理理念下，计算机支持系统的预见性、和谐性、高效性，使企业能够全面调节与客户的关系，保持并发展与客户的长期关系。从企业主体角度上来说，客户关系管理基于各种工作流引擎实现市场、销售和服务等业务流程的闭环运作与统一，提高整体效率，降低运营成本；从客户角度上来说，客户关系管理为客户节约采购成本，满足潜在需求，提供无微不至的服务，客户方也可以从客户关系管理系统中有所获益。双方越是相互了解和信任，交易越是容易实现，并可节约交易成本和时间，由过去逐次逐项的谈判交易发展成为例行的程序化交易。通过管理与客户之间的互动，企业改变了管理方式和业务流程，减少了销售环节，降低了销售成本。此外，客户关系管理的运用使团队销售的效率和准确率大大提高，服务质量的提高也使服务时间和工作量大大降低，这些都无形中降低了企业的运作成本。同时精确的过程管理和绩效考核，将有效地降低市场营销成本、销售成本和服务成本，从而从整体上降低企业的运营成本。

3. 提升核心竞争力

从卖方市场转向买方市场，经历了以数量取胜、质量取胜、品牌取胜，进而发展到以客户满意度、客户忠诚度取胜的阶段。进入新经济时代，以往代表企业竞争优势的企业规模、固定资产、销售渠道和人员队伍已不再是企业在竞争中处于领先地位的决定因素。土地、人力、资本、信息等，可以很快被竞争对手复制。然而，详细而灵活的客户信息，即有关客户及其爱好的信息和良好的客户关系本身，却很难复制。客户关系管理将成为一种核心的竞争能力，通过正确的工具、技术和应用，可以为所有企业提供"看得见的优势"。

有效实施客户关系管理战略，能够从营销智能化、销售自动化、客户服务管理高效性这三方面提高企业的实力。同时，企业可以针对客户的需求将客户数据信息分类，从而设计出更能满足客户需求的产品和服务，并以客户喜爱的方式提供给他们。企业可以通过数据挖掘（data mining）、数据仓库（data warehousing）和 CTI 完成分类和客户喜好信息的收集，通过这些分析技术，企业可以更好地了解客户的类型和趋势。在这个过程中，企业将持续提供卓越的客户服务，从而为企业建立起一个战略性竞争优势。

个性化服务是增强竞争力的有力武器，客户关系管理系统可以提高为客户创新服务的效率，以客户为中心并为客户提供合适的服务，并因此为实施企业带来了在同行业中的竞争优势，即客户关系管理壁垒优势。此外，客户关系管理并不仅仅针对第一次接触或优质服务，它针对的是整个接触生命周期以及如何处理这些接触，它可以使企业从价格、服务和客户知识等方面展开全面竞争而不是单纯的价格竞争。总之，企业利用客户关系管理可以使其从竞争中脱颖而出，甚至从某种意义上说，有效地利用客户关系管理可以改变企业面临的整个竞争格局。

4. 增加企业利润

只要有市场经济的天然约束，只要存在供需双方的交换行为，企业就必须从客户身上发掘价值、获取利润，这是一切生产、经营和交易的根本。是否拥有客户取决于企业与客户的关系状况，它决定着客户对企业的信任程度，客户信任程度越高，企业竞争力越强，市场占有率就越大，企业盈利也就越丰厚。利用客户关系管理，企业一方面可以通过提供更快速和更周到的优质服务吸引和保持更多的客户，另一方面可以通过对业务流程的全面管理降低成本，这都将极大地增加企业的利润。通过整理分析客户的历史交易资料，强化与客户的关系，以提升客户再次光顾的次数或购买数量。经过确认客户、吸引客户和保留客户，实现重复销售、交叉销售和向上销售来提高获利率。客户关系管理向客户提供主动的客户关怀，根据销售和服务历史提供个性化的服务，在知识库的支持下向客户提供更专业化的服务，加上严密的客户投诉跟踪，这些都成为企业改善服务的有力保证。对销售线索的跟进能力提升，对合作伙伴的管理更加透明，对客户关怀和对客户投诉的处理能力提升促进的客户满意度的提升等都会直接协助企业扩大销售。销售成功率增加和客户满意度提高，使得销售的扩大成为必然。此外，客户关系管理可以重新整合企业的用户信息资源，使以往各自为战的销售人员、市场推广人员、电话服务人员、售后维修人员等开始真正的协调合作，成为围绕着"满足客户需求"这一核心宗旨的强大团队，这些都为增加企业利润提供了坚实的基础和可靠的保证。

五、客户关系管理的实践误区

（1）仅仅使用客户关系管理软件就可以提高绩效。人们往往把客户关系管理简单地认为使用客户关系管理软件。但是客户关系管理不仅仅是建立并使用软件。它还受到信息技术、企业分析能力、营销数据及市场营销活动的影响。此外，客户关系管理比较注重与客户建立长期关系，而客户关系管理软件侧重于实现短期关系的最优化。

（2）企业只需要关注客户关系进展情况就可以了。客户关系管理的假设之一：吸引新的客户要比维持已有的客户花费更多的精力，所以很多管理者认为客户关系管理只需要将现有客户保持住就可以了，但是不管怎样，企业总会存在客户流失的现象，所以需要吸引新的客户以补充企业的客户资源。而且有些产品的消费周期很长，如电冰箱，所以企业从现有客户中的获利能力会非常有限。

（3）新客户的获得和客户关系管理是一个不相关的过程。新客户的获得和客户关系管理往往是由企业中不同的部门来实施的，而且具有不同的功能。所以一些管理者认为获得新的客户与客户关系管理是两个相对独立的活动，这样的结果只会降低客户关系管理战略的效率。

（4）长期客户关系更有利可图。有些学者认为长期客户对价格的敏感度较低，向他们提供服务的成本也较低，而从他们身上获得的平均利润却较高，同时忠诚的客户还会向朋友推荐产品，这样一来长期客户的盈利能力相对较高。但是事实证明这种说法太过简单，仅仅关注对客户的维持并不是一个很好的市场战略。管理者还需要努力寻找向上销售、交叉销售的可能性，要让客户升级（提高价值）。

（5）一般来讲，满意的客户具有较高的忠诚度。客户导向的企业往往将使客户满意作为企业的一个主要目标。它们往往认为满意的客户具有较高的忠诚度，但管理者却发现满意度和忠诚度之间并不总是存在这种正向关系。

（6）企业应该把重点放在忠诚度和盈利能力比较强的客户上。企业往往根据"二八定理"建立自己的客户金字塔，它们会将重心放在忠诚度最高、盈利能力最强的客户身上，并维持与他们的良好关系。但是实践证明，客户是由于惰性才没有转移购买。大多数情况下，他们的忠诚度与企业的努力无关，所以在这方面的过多投资是没有多大意义的。

（7）客户金字塔是对客户进行细分的好方法。客户金字塔根据客户盈利能力的强弱将客户进行区分，是客户关系管理中一种很重要的分析工具。但是这种方法也存在局限性：客户盈利能力很难估计，只估计了客户的货币价值。一个较好的方法就是根据客户盈利能力与客户细分客户市场。

（8）企业实施有关客户忠诚度的活动能提高客户的忠诚度。客户关系管理的主要手段是实施能够提高客户忠诚度的活动。但是这些活动成本高、客户的反应却比较消极，而且事实证明效果也不明显。

（9）客户生命周期价值是可以估计的。客户关系管理中用来测量绩效的最重要的指标是客户生命周期价值（CLV，往往以净现值表示）。但是估计该值需要大量的数据，而且受到诸如客户满意度、竞争性活动等因素的影响，所以估计比较困难。

（10）互联网能够最有效地提高客户的忠诚度。互联网提供了客户化的服务，因而往往被认为是建立客户关系的终端渠道。但是互联网同时便于客户了解企业的成本、比较商品的价格，这样一来客户忠诚度反而可能降低。

第三节　客户关系管理产生的背景与原因

一、客户关系管理产生的背景

世界经济正朝着全球市场一体化、企业生存数字化、商业竞争国际化的方向发展，在这样的大背景下，以互联网、知识经济、高新技术为代表，以满足客户的需求为核心的新经济迅速发展起来。在新经济时代，企业的产品和服务不再是竞争的核心，客户成为决定企业胜败的关键，这使得对客户关系管理的研究如火如荼。

客户关系管理是以信息技术为媒介，以客户及价值为中心，通过管理保持企业与客户之间的良好关系，持续实现企业价值和客户价值最大化的一种新型双赢的营销理念和一整套应用策略。"客户关系管理"这个名词是在互联网应用达到一定的普及之后产生的，也就是说它的历史并不久远。但是，客户关系管理并不是一个全新的概念，它源于西方的市场营销理论，在美国最早产生并得以迅速发展。市场营销作为一门独立的管理学科已有百余年的历史，它的理论和方法极大地推动了西方国家工商业的发展，深刻地影响着企业的经营观念及人们的生活方式。信息技术的快速发展为市场营销管理理念的普及和应用提供了更为广阔的空间。

在工业经济时代，企业是通过提高工效并最大限度地降低成本，同时建立质量管理体系以控制产品质量，从而取得市场竞争优势的。因此，工业经济时代是以产品生产为导向的卖方市场经济时代，产品生产的标准化及企业生产的规模大小决定了其市场竞争地位的高低，企业管理最重要的指标就是成本控制和利润最大化。

社会生产力的不断发展，逐步改变了全社会生产能力不足和商品短缺的状况，并逐渐发展到全社会生产能力的过剩。商品开始极大丰富并出现过剩，使客户的选择空间及选择余地显著增大，客户的需要开始呈现出个性化特征。为了使客户满意，企业必须完整掌握客户信息，准确把握客户需求，快速响应客户的个性化需要，提供便捷的购买渠道、良好的售后服务与经常性的客户关怀等。企业尝试着去进行市场细分并衡量每个客户可能带来的赢利能力，努力为客户送去他们需要的产品或服务，而不是让客户自己去寻找。就是在这样的时代背景下，客户关系管理理论正在不断地被深化和提升，并逐渐得到完善。

二、客户关系管理产生的原因

（一）管理理念的更新

市场的供求关系经历了供不应求阶段、供过于求阶段和个性化需求阶段。在供不应求的市场阶段，面对不断增长的物质需求，整个社会的物资处于短缺状态，企业的产品只要生产出来就可以毫不费力地销售出去。在这样的卖方市场下，各种营销理念和营销方式根本没有用武之地，产品的开发与革新也显得没有太大的必要。随着科学技术的不断进步，整个市场经过短暂的供求平衡之后很快进入了供过于求的买方市场，这时候企业的重心开始由大规模的生产转向销售，各种推销方式和技巧被企业大量采用，以期改善产品积压的现状。企业不断加大研究开发的力度，推出各种新产品以应对激烈的市场竞争。在技术革新发展到一定阶段，爆炸式的突破变得越来越困难的时候，激烈的市场竞争使产品和服务越来越趋于同质化，如何满足客户的个性化需求成为竞争的焦点，这时候以客户为中心的整合营销理念开始深入人心。质量上乘的产品和程序化的良好服务是企业存在的基础而不再是竞争优势，企业只有把握客户的脉搏，拥有长期稳定的客户关系，才能立于不败之地并取得长足的发展，这时的市场供求关系进入到个性化需求阶段。

企业管理观念随着市场环境的演变经历了产值中心论、销售中心论、利润中心论、客户中心论、客户满意中心论五个阶段，如表 1-1 所示。

表 1-1　企业管理观念的演变历程

演变阶段	产生背景	管理重点	核心活动
产值中心论	卖方市场，产品供不应求	产值（量）	扩大生产规模
销售中心论	经济危机，产品大量积压	销售额	促销，质量控制
利润中心论	竞争激烈，实际利润下降	利润	成本管理
客户中心论	客户不满，销售滑坡	客户满意	提高客户满意度
客户满意中心论	经济全球化和服务一体化	客户关系管理	管理客户关系

1. 产值中心论

产值中心论是指在产品供不应求的卖方市场环境中，企业管理是以产值为中心，其基本条件是市场状况为卖方市场，总趋势是产品供不应求。当制造业处于鼎盛时期，企业只要生产产品就不愁卖不出去。企业的市场观念是以私人关系为中心，既不关心产品更不关注客户，在这种情况下客户的价值选择必然是一种理性消费。

2. 销售中心论

销售中心论是指由于现代化大生产的发展，以产值为中心的管理受到了严重的挑战，特别是经过了 1929—1933 年经济危机和大萧条，产品的大量积压使企业陷入了销售危机和破产威胁，企业为了生存纷纷摒弃了产值中心论，此时企业的管理实质上就是销售额的管理。为了提高销售额，企业在外部强化推销观念，开展各种促销活动来促进销售指标的上升；对内则采取严格的质量控制来提高产品质量，以优质产品和高促销手段来实现销售额的增长，这就引发了一场销售竞争运动和质量竞争运动。

3. 利润中心论

利润中心论是由于销售竞争中的促销活动使得销售费用越来越高，激烈的质量竞争又使产品的成本也越来越高，这种"双高"的结果虽然使企业的销售额不断增长，但实际利润却不断下降，从而与企业追求的最终目标——利润最大化背道而驰。为此，企业又将其管理的重点由销售额转向了利润的绝对值，管理的中心又从市场向企业内部转移，管理的目标移向了以利润为中心的成本管理，即在生产和营销部门的各个环节上最大限度地削减生产成本和压缩销售费用，企业管理进入了利润中心时代。

4. 客户中心论

客户中心论是当经济时代由工业经济社会向知识经济社会过渡，经济全球化和服务一体化成为时代的潮流，企业发现客户是产品生产、渠道选择、售后服务等企业活动的决定力量，企业经营观念的核心开始从产品和生产导向转移到客户导向，于是客户的地位被升华并进入更高的境界。企业日趋成为客户需求中心，因此客户中心论被确立。

5. 客户满意中心论

客户满意中心论是随着经济全球化的深入发展，企业对客户的争夺日趋白热化。谁拥有长期优质的客户资源，谁就拥有不可复制的竞争优势。这意味着更多的销售机会、更小的营销风险、更稳定的利润来源，因此客户作为最重要的一项资源得到了众多企业空前的重视，客户满意成为企业追求的中心目标。

在以客户为中心的这个阶段，市场状况已经不是简单的供过于求，而是呈现出总量过剩和结构失调的特征，即此时的客户需求是一种个性化的需求，面对日益扩大的选择范围和空间，客户进入了情感消费时代。客户越来越重视心灵上的充实和满足，更加注重追求在商品购买和消费过程中心灵的满足感，这就需要通过主动沟通、持续努力、细致了解来达到客户的满意，并与客户建立起长期合作、信任、依存的紧密关系。

现代的经营理念是以客户为中心、以客户满意为中心，为此，就必然要实施客户关系管理，即通过对企业业务流程的重组来整合用户信息资源，以更有效的方法来管理客户关系，在企业内部实现信息和资源的共享，从而降低企业运营成本，为客户提供更经济、快捷、周到的产品和服务，保持和吸引更多的客户，以求最终达到企业利润最大化的目的。

（二）市场需求的拉动

1. 客户的需求发生转变

随着经济发展、技术进步、产品不断推陈出新，客户的思维方式、生活方式和行为方式不断发生变化，客户的需求和购买方式也在不断变化。客户的购买行为从理性消费转变为感性消费，到目前已进入情感消费阶段，人们选择产品时的价值观发生了很大的改变。在理性消费阶段，因为收入普遍有限，消费过程中考虑的首要因素是产品质量和价格；到感性消费阶段，客户消费不再是把产品的质量和价格作为首要考虑因素，除了关注产品的质量和价格以外，更注意品牌、外观设计、便利等；进入情感消费阶段后，企业提供的附加利益、企业对客户个性化需求的满足程度以及企业与客户之间的相互信任，都成为影响客户购买的主要因素，在这一阶段客户的选择标准是"满意""非常满意"与"不满意"。客户价值选择的变迁如图 1-2 所示。

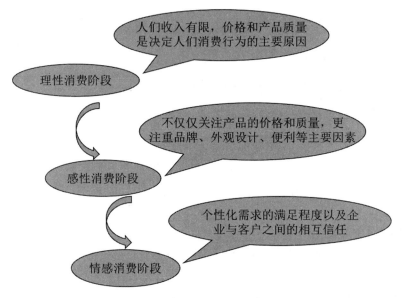

图 1-2　客户价值选择的变迁

2. 企业的需求变化

由于新技术的采用，新产品的生命周期越来越短，售后服务又容易模仿，客户更容易流失，客户群的稳定变得更为艰难，因此，忠诚客户是企业能够保持竞争优势的重要资源。从经济成本效益的角度考虑，吸引一个新客户的成本远远高于留住一个老客户，忠诚于企业的客户数目的增长能为企业带来更大的利润增长。

此外，企业内部管理也呼唤新的客户关系管理模式，一些处于行业领先地位的企业已经逐步感受到了客户关系管理的理念及其相关的解决方案为企业带来的变化，它们采用客户关系管理解决方案，以创建面向客户的、先进的新商业模式。从企业管理的角度来看，客户关系管理能为企业带来的主要竞争优势在于：提高客户忠诚度，维持既有客户的良好关系，避免发生宝贵的客户资料随着销售人员离职而流失，提高客户重复购买行为等；有利于企业开发新的客户关系、了解客户需要、提高客户满意度，进而发挥最大的促销能力，增加销售额和营业额；通过客户服务技术和商业流程的优化整合，企业业务流程得以精简，能达到节约成本、精简成本的效果，等等。

（三）信息技术的推动

科学技术是第一生产力，每一次经济乃至社会的变革都与科技的进步息息相关。航空技术的发展缩短了地球上任何两点的时空距离，而互联网技术的出现把地球变成一个可以实时沟通的村落。经济全球化就是在这种技术进步的大潮中应运而生的，它使竞争突破地域的限制，延伸到世界的每一个角落，也使企业依靠原有的本土优势和垄断地位获得的超额利润急剧削减。在这个由互联网技术引导的信息化时代，企业由于市场竞争的压力必然要重视客户关系管理，而互联网又使企业面对客户的个性化服务成为可能。

随着信息技术的发展，企业的核心竞争力对于企业信息化和管理水平的依赖程度越来越高，这就需要企业主动开展组织架构、工作流程的重组，同时对面向客户的各项信息进行集成，组建以客户为中心的企业，实现对客户活动的全面管理。计算机技术、通信技术和网络技术的飞速发展使以客户为中心的管理理念不再停留在理论阶段，可以实实在在地落实到管理实践中，正是信息技术的发展使围绕客户展开的各种信息应用成为可能。

1. 企业可以全方位地接触客户

客户千差万别，他们喜欢用不同的方式与企业互动，如有的客户喜欢打电话，有的客户喜欢浏览商品目录，有的客户喜欢上网冲浪，有的客户希望有人上门服务等，企业若想真正赢得客户的心，就要支持客户喜欢的各种接触方式。现代通信技术使客户与企业的沟通从没像现在这样紧密过，企业可以通过电话、传真、网络与客户亲密接触，提供实时的无缝隙的完美服务体验。这种全方位的接触，一方面使客户可以随时随地和企业沟通，在第一时间把他们的想法和要求传递给企业，使企业能够了解客户的真实感受，不断地改进和完善自己的产品和服务；另一方面企业可以通过这种接触统一的形象和内涵有效地开展市场营销、现场销售、售后服务活动，提高企业的整体运营效率。

2. 企业可以全面地分析评估客户

通过与客户全方位的接触，企业可以获得比较全面的客户资料，并可以依靠计算机技术对客户进行全面的分析和评估。在客户开发阶段，企业会根据所能掌握的客户初级信息，利用多种信息渠道对客户开展广泛的营销活动，从中找到潜在客户并实施进一步的有目的的营销；在获得有购买意向的销售线索后，会对其进行针对性更强的销售活动；在成功地对客户实施初次销售之后，就要进行不断地维护，以其喜欢的信息沟通方式与其保持一定频次的联系，以促进日后的重复销售、交叉销售和向上销售。在这种不间断的与客户互动的过程中，要依靠计算机技术根据每次收集到的信息和接触经验，对客户的购买量、购买频率、满意程度、信用等级等作出全面的分析和评估，以实现客户的分级。

3. 企业可以筛选保留有价值的客户

随着数据库技术和数据挖掘技术的不断运用，有效地把有价值的客户筛选出来进行更加个性化的服务成为可能。由于客户对于企业来说价值是不同的甚至差异巨大，如何把企业大部分有限的资源恰到好处地集中到那些有价值的客户身上，以使企业利润最大化一直是企业试图解决的课题。数据挖掘技术可以对数据库中的客户信息进行科学有效的分析，从中找到企业一直不断搜寻的具体答案，给企业提供完整的有关客户价值的信息。有了这样的信息，企业就可以用更大的精力为这些核心客户提供超值的服务和更完美的客户体验，使其在对企业满意的基础上达到忠诚。

第四节　客户关系管理的现状及发展趋势

一、客户关系管理的研究现状

客户关系管理虽然是近 20 年来才出现和发展起来的，但是对其的研究却不在少数，国内外许多学者对此展开了分析，研究的范围和角度非常宽广。从目前的情况来看，对客户关系管理的研究主要集中在两个领域：一个是从管理角度出发，对客户关系管理的理念、方法和意义进行探讨；另一个是从技术角度出发，对客户关系管理系统的设计和规划进行分析。

1. 国外研究现状

国外发达国家对客户关系管理研究相对起步较早，20 世纪末期主要集中在关系营销上，Berry 等人把营销战略重点从产品生命周期转向了客户和客户关系周期。之后，Stone 等人开发了由吸引、欢迎、熟悉、客户管理、特别呵护、流失和盈返客户组成的"关系阶段模型"，构造了忠诚价值矩阵。Stanley A.Brown 编著的《客户关系管理：电子商务时代的战略需要》，对客户忠诚、客户关怀、客户获得等客户战略问题，网络、工作流管理、数据库、数据挖掘等技术问题进行了论述，同时还以电信行业为对象进行了实施客户关系管理案例分析。

Joe Pepped 提出了基于企业电子商务、渠道管理、关系管理和前后端办公室整合的客户关系管理框架。N.C.Romano Jerry Fjermestad 将客户关系管理研究领域分为五个主要部分：客户关系管理软件、客户关系管理业务模型、客户关系管理人文因素、客户关系管理技术、客户关系管理中的知识管理。

近年来，国外学者主要是从模型市场、知识管理、技术和人员等方面对互联网环境下的客户关系管理进行研究，目前已经形成新的关于客户关系管理的观点或者共识，可以归纳为下面几点内容：客户资源是公司最重要的资产；以客户为中心是客户关系管理的最高原则；建立客户忠诚是企业实施客户关系管理战略所追求的根本目标；客户关系具有生命周期，客户忠诚的建立需要经历一个进化过程；识别和保持有价值客户是客户关系管理的两项基本任务；客户生命周期利润是客户价值的判别依据；客户认知价值、客户满意、客户信任和转移成本共同决定了客户忠诚，但在生命周期的不同阶段，它们的作用不尽相同。

2. 国内研究现状

由于我国实施客户关系管理起步相对较晚，对其的研究也不如国外系统和全面，但一些专家学者从实际出发，对客户关系管理的方方面面也作了比较详细的介绍。黄中实认为实施客户关系管理的主要步骤包括拟定目标和实施路线，构建客户智能平台，构建客户交互平台，重新设计工作流程，绩效的分析与衡量；谢良安提出实施客户关系管理的策略包括以客户为中心的商业战略、企业文化建设、利用信息技术对企业的业务流程进行重组；邵兵家在《客户关系管理——理论与实践》一书中，从理论、实践和操作三个层面上对客户关系管理进行了系统简明的介绍，将客户关系管理基本原理、战略实施及项目管理进行有机结合；齐佳音、万岩、尹涛在《客户关系管理》一书中，从管理理论、技术支撑、系统建设和具体实施等方面进行了详细的介绍，等等。

二、客户关系管理在我国的实际运用现状

近几年来，客户关系管理在我国正以迅猛的速度普及。客户关系管理强调"以客户为中心"的管理办法，将客户，而非产品，放在提高企业竞争力的中心位置，这一思想非常适合正在急于寻找不同于价格战、广告战的竞争策略的中国企业。与其他的管理软

件，如与 MRP、ERP 的发展历程相比，客户关系管理软件被中国企业接受和应用的速度，以及行业渗透的深度和广度都是前所未有的。

客户关系管理的发展主要呈现三个趋势：一是分析功能的深化将扩展企业对客户的理解，客户细分将变得更为重要，客户关系管理将为企业战略决策提供重要的数据基础；二是知识管理将成为企业前端管理的重要组成部分；三是客户关系管理的发展将融合供应链管理，成为企业和客户、代理商以及供应商进行信息沟通的渠道。

客户关系管理在我国广泛运用过程中还存在不少问题，如制度上、信息技术上、思想观念上还有诸多束缚，阻碍客户关系管理的发展进步。首先，制度缺失。某些商业单位在客户关系管理方面完全没有任何投资，包括人力资源和物资上。这种在客户关系管理方面的制度缺失，必然因为理性经营策略无法制定，而严重限制商业单位的发展。其次，信息化落后。客户关系管理信息化落后，是现今我国的普遍情况。这种情况普遍存在于广大的民营小企业，而民营小企业是现今我国商业单位中比重非常大的一部分。属于这种状况的公司，基本情况是其在客户关系管理上处于低级的层次。使用简单的 CAD 制图和手工制图，采取基本的 Word 文档和 Excel 表格处理应付财政问题，大量人工的数据处理都是信息化落后的典型表现，突出表现为单机的信息处理。显然，信息化落后的商业单位，其发展潜力也是有限的，如不改进信息化建设，很难有长期高效的发展。

三、客户关系管理的发展趋势

客户关系管理在企业经营管理中的重要性日益突出，其未来发展越来越受到人们的关注。客户关系管理满足了企业在客户导向时代的经营要求，它将成为指导企业经营管理的重要思想。电子商务的迅猛发展，促使更多的企业重视对客户资源的管理，企业未来几年对客户关系管理软件的需求也将迅速增加。

自 2002 年以来，客户关系管理系统不断应用到企业管理运营层面，国内很多企业都开始建立自己的客户关系管理系统，取得了不错的成效。自 2010 年以来，客户关系管理系统与企业资源计划、企业网站的融合，是比较受关注的发展方向。2013 年后，值得关注和尝试的两个热门客户关系管理趋势分别是社交型客户关系管理和移动型客户关系管理。未来客户关系管理的发展趋势主要有以下七点。

1. 基于云应用

基于云的客户关系管理服务将是未来的发展方向。目前一些产品开发了云数据链接器，提供基于云计算的服务。原有的客户关系管理提供员工在企业内部获取客户的相关信息，而客户关系管理系统中最重要的信息来自企业外部。基于云的应用程序非常适合收集这些信息，并且能够将它们转化为有用的情报。

知识补充

2. 基于友好的界面

系统的可用性成为企业选择客户关系管理的一个重要因素。如今员工面对的不再是以往由显示器+主机所构成的工作环境。员工的工作环境可能是笔记本电脑、平板电脑或是智能手机。此外，用户在工作中也不愿意再背诵如 Alt、Tab 这类快捷键组合。因此，未来客户关系管理软件拥有量身定制的、友好的界面，在传统 PC 和移动平台上均具有可访问性和易用性。

3. 基于数据集中化

随着企业与客户之间互动方式的增多，客户关系管理系统在构建合作关系方面将发挥更大的作用。有效使用客户关系管理能够使企业原本松散的环节汇聚在一起，并与每位客户建立起紧密的合作关系。通过客户数据集中化，企业能够为客户提供更好的服务和更具针对性的解决方案。

4. 基于多业务整合

客户关系管理用户都希望客户关系管理能够与企业资源计划、电子商务和专业服务自动化应用完美契合在一起，以获得集成度更强、运作效率更高的业务流程体系。企业希望拥有综合性的从线索到回款的合同周期性管理流程、一个完整的客户审查、更加全面的跨部门报告。同时，厂商也可验证并修改它们的解决方案以满足客户需求。

5. 基于系统设计集成化

由于用户对交付模式、接口、数据实践以及其他客户关系管理技术的选择越来越熟悉，这将促使客户关系管理应用在设计上更易于实现集成化，用户也可以更方便地通过定制进行有针对性的升级。

6. 基于沟通社交化

社交网络在决策过程对客户的影响力越来越大，因此，客户关系管理软件将会在它们的产品中整合社交网络，以让企业能够更好地了解细微的市场发展趋势，从而使产品宣传和营销活动更具针对性。客户关系管理还可以利用社交网络向业务团队提供沟通渠道，让团队在销售和服务渠道之间进行更好的沟通。

7. 基于设备移动化

随着 3G、4G 网络的普及，在未来几年，移动组件的功能将成为客户关系管理系统销售的卖点。与缺乏移动组件的客户关系管理厂商相比，那些拥有功能强大的移动组件的厂商将获得显著的优势。许多客户关系管理厂商将围绕本地客户端与安全性展开竞争。可以想象，在直接面向客户销售领域进行客户服务活动的行业，让现场员工使用手持移动设备无疑是一个提高客户服务水平的理想选择。

思 考 题

1. 什么是客户？客户与消费者有什么区别？
2. 什么是客户关系？其主要特征有哪些？
3. 如何理解客户关系管理的内涵？
4. 客户关系管理具有哪些作用和意义？
5. 简述客户关系管理产生的原因。
6. 论述目前客户关系管理发展的主要趋势。

案例分析

第二章

客户关系管理理论基础

> 狡诈者轻鄙学问，愚鲁者羡慕学问，聪明者运用学问。
>
> ——培根

学习目标

1. 掌握客户营销基本理论
2. 理解客户细分理论
3. 理解客户价值理论
4. 理解客户关系生命周期理论

案例导入

第一节　客户营销理论

一、关系营销

（一）关系营销产生的背景

　　关系营销是从大市场营销概念衍生、发展而来的。1984 年，菲利普·科特勒提出了大市场营销概念，目的在于解决国际市场的进入壁垒问题。在传统的市场营销理论中，企业外部环境是被当作不可知因素来对待的，其暗含的假设是，当企业在国际市场营销中面临各种贸易壁垒和舆论障碍时，就只得听天由命、无所作为。传统的 4P 组合策略，在贸易保护主义日益盛行的今天，已不足以打开封闭的市场。要打开封闭的市场，企业除了需要运用产品、价格、分销及促销四个营销策略外，还必须有效运用政治权力和公共关系这两种营销工具，这种策略思想称为大市场营销。关系营销（relationship marketing）的概念是美国营销学者芭芭拉·杰克逊于 1985 年首先提出的，其思想来自菲利普·科特勒的大市场营销，在 20 世纪 80 年代末 90 年代初得到迅速发展，掀起了西方市场营销理论界的一场革命，西方营销专家、学者突破了传统的市场营销理论的桎梏，积极研究和探索出了适应当代企业竞争要求的新的营销理论——关系营销理论，并成为 21 世纪企业营销的指导思想。

（二）关系营销的定义和特征

1. 关系营销的定义

关系营销特别关注"关系"，通过与客户建立良好的关系，无论是销售关系还是服务关系，来实现扩大市场份额的发展目标。所谓关系营销，是指企业为实现盈利目标，把营销活动看成一个其与消费者、供应商、分销商、竞争者、政府机构及其他公众发生互动的过程，通过互动与各方建立长期、相互信任的双赢关系。关系营销以系统论为基本思想，将企业置身于社会经济大环境中来考察企业的市场营销活动，认为是一个与消费者、员工、竞争者、供应商、分销商、政府机构和社会组织发生互动作用的过程，其核心是建立和发展与这些公众的良好关系。

关系营销是在长期交往而产生信任的基础上，使企业能够长远地保持客户的忠诚度，维持有盈利的业务和在竞争激烈的市场上取得成功。菲利普·科特勒说：在这个新的、变化的世界里，企业唯一可以持续的竞争优势是它与消费者、商业伙伴及公司员工的良好关系。要做到这一点，企业通常需要向这些人和组织承诺并提供优惠的产品、良好的服务以及适当的价格，从而与这些人和组织建立并保持一种长期的经济关系和社会关系。由于关系营销的核心与发展同相关个人和组织的兼顾双方利益的长期联系，企业作为一个开放的系统从事活动，不仅要关注客户，还应注意大环境的各种关系，这就包括企业与客户的关系、企业与上游企业的关系、企业内部关系以及企业与竞争者、社会组织和政府之间的关系。

2. 关系营销的特征

（1）信息沟通的双向性。建立关系是一种信息沟通过程，沟通是双向而非单向的。交流可以由企业开始，也可以由营销对象开始。广泛的信息交流和信息共享才能使企业赢得客户的支持与合作。

（2）战略过程的协同性。在竞争日益激烈的市场上，营销管理者应与利益相关者建立长期的、彼此信任的、互利的关系。关系双方可以通过互相学习、互相取长补短、协同行动去实现对各方都有益的共同目标。

（3）营销活动的互利性。关系营销是建立在双方利益互补的基础上的。假如没有各自利益的满足与实现，双方就不会建立良好的关系。既然如此，就要求交易双方互相了解对方的利益，寻求利益的契合点，并努力使利益得到共同实现。

（4）信息反馈的及时性。关系营销要求建立专门的管理机构，用以追踪利益相关者的态度。关系营销应具备一个反馈的渠道，它的主要任务就是连接关系双方。企业通过此渠道了解环境的动态变化，根据合作方提供的信息，改进产品和技术。信息的及时反馈，使得关系营销更具有动态的应变性，有利于发现新的市场，有助于挖掘潜在客户。

（5）双方利益的长期性。发展关系营销的目的是希望将买卖双方长期地联系在一起，所以，企业在保证盈利的条件下，要兼顾客户和网络中其他成员的利益，而且必须去实现整个网络长期利益的最大化，不能只为了短期的、局部的利益而损害长远的、全局的利益。

（三）关系营销的核心及目标

关系营销实际上是一个双赢的策略。企业和客户之间是相互依存的关系，它们之间存在共同的利益。一方面，客户支付价值获得使用价值；另一方面，企业让渡产品使用价值获得利润。企业通过为客户创造价值来实现自己的价值，而客户通过向企业付出价值实现了产品的使用价值。由此可以清楚地看出，企业与客户之间是一种合作的、双赢的关系。

1. 关系营销的核心

关系营销的核心就是保持客户。通过加强与客户的联系，与客户长期保持关系，并在此基础上开展营销活动，为客户提供高度满意的产品和服务，实现企业的营销目标。企业通过建立关系营销网络，使成员之间建立稳固、相互依赖的商业关系。关系营销的目的在于减少每次交易的成本和时间，把客户的购买行为转变为习惯性的动作，建立客户的忠诚度，从而使企业取得长期稳定的发展。此时，企业和客户都得到了满足，也就达到了双赢的效果。

2. 关系营销的目标

关系营销的目标是客户忠诚。很多研究者把客户忠诚与客户保留混为一谈，其实二者之间相去甚远。客户保留是指客户重复的光顾，只是一种行为。而客户忠诚涉及行为和态度两个方面的因素。客户忠诚的前提是客户满意，而客户满意的关键条件是客户价值的提升，客户价值的提升在于发掘客户的真实需求并加以满足，而关系营销能将以上过程关联起来并加以实现。何尔曼·迪勒认为，关系营销的目标就是客户忠诚而不是客户保留。因为如果不忠诚的客户有了其他选择，他们就会离开。通过实施关系营销，培养客户忠诚，不仅可以给企业带来丰厚的利润，而且可以节约成本，提高利润率。

（四）关系营销中的关系

关系营销要建立、维护、促进、改善、调整关系。这里的关系，主要是指企业与客户、关联企业、竞争者、内部员工和政府及其他机构等的关系。

1. 与客户的关系

客户是企业生存和发展的基础。企业离开了客户，其营销活动就成了无源之水，无本之木。市场竞争的实质就是争夺客户。要想同客户建立并保持良好的关系，必须做到：首先，真正树立以客户为中心的观念，一切从客户出发，并将此观念贯穿于企业生产经营全过程。其次，切实关心客户利益，提高客户满意度。最后，重视情感在客户作购物决策时的影响作用。

2. 与关联企业的关系

在传统市场营销中，企业与企业之间是竞争关系，企业为在竞争中取胜，往往不择手段。这种方式既不利于社会经济发展，又易使竞争双方两败俱伤。关系营销理论认为，企业要在竞争与合作的基础上，与关联企业建立长期的、彼此信任的互利关系。

3. 与竞争者的关系

企业与竞争者之间不一定都是输赢关系。通过与竞争者合作，各方可以建立一种双赢关系，使合作各方获得更多的利益，如两个或几个企业联合开发某一新产品。通过合作，各方可以优势互补，使合作各方获得比合作前更多的竞争优势和利益。

4．与内部员工的关系

内部员工不仅是企业的雇员，他们也被看作企业的伙伴。企业要搞好与内部员工的关系，不仅要给员工提供满意的物质利益，还要给员工提供内部营销服务，把员工当作客户一样关心。

5．与政府及其他机构的关系

企业是社会的一个组成部分，其活动必然要受到政府与有关单位规定的影响和制约。在处理与政府及有关单位的关系时，企业应该采取积极的态度，自觉遵守国家的法律法规、政策和制度，协助研究国家及有关单位所面临的各种问题的解决方法和途径。关系营销理论认为：如果企业能与政府及有关单位积极地合作，树立共存共荣的思想，那么政府及有关单位就会制定出对营销活动调节合理化、避免相互矛盾、帮助营销人员创造和分配价值的政策。

（五）关系营销与传统营销的区别

关系营销与传统营销相比，最根本的区别是：传统营销是一种短期的概念，其核心是商品交换；关系营销的核心是"关系"，指在双方之间建立一种联系，这是一个长期的概念。关系营销的主要内容是对客户及其利益相关者进行科学的管理，方法灵活多样。例如，可以借助计算机建立客户数据库，使企业准确了解客户的有关信息，使产品能得以准确定位，同时使企业的促销工作更具有针对性，从而提高营销效率。运用数据库与客户保持紧密联系，无须借助大众媒体，比较隐秘，不易引起竞争对手的注意。

作为传统营销的主要形式，交易营销是着眼于产品或服务实际交易过程的营销理念，而关系营销更加注重和客户建立并保持长期的联系。德国汉诺威大学的索斯顿·享尼格梭罗（Thorsten Henning-Thuran）和厄苏拉·拉汉森（Ursula Hansen）认为，关系营销是对传统营销方式的重新看待。其实质是通过建立和维护与现有客户及利益相关者的关系获利。它与传统的只注重与客户单次交易的交易营销有很大的不同。在交易营销中，销售完成后互动关系即告终止，而关系营销则认为销售是长期商务关系的开始。两者具体区别有以下几个方面。

1．营销的理论基础不同

传统营销以 4P 理论为基础，而关系营销则以 4C 理论为基础。4P 理论是美国营销学学者杰罗姆·麦肯锡（Jerome McCarthy）于 20 世纪 60 年代提出的，包括产品（product）、价格（price）、渠道（place）和促销（promotion）。他认为一次成功和完整的市场营销活动，意味着以适当的产品、适当的价格、适当的渠道和适当的促销推广手段，将适当产品和服务投放到特定的市场。而 4C 理论是美国营销专家罗伯特·劳特朋（Robert Lauterbon）在 1990 年提出的，是以消费者需求为导向，重新设定了市场营销组合的四个基本要素，即客户（customer）、成本（cost）、便利（convenience）和沟通（communication）。他强调企业首先应该把追求客户满意放在第一位，产品必须满足客户需求，同时降低客户的购买成本，在研发产品和服务时就要充分考虑客户的购买力，然后要充分注意到客户购买过程中的便利性，最后还应以消费者为中心实施有效的营销沟通。

2. 营销重心的转移

传统营销强调对传统营销过程的分析，其核心是交易，关注的是一次性交易，看重的都是实现每一次交易的利润最大化，强调企业利益的最大满足，并且把交易看作营销的基础，而没有把与客户建立和保持广泛密切的关系摆在重要位置。而关系营销则不同，它把营销视为企业建立市场关系的活动，重视市场营销过程中与企业利益相关者的相互关系和相互作用，认为企业与客户、供应商、分销商等建立起牢固的、互相依赖的关系是营销的重心，通过建立关系形成营销网络，并从良好的合作关系中获利。

3. 市场范围的扩大

传统市场营销把视野局限于目标市场上，也就是通过市场细分确定客户群。关系营销的范围广得多，不仅包括客户市场，还包括供应商市场、中间商市场、劳动力市场、影响者市场和内部市场，会涉及客户、供应商、分销商、竞争对手、银行、政府及内部员工等。客户是企业生存和发展的基础，建立和维持与客户的良好关系是企业营销成功的保证。因此，关系营销把客户作为关注的焦点，并把它放在建立各种关系的首要位置。

4. 服务观念的强化

传统意义上的产品和服务是截然分开的，企业仅仅满足于如何把产品卖出去，拥有更多的市场份额，获取更大的商业利润，不太强调客户服务，是有限的与客户联系。在关系营销理论下产品和服务之间的界限变得模糊起来，这两个如同两极的事物正在被统一，产品服务化和服务产品化已成为明显的发展趋势，服务的地位越来越重要。

此外，关系营销与庸俗营销和服务营销也是不同的。庸俗营销主要表现为"拉关系，走后门"，把关系营销等同为吃喝玩乐、高额回扣的行贿策略显然是错误的。从前面论述中可以看出，关系营销里的关系并不是那种庸俗的人际关系，而是建立在正常商务往来基础上的互惠互利、实现双赢的业务关系，是先进的关系网和科学的关系学，但是它并不排斥在双方合作的基础上建立起的个人友谊。服务营销是 20 世纪 80 年代发展的主流思想之一，它与关系营销的共同之处在于强调关系在企业营销活动中的重要性。然而，服务营销和关系营销对于服务和关系在营销中的地位的侧重程度是有本质区别的。

（六）关系营销策略

企业的关系营销策略涉及企业的所有利益相关者，以企业与其利益相关者的关系为核心展开，主要有客户关系营销策略、员工关系营销策略、合作者关系营销策略、竞争者关系营销策略和影响者关系营销策略等。

1. 客户关系营销策略

客户是企业存在与发展的基础，是市场竞争的根本所在，客户关系营销是关系营销的核心和归宿，客户关系管理的很多理念都来源于此。客户关系营销策略的实施包括以下内容。

（1）树立以客户为中心的观念。首先要树立客户至上的经营理念，企业的一切政策和行为都必须以客户的利益和要求为导向，并贯穿企业生产经营的全过程。企业要把客户放在经营管理体系中的第一位，根据客户需求开发产品，为客户提供完善周到的服务，使客户在心里对企业产生认同和归属感，进而达到客户满意。

（2）了解客户的需要，提高客户的满意度。

了解客户的需要是企业提高客户满意度的前提，客户导向型观念的企业必须从客户的观点出发定义客户的需要。企业应该加强与客户之间的双向沟通，了解客户需求。企业要提高客户满意度，主要在产品销售过程中扩大服务范围，提高服务质量，通过向客户提供超过本身价值和超过客户期望值的超值服务，树立良好的企业形象，以满足消费者感性和理性的消费需求。事实上，企业的产品从进入市场到赢得市场，从令客户满意到令客户愉快，是一个较高和较深的探索，也是企业未来利润的最好指示器。

（3）管理客户关系，培养客户的忠诚度。

在关系营销模式下，企业的目标不仅是赢得客户，更重要的是维系客户。保持客户比吸引客户更容易使企业增利，因此培养客户的忠诚度成为企业客户关系营销的重要内容。一般情况下，企业会建立管理客户关系的数据库系统，内部能共享一个客户资料数据库，这是关系营销的数据基础。此外，企业经常会通过提高关系的有效性和关系的退出成本来实现客户忠诚度的提高。

2. 员工关系营销策略

员工关系是指在企业内部管理过程中形成的人事关系，其具体对象是全体员工，包括工人、技术人员和管理干部。员工关系管理是一种把员工当成客户的哲学，是一种从营销角度进行人力资源管理的哲学。员工是企业赖以生存的活细胞，是企业产品的生产者、服务的承担者，对外又是企业形象的代表者，与企业利益和目标的关系最密切，他们直接影响着社会公众对企业的整体印象和评价。实施员工关系营销的最终目的是更好地满足外部客户的需求，因此，企业实施员工关系营销策略应从以下几个方面着手。

（1）了解员工的情感和需求。企业员工作为客户服务的主体，他们的情感和需要应该被充分认知。企业要在了解员工的情感和需求的基础上，尽量让员工对企业满意。例如，改善工作环境和工作条件，提高工作待遇，改进工作作风等。只有员工感到满意，他们才会心情舒畅，积极工作，服务才会周到，才能令客户满意。要准确了解员工的需求，就要进行科学的员工满意度调查，通过一对一的交谈、问卷调查、行为观察等方法去获悉员工的动机、情绪和价值观等，然后针对不同的群体采取有针对性的措施以提高员工的满意度。

（2）创造积极向上的企业文化。创造乐观进取的工作氛围，培养主人翁责任感，缔造积极向上的企业文化，是实施员工关系营销策略的重要一环。积极向上的企业文化是一种无形的管理方式，它可以改变人们原来只从个人的角度思考建立的思想准则、观念意识，而建立一种以企业为核心的共同价值观念。具有这种优秀企业文化的企业，会表现出良好的管理机制、经营素质和企业风貌，树立起整体的良好形象和市场信誉。同时，也能够使员工在潜意识的状态下对企业产生强烈的向心力，形成良好的团队意识，对企业的目标及社会责任都会有极为深刻的理解，从而自觉约束个人的行为，使个人言行与企业整体相联系。

（3）匹配科学的激励机制。科学的激励机制是对员工的个人努力和工作成就的承认，是对员工群体行为方式的正确导向，要针对员工的不同特点、不同贡献、不同需求层次进行激励。对员工进行工作安排时要人尽其才，以激发员工内在的工作热情；要赏罚分明，客观评价员工的工作，激发员工的工作积极性；要通过教育培训，提高员工素质，增强员工自我激励能力和进取精神。使员工产生奋发向上的进取精神、努力工作的积极性和满足感，自觉地将自己的利益与企业的利益融为一体，自觉地与企业同呼吸、共命运，并在与外界交往时自觉地以企业一员的角色维护企业的形象。

3. 合作者关系营销策略

当今的市场竞争不是单独的企业之间的竞争，而是整条供应链之间竞争。企业与供应商、分销商之间有着共同的利益。企业与供应商、分销商之间建立起长期的、彼此信任的互利关系对企业的生存与发展起着至关重要的作用。企业应从以下几个方面着手实施合作者关系营销策略。

（1）市场开发。市场开发最典型的是市场调查合作和市场进入合作。其中，市场调查是整个营销活动的起点，是获取决策信息和决策依据的途径。但是，由于工作量太大、专业性太强、费用太高，往往令中小型企业望而却步，而企业间的合作就可以避免以上各种不足。

（2）产品和促销合作。产品和促销合作是指在相同的市场推出精心组合的产品，并进行促销合作，最常见的是功能型促销组合和品牌型促销组合。例如，某品牌剃须刀配上另一品牌的电池同时销售，是典型的功能型促销组合。品牌型促销组合的形式多种多样，如著名制造商与著名销售商联用品牌、普通制造商与著名销售商同用品牌、普通制造商借用著名制造商的品牌等。

（3）分销合作。分销合作主要是通过渠道建设合作，以强化渠道管理，决胜终端。通过实体流通合作，使产品安全、及时、高效、经济地从生产者手中转移到消费者手中。这样，既保证了社会经济效益，又提高了企业经济效益。通过客户服务合作，最大限度地满足客户的需求，更好地赢得客户认可。

4. 竞争者关系营销策略

竞争者包括现有竞争者、潜在竞争者和替代品生产者。企业竞争者关系营销是指与这些竞争者保持良好的合作关系、摆脱恶性竞争，协调利益，优势互补，共同开发市场机会，最终取得多赢的结果。竞争对手的确给企业带来了威胁，但合适的竞争对手能够加强而不是削弱企业的竞争地位。合适的竞争对手可以带来增加竞争优势、改善当前产业结构、协助市场开发、遏制其他企业的进入等好处。所以，企业与竞争者也存在合作的可能。企业应从以下几个方面着手实施竞争者关系营销策略。

（1）企业间加强沟通了解，及时通报信息。竞争企业可以通过行业会议协调同行业各企业的关系，争取有利于行业发展的外部环境，指引本行业健康发展；竞争企业的员工也可以通过联谊会等形式建立个人之间的紧密联系，增强成员间的友谊，建立良好的人际关系；此外，竞争企业之间也可以采取一些短暂的联合行动，如联合打假、联合技术攻关、联合推出新产品等。

（2）建立企业联盟。在经济领域内，两个或两个以上的竞争企业可以通过兼并收购组成企业联盟，从而达到合作开发、价格同盟和优势互补的目的。联盟企业为了形成相同的力量，应努力打造共同的文化氛围，形成共同的价值观、工作作风和文化观念，使双方在思想上有共同的认识，使企业联盟在求同存异、共同发展的基础上得到巩固。企业联盟可以保持必要的弹性，随着市场的剧烈变化与时俱进，可以在必要时加深联盟的层次，也可以在联盟失去意义时灵活撤资。

5. 影响者关系营销策略

企业的影响者包括本国和东道国政府、股东、企业所在社区及其他一些公众团体等。企业作为一个开放的系统从事活动，必须拓宽视野，注意企业与股东的关系，企业与政府的关系，企业与媒介、社区、公众、金融机构、宗教团体等的关系。影响者关系营销策略通常可借助公共关系活动模式来实施，主要有以下几种。

（1）宣传型公共关系活动。宣传型公共关系活动是指企业运用大众媒介和内部沟通的方法开展宣传工作，树立良好的企业形象。其基本形式包括举办展览会、经验和技术交流会、座谈会，发布新闻报道、专题通讯，进行记者专访，召开记者招待会等。必要时可以制造新闻或利用名人发挥名人效应。

（2）服务型公共关系活动。服务型公共关系活动是指企业通过向公众提供各种形式的实惠服务，强化企业信誉和形象，设身处地为客户着想，为客户当参谋，通过热情、周到的售前、售中、售后服务，为客户提供全方位的服务，使其得到最大限度的满足。

（3）社会型公共关系活动。社会型公共关系活动是指企业通过举办各种社会性、公益性、赞助性活动，塑造企业形象，扩大企业的社会影响，提高企业的社会声誉，赢得公众的支持的手段。

（4）交际型公共关系活动。交际型公共关系活动是指企业在人际交往中开展公共关系工作，目的是通过人与人的直接接触，进行感情上的联络，为企业广结良缘，建立广泛的社会关系网络，形成有利于企业发展的人际环境。

（5）征询型公共关系活动。征询型公共关系活动以采集信息为主，目的是了解民情、民意，了解社会舆论，为企业的决策者提供咨询，保持企业与社会环境之间的动态平衡。

案例

二、一对一营销

（一）一对一营销的概念与特点

1. 一对一营销的概念

20 世纪 90 年代，唐·佩斯与马莎·罗杰斯出版了《一对一未来》《一对一企业》《一对一实战手册》《一对一经理人》等一系列书籍，奠定了一对一营销理论基础。唐·佩斯与马莎·罗杰斯的一对一营销成为互动时代的商业规则，受到了全球商业界的热烈推崇，影响力遍及汽车、零售、金融、保险、医疗保健、电信和互联网等各行各业。

所谓一对一营销（one to one marketing），是指针对每个客户创建个性化的营销沟通，通过客户分类与客户建立互动式、个性化沟通业务流程，为客户提供最符合需要的产品或服务的营销活动。其目标是提高短期商业推广活动及终身客户关系的投资回报率，提升整体的客户忠诚度，并使客户的终身价值达到最大化。

2. 一对一营销的特点

相对其他客户营销理论，一对一营销有以下四个特点。

（1）企业由追求市场占有率变为追求客户占有率。传统的营销方式强调将自己的产品更多地卖出去，从而达到更高的市场占有率。一对一营销强调尽量做好与每一位有价值客户的沟通，通过客户不同的需求来保持同每一位客户的密切关系，以提高客户占有率。

（2）企业从注重产品差异化转向注重客户差异化。一对一营销认为区分每一位客户的差异化是满足客户需求的前提。企业可以通过对客户资料的统计分析，判断每一位客户的价值追求，并界定出其对企业的重要程度。实施各种特殊的服务，培养忠诚客户，并通过客户联系客户不断扩大企业的客户群。

（3）企业的营销组织从产品管理型变为客户管理型。在传统营销中，企业根据市场调查了解客户的需求，然后开发满足需求的产品。这种营销活动是以产品管理为中心的。在一对一营销中，营销管理是以客户为中心来开展的。

（4）企业由强调规模经济变为强调范围经济。在一对一营销中，企业不再强调规模，而是强调范围。这种范围包括不仅仅要知道每个客户的名字、地址、电话号码等基础性数据，更要包括购买习惯、购买偏好在内的过程性数据，要求企业必须从每一个接触层面、每一条可利用的渠道、每一个活动场所、企业内每一个部门收集各种客户信息。

（二）一对一营销的过程

一对一营销的执行和控制是一个相当复杂的机制，它不仅意味着每个面对客户的营销人员要时刻保持态度热情、反应灵敏的状态，更主要也是最根本的是，它要求能识别、追踪、记录个体消费者的个性化需求并与其保持长期的互动关系，最终能提供个体化的产品或服务。

所以，一对一营销的核心是企业与客户建立起一种新型的服务关系，即通过与客户的一次次接触不断增加对客户的了解。企业可以根据客户提出的要求以及对客户的了解，生产和提供完全符合单个客户特定需要的产品或服务。这样，即使竞争者也进行一对一的关系营销，客户也不会轻易离开，因为他还要再花很多的时间和精力才能使竞争者对他有同样程度的了解。

企业可以通过以下五个过程实现一对一营销。

1. 识别客户

企业要识别客户就要建立一个相对固定的客户资料库，可以说拥有每一位客户的详细资料对企业来说相当关键。也可以这样认为，没有理想的客户个人资料就不可能实现一对一营销。这就意味着，营销者对客户资料要有深入细致的调查和了解。企业不仅要知道客户的名字、住址、电话号码或银行账户，还必须掌握包括客户消费习惯、个人偏好在内的其他尽可能多的信息资料；企业还可以将自己与客户发生的每一次联系都记录下来，如客户购买的数量、价格、采购的条件、特定的需要、业余爱好、家庭成员的名字和生日等。

对于准备实行一对一营销的企业来讲，关键的第一步就是能直接挖掘出一定数量的而且大部分是具有较高价值的企业客户，然后建立自己的客户资料库，并与客户资料库中的每一位客户建立良好的关系，以最大限度地提高每一位客户的价值。

一对一营销要求企业必须在从每一个接触层面、每一条能利用的沟通渠道、每一个活动场所及公司每一个部门和非竞争性企业收集来的资料中去认识和了解每一位特定的客户。

2. 客户差别化

一对一营销较之传统目标市场营销而言，已由注重产品差异化转向注重客户差别化。从广义上理解，客户差别化主要体现在两个方面：一是不同的客户代表不同的价值水平，二是不同的客户有不同的需求。

一对一营销认为，在充分掌握企业客户的信息资料并考虑客户价值的前提下，合理区分企业客户之间的差别是重要的工作。首先，可以使企业的一对一工作有的放矢，集中企业有限的资源从最有价值的客户那里获得最大的收益，毕竟企业不可能有同样的精力与所有不同的客户建立关系，也不可能从不同的客户那里获取相同的利润。其次，企业可以根据现有的客户信息，重新设计生产行为，从而对客户的价值需求作出及时的反应。最后，企业对现有的客户资料库进行一定程度的差别化，将有助于企业在特定的经营环境下制定适当的经营战略。

3. 双向沟通

一对一营销的成功之处就在于它能够和客户建立一种互动的学习型关系，并把这种学习型关系保持下去，以发挥最大的客户价值。利用一对一营销的企业善于创造机会让客户告诉企业他需要什么，并且记住这些需求，把其反馈给客户，由此永远保住该客户的业务。

4. 行为定制化

一对一营销最终的目标是为单个客户定制所需要的实体产品，或围绕这件产品提供某些方面的定制服务。

5. 部门通力合作

一对一营销的实施要求企业的营销部门、研究与开发部门、生产制造部门、采购部门和财务部门之间通力合作。营销部门要确定满足客户需求所要达到的定制程度，研究与开发部门要对产品进行有效的重新设计，生产制造与采购部门必须保证原材料的有效供应和生产的顺利进行，财务部门要及时提供生产成本状况与财务分析。

（三）一对一营销的内容

一对一营销是一种客户关系管理战略，它为企业与客户之间的互动沟通提供有针对性的个性化方案。其内容主要有以下几方面。

（1）与客户一对一沟通交流。企业需要掌握客户的需求倾向、偏好和购买习惯等基本信息，根据客户的区分有针对性与客户建立有效的信息沟通平台和措施，收集最新的客户信息，挑选出最有价值的、有用的信息，并改进产品或服务。

（2）一对一定做产品和服务。企业知道客户所想之后，就能为客户量身定制产品和服务，这也是一对一营销中极其重要的一环，我们称为响应客户需求，也称为定制化。企业的对策可能是大批量定做，也可能是小批量定做；既可能是大范围的定做，也可能是小范围的定做。

（3）一对一的销售组织。在目标客户群体中，商家可按照客户对企业的贡献度将客户划分为几个等级的群体进行区分。由于每个级别的客户群体对企业贡献度的差异，应该分别制定不同的销售政策，同时也应该成立与之相对应的销售组织专门为其服务。不过，在一对一的销售组织当中，企业应当建立各专营团队间的信息交换系统，使企业里的每一个团队都能够共享企业的公共记忆，以确保信息资源的有效利用。

（4）一对一的客户服务。一对一的客户服务往往集中在销售的终端，包括促销场所、仓库出货、送货上门、上门维修、电话咨询等许多接触点的服务。而实施一对一服务的对象也是根据不同客户群体对企业的贡献度来划分的，对企业贡献度大的客户群体，给予多一些的服务是理所应当的。

三、数据库营销

（一）数据库营销的含义

数据库营销是指企业通过收集和积累消费者大量的数据信息，通过处理后预测消费者购买某种产品的概率，并利用这些信息对产品进行准确定位，同时有针对性地制作和传播营销信息，以达到使其去购买产品的目的。

数据库营销的本质是提供一个关于市场行情和客户信息的强大数据库，通过数据库中的数据信息来确认企业的目标客户和潜在的长期客户。数据库作为客户和营销部门之间沟通的桥梁，成为企业进行有目的的营销策划的基础。在营销数据库里储存的企业现有客户和潜在客户的基本资料包括以下四个方面。

（1）客户的身份和联系方式。

（2）客户的需要（品种、款式、颜色等）及特征（家庭人口和心理方面的信息），对于企业客户还包括其行业类型及其主管部门方面的决策信息。

（3）客户对企业营销计划的反应。

（4）客户与企业竞争对手的交易情况。

（二）数据库营销的优势

越来越多的企业之所以开始选择数据库营销，这与它相对于传统营销所具有的独特优势是密不可分的。

1. 市场定位准确

数据库营销可以帮助企业准确找到目标消费者群。在生产观念指导下的营销，各种类型的消费者接受的是相同的大批量生产的产品和信息；在市场细分理论下的营销，是根据人口统计及消费者不同的心理特点把客户划分归类；而数据库营销可以使企业集中精力于更少的人身上，从而帮助企业判定现在消费者和目标消费者的消费标准并准确定位。例如，汽车制造商在与目标消费者进行初期交流的活动中会对这些消费者进行描述，同时询问诸如消费者现在开的是什么车、已行驶了多少公里、打算何时购买等，然后将这些信息汇编。以此为基础，制造商可以为自己选定一个竞争力强的定位，并制定合适的营销策略来满足目标消费者的需求。

2. 低成本，高效率

数据库营销能够帮助企业在最合适的时机以最合适的产品满足客户需求，减少了无谓的浪费，从而降低成本，提高效率。据有关资料统计，企业在不动用数据库技术进行筛选而发送邮寄宣传品时，其反馈率只有 2%～4%；在用数据库进行筛选时，其反馈率可以高达 25%～30%。同时，数据库营销能够代替许多市场调研工作，迅速获得充分的客户信息，也使客户对企业产品有充分的了解，基本上解决了企业和客户之间的信息不对称问题，一定程度上减少了市场的交易成本。

3. 有效地实现重复购买

在数据库的支持下，企业可以很容易地发展新的服务项目并促使购买过程简便化，数据库帮助企业建立与消费者间的持续关系，从而带来重复购买的可能。例如，一些目录公司会设一个 ID 电话号码，根据客户资料卡判断哪些客户有重复购买相同商品的需要，把这个电话号码寄给他们，客户只需轻轻一按，订货代表就将订货信息输入记录，客户不必重复回答相同的问题，大大简化了客户的购买过程。

4. 获得更多的长期忠实客户

寻求一个新客户所需的成本比维持一个老客户所需的成本要高，而要使员工失去的老客户重复成为新客户所花费的成本则比寻求一个新客户的成本要高得多。如果企业能比竞争对手更了解客户的需求和欲望，留住的最佳客户就更多，就能创造出更大的竞争优势。通过数据库营销经常与客户保持沟通和联系，可以维持和增强企业与客户之间的感情纽带。另外，运用储存的消费记录来推测其未来客户的行为具有相当的精确性，从而使企业能更好地满足客户的需求，建立起长期稳定的客户关系。

5. 营销战略具有隐蔽性

传统营销中，运用大众传媒（报纸、杂志、网络、电视等）大规模地宣传新产品上市，或实施新的促销方案，容易引起竞争对手的注意，使他们紧跟其后推出对抗方案，这势必影响预期的效果。运用数据库营销，无须借助大众媒体，就可以与消费者建立紧密关系，比较隐秘，一般不会引起竞争对手的注意，避免公开对抗，也容易达到预期的促销效果。

6. 直接测定营销结果并反馈

传统营销方式的营销效果很难直接测定。在运用数据库营销时，消费者可通过回复卡、电话等方式进行查询、订货或付款。这样，管理人员就可以得知消费者的反馈信息，数据库营销的效果就很容易测定了，而测定上次营销活动的效果可为下次数据库营销提供参考。

（三）数据库营销的过程

数据库营销一般经历采集数据、储存数据、处理数据、分析数据、使用数据、完善数据库六个基本过程。

1. 采集数据

这是数据库营销的第一步，企业的客户数据可以来自市场调查、以往的销售记录、促销活动记录，也可以来自人口统计数据、信用卡记录等公共数据，此外还可以利用黄页或者专业信息提供商来进行数据采集。

2. 存储数据

将收集的数据，以客户为基本单元，逐一录入数据库系统，建立起客户数据库。

3. 处理数据

运用先进的统计技术、利用计算机把不同的数据整合为有条理的数据库。例如，对数据中的繁体字、标点符号、不规范用字进行标准化的数据清洗；将地址切分为省、市、区县、街道乡镇、村、门牌的数据规范化处理；将不同渠道、时间收集的不同数据，去掉重复数据，进行整合等。

4. 分析数据

根据数据库中的数据找到并运用关于客户及其偏好、购买行为等的可用信息加以分析，识别出特征。勾画出某产品的客户模型，具有哪些共同特点，如行业、规模等，从中选择理想的目标客户群体。

5. 使用数据

数据库强大的分析能力能推动企业的营销活动、渠道和品牌上的改善与整合，将分析所得的可用信息与客户分布、交易数据等结合到一起来制定模型，预测预算分配，将无序的记录和交易数据转变成一张清晰的客户全貌图。完善的数据库营销解决方案能为决策者提供可靠的数据，在理想的时间，通过正确的渠道划分目标群体，从而有的放矢地提高客户忠诚度和保持率，达到增加企业市场份额的目的。例如，特殊身材的客户数据库不仅对服装厂有用，而且对于减肥药生产厂、医院、食品厂、家具厂都很有用。

6. 完善数据库

数据库营销是一种闭合流程。随着客户试用、优惠券反馈、抽奖销售活动登记等各类营销活动开展，收集回来的信息将不断增加和完善，这将使数据不断地得到更新，从而及时反映客户的变化趋势，使数据库适应企业经营的需要。

（四）客户关系管理与数据库营销

在市场营销的实践中，客户关系管理与数据库营销是紧密地联系在一起的，但却不能将二者混为一谈。

1. 数据库营销是客户关系管理的基础

企业和客户的联系是需要靠客户关系管理来维系的，客户关系管理的后台就是客户营销数据库。以汽车企业为例，当客户有问题投诉到企业的客户服务部门时，工作人员马上能根据客户的名字从数据库调出相关资料，从购买汽车的型号、购买时间、出售汽车的零售商、曾有的维修记录、当时由谁负责等信息，判断出客户反映问题的类型，并马上通过系统通知离客户最近的维修服务站，同时进行跟踪记录。这样，大大缩短了对客户投诉的响应时间，同时节省了大量的人力资源，有利于企业提供能够增值的客户服务。

数据库营销是一种营销工具，是客户关系管理的理论实践者，数据库营销不管在功能上还是形式上都是实践客户关系管理的一个重要平台。客户关系管理系统主要包括市场、销售、服务三大基本模块，三大部门能充分共享客户信息，打破各部门之间信息堡垒的封锁，从而使各个部门以一个企业的整体形象出现在客户面前。在企业前端客户关系管理系统的背后，其实就是一个功能强大的客户服务数据库，储存了客户的各种基础资料及交易行为数据，并能利用各种数学分析模型对这些数据进行深层分析，包括对客户的价值和盈利率进行分析。数据库营销使企业能够根据客户需求制订目标市场营销计划，从而降低促销成本。它提供了与客户进行个性化沟通的方式，从原先客户被动地接收转为双方相互之间的交流。它以客户的满意率转为营销目标，通过维持客户关系来实现客户终身价值的最大化，这正实践了客户关系管理理论的内涵。可见，在实施客户关系管理的过程中，客户关系管理是数据库营销的管理者，数据库营销是客户关系管理的中心环节。

2. 客户关系管理拓展了数据库营销的应用空间

客户关系管理是企业的战略行为，是基于企业之间的竞争，它实现了由以产品为中心到以客户为中心的战略重心的转移。客户关系管理需要得到员工、供应商、渠道成员、同盟伙伴和社会团体的共同支持，涉及企业文化、战略方向、业务流程、组织机构、内部员工等各方面的综合调整。数据库营销只是在战术层面实施计划支持战略的技术工具，它的全面实施需要客户关系管理理论的全面介入和指导。有些企业，如直销商，可以单独利用数据库营销进行直复营销，从而实现有效的客户管理；有些企业，如IT、家电零售等企业，除了借助客户数据库，还需要借助销售自动化软件，对最为关键的销售流程进行优化，只有这样才能真正实现对客户关系的有效管理。此外，很多服务行业，如电信业、航空业等，除了客户数据库，还需要完善的客户服务系统。所以，只有在客户关系管理全面实施的情况下，数据库营销才能极大地拓展其使用空间，全面发挥其竞争优势。

3. 数据库营销为客户关系管理的创新提供了可能

很多企业都在竞争压力下开始逐渐实施客户关系管理，客户关系管理的传统优势正在有所削减，客户关系管理创新正在被越来越多的企业文化关注。成功实施客户关系管理的企业一定是个性化的企业，有独特的管理方式和企业文化，并以此区别于竞争对手，以赢得生存空间。这种个性化就来源于客户关系管理创新，只有创新性地为客户提供他们所需要的产品和服务，独特的竞争优势才能被缔造。而很多营销和服务的创新都需要数据库营销的紧密配合，数据库营销为客户关系管理创新提供了可能。通过数据库，一方面可以更全面地管理客户，另一方面可以在管理客户关系的过程中掌握客户的实际需求，从而制定出具有个性化的客户关怀策略和定制客户需要的产品。例如，保险业的一些附加理财和保值功能的新保险品种的研发，就要根据数据库中的客户细分，更好地理解客户需求，使产品更符合目标客户群的实际保障需要。

第二节　客户细分理论

一、客户细分的含义

客户细分（customer segmentation）是 20 世纪 50 年代中期由美国学者温德尔·史密斯（Weudell Smith）提出的，其理论依据在于客户需求的异质性和企业需要在有限资源的基础上进行有效的市场竞争。它是第二次世界大战结束后，美国众多产品市场由卖方市场转化为买方市场的形势下企业营销思想和营销战略的新发展，更是企业贯彻以消费者为中心的现代市场营销观念的必然产物。

由于并不是所有客户的需求都是相同的，只要存在两个以上的客户，需求就会不同。由于客户需求、欲望及购买行为是多元的，所以客户需求的满足会呈现差异。任何一个企业都不能单凭自己的人力、财力和物力来满足整个市场的所有需求，这不仅由于企业自身条件的限制，而且从经济效应方面来看也是不足取的。因此，企业应该分辨出它能有效为之服务的最具有吸引力的细分市场，集中企业资源，制定出科学的竞争策略，以取得和增强竞争优势，获得效益最大化。

所谓客户细分，就是指企业在明确的战略、业务模式和特定的市场中，根据客户的属性、行为、需求、偏好及价值等因素对客户进行分类，并提供有针对性的产品、服务和营销模式。这里所说的客户更多的是狭义上的客户，即产品服务的最终接受者，而不包括供应链上的合作伙伴和企业内部的客户。

二、客户细分的目的

从客户需求的角度来看，不同类型的客户需求是不同的，要想让不同的客户对同一企业都感到满意，就要求企业提供有针对性的符合客户需求的产品和服务，而为了满足这种多样化的异质性需求，就需要对客户群体按照不同的标准进行客户细分。

从客户价值的角度来看，不同的客户能够为企业提供的价值是不同的，企业要想知道哪些是企业最有价值的客户，哪些是企业的忠诚客户，哪些是企业的潜在客户，哪些客户的成长性最好，哪些客户最容易流失，就必须对自己的客户进行细分。

从企业的资源和能力的角度来看，如何对不同的客户进行有限资源的优化应用是每个企业都必须考虑的，所以在进行客户管理时非常有必要对客户进行统计、分析和细分。只有这样，企业才能根据客户的不同特点进行有针对性的营销，赢得、扩大和保持高价值的客户群，吸引和培养潜力较大的客户群。客户细分能使企业拥有的高价值客户资源显性化，并能够就相应的客户关系对企业未来盈利的影响进行定量化分析，为企业决策提供依据。

三、客户细分的基础

1. 客户需求的差异性是客观基础

客户需求的差异性是指不同的客户之间的需求是不一样的。在市场上，消费者总是希望根据自己的独特需求去购买产品，根据这种需求的差异性可以把市场分为同质性需求和异质性需求两大类。同质性需求是指由于消费者的需求的差异性很小，甚至可以忽略不计，因此没有必要进行市场细分。异质性需求是指由于消费者所处的地理位置不同、社会环境不同、自身的心理和购买动机不同，造成他们对产品的价格、质量款式上需求的差异性。这种需求的差异性就是客户细分的基础。

2．客户需求的相似性是理论基础

在同一地理条件、社会环境和文化背景下人们会形成相对类似的人生观、价值观的亚文化群，他们的需求特点和消费习惯大致相同。正是因为客户需求在某些方面的相对同质，市场上绝对差异的消费者才能按一定标准聚合成不同的群体。所以，客户需求的绝对差异造成了客户细分的必要性，客户需求的相对同质性则使客户细分有了实现的可能性。

3．企业有限的资源是外在基础

现代企业由于受到自身实力的限制，不可能向市场提供能够满足一切需求的产品和服务。为了有效地进行竞争，企业必须进行客户细分，选择最有利可图的目标，集中企业的资源，制定有效的竞争策略，以取得和增加竞争优势。

四、客户细分的依据

进行客户细分的依据有很多，一般而言，企业可以参照以下因素进行客户细分。

1．外在属性

按照客户的外在属性分层，如客户的地域分布、客户的产品拥有、客户的组织归属等。通常，这种分层最简单、最直观，数据也很容易得到，但这种分层比较粗放，企业依然不知道在每一个客户层面，谁是"好"客户，谁是"差"客户。例如，把客户分成企业用户、个人用户、政府用户，企业能知道的是某一类客户（如大企业客户）较之另一类客户（如政府客户），消费能力可能更强，但更多的细节却不得而知。

2．内在属性

内在属性是指由客户内在因素决定的属性，如性别、年龄、信仰、爱好、收入、家庭成员数、信用度、性格、价值取向等。这些属性经常用来作为分层的依据。

3．消费行为

许多企业从三个方面对消费行为进行分析，即最近购买情况、购买频率和购买金额，这些指标都需要在账务系统中得到。但并不是每个行业都适用，如在通信行业，对客户分类主要依据以下一些变量，如话费量、使用行为特征、付款记录、信用记录、维护行为、注册行为等。

五、客户细分的方式

根据客户细分的标准，可以形成客户的个性化资料、客户的消费行为、客户的购买方式、客户的地理位置、客户的职业、客户的关系网、客户的知识层次、客户的规模、客户对企业的贡献、客户忠诚度、客户的信誉度、客户是否流失、客户是否是新顾客等比较传统的细分标准。下面介绍几种更适于客户关系管理的客户细分方式。

（一）根据客户的价值进行分类

客户对企业的价值是不尽相同的，很多企业80%的盈利只来自20%的客户，或者说80%的客户让企业赚不到多少钱，有的甚至让企业赔钱，这就是所谓帕累托80/20法则。因此，企业要找出对自己最有价值的客户资源，发现最为珍贵的客户，以便有的放矢地开展营销，有针对性地实施客户关系管理。根据这种分类方式，可以将客户按ABC分类法和金字塔分类法进行分类。

1. ABC分类法

ABC分类法是指根据企业利润额的构成区分客户，运用帕累托曲线表示企业利润额的构成情况，客户被直观地分成A、B、C三类。他们对于企业的价值不同，A类客户只占客户数量的20%，却能给企业带来80%的利润，占客户数量10%的C类客户无法给企业带来利润，中间70%的客户只能给企业带来20%的利润。无疑，根据这种方式细分客户，企业客户关系管理的要点是预先发展A类客户，保持或缩减B类客户，抛弃C类客户，如图2-1所示。

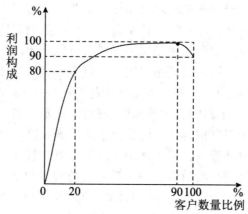

图2-1　客户ABC分类

2. 金字塔分类法

这种分类细分方式是把客户分成四种类型，形成一个金字塔形，如图2-2所示。

图2-2　客户金字塔分类

（1）关键客户。这种类型的客户数量不多，但购买金额在企业销售额中占的比例很大，对企业贡献的价值最大。他们位于金字塔的顶层，一般情况下约占客户总量的1%。

（2）主要客户。这种类型的客户一般能够为企业提供一定的利润，约占客户总量的 4%。

（3）普通客户。这种类型的客户一般能够为企业提供一定的利润，约占企业客户总量的 15%。

（4）小客户。这种类型的客户人数众多，但是能为企业提供的利润却不多，企业甚至不盈利或亏损。他们位于金字塔的底层。

2. RFM 基本分析

RFM 基本分析是根据客户的消费行为进行细分的方式，它通过检查客户最近一次购买的时间有多远、客户在最近一段时间内购买次数以及客户在最近一段时间内购买的金额来从数量上决定客户是最好的、需要企业持续关注，以及哪些客户需要淘汰等不同的营销策略。在 RFM 模式中，R（recency）表示客户最近一次购买的时间有多远，F（frequency）表示客户在最近一段时间内购买的次数，M（monetary）表示客户在最近一段时间内购买的金额。RFM 强调以客户的行为来区分客户。

最近一次消费是指上一次购买的时间和相关细节，如客户上一次是几时来店里、在超市买早餐最近的一次是什么时候等。理论上，上一次消费时间距今越近的客户应该是比较好的客户，对提供及时的商品或是服务也最有可能作出反应。如果要密切注意客户的购买行为，那么最近的一次消费就是营销人员首先要利用的工具。历史经验证明，如果能让客户最近购买，他们就会持续购买。这就是为什么 0～6 个月的客户收到的营销人员的沟通信息多于 31～36 个月的客户的原因。最近一次消费的功能不仅在于提供促销信息，营销人员的最近一次消费报告还可以监督事业的健全度。

优秀的营销人员会定期查看最近一次消费分析，以掌握趋势。月报告如果显示上一次购买很近的客户，如最近一次消费为一个月的人数增加的话，表示该公司是个稳健成长的公司；反之，如果上一次消费为一个月的客户越来越少，则是该公司迈向不健全之路的征兆。最近一次消费报告是维系客户的一个重要指标。最近才购买商品或服务的客户，是最有可能再向企业购买的客户。要吸引一个几个月前才上门的客户购买，比吸引一个一年多以前来过的客户要容易得多。营销人员如果能与客户建立长期的关系而不仅是卖东西，会让客户保持往来。

消费频率是客户在限定的时间内所购买的次数。一般而言，最常购买的客户，也是满意度最高的客户。如果相信品牌及忠诚度的话，最常购买的客户，忠诚度最高。增加客户购买的次数意味着从竞争对手处赢得市场占有率。

消费金额是所有数据库报告的支柱，它能显示出排名前 10%的客户所花费的金额以及占营业额的比例。通过数据库，经常会发现 40%的客户贡献企业营业额的 80%以上，表现最好的客户的平均花费常常是表现最差的客户的 10 倍。如果企业的预算不多，企业就会将信息邮寄给贡献 40%收入的客户，而不是那些贡献达不到 1%的客户。这样的营销所节省下来的成本会很客观。

综合分析 RFN 可帮助企业识别最有价值的客户、忠诚客户和即将流失的客户。将最近一次消费、消费频率结合起来分析，可判断客户下一次交易的时间距离现在还有多久。将消费频率、消费金额结合起来分析，可计算出在一段时间内客户为企业创造的利润，从而帮助企业明确谁才是自己最有价值的客户。当客户最近一次消费离现在很远而消费频率或消费金额出现显著萎缩时，提示这些客户很可能即将流失或已经流失，从而促使企业做出相应的对策，如对其重点拜访或联系等。

RFM 基本分析模型是被广泛使用的客户细分方法，是衡量客户价值和客户创利能力的重要工具和手段。该模型较为动态地展示了一个客户的全部轮廓，这为个性化的沟通和服务提供了依据，同时，如果与该客户打交道的时间足够长，也能够较为精确地判断该客户的长期价值（甚至是终身价值），通过改善三项指标的状况，从而为更多的营销决策提供支持。

RFM 基本分析模型非常适用于生产多种商品的企业，而且这些商品的单价相对不高，如化妆品、小家电等；它也适合于只生产少数耐久商品的企业，该商品中有一部分属于消耗品，如复印机、打印机等。RFM 基本分析模型对于加油站、运输公司、快递公司、快餐店、KTV、证券公司等也很适用。

RFM 基本分析模型可以用来提高客户的交易次数。很多企业常用的 DM（直接邮寄），常常一次寄发成千上万封邮购清单，造成了很大的资源浪费。根据统计（以一般邮购日用品而言），如果将所有的客户分为五级，第五级的回函率是第四级的四倍。

企业还可以利用 R、F 的变化推测出客户消费的异动状况，预测客户流失的状况。根据客户流失的可能性，列出客户名单，再从 M 的角度来分析，就可以把重点放在贡献度高且流失率也高的客户上，重点拜访或联系他们，以最有效的方式挽回更多的商机，以此来达到客户预警和客户挽留的目的。

3. 因素组合分类法

影响企业盈利能力的因素很多，根据相关因素的组合结果对客户进行分类，便是因素组合分类法。这些相关因素包括客户的规模、忠诚度、资信状况、市场占有率、经营状况等，而每个因素一般都要通过具体的标准量化考核，如客户忠诚度就与客户重复购买率、对本企业和竞争对手品牌的关注程度、对商品价格的敏感度、对产品事故的承受力等密切相关。从一般企业实践来看，客户的因素组合分类法更有实际意义。

1）按忠诚度与信用等级相结合进行分类

客户按忠诚度与信用等级相结合进行分类，可分为四种类型，如图 2-3 所示。

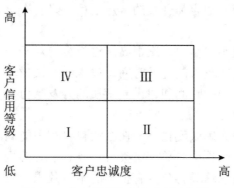

图 2-3　客户信用等级和忠诚度矩阵

（1）Ⅰ类客户的信用等级和忠诚度都比较低，是没有开发潜力或者是开发成本过高的客户。即使不考虑这类客户的开发难度和开发成本，若能够成功开发这类客户，由于没有良好的信用保障，企业也可能无法取得利润甚至无法收回成本。这无疑是不值得考虑的垃圾客户。

（2）Ⅱ类客户的信用等级较低但是忠诚度较高。这类客户喜欢企业提供的产品和服务，但是却不愿意为自己取得的产品和服务付出相应的费用，其后期维护成本很高，属于风险客户。因此，企业应根据实际情况在产品和服务的推广阶段再考虑对这类客户的开发，以降低风险。

（3）Ⅲ类客户的信用等级和忠诚度都很高，是企业的黄金客户，因此这类客户应是企业开发客户时的首选对象。如果对这类客户采取了有效措施，将为企业的发展注入新的动力，也会稳定地保持企业的收益，并可使企业和客户获得双赢的综合。

（4）Ⅳ类客户的信用等级较高但是忠诚度很低，属于未来的黄金客户，所以也是企业的主攻方向，如果能有效地开发这种类型的客户，培养他们的忠诚度，无疑会为企业带来更多的收益。

2）按客户忠诚度和规模相结合进行分类

客户按忠诚度与规模相结合进行分类，可分为四种类型，如图 2-4 所示。

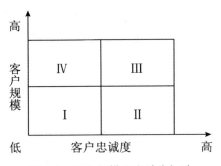

图 2-4　客户规模和忠诚度矩阵

（1）Ⅰ类客户的规模小忠诚度也低，对这类客户的开发需要耗费大量的人力、物力和时间，且不能保证取得令人满意的开发结果，所以，企业对此类客户的开发顺序仍然是排在其他类型的客户或其他容易开发的客户之后，只有在进入全面占领市场阶段才可实行。

（2）Ⅱ类客户规模很小但是忠诚度很高。这类客户对于企业有一定的价值，但由于这些客户相对分散，需要比较长的开发时间，投入的开发成本可能也比较高。所以企业需要根据自身情况选择恰当的时间和建设高素质的开发队伍，才能完成对此类客户的开发和服务。

（3）Ⅲ类客户的规模大忠诚度也高，在企业自身实力能满足需要的前提下，这类客户是企业进行客户开发时的首选对象。这类客户具有很好的规模效应和经济实力，是企业的主要利润来源；同时，这类客户具有很强的示范效果，对其他类型客户的辐射能力强，可以帮助公司进行免费推广；此外，由于服务集中，所需要的平均客户支持小于其他类型的客户，能够节省人力资源。

（4）Ⅳ类客户的规模很大但是忠诚度很低，具有不稳定的性质，其未来方向要视企业的开发手段和服务质量而定。如果企业能够很好地开发并与其保持良好的客户关系，此类客户极有可能转化为忠诚客户并给企业带来巨大收益，但也可能由于企业的失误或与客户的沟通和协作出现问题而使其转向竞争对手。

3）按忠诚度、规模与信用等级三者相结合进行分类

虽然通过信用等级—忠诚度和规模—忠诚度两种分类方法分析，可以建立一定的客户细分顺序模型。但是，对于企业来讲，客户的信用等级、规模和忠诚度是同时存在于一体和同时发生作用的，因此可以建立起一个信用等级、规模和忠诚度为三维变量的客户顺序模型，在这三个变量中，高信用度是第一位的，因为它是客户各种综合指标的整合，反映客户的综合能力和发展前景；第二位是客户规模，这一变量在短期内变化较小，却与企业获利程度成正比；第三位是客户忠诚度，这一变量可以随着企业对客户关系管理的重视而发生巨大变化，这也是企业建立良好客户关系的工作重点。

按照这种分类方法，可以得到八种类型的客户，这八种类型的客户对于企业的重要程度是逐级降低的，企业的工作是使客户逐步升级，如图 2-5 所示。

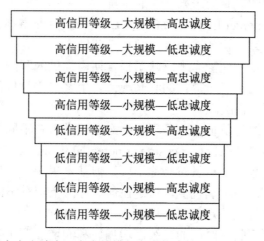

图 2-5　依据客户忠诚度、客户规模与客户信用等级相结合形成的客户等级

总之，客户细分既是客户关系管理理论的重要组成部分，又是重要的客户关系管理工具。它是分门别类研究客户，进行有效的客户评估、合理分配服务资源、成功实施客户策略的基本原则之一，能为企业充分获取客户价值提供理论和方法指导。

第三节　客户价值理论

客户关系管理注重客户价值。企业在管理与客户的关系中发现并提升客户给企业带来的价值，企业也要通过提高客户认知价值来聚焦客户。客户价值理论为客户关系管理提供了管理方向和实施手段。

一、客户价值的定义

一般而言，客户价值应该包括两个方面的内容：一是客户对于企业的价值，二是企业为客户所提供的价值。前者是指从企业角度出发，根据客户消费行为和消费特征等变量所测度出的客户能够为企业创造出的价值。它是企业从客户的购买中实现的收益，是企业进行客户细分的重要标准。后者是指从客户角度出发，对于企业提供的产品和服务，客户基于自身的价值评价标准而识别出的价值。它是客户从企业的产品和服务中得到的需求满足。这一价值在营销学中通常被称为让渡价值或客户识别价值。

二、客户价值理论

1. 企业认知的客户价值

（1）客户当年利润和客户终身价值。

企业曾经把客户当年利润作为衡量客户价值的一个重要指标，计算客户当年利润的缺陷是显而易见的。一是只计算当年带给企业的利润，未考虑整个客户关系生命周期中未来年份里将带来的利润；二是只计算了该客户自身给企业带来的利润，未考虑由该客户的赞扬或抱怨所引发的对企业未来利润的影响。

客户终身价值（customer lifetime value，CLV）带给企业审视客户策略的新视点。一些研究者建议根据客户终身价值选择客户并设计营销方案。客户终身价值与客户当年利润的区别在于：客户当年利润静态地反映了报告期内提供的利润，客户终身价值全程地反映整个客户关系生命周期里所提供的利润现值。用客户终身价值代替当年利润来判定客户的重要性，无疑更具前瞻性。

国内外在使用客户终身价值这一净现值的概念时常常有不同分名称，有的使用客户终身价值，有的使用客户潜在价值（customer potential value，CPV），还有的使用客户全生命周期利润和客户关系价值。虽然名称不同，但基本思想是一样的，都是整个客户关系生命周期中带给企业的净利润现值，只是在计算方法上稍有不同。

（2）狭义客户终身价值的定义与计算。

来自忠诚客户的利润随着时间的延续而增加，利润增加源于基本利润、收入增长、成本节约、口碑效应和价值溢价五个方面。其中，成本的节约又表现在吸引新客户的营销成本减少、交易成本减少等方面。下面以信用卡行业为例，说明客户终身价值的定义、利润与客户流失率的关系。企业为获得一个新客户需要花费50～100美元，最大的成本来自邮寄成千上万的申请表格和说明书（新客户的响应率为2%～3%），其他成本包括信用评估、信用卡保险、数据处理等。新客户开始时很少使用该信用卡，第一年提供的利润很少。当持有人保持这张卡并使用到第二年时，则利润贡献将有较大的增加。使用越久，利润贡献就越大，即客户终身价值就越大。狭义客户终身价值是指在整个客户关系生命周期里因客户自身消费而提供的利润净现值。客户终身价值模型认为，根据客户购买的历史记录和年龄、收入、爱好等特征，估计客户能够与企业保持关系的生命周期长度，并测算在每一单位时间长度内客户为企业带来的利润，加上一个贴现因素，就可以得到该客户的终身价值。用计算公式可表示为

$$CLV = \sum_{t=1}^{n} \frac{P_t}{(1+i)^t}$$

式中，t 为客户关系生命周期，P_t 为第 t 年该客户提供的净利润，i 为银行贴现率。

（3）广义客户终身价值的定义与计算。

用客户终身价值来判别客户的重要程度，这比用客户当年利润做标准已是一大进步。客户终身价值不仅包括了当年带给企业的利润，还考虑了整个客户关系生命周期中未来年份里将带来的利润。但是，狭义客户终身价值的定义与计算方法存在一个严重的缺陷，即只计算了该客户自身给企业带来的利润，未考虑到由该客户的赞扬或抱怨所引发的所有可能客户对企业未来利润的影响。所以，出现了广义客户终身价值的概念。

广义客户终身价值是指在客户关系生命周期里，客户为企业带来的直接利润和间接利润的净现值总和。如何计算广义客户终身价值，一直是个未解的难题。直接利润的计算相对较容易，即使客户未来行为具有不确定性，问题也尚不突出，难点在于间接利润的计算。当一个客户向另一个赞扬或抱怨时，这一情绪会在客户的关系网络中扩散开来，影响其他客户的品牌决策，并且影响程度随着传递层次的扩大而减弱，犹如水波，有学者称为客户波及效应。

计算广义客户终身价值的关键在于间接利润的测算，而对间接利润的测量必然涉及客户波及效应。因客户波及效应具有极大复杂性，而复杂系统理论在此领域的研究才刚起步，理论成果稍多，实证研究极少，还有待于进一步拓展。

2. 客户认知价值

很多学者从不同角度对客户认知价值进行了多层次的研究。

1）4C 理论

美国营销专家罗伯特·劳特朋（Robert Lauterborn）是较早认识到客户价值的学者之一。他对客户价值的阐述主要体现在于 1990 年提出的 4C 理论中。针对传统的营销组合 4P 理论中只是从企业角度出发来制定营销决策，忽视客户真正的价值需求这一现象，劳特朋认为，企业在市场营销活动中应该首先注意的是 4C，这才是客户价值的真正体现。

（1）客户。客户是企业一切经营活动的核心，企业重视客户要甚于重视产品。企业首先要了解、研究、分析客户的需求与欲望，而不是先考虑企业能生产什么产品。

（2）成本。4C 理论认为，客户可接受的价格是企业制定生产成本的决定因素，企业应首先了解客户满足需要与欲求愿意付出多少成本，而不是先给产品定价，即向客户要多少钱。企业要想追求更高的利润，就必须设法降低成本，推动生产技术、营销手段上升到新的水平。

（3）便利。4C 理论强调，企业提供客户的便利比营销渠道更重要。便利，就是方便客户，维护客户利益，为客户提供全方位的服务。便利原则应贯彻于产品售前、售中、售后的营销全过程。4C 理论更重视服务环节，强调企业既出售产品，也出售服务；客户既购买到产品，也购买到便利。

（4）沟通。4C 理论用沟通取代促销，强调企业应重视与客户的双向沟通，以积极的方式体察客户的情感，建立基于共同利益上的新型企业与客户之间关系。双向沟通有利于协调矛盾，融洽感情，培养忠诚的客户。

总起来看，4C 理论注重以客户需求为导向，注重客户的价值需求。与站在生产者角度上的 4P 理论相比，4C 理论有了很大的进步和发展。

2）感知价值理论

泽瑟摩尔（Zaithaml）认为，在企业为客户设计、创造、提供价值时应该从客户导向出发，把客户价值的感知作为决定因素。客户价值是由客户而不是供应企业决定的，客户价值实际上是客户感知价值（customer perceived value，CPV）。他指出，感知价值是主观的，随客户的不同而不同。客户对某一产品的期望价值不仅在不同客户之间会有所差别，而且同一客户在不同时间的期望价值也会不同。这表明客户价值的性质及影响因素在客户与企业交往的不同阶段可能会发生变化。换句话说，激发客户最初购买某种产品的属性可能不同于客户购买后使用过程中的价值标准，后者可能又不同于长期使用过程中的价值决定因素。

泽瑟摩尔在一项探索研究中根据对客户的调查总结出感知价值的四种含义。

（1）价值就是低廉的价格。一些客户将价值等同于低廉的价格，表明在其价值感受中所要付出的货币是最重要的。

（2）价值就是自己想从产品中所获取的东西。与关注付出的金钱不同，一些客户将把从服务或产品得到的利益看成最重要的价值因素。

（3）价值就是自己付钱买回的质量。有的客户将价值概念化为付出的金钱与获得的质量之间的权衡。

（4）价值就是自己的全部付出所能得到的全部。一些客户描述价值时考虑的既有其付出的因素（时间、金钱、努力），还有其得到的利益。

泽瑟摩尔将客户对价值的这四种表达概括为一个全面的定义：感知价值就是将客户所能感知到的利益与其在获取产品或服务时所付出的成本进行权衡后，对产品或服务效用的总体评价。这一定义包含两层内容：首先，价值是个性化的，因人而异，不同的客户对同一产品或服务所感知到的价值并不相同；其次，价值代表着一种效用（收益）与成本（代价）之间的权衡，客户会根据自己感受到的价值作出购买决定，而绝不是仅仅取决于某单一因素。

3）动态客户价值理论

客户价值也可能因适用环境的不同而有所差异，客户在不同时间对价值的评估也可能有所不同。例如，在购买决策之前、实际购买过程之中和产品使用之后，客户对价值的评估可能存在重大差异。因为在不同的时间阶段，客户评判的标准会有所不同。在购买阶段，客户需要比较不同的产品或服务，并选出自己最喜欢的；而在产品的使用中或之后，客户更关心的是所选产品的效用。有关学者将客户价值的这种特性称为动态性。加蒂尔（Gardial）、克莱芒斯（Clemons）、伍德拉夫（Woodruff）、舒曼（Schumann）及伯恩斯（Burns）等人的研究表明，客户在购买产品过程中对价值的感知与使用过程中或之后截然不同。也就是说，不同客户可能有不同的价值感知，而同一客户在不同时刻也会有不同的价值感知，即客户价值具有明显的层次性和动态性。

4）客户让渡价值理论

科特勒是从客户让渡价值和客户满意的角度来阐述客户价值的。今天的客户面对如此众多的产品和品牌、价格和供应商，他们将如何进行选择呢？科特勒指出，客户能够判断哪些供应品将提供最高价值。在一定的搜寻成本、有限的知识、灵活性和收入等因素的限定下，客户是价值最大化的追求者。他们形成一种价值期望，并据此行动。他们会了解供应品是否符合他们的期望价值，这将影响他们的满意度和再购买的可能性。科特勒认为，对客户研究的前提是，客户将从那些他们认为能提供最高客户让渡价值的公司购买商品。

所谓客户让渡价值（customer delivered value），是指客户总价值（total customer value）与客户总成本（total customer cost）之差。客户总价值就是客户从某一特定产品或服务中获得的一系列利益，包括产品价值、服务价值、人员价值和形象价值等。客户总成本是指客户为了购买一件产品或服务所耗费的时间、精神、体力以及所支付的货币资金等，包括货币成本、时间成本、精神成本和体力成本。

由于客户在购买产品时，总希望把有关成本，包括货币、时间、精神和体力等降到最低限度，而同时又希望从中获得更多的实际利益，以使自己的需要得到最大限度的满足。因此，客户在选购产品时，往往从价值与成本两方面进行比较分析，从中选出价值最高、成本最低（客户让渡价值最大）的产品作为优先选购的对象。科特勒将客户总价值与客户总成本进行了具体的细分，因此，企业要想在竞争中战胜竞争对手，吸引更多的潜在客户，就必须以满足客户的需要为出发点，或增加客户所得利益，或减少客户消费成本，或两者同时进行，从而提供比竞争对手具有更多客户让渡价值的产品。只有这样，才能使自己的产品引起客户的注意，进而购买企业的产品。如图 2-6 所示。

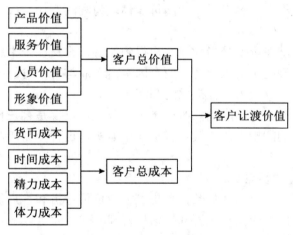

图 2-6　客户让渡价值

5）客户价值过程理论

格罗诺斯（Gronroos）从关系营销的角度阐述客户价值，他认为价值过程是关系营销的起点和结果。关系营销应该为客户和其他各方创造出比单纯交易营销更大的价值。客户必须感知和欣赏持续关系中所创造的价值。由于关系是一个长期的过程，因此客户价值在一个较长的时间内出现，格罗诺斯将此称为价值过程。他认为，将客户感知价值定义为客户根据对付出了什么和得到了什么的感知而对产品的效用作出总的评价，这种看法没有考虑到提供物的关系方面，实际上关系本身对总的感知价值可能有重要影响。在紧密的关系中，客户可能会将重点从独立的提供物转向评价作为整体的关系。如果关系被认为有足够价值，即使产品或服务不是最好的，参与交换的各方可能仍然会达成协议。所以，价值是关系营销中的一个重要概念，企业提供给客户超级价值的能力被认为是 20 世纪 90 年代最成功的战略之一。这种能力已经成为建立持久竞争优势的关键。格罗诺斯认为，在关系范畴中，提供物同时包含核心产品和各种类型的附加服务。因此，考察客户价值的方法是区分提供物的核心价值与关系中额外要素的附加价值。

三、客户价值管理

1. 客户价值管理的含义

这里的客户价值是从企业的角度来着眼的，是企业从与其他具有长期稳定关系并愿意为企业提供的产品和服务承担合适的价格的客户中获得的利润，即客户为企业的利润贡献。客户价值管理就是企业根据客户交易的历史数据，对客户生命周期价值进行比较和分析，发现最有价值的当前客户和潜在客户，通过满足其对服务的个性化需求，提高客户忠诚度和保持率。

客户价值管理将客户价值分为既成价值、潜在价值和影响价值，满足不同价值客户的个性化需求，提高客户忠诚度和保持率，实现客户价值持续贡献，从而全面提升企业盈利能力。

（1）既成价值。既成价值即客户已经实现的价值，由于客户与企业的这种关系会保持一段时间，在该过程中，客户对企业的价值体现为利润增加、成本节约，此外也会对企业的现有销售策略产生影响。

（2）潜在价值。潜在价值是指如果客户得到保持，客户在未来进行的增量购买中将给企业带来的价值。潜在价值主要考虑两个因素：企业与客户可能的持续交易时间和客户在交易期内未来每年可能为企业提供的利润。

（3）影响价值。当客户高度满意时，带来的效应不仅仅是客户自己会持续购买企业产品，而且会通过他们的指引影响其他客户前来购买，这种交易所产生的价值称为影响价值。

2. 客户价值管理的要点

完整的客户价值管理包括客户数据采集、客户价值分析和客户价值管理决策。它是在有效的客户细分基础上的差异化管理。这种管理方式要注意以下几个方面。

1）对客户摒弃普惠制管理和服务

应当选择和锁定自己特定的消费市场，然后基于细分市场客户的喜好和需求有针对性地开发产品和服务组合；同时，针对产品和服务组合不断进行市场反应测试，直到取得稳定、高额的利润回报。

2）按照客户生命周期实施管理

一般而言，客户生命周期可划分为考察期、形成期、稳定期和退化期四个阶段，因此企业必须在客户的各个生命周期阶段考虑实施不同的营销策略。通过了解客户不同生命周期的不同需求，有助于改善实现营销和销售的精确化。例如，在形成期，企业需要聚焦于如何将现有客户培养成高价值客户；在客户进入稳定期后，企业则要加大交叉销售的力度并着手培养客户对企业的忠诚度。

3）建设差异化的销售渠道

虽然在消费者购买决策过程中，渠道的影响力日益上升，但很少有企业从成本效率、消费者偏好以及客户关系建立能力等维度出发，进行渠道差异化的建设，从而经常导致渠道资源配置不当、企业成本结构受损、客户感受削弱。通信企业在这方面算得上是先行者，它们根据客户行为与实际需求建立差异化的销售渠道，然而针对不同的渠道提供不同等级的资源配置支持。

4）内部作业流程与客户的价值取向相匹配

只有使企业的内部作业流程与客户的价值取向（如购买力与消费习惯）高度契合，才能使企业获得更高的客户满意度，进而使企业在营销和客户服务上的投资"物超所值"。否则必然导致企业销售成本增加，客户满意度下降。

5）将呼叫中心视为营销和销售中心

呼叫中心在企业中不应只充当附属服务的成本中心角色，而应该成为更重要的利润中心来实现营销功能，甚至是销售主体。这就需要在适当的时间为呼叫中心的业务人员提供适当的信息。这样，企业完全可以在与客户的互动中实现双赢，也就是说，在提升客户满意度的同时为企业创造丰厚的收益。

客户价值理论为企业客户关系管理策略提供了一定的理论基础，企业通过衡量不同的客户价值将客户细分，进而提供差别化的服务；通过对客户感知价值的理解，企业可以为客户提供产品以外的超值接触体验，针对不同的客户关系采用不同的策略，从而实现客户感知价值和企业利润最大化之间的平衡，为客户关系管理拓宽新的营销和服务思路，促进客户关系良性循环发展。

第四节　客户关系生命周期理论

一、客户关系生命周期的内涵

与产品生命周期和企业生命周期一样，客户与企业的关系也有一个从建立到消亡的迁移工程。在这一过程的各个阶段，客户表现出不同的市场特征，企业也需要有不同的个性化营销策略，这就为客户关系管理不同阶段的管理方案提供了理论依据。

客户关系生命周期通常又称为客户生命周期，是客户关系水平随时间变化的发展轨迹。它直观地揭示了客户关系从一种状态向另一种状态运动的阶段性特征。具体地说，客户关系生命周期是指从某一客户欲对企业进行了解或企业欲对某一客户进行开发开始，直到该客户与企业的业务关系完全终止，且与之相关的事宜完全处理完毕的这一时间段。

二、客户关系生命周期的阶段划分

客户关系生命周期的阶段划分是客户关系生命周期研究的基础。根据国内外学者的研究，可以依据关系的不同把客户关系生命周期划分为考察期、形成期、稳定期和退化期四个阶段，如图 2-7 所示。下面就以客户生命周期曲线为依据介绍各阶段的关系特征。

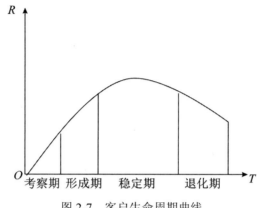

图 2-7　客户生命周期曲线

1. 考察期

考察期是客户关系的探索和实验阶段。企业会把某一特定区域内所有客户作为潜在客户进行调研，以便确定出可开发的目标客户。在这一阶段，双方考察和测试目标的相容性、对方的诚意、对方的绩效，考虑如果建立双方长期合作关系。双方相互了解不足、不确定性是考察期的基本特征，评估对方的潜在价值和降低不确定性是这一阶段的中心目标。在这一阶段客户会下一些尝试性的订单，企业与客户开始交流并建立联系。客户要对企业的业务进行了解，企业要对其进行相应的解答。此时，企业对客户关系投入成本，但客户尚未对企业作出大的贡献。

2. 形成期

形成期是客户关系的快速发展阶段。企业成功开发目标客户后，客户已经与企业发生业务往来，并且业务在逐步扩大。双方关系能进入这一阶段，表明在考察期间双方对彼此满意，并建立了一定的相互信任和依赖。在这一阶段，双方从关系中获得的回报日趋增多，相互依赖的范围和深度也在日益增加，并逐渐认识到对方有能力提供令自己满意的价值（或利益），履行其在关系中担负的职责，因此愿意承诺一种长期关系。在这一阶段，随着双方相互了解和信任的不断加深，关系日趋成熟，双方的风险承受意愿增加，由此双方的交易不断增加。此时企业的投入与开发期相比要小得多，主要是发展投入，目的是进一步融洽与客户的关系，进一步扩大交易量。此时客户已经开始为企业作贡献，企业从与客户的交易中获得的收入已经大于投入，开始盈利。

3. 稳定期

稳定期是客户关系发展的最高阶段。在这一阶段，双方或含蓄或明确地对持续长期关系作了保证。这一阶段双方对对方提供的价值高度满意，并为能长期维持稳定的关系都作了大量有形和无形的投入，交易量很大。因此，在这一时期双方的相互依赖水平达到了整个关系发展过程中的最高点，双方关系处于一种相对稳定状态。此时，企业的投入较少，客户为企业作出较大的贡献，企业与客户的交易量处于较高的盈利时期。

4．退化期

退化期是客户关系发展过程中关系水平逆转的阶段。关系的退化并不总是发生在稳定期后的第四阶段，实际上，在任何一个阶段关系都可能退化。引起关系退化的可能原因很多，如一方或双方经历了一些不满意的交易、需求发生变化等。退化期会出现交易量下降，一方或双方正在考虑结束关系甚至物色候选关系伙伴，开始交流结束关系的意图等。当客户与企业的业务交易量逐渐下降或急剧下降，客户自身的总业务量却并未下降时，说明客户关系已进入衰退期。此时，企业有两种选择：一是加大对客户的投入，重新恢复与客户的关系，进行客户关系的二次开发；二是不再作过多的投入，渐渐放弃这些客户。这两种不同选择自然会有不同的投入产出效益。当客户不再与企业发生业务关系，且企业与客户之间的债权债务关系已经得到清理意味着客户生命周期的完全终止。此时，企业有少许成本支出而无收益。

在客户关系生命周期中，考察期、形成期、稳定期的客户关系水平依次增高，稳定期是企业期望达到的理想阶段，但客户关系的发展具有不可跳跃性，客户关系必须经过考察期、形成期才能进入稳定期。

三、客户关系生命周期各阶段的特征与管理重点

客户关系生命周期各阶段所表现出的特征各不一样，所对应的管理重点也有所不同。

1．考察期的特征与管理重点

在考察期，由于客户关系的极不确定性，客户只是试探性地下少量订单，交易量和交易额都很小，带给企业的利润也很少。这时的管理重点应该体现在重视商品品牌的丰富性，重视产品与服务质量，重视客户对企业提供的商品服务价格的认同，重视提供商品以外的免费服务等非物质利益。

2．形成期的特征与管理重点

随着双方信任的增加和客户承受风险能力的提高，形成期的交易量和交易额快速上升，营销成本下降，利润迅速增加。这时，客户对企业的价值观已经逐渐认同，支付意愿随着客户关系水平的提高而不断提高。此时的管理重点应继续体现在重视商品品牌的丰富性，重视产品与服务质量，提供商品以外的免费服务等非物质利益。

3．稳定期的特征与管理重点

在稳定期，双方的交易量和交易额都达到最大并可能维持一段较长的时间。这时，企业的营销成本、服务成本和交易成本随着客户关系的发展明显下降，企业利润大幅度提高。营销成本下降的主要原因是客户维系成本低于客户开发成本。服务成本下降是因为随着对客户了解的加深和服务经验的积累，服务效率不断提高。交易成本下降是因为规模效应和交易效率提高以及沟通监督成本降低。此外，稳定客户的口碑效应也会给企业节约大量成本，带来间接效益的增加。随着企业与客户的沟通越来越充分，相互了解不断增进，企业对客户独特需求的理解越加深刻，为客户提供的服务和信息也更具个性化、更有价值，为此客户愿意支付更高的价格。这一阶段的管理重点是继续重视商品品牌的丰富性，提供商品以外的非物质利益，更要重视人员服务以及与客户间接互动和沟通接触的机会。

4．退化期的特征与管理重点

在退化期，由于双方关系出现了问题，交易量回落，交易额和利润迅速降低。此时，客户往往对公司提供的价值不满意，支付意愿一般是下降的。这时企业的管理重点是挽留客户，使关系恢复。企业通常的做法是纠正曾对客户犯下的错误并提供补偿。如果无法挽留客户就需要解除与客户的关系，企业需要认真总结客户流失的原因，并对自身存在缺陷进行改进或对未来的营销策略进行调整。

四、客户关系生命周期模式的分类

图 2-7 描述的是一个具有完整四个阶段的、理想的客户生命周期模式，考察期和形成期相对较短，稳定期持续时间较长。但是，客户关系并不总能按照企业期望的这种轨迹发展，客户关系生命周期模式存在多种类型，不同的类型带给企业不同的利润，代表不同的客户关系质量。客户关系的退化可以发生在考察期、形成期和稳定期三个阶段内的任一时点，在稳定期前期退化和后期退化的生命周期模式也有显著差异。因此根据客户关系退化所处的阶段不同，可将客户关系生命周期模式分成四种类型。下面分析四种客户生命周期模式的原因，如图 2-8 所示。

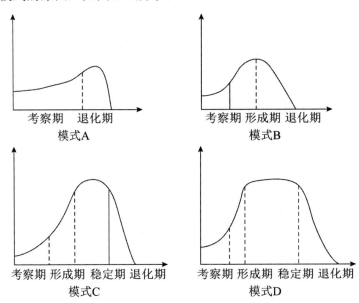

图 2-8　客户生命周期模式类型

1．模式 A

模式 A 是客户关系没能越过考察期就进入退化期，为早期客户关系退化。造成早期客户关系退化的原因有以下两种。

（1）企业提供的价值达不到客户的预期，客户认为企业没有能力提供令其满意的价值。也许客户只是对有限次购买中的一次购买不满意，但这时客户对企业的基本信任尚未建立起来，也没有转移成本，客户关系非常脆弱，一旦不满意，客户很可能直接退出关系。

（2）企业认为客户没有多大的价值，不愿与其建立长期关系。

模式 A 代表的是一种常见的客户关系形态，因为在巨大的企业与客户之间的多元化关系网络中，经过双向价值评估和选择后，能够进入二元关系的毕竟是少数。

2. 模式 B

客户关系越过了考察期，但没能进入标志着关系成熟的稳定期而在形成期中途夭折。客户关系能进入形成期表明双方对此前关系的价值是满意的，曾经建立了一定的相互信任，客户关系中途夭折最可能的原因是企业不能满足客户不断提升的价值预期。对生命周期不同阶段的研究表明，客户对价值的预期是不断提升的，企业提供的价值必须不断地满足客户的预期，并达到或超过最好可替代企业的水平，客户关系才能进入稳定期。客户关系中途夭折，说明企业虽然在前期能提供比较好的公共价值，如较高的产品质量、适中的价格、较及时的交货、较好的售后服务和技术支持等，但由于不了解客户的真正需求或受自身核心竞争能力的限制，无法给客户提供个性化增值。个性化增值是客户关系发展到一定程度时客户的必然要求，一个企业如果不能满足客户的这种要求，将始终无法成为客户心目中最好的企业，客户则会积极寻找更合适的企业，一旦发现更合适的可替代企业，客户便从现有关系中退出，转向新的企业。

3. 模式 C

客户关系进入了稳定期但没能持久保持，而在稳定期前期退出。造成客户关系没能持久保持的原因主要有以下两种。

（1）企业持续增值创新能力不够。客户关系要长久保持在高水平的稳定期，企业必须始终提供比竞争对手（最合适的可替代企业）更高的客户价值。个性化增值是提高客户价值的有效途径，它建立在客户充分沟通、对客户需求深刻理解和客户自身高度参与的基础上，具有高度的不可模仿性，增值创新能力实际就是企业个性化增值的能力。企业由于受自身核心竞争能力的限制，或者不能及时捕捉客户需求的变化，或者没有能力持续满足不断变化的个性化的客户需求，从而引起客户的不满，失去客户的信任，导致客户关系退化并最终退出。

（2）客户认为双方从关系中获得的收益不对等。当客户关系发展到很高水平时，客户对价值的评价不再局限于自身从关系中获得的价值，同时也会对企业从关系中获得的价值作出评价。如果客户发现自身从中获得的价值明显低于企业从中获得的价值，将认为双方的关系是不公平的。对等双赢才是关系可持续发展的基础，因此，一旦客户认识到关系的不公平性，客户关系就会动摇，久而久之，关系就可能破裂。

4. 模式 D

客户关系进入稳定期并在稳定期长久保持。客户关系能长久保持在稳定期，可能的原因有以下三个。

（1）企业提供的客户价值始终比竞争对手高，客户一直认为当前企业是他们最有合作价值的企业。

（2）双方关系是双赢的，客户认为关系是公平的。

（3）客户有很高的经济和心理转移成本。转移成本是一种累积成本，客户关系发展到高水平的稳定期时，客户面临着各种很高的转移成本，如专有投资、风险成本、学习成本和被学习成本等，因此即使企业提供的价值一时达不到客户的预期，客户也不会轻易退出，此时，转移成本成为阻止客户退出关系的关键因素。当客户关系出现问题时，转移成本的这种作用为企业提供了良好的修复客户关系的机会。

模式 D 是企业期望实现的一种理想的客户关系生命周期模式，这种客户关系能给企业带来更多的利润。需要说明的是，实际中客户关系的发展一般不完全一帆风顺，常常有一些波折，但只要企业能有效调整客户关系管理策略，客户关系仍会回到正常的发展轨道。

客户是企业最重要的资产，谁拥有了高质量的客户谁就掌握了主动，所以，客户群的质量决定了企业的竞争能力。而客户群的关系生命周期结构（全体客户关系生命周期模式类型的构成）决定了客户群的质量，一个企业的客户群中如果大部分有价值的客户的关系生命周期模式属于长久保持型（模式 D），那么该企业在生产竞争中必然处于优势地位；反之，则未必。

客户关系生命周期模式的分类为企业诊断客户群的质量提供了一个很好的分析工具，根据诊断的结果，企业可以更有针对性地制定客户关系管理的战略目标和实施方案。

思 考 题

1. 什么是关系营销？关系营销与传统营销有什么区别？
2. 简述一对一营销的过程。
3. 简述数据库营销的比较优势。
4. 如何进行客户细分？
5. 什么是狭义客户终身价值？如何计算？
6. 如何进行客户价值管理？
7. 客户关系生命周期分为哪几个阶段？各阶段分别有什么特点？

案例分析

第三章

客户关系管理技术基础

在美国所有的经济成就中，有 2/3 是通过信息处理活动后的正确决策取得的。

——美国前总统卡特

信息是企业的生命。在国内外市场竞争日趋激烈的环境下，信息是决定公司乃至整个国家上下沉浮的关键所在。

——日本企业界

学习目标

1. 掌握客户关系管理系统的理论
2. 掌握呼叫中心的理论及应用
3. 掌握数据仓库的理论及应用
4. 掌握数据挖掘的理论及应用

案例导入

第一节　客户关系管理系统

一、客户关系管理系统的定义和主要特点

（一）客户关系管理系统的定义

客户关系管理系统以对客户数据的管理为核心，客户数据库是企业重要的数据中心，记录企业在市场营销与销售过程中和客户发生的各种交互行为，以及各类有关活动的状态，提供各类数据模型，为后期的分析和决策提供支持。通俗地说，客户关系管理系统就是利用软件、硬件和网络技术，为企业建立一个客户信息收集、管理、分析、利用的信息系统。

具体地说，一个合格的客户关系管理系统能够做到以下工作。

（1）帮助记录、管理所有公司与客户打交道过程中的记录，并且能够通过分析、辨别哪些客户是值得努力的，以及这些客户都有哪些特点、哪些趋势。这对充分理解客户很有用。

（2）实现自动化管理，动态地跟踪客户需求、客户状态变化到客户订单，能够记录各种客户意见。

（3）可以通过某些自动的电子渠道（如短信、电子邮件、网站等）承担某些机械化的任务。

（二）客户关系管理系统的主要特点

客户关系管理系统是以最新的信息技术为手段，运用先进的管理思想，帮助企业最终实现以客户为中心的管理模式。一个完整的客户关系管理系统应当具有综合性、集成性、智能化和高技术含量等特点。

1. 综合性

完整意义上的客户关系管理系统不仅使企业拥有灵活有效的客户交流平台，而且使企业具备综合处理客户业务的基本能力，从而实现基于互联网和电子商务应用的新型客户管理模式。它能综合企业客户服务、销售和营销行为为优化的自动化要求，在统一的信息库下开展有效的客户交流管理，使得交易流程成为综合性的业务操作方式。

2. 集成性

在电子商务背景下，客户关系管理系统具有与企业资源规划、供应链管理、计算机集成制造、财务等系统集成能力。对于企业而言，只有实现了前后端应用系统的完全整合，才能真正实现客户价值的创造，如客户关系管理与企业资源规划的集成。企业资源规划的实施给企业带来内部资源的优化配置，客户关系管理则从根本上改革企业的管理方式和业务流程，因其具备的强大工作引擎，其解决方案可以确保各部门、各系统的任务都能动态协调和无缝完成。例如，客户关系管理系统中的销售自动化系统，能够及时向企业资源规划系统传送产品数量和交货日期等信息，营销自动化和在线销售组件，可使企业资源规划订单与配置功能发挥到最大，客户可以真正实现按需要配置产品，并现场进行订购。

3. 智能化

成熟的客户关系管理系统不仅能完全实现商业流程的自动化，而且还能为管理者的决策提供强大的支持。因为客户关系管理获得并深化了大量客户的信息，通过成功的数据仓库建设和数据挖掘对市场与客户需求展开了完善的智能分析，为管理决策提供参考信息，从而提高管理者经营决策的有效性。此外，客户关系管理的商业智能还可以改善产品的定价方式，提高市场占有率，发现市场机会。

4. 高技术含量

客户关系管理系统涉及种类繁多的信息技术，如数据仓库、网络、语音、多媒体等多种先进技术，同时为实现与客户的全方位交流，在方案布置中要求呼叫中心、销售平台、远端销售、移动设备及基于互联网的电子商务站点的有机结合，这些不同技术和不同规则的功能模块和方案被结合为一个统一的客户关系管理环境，这就要求不同类型的资源和专门的先进技术的支持。此外，客户关系管理为企业提供的数据知识的全面解决方案中，要通过数据挖掘、数据仓库和决策分析工具的技术支持，才能使企业理解统计数据和客户关系管理、购买行为等的关系，在整合不同来源的数据并以相关的形式提供给企业管理者或客户方面，IT 技术的影响是巨大的，当然也是最终的。

二、客户关系管理系统结构

客户关系管理系统结构分三个层次、三个系统功能及四个管理子系统，如图 3-1 所示。

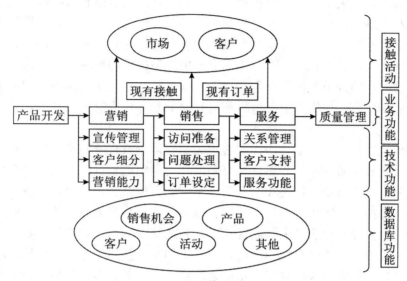

图 3-1 客户关系管理系统模型

1. 客户关系管理的三个层次

从逻辑模型的角度来讲，一个完整的客户关系管理系统可以分为三个层次。

（1）界面层是客户关系管理系统同客户或用户进行交互、获取或输出信息的接口。通过提供直观的、简便易用的界面，客户或用户可以方便地提出要求，得到所需要的信息。

（2）功能层由执行客户关系管理基本功能的各个系统构成，各分系统包含若干业务，这些业务可构成业务层，业务层之间又是有顺序的、并列的。这些分系统包括客户销售管理分系统、客户市场管理分系统、客户支持服务管理分系统。

（3）支持层则是指客户关系管理系统所用到的数据库管理系统、操作系统、网络通信协议等，是保证整个客户关系管理系统正常运作的基础。

2. 客户关系管理的三个系统功能

美国调查研究机构麦塔集团（Meta Group）把客户关系管理按系统功能分成三类，即运营型客户关系管理、分析型客户关系管理和协作型客户关系管理。

（1）运营型客户关系管理。运营型客户关系管理又称操作型客户关系管理、前台客户关系管理，是指与企业业务运营紧密相关的销售部、客户服务部、市场营销部、呼叫中心及企业的客户信用部。运营型客户关系管理的目的是让这些部门的业务人员在日常的工作中能够共享客户资源、减少信息流动滞留，从而力争把一个企业变成单一的虚拟个人呈现在客户印象中，它是客户关系管理软件中最基本的应用模块。它通过基于角色的关系管理工作平台实现员工的授权和个性化，使前台交互系统和后台的订单执行可以无缝集成链接，并同步所有客户的交互活动，以此使相关部门的业务人员在日常的工作中能够共享客户资源。减少信息流动的滞留点，从而使企业作为一个统一的信息平台面对客户，大大减少客户在与企业接触过程中产生的种种不协调。运营型客户关系管理主要包括销售自动化、营销自动化、服务自动化。

（2）分析型客户关系管理。分析型客户关系管理是以数据仓库和数据挖掘为基础，支持、发掘和理解客户行为。主要原理是将交易操作所积累的大量数据进行过滤，然后存储到数据仓库中去，再利用数据挖掘技术建立各种行为预测模型，最后利用图标、曲线等对企业各种关键运行指标及客户市场分割情况向操作型模块发布，达到成功决策的目的。应用此模块的人员不同客户直接接触，而是从运营型系统所产生的大量数据中提取有价值的各种信息，如销售情况分析和对将来的趋势作出的必要预测，是一种企业决策支持工具。

（3）协作型客户关系管理。协作型客户关系管理一般有呼叫中心、客户多渠道联络中心、帮助台及自助服务帮助导航，具有多媒体、多渠道整合能力的客户联络中心是其主要发展趋势。它将市场、销售和服务三个部门紧密地结合在一起，支持它们之间的协作，使企业各个部门之间协作畅通，数据一致，从而使客户关系管理为企业发挥更大的作用。它能够让企业客户服务人员同客户一起完成某项活动，如支持中心人员通过电话指导客户修理设备，因为这个修理活动要由员工和客户共同参与，因此是协同的。

有人用形象的比喻来说明这三个功能之间的关系。若将客户关系管理系统比作一个人，那么分析型功能就好像是人的大脑，运营型功能就好像是人的手和脚，而协作型功能就好像是人的感觉器官。

3. 客户关系管理的四个管理子系统

一个完整、有效的客户关系管理应用系统可以划分为协作管理子系统、业务管理子系统、分析管理子系统（商业智能）及应用集成管理子系统。

（1）协作管理子系统。在协作管理子系统中，主要实现客户信息的获取、传递、共享和应用。支持呼叫中心、直接沟通、传真、移动销售、电子邮件、网页服务及其他营销渠道等多种联系渠道的紧密集成，支持客户与企业的充分互动。实现协作管理子系统的核心技术是集成多种客户联系渠道的客户服务中心的创建。

（2）业务管理子系统。在业务管理子系统中，主要实现基本商务活动的自动化、销售自动化和客户自动化三个功能模块。随着移动技术的快速发展，销售自动化可以进一步实现移动销售，客户服务自动化则将实现对现场服务的支持。业务管理子系统的核心技术是能支持业务流程自动化的工作流技术。

（3）分析管理子系统。在分析管理子系统中，将实现客户数据仓库、数据集市、数据挖掘等工作，在此基础上实现商业智能和决策分析。实现分析管理子系统的核心技术是数据仓库和数据挖掘技术。客户关系管理系统中商业智能的作用主要体现在：帮助企业准确地找到目标客户群，帮助企业在最合适的时机以最合适的产品满足客户需求，帮助企业根据客户生命周期价值对现有客户进行划分，帮助企业结合最新信息和结果制定出新策略。

（4）应用集成管理子系统。在应用集成管理子系统中，将实现与企业资源规划（ERP）、供应链管理（SCM）等系统的紧密集成，乃至实现整个企业应用集成。实现应用集成管理子系统的核心技术是企业应用集成技术。

在上面所讨论的四个子系统的支持下，客户关系管理系统应能实现与客户的多渠道紧密联络，实现对客户销售、市场营销、客户支持与服务的全面管理，实现客户基本数据的记录、跟踪，实现客户订单的流程追踪，实现客户市场的划分和趋势研究，实现在线数据联机分析以支持智能决策，实现与 ERP、SCM、办公自动化等系统的集成。

三、客户关系管理软件系统模块

1. 销售人员自动化

销售人员自动化模块主要是提高专业销售人员大部分活动的自动化程度，因为销售人员是企业信息的基本来源，必须有获得最新现场信息和将信息提供给他人的工具。该模块是客户关系管理中最基本的模块，可提高销售过程的自动化程度，并向销售人员提供工具，提高其工作效率。其功能包括日历和日程安排、联系和客户管理、佣金管理、商业机会和传递渠道管理、销售预测、建议的产生和管理、定价、区域划分、费用报告等。销售人员与潜在客户的互动行为、将潜在客户发展为真正客户并保持其忠诚度是使企业盈利的核心因素。销售人员自动化常被拓展为销售预测、客户名单和报价管理、建议产生及盈亏分析。

2. 营销自动化

营销自动化为营销提供独特的能力，如营销活动计划的编制和执行、计划结果的分析、清单的产生和管理，预算和预测、营销资料管理、营销百科全书（关于产品、定价、竞争信息等的知识库），对有需求客户的跟踪、分销和管理。它不局限于提高销售人员活动的自动化程度，而且为营销及其相关活动的设计、执行和评估提供详细的框架，包括客户产生、客户获取和管理、商业活动管理及电话营销。初步的大众营销活动被用于首次客户接触，接下来是针对具体目标受众的更加集中的商业活动。个性化很快成为期望的互动规范，客户的喜好和购买习惯被列入考虑范围，旨在更好地向客户营销。带有有关客户特殊需求信息的目录管理和一对一营销成为趋势。市场营销迅速从传统的电话营销转向网站和电子邮件。这些基于 Web 的营销活动给潜在客户更好的客户体验，使潜在客户以自己的方式、在方便的时间查看他们需要的信息。

3. 客户服务与支持

客户服务与支持对客户来说是极为关注的内容，因此对企业来说是极为重要的内容。客户服务与支持主要是通过呼叫中心和互联网来实现。在满足客户个性化的要求方面，它们是以高速度、准确性和高效率来完成客户的各种要求。客户关系管理系统中强有力的客户数据通过多种渠道（如互联网、呼叫中心）使销售变为可能，当把客户服务与支持功能同销售、营销功能比较好地结合起来时，就能为企业提供很多好机会，向已有的客户销售更多的产品。其内容包括客户关怀，纠纷、次货、订单跟踪，现场服务，问题及解决方法的数据库，维修行为安排和调度，服务协议和合同，服务请求管理等。

4. 商业智能

商业智能是利用数据挖掘、知识发现等技术分析和挖掘结构化的、面向特定领域的存储于数据仓库内的信息，它可以帮助用户认清发展趋势、识别数据模式、获取智能决策支持、得出结论。在客户关系管理系统中，商业智能主要是指客户智能。利用客户智能可以收集和分析市场、销售、服务和整个企业的各类信息，对客户进行全方位地了解，从而理顺企业资源与客户需求之间的关系，提升客户的满意度和忠诚度，实现获取新客户、支持交叉销售、保持和挽留老客户、发现重点客户、支持面向特定客户的个性化服务等目标，提高盈利能力。

四、客户关系管理系统的实施

1. 客户关系管理系统的实施目标

客户关系管理系统的实施在一定程度上改变了企业对市场以及客户的看法。过去，企业把发展新客户看作扩大市场的关键因素。现在，企业不但要重视新客户的发展，更要注重对原有客户的保持和对其潜力的发掘。通过对客户交往的全面记录与分析，不断加深对客户需要的认识，开发现有客户存在的购买潜力，达到进一步提高销售额、降低成本、增加利润率、提高客户满意程度的目标。通常，企业实施客户关系管理系统欲想达到以下几个目标。

（1）提高销售额。利用客户关系管理系统提供的多渠道的客户信息，确切了解客户的需求，增加销售的成功概率，进而提供销售收入。

（2）增加利润率。由于对客户的更多了解，业务人员能够有效地抓住客户的兴趣点、有效地进行销售，避免盲目的以价格让利取得交易成功，从而提高销售利润。

（3）提高客户满意程度。客户关系管理系统提供给客户多种形式的沟通渠道，同时又确保各类沟通方式中数据的一致性与连贯性，利用这些数据，销售部门可以对客户要求作出迅速而正确的反应，让用户在对购买产品满意的同时，也认可并愿意保持与企业的有效沟通关系。

（4）降低生产销售成本。由于企业对客户进行了具体甄别和群组分类，并对其特性进行了分析，使市场推广和销售策略的制定与执行避免了盲目性，节省了时间和资金。

2. 客户关系管理系统的实施步骤

客户关系管理系统要按照计划步骤实施。本着循序渐进的原则，该系统可分为六个阶段，即规划期、选型期、设计期、试用期、安装期和监测期。

（1）规划期。拟定项目实施方案，选定合作伙伴。

（2）选型期。在决定利用客户关系管理应用软件之前，企业管理层必须清楚地知道自己对管理信息的需求以及要达到的目标，对企业存在的问题有客观的认识，对新系统的期望有清晰的描述。

（3）设计期。在这个时期，企业应与软件公司进行广泛而深入的接触，工作流程的转变和信息管理工作的规范在这一阶段显得尤为重要。这时，最需要考虑的阻力往往来自员工对于旧的工作模式的习惯和新工作模式的抵触，因此，流程设计的合理性与否对于整个项目的实施有决定性的作用。

（4）试用期。企业在经过与软件公司就系统的功能进行详细而切实的讨论之后，就可进行工作流程的调整。并在软件公司进行了客户关系管理产品的客户化工作之后，于该段时间对客户关系管理产品的本企业版进行试用。

（5）安装期。经过以上几个阶段的工作以后，企业版的客户关系管理产品可进入大规模的安装阶段。

（6）监测期。对客户关系管理系统进行有效的监测是企业实施客户关系管理的重点工作。客户关系管理要与现有信息系统很好的集成，这要求企业除了在网络维护方面拥有自己的技术人才外，还应该重视培养自己的客户关系管理专家。通过局部的实施应用培养出自己的实施顾问后，对今后企业以点带面地推广客户关系管理可以起到事半功倍的作用，还可以大大减少实施费用、缩短实施周期。

3. 客户关系管理项目实施应考虑的因素

要引导客户关系管理项目实施走上成功的道路，管理者和项目发起者需要在项目启动前对以下几个方面进行思考。

（1）客户关系管理系统的实施，要考虑企业现阶段是否达到客户关系管理开始产生效益的最低客户量。客户关系管理的运作本身是要成本的，如果企业的客户基础比较薄弱，那么客户关系管理能带来的收益可能甚至不能弥补客户关系管理系统运作的费用，在这种情况下实施客户关系管理系统是非常不明智的。在考虑是否实施的时候，企业需要进行成本收益分析，来确定客户关系管理系统是否能为企业带来效益。

（2）客户关系管理的实施要考虑资金状况。由于客户关系管理的资金需求比较大，故在投资前，中小企业应认真考虑企业的资金链是否能承受巨额资金的投入。根据国外经验，就整个客户关系管理系统项目的费用而言，软件一般占 1/3，咨询、实施、培训的费用占 2/3。另外，特别要考虑系统升级和改变系统所需的费用。由于客户关系管理软件具有模块组装的特性，正好符合中小企业通常习惯的渐进式投资方式，所以可缩短投资回报周期，从而最大限度缓解资金的需求压力。当然，中小企业有一个新的选择，那就是在线客户关系管理。在线客户关系管理的一次性投入较少，企业可以通过按月付费给提供商来使用它。但在线客户关系管理的缺点也是很明显的，就是无法进行定制，对于那些特殊流程比较多的企业，实施在线客户关系管理并不是一个好的选择。

（3）客户关系管理系统的实施要了解 IT 基础设施和软件应用情况。每个企业都处于技术应用周期的特定位置，企业的起点和应用需求有较大的差异。在投资客户关系管理系统之前，企业要了解公司硬件系统和电子邮件服务器、局部网和广域网等必备的 IT 基础设施，以及前期投入的软件应用情况。如果企业 IT 基础设施和软件应用不足以支撑客户关系管理实施的话，就需要先对 IT 基础设施进行补充，再进行客户关系管理系统的实施。

4. 成功实施客户关系管理系统的关键

（1）正确认识客户关系管理。客户关系管理是一个管理工程，并不仅仅是一种软件或技术，因此它需要企业高层重视。高层领导的参与可以更好地使客户关系管理系统与企业的管理制度、管理流程相配套，可以更好地协调各业务部门的资源，使各业务环节变得更加通畅，甚至有时可以站到公司的角度上，以行政命令督促各业务单位的应用。高层领导必须对项目有相当的参与程度，进而能够对项目实施有一定的理解，这样才能把客户关系管理系统所要实现的目标、业务范围等信息传递给相关部门和人员。

（2）部署客户关系管理系统要坚持以人为本，要让员工满意。很多员工对客户关系管理软件的认识是数据的收集工具，使用客户关系管理软件会束缚自己的手脚，对部署客户关系管理系统都存在排斥心理。所以，在从上至下的系统应用规划建立以后，使员工能够理解企业应用客户关系管理系统的目的以及应用客户关系管理系统能够真正为员工解决哪些问题，也是至关重要的。有关专家经过研究发现，当客户关系管理的目标与员工一致时，将极大地提高客户关系管理的成功率，而如果从股东利益最大化出发，对于客户关系管理成功的促进作用仅为1%。

（3）实施客户关系管理系统要有明确的规划与目标。制定规划与目标时，既要考虑企业内部的现状和实际管理水平，也要着眼于外部环境的变化。企业一定要明白建立客户关系管理系统的目的是什么，是竞争的需要还是要建立与客户之间的密切关系。只有清楚自己实施客户关系管理系统的初衷，才能制订出与自身相匹配的客户关系管理系统实施计划，这是成功实施客户关系管理系统的关键一步。

（4）选择一家经验丰富的服务商来组织实施。这样的服务商知道如何系统地帮助企业完成业务流程梳理，建立以客户为中心的精细化业务规则，完善客户价值评估体系；懂得如何克服、规避项目实施风险和保障企业数据安全等。这样在实施过程中，双方可密切配合，把实施的过程规范和细化，保证项目的层次推进和效率，从而有效地控制风险。

第二节　呼叫中心技术

一、呼叫中心概述

呼叫中心一词来源于英文 call center，在我国经常被称为客户服务中心（customer care center）。随着企业运营思想的改变，特别是客户关系管理在企业中的出现及其应用范围的不断扩展，呼叫中心也逐渐形成了一个巨大产业，被广泛运用于电信、金融、航空、证券、保险等服务行业，更有人将呼叫中心的客户服务内容视为客户关系管理的最典型应用。由此可见，呼叫中心在客户关系管理中所扮演的角色是相当重要的。

（一）呼叫中心的定义

当人们想咨询某企业的产品或服务时，可以拨打企业的服务专线，使得企业能够以最快的方式为客户提供满意的服务，反过来政府或企业组织也能够通过服务热线、投诉热线等手段主动向客户提供服务，这些服务方式与机制就是呼叫中心的基本应用。过去，由于呼叫中心一直是以电话为主要联系媒介，因此呼叫中心一度被称为电话客户服务中心。科学技术发展到今天，人们相互交流的渠道和媒介早已发生了极大的变化，出现了包括声音、E-mail、Web 文字和 IT 电话等多种媒体联系方式，呼叫中心的概念得到了进一步发展。例如，呼叫中心是基于 CTI 技术的信息机构呼叫中心，是企业处理大量呼出呼入电话的场所；呼叫中心是企业的信息收集与分类组织等，因此，现在的呼叫中心功能远远超出了先前定义的范围。

无论呼叫中心的内容如何更新，其内涵都未改变，依然是企业为实现低成本、高效率、高质量的服务而建立的客户服务机构。企业若要设计出满足客户需求的产品和服务，并以客户喜爱的方式提供给他们，就必须深入收集客户数据，并针对客户需求将信息加以分类。因此，企业一定要利用有效技术和设备来完成对客户信息的收集工作，通过与客户交流等多种途径收集数据，然后将其按照可用的方式组合在一起，通过数据仓库和数据挖掘等工具协助发现客户的类型和需求方向。在这里，呼叫中心将作为企业与客户联络、交流的工具，发挥其分析、传递数据的作用。因此，可以从以下两个角度认识呼叫中心。

从管理方面，呼叫中心是指一个促进企业营销、市场开拓并为客户提供友好的交互式服务的管理与服务系统。它作为企业面向客户的前台，面对的是客户，强调的是服务，注重的是管理，是企业理顺与客户之间的关系并加强客户资源管理和企业经营管理的渠道，它可以提高客户满意度，完善客户服务，为企业创造更多的利润。

从技术方面，呼叫中心是指一种基于 CTI 技术将通信网和计算机网有机集成起来，并利用现代网络技术向客户提供的一种交互式客户服务系统。现代呼叫中心充分利用通信网和计算机网的多项功能集成，与企业各业务渠道连成一体，有效地为客户提供完整的综合信息服务。

（二）呼叫中心架构

随着呼叫中心相关技术的发展，呼叫中心的功能日益丰富，其组成结构也日益复杂。一个完整的呼叫中心系统通常由这样几个部分组成：智能网络、具有自动呼叫分配功能的 PBX（private branch exchange，程控交换机）、CTI 系统、IVR 系统（integrated voice response，交互式语音应答系统、自动语音应答系统）、人工座席/业务代表服务系统、来话呼叫管理系统、去话呼叫管理系统、数据库服务器、数字录音质检系统、呼叫管理系统，如图 3-2 所示。

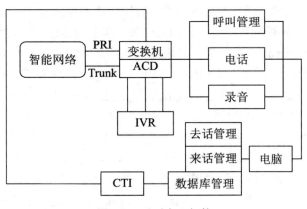

图 3-2　呼叫中心架构

1. 智能网络

智能网络（intelligent network，IN）是呼叫中心依托的通信基础设施，它可以根据企业的需要制定不同的路由策略，如提供 800 免费呼叫服务，支持虚拟专用网等，还可以提供自动号码识别（automatic number identification，ANI）和被叫号码识别服务（dialed number identification service，DNIS）功能。ANI 允许呼叫中心的业务代表在收到语音呼叫的同时，在屏幕上看到有关呼叫者的信息，加快呼叫的处理过程。DNIS 则允许企业通过一组共用线路处理不同的免费呼叫号码，还可以将若干号码通过一个公共中继群接入，根据呼叫方所拨的号码分别处理，并通过它直接得知用户想要的服务。

2. 具有自动呼叫分配功能的 PBX

PBX 是呼叫中心与外界发生联系的主要通道和桥梁，它对外提供与市话局中继线（一般为 EI 数字中继）的接口，对内提供与连接坐席代表话机和自动语音应答设备的内线接口。PBX 在传统企业中已应用得十分普遍。在这类应用中，PBX 上所连的内线数通常远大于中继线数。这是因为传统企业中的大多数通话是在企业内部进行，因此对外只需少量的中继线就可以了。而呼叫中心的 PBX 则恰恰相反，通常是中继线数目要多于内线数，二者的比例一般可以达 1.2~1.5。

ACD 是一种与 PBX 配套使用的（或作为 PBX 的一个部件）、专门为呼叫中心服务的设备。简单地说，自动呼叫分配器是一种电话工作流，主要负责根据一定的分配算法，将客户的呼叫分门别类地分配到适合自己的路线上去，并由后台的坐席人员来处理。ACD 的作用就是将外界打来的电话均匀地分配给各个坐席代表，如果来电的数目超过了坐席代表的处理能力，ACD 可以将来不及处理的电话放入等待队列中，等坐席代表空闲时再将队列中的电话转接过去。由于呼叫中心总希望充分发挥坐席代表的工作能力，因此往往把中继线数量配得比内线数量更多。这多出的部分，就是由 ACD 加以缓冲处理的。当然，如果客户打来的电话长时间在排队机中得不到处理，客户会失去耐心而挂机。因此，ACD 的另一项重要任务就是设法减少队列中客户挂机的比例。好的 ACD 不但能为排队中的客户播放音乐，还能应客户要求播放一些业务宣传广告等，使其成为呼叫中心对外提供服务的又一扇窗口。

具有 ACD 功能的 PBX 通常作为呼叫进入呼叫中心的接入设备，现在，在呼叫中心（呼入/呼出型）使用的交换/排队系统中，采用的一般都是具有 ACD 功能的交换机。交换机的资源，如各种接口比例、信令系统等，是根据呼叫中心的需求进行相应配置的，以保证呼叫中心的话务处理能力和服务等级。现在呼叫中心的排队机一般都设有到计算机系统的数据链路（CTI 链路），提供一个符合某种标准的数据接口，CTI 服务器通过这个数据接口与交换机相连。在这条数据链路上传送各种交换机的状态数据、控制数据、监控数据。

3. CTI 系统

CTI 技术可使电话与计算机系统实现信息共享，并允许根据呼叫者、呼叫原因、呼叫所处的时间和呼叫中心的通话状况等来选择呼叫路由、启动功能和更新上机数据库。CTI 技术在呼叫中心中的典型应用包括屏幕弹出功能、协调的语音和数据传送功能、个性融会贯通的呼叫路由功能（如将呼叫者接通上一次为其服务的业务代表）、预览功能、预拨功能。

CTI 服务器是一台与 PBX 相连的计算机，它通过接收来自 PBX 的事件/状态消息和向 PBX 发送命令，实现计算机对整个呼叫中心的全面管理，是呼叫中心的控制中心。CTI 服务器能够向上提供统一的编程接口，屏蔽 PBX 与计算机间的复杂通信协议，给不同的用户开发应用程序带来方便。

现在，这项技术已经发展成计算机电信集成技术（computer telecommunication integration），这意味着目前的 CTI 技术不仅要处理传统的电话语音，还要处理包括传真、E-mail 等前台形式的信息媒体。CTI 技术跨越计算机技术和电信技术两大领域，目前提供的一些典型业务主要有基于用户设备的消息系统、IVR 系统、呼叫中心系统、增值业务、IP 电话等，在各行业中应用非常广泛。

4. IVR 系统

IVR 系统通过 EI 接口与可编程交换机相连，为接入到呼叫中心的用户提供语音导航、语音应答和录音功能。用户接入系统后，IVR 系统根据呼叫中心的业务流程对客户进行引导，以方便用户进行业务选择；对于查询或咨询业务，IVR 系统可以通过预先录制的语音文件再配合文字语言转换（text to speech）软件对客户进行解答；当系统资源忙时，IVR 系统可以引导用户留言。此外，一些比较先进的 IVR 系统还具备语音信箱、电子邮件和自动语音识别（automatic speech recognition）的能力。

IVR 系统实际上是一个自动的业务代表，它可以取代或减少人工坐席的操作，提高效率、节约人力、实现 24 小时服务。同时也可以方便用户；减少用户等候时间，降低电话转接次数等。

5. 人工坐席/业务代表服务系统

人工坐席代表（agent）是呼叫中心重要组成部分中的非设备成分。事实上，人工坐席代表是呼叫中心中最灵活，同时也是最宝贵的资源。据国外统计，呼叫中心运营成本的 40% 是坐席代表的人力成本。另外，呼叫中心的某些服务，如业务咨询、信息查询、故障报告和服务投诉等，都是通过坐席代表完成的。与简单的 IVR 系统相比，人工坐席代表可以提供更亲切和周到的服务。例如，在电话营销活动中，坐席人员的服务水平常常决定着营销活动的成败。因此，如何使坐席代表能更有效率地工作始终是推动呼叫中心发展的最重要的因素。

坐席代表的工作设备包括话机（数字话机或专用模拟话机）和配套的耳机、话筒，以及运行 CTI 应用程序的 PC 或计算机终端。由于服务器实现了对 PBX 完全控制，坐席代表可以把全部注意力都集中到 CTI 应用程序上。通过 PC 上运行的仿真电话（CTI 应用的一种），坐席代表可以用鼠标和键盘完成电话的接听、挂断、转移、外拨等工作，而不必对话机进行物理上的操作。

6. 来话呼叫管理系统

来话呼叫管理系统（inbound）为呼叫中心提供了一种强大的、可客户化的方案，保证每一个呼入服务都能快速高效地到达最适合的坐席代表那里。它为实现员工高质量的服务提供了关键的功能，通过高效地利用坐席代表能力，减少了将服务分派给错误坐席代表的机会和电话转发、电话协商的频率，从而大大地提高了将呼叫接到一个最合适的坐席代表的效率，提高客户对坐席代表的满意度。其分配方法可以依据如下一些条件进行。

（1）电话量平均分派。使整个呼叫中心的各个坐席代表的工作量平均。

（2）电话依存排队。来电用户依先后次序分派给各坐席代表。

（3）电话依所需功能或服务排队。来电可根据不同的用户要求而分别排队并派送至合适的坐席代表，如需普通话服务的用户可与说方言的用户分开编排分配。

（4）电话按用户等级排队。较大或重要的客户可由系统识别并使其有优先被接听权。

7. 去话呼叫管理系统

去话呼叫管理系统（outbound）负责去话呼叫并与客户建立联系，即所谓的主动呼叫出。去话呼叫管理系统可分为预览呼叫和预拨呼叫两类。

（1）预览呼叫。首先激活业务代表的话机，然后拨打电话号码，业务代表负责接听呼叫处理声音并与被叫客户通话，若无人应答，业务代表就将呼叫转给计算机处理。

（2）预拨呼叫。由计算机自动完成被叫方的选择、拨号以及无效呼叫的处理工作，只有在呼叫被应答时，计算机才将呼叫转接给业务代表。

预拨呼叫的实现依赖复杂的数学算法，要求系统全盘考虑可用的电话线、可接通的业务代表的数量、被叫用户占线的概率等因素。预拨呼叫使业务代表无须花时间查找电话号码、进行拨叫和听回铃音，因而大大提高了呼叫中心的效率。

去话呼叫管理系统可单独使用，也可与来话呼叫管理系统结合使用，它可用于电话销售、信息收集和用户服务等，将呼叫中心真正由过去的成本中心转变为可直接为公司创造经济效益的利润中心。

8. 数据库服务器

数据库服务器主要提供系统的数据存储和数据访问等功能。客户基本信息、交互数据、业务资料等都存储在数据库服务器中，以便为坐席人员的服务提供支持，为管理人员的决策提供依据。呼叫中心的数据随时间而累积，数据量常常巨大，因而对数据库处理能力的要求相当高。呼叫中心的数据库系统一般采用主流商业数据库系统，如 SQL Server、Oracle 等。

9. 数字录音质检系统

通过录音系统对所有来话进行全程录音，从而达到质量监督和防范纠纷的功能，并可以通过录音系统让优秀服务代表的录音实例成为案例学习的典范。同时，通过录音系统还可以实时监听服务代表的通话。

首先，它能够清晰地录下坐席代表与客户的交谈及操作数据，当客户有投诉和抱怨时，通过调用最原始的语音记录，能迅速发现客户需求和自己的不足及需要改进的地方。其次，能够对话务员进行统一管理。通过质检平台，能迅速合理地评定话务员的业务技能，从而促进其竞争，提高工作效率，使资源利用最大化。最后，在培训客户代表时，它还可以用于提高新话务员的培训效率，减少新话务员的上岗周期，迅速使新话务员上岗，使人力资源得到最大化利用。

10. 呼叫管理系统

呼叫管理系统通过实时收集 ACD 设备中的中继、队列、坐席、路由等各类信息，同时进行历史数据保存和统计分析，能够帮助管理人员实时监视和监督系统运行效率和业务代表的工作质量，预测通信资源需求，进行劳动力资源的预测和排班，制定有效的路由策略。

规模较大的呼叫中心，常常引入应用服务器，将呼叫中心的客户/服务器两层结构变为客户端/应用服务器/数据库服务器三层计算模式，将界面表示、业务逻辑和数据库处理分别分配到客户端、应用服务器和数据库服务器，以平衡负载，提高呼叫中心的性能。数据库系统一般单独使用一台服务器，对于特别重要的数据资料，要使用双机热备份来确保数据安全。

二、呼叫中心的业务流程

图 3-3 是一个典型的电话呼叫中心的业务流程。

这种电话呼叫中心一般具有以下功能。

1. 电话功能

（1）电话呼入时进行排队处理。

（2）多个席位之间可以按一定的话务分配原则进行分配。

（3）外线直通指定坐席电话的功能，不同外线分组转接到不同坐席电话组的功能。

（4）外线、坐席电话多方电话汇接通话（多方会议）的功能。

（5）坐席电话转接到坐席电话的功能。

（6）坐席电话阻塞功能。坐席人员离开时，可设置该功能，有电话呼入时，将不再分配到该坐席。

（7）坐席电话插话功能，插话时，可显示客户的信息。

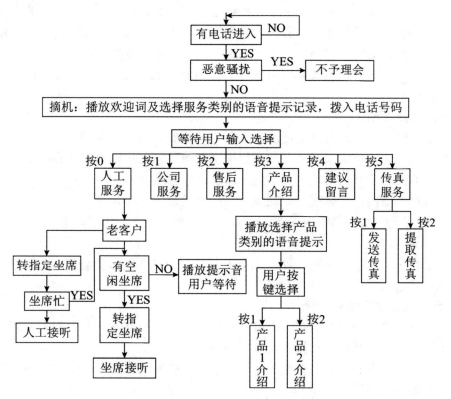

图 3-3 典型的呼叫中心的业务流程

（8）将电话接到外出的工作人员的电话上（电话跟随呼叫功能）。

2. 坐席电脑功能

（1）来电时，显示客户信息，可输入必要的文字信息。

（2）坐席电脑显示相关的电话数据，如打出、打入多少次电话、时间等。

（3）坐席电话转移时，将该客户的信息转移到相应的坐席电脑上。

（4）可输入、编辑、查询客户信息。

（5）可预先设置多个要联系的客户，坐席电脑将依次自动呼出客户，节约拨叫电话的时间。

（6）可在坐席电脑上查询、播放电话录音，发送、接收短信息，浏览、接收、发送传真。

3. 客户信息管理功能

（1）客户信息的输入及编辑功能，形成客户关系数据库。

（2）来电话时，可自动获得主叫号码，以此区分老客户和新客户。

（3）如果是老客户，可以直接分配到上次接听的坐席上；该坐席占线或者是新客户时，按照分配原则分配到某个空闲的坐席上。

（4）电话分配的同时将客户信息和多次联系信息送到该坐席的电脑上。

（5）拨出电话与客户联系时，先在坐席电脑上查到该客户，坐席电脑将自动拨叫该客户的电话，遇忙、久叫不答应时系统自动拨叫该客户的下一个电话或重新拨叫。

（6）每日信息统计、总结功能。可根据来电区号等条件统计某一地区的来电作为参考；可以统计各坐席接听次数、打出次数和时间多少；可以统计系统每天的总接听、呼出、跟随呼出的次数等；可将每日的进出电话进行整理，重要的客户电话及其信息形成报告；报告（包括客户信息和数字录音等）可刻录至光盘或打包发送邮件，实现异地电子查询及阅读。

4. 可分时间段工作

（1）上班时间内，打入电话可进入 IVR 自动应答，也可进入坐席人工接听。如果客户要找的人员外出，可人工或者自动进行电话跟随呼叫（将客户电话和外出人员的电话连接，保证客户一次呼入就能解决问题，通话过程有录音）。

（2）准休息时间（午休时间，晚上下班后睡觉前的时间），打入电话可进入 IVR 自动应答，也可以进入电话跟随呼叫流程（将电话自动转到指定的值班电话或移动电话上，通话过程有录音）。

（3）休息时间（晚上睡觉时间，节假日时间），启动夜间服务功能。电话打入时，可进入自动留言，或者进入 IVR 自动应答。

5. 自动语音信息服务 IVR

公司简介、产品介绍、通知等都可以通过自动语音 IVR 来传递，以提高工作效率。

（1）电话打入时系统自动播放录制好的 IVR 欢迎词。

（2）IVR 的业务生成灵活方便，可以自动设计应答流程及多层结构，每一部分提示语音可自行单独录制。

（3）系统接收、识别并记录来电的主叫号码。

6. 电话数字录音功能

（1）打入、打出电话均可数字录音。

（2）可异地电话查询、播放重要电话录音；坐席电话查询、回放电话录音；在通话过程中播放以前的相关电话录音给客户听；通话过程中播放事先录制好的某段声音给客户听。

7. 电话防火墙功能

将有敌意的电话、不受欢迎的电话列入黑名单，可有效拦截恶意或骚扰电话的侵入，对用 800 电话建设的呼叫中心，可避免高额的电话费。

三、呼叫中心在客户关系管理中的应用

（一）呼叫中心在客户关系管理中的意义

随着市场竞争的白热化，产品的质量和服务已经成为营销中的主要因素，呼叫中心作为企业与客户联系的重要窗口，在企业的整体营销战略中处于越来越重要的地位，特别是客户关系管理出现以来，呼叫中心更被赋予了新的内涵，从而可以更好地推进客户与企业的联系。因为尽管从效率或成本的角度来讲，完全网络化的人机界面操作实现的交易是最迅速的也是最便宜的，但是，当客户把信任度、消费习惯、运输、付款、售后服务等因素进行通盘权衡的时候，纯网络交易在现在还略显单薄。据调查，在线购物中的消费者选定好商品以后，最后放弃交易比例高达 70%。据分析，这是因为一般人在购物前需要一些互动的接触。通过方便的呼叫中心，一方面可以使客户确认网络信息的及时有效，另一方面也可以给习惯于运用电话工具的客户提供方便的联系渠道。从总体上来说，呼叫中心在企业客户关系管理中的意义主要表现在以下几个方面。

1. 呼叫中心是企业与客户沟通的单一平台

呼叫中心是企业为客户提供的一个明确且单一的对话窗口，在与客户联系的过程中能够解决客户的各种问题，也避免干扰企业内部的作业。如果没有呼叫中心，客户不同性质的问题必须直接寻求企业中不同部门人员的协助，或牵扯许多部门往来奔波。而企业如果任由客户打电话到各部门联系，常会干扰到内部人员的作业，并且可能出现人员因为忙于日常的工作，而给予客户不友善的态度或不一致的答案的现象，这种情形无法满足客户的需求。呼叫中心可以为客户提供产品之外更多的附加价值，如个性化咨询服务、全天候电话服务等，这些附加价值有助于协助客户解决问题，增加客户满意度和忠诚度。

2. 呼叫中心是企业收集客户资料、了解客户需求的关键渠道

企业利用呼叫中心可以全面地接近市场，满足客户的需求。例如，通过收集客户的抱怨和建议，定期整理，集中交给相关部门，可以作为企业改善产品和提升服务的重要依据；通过收集客户的基本资料、偏好与关心的问题，可以帮助企业建立客户数据库并用于分析市场消费倾向；企业还可以通过呼叫中心的各个渠道来了解市场的动向，提早协调后台运营来调整市场营销活动等。

3. 呼叫中心是为客户提供优质服务、维护客户忠诚度的中心

在销售过程中，销售人员遵循 80/20 法则，往往能够达到事半功倍之效。例如，快

速响应客户的抱怨、协助解决客户的难题、让客户感受贴心的服务可以增进客户的满意度和忠诚度，促使客户回头购买更多的产品和服务。优质服务依赖于企业听取和响应客户需求的能力。从全盘的角度讲，企业面对客户要能有选择地提供个性化服务，就必须借助客户服务中心来完成。通过收集并利用相关的个性化客户知识，可以协助企业了解客户的需求、想法、要求，以及下一步想做什么等信息。客户关系管理的呼叫中心意味着通过技术的应用及与客户的交流，使其从简单的活动变为双方都有用的经验。反过来，这种转换将使企业的业务代表持续提供出类拔萃的客户服务，从而为企业建立起一个战略性的竞争优势。

4. 呼叫中心是企业从成本中心变成利润中心的重要手段

呼叫中心作为企业提供优质服务的有效手段，确实需要企业投入不少成本，但是如果能真正深挖呼叫中心的潜力，使其由被动接入电话发展为积极主动地出击，则完全可以主动为企业创造丰厚的利润。呼叫中心可以根据客户资料向其推荐适用的产品，满足客户的需求，增加销售额。满意和忠诚的客户也可能免费为公司宣传，或推荐他人购买或了解产品，从而增加更多的新客户，降低服务成本，使呼叫中心从原来的成本中心转变为利润中心。

5. 呼叫中心具有企业流程再造中流程总管的功能

企业设立呼叫中心之后也带来了内部流程重组的契机。因为客户的需求及抱怨，往往不是呼叫中心能单独解决的，而是需要后台整合。这就是说，呼叫中心只有与其他部门合作，才能全面地满足客户的需求。企业在建立呼叫中心之初，就需要定义各种服务项目和相应的服务流程，必须解决在呼叫中心的框架下，内部各部门间应如何协调整合以保证客户服务流程的顺畅，创造最大的客户满意度。另外，呼叫中心也往往成为客户服务流程协调中心，负责联系不同的部门，协调流程的顺畅与改善，追踪问题解决的进度。这些功能使呼叫中心具备了类似企业流程再造中流程总管的功能。

（二）呼叫中心在客户关系管理系统中的作用

从客户关系管理系统实践的角度来看，包含着现代化网络全部功能的呼叫中心在客户关系管理的具体实施过程中起到了更为重要的作用——帮助改进流程，实现各业务的自动化。随着呼叫中心向利润中心转变的需求越来越强，互动营销中心是呼叫中心发展的必然趋势。越来越多的企业，特别是大型企业会将更多的业务功能与应用，通过与呼叫中心的整合来实现。通过呼叫通路实现营销、销售、服务、内部支持和渠道管理等多种功能有机整合。呼叫中心作为企业与客户的重要接触点将承担起企业营销策略的核心任务：电话销售、客户维系、营销渠道管理、网络营销管理等。

同时呼叫中心还将承担企业战略意义的任务，客户关系管理技术的引入将使呼叫中心的价值得以大幅提升。此时的呼叫中心开始成为整个商务过程的有机部分，呼叫中心的应用将进入战略型阶段。客户关系管理的核心在于分析客户信息、发掘客户需求、把握营销机会、实现客户价值。而呼叫中心作为企业的统一对外窗口，担负着客户信息采集、客户需求分析、客户价值分级、客户需求满足，以及企业的客户服务、信息发布、市场调研、直接营销和形象展示的重要责任。因此，呼叫中心是客户关系管理的统一对外信息平台。

而将呼叫中心由成本中心转化为利润中心，必须改变呼叫中心的业务模式，导入客户关系管理理念，由被动提供服务到充分发掘客户价值，主动出击，为企业创造利润。

1. 销售环节

销售人员通过呼叫中心许可的任何接入手段（如电话、电脑、掌上电脑等）随时得到生产、库存、订单处理的有关信息，同时也可以对客户资料与合同进行全面管理，随时随地与客户进行业务活动，从而在一定程度上实现了销售自动化，使销售人员将主要精力集中在开拓市场上，也使决策者能预测全球范围内市场的风云变幻，将企业的运营维持在最佳状态。特别值得一提的是，呼叫中心提供的基于 Web 的自助销售能力，使客户能通过互联网选择并购买产品或服务。由于客户关系管理软件的销售配置功能可帮助使用者将产品部件自动地组装为成品，这就使得客户通过互联网订购如 PC 等产品时，能方便地选择个人化的配置，有问题时还可以与业务代表直接交谈。

2. 市场营销环节

客户关系管理软件充分利用了呼叫中心的呼出功能，它的功能包括：①基于 Web 和传统的市场营销活动的策划及其执行，②客户需求的生成和管理，③预算和预测，④宣传品的生成和管理，⑤产品及竞争对手信息的汇总，⑥对有购买意向的客户跟踪、分配和管理等。这些功能可帮助企业实施针对性强、效率高的市场营销活动，从而争取和保留更多、更有利可图的客户。

3. 售后服务环节

客户关系管理系统可以帮助企业提供有竞争力的售后支持、修理和维护服务。它允许客户通过呼叫中心选择电话、Web 访问等方式与企业联系。客户不论通过哪种方式与企业联系，都能在最短的时间内得到统一、完整和准确的信息。同样，企业与客户打交道的各个部门也能随时得到与客户相关的资料，真实和全方位地了解客户。

总体来说，客户关系管理包括了客户信息管理系统和决策支持系统两个主要部分。客户信息管理系统主要通过大量细微的资料积累，把企业客户和个人用户的基本数据，以及与商务有关的数据积累起来并不断更新和扩大。通过对这些数据的分析、归纳、判断，可以得出宝贵的数据集。决策支持系统则包括统一管理客户数据库、整合客户数据、进行数据清理、数据挖掘、分析和决策等功能，客户关系管理决策的成功取决于数据的完整性和决策算法的准确性。只有依据客户关系管理理念，将呼叫中心采集到的客户信息进行分析和发掘，并将客户信息与企业的内部/外部资源进行有效整合，再通过呼叫中心等通道满足客户的需求，实现客户价值，才能将呼叫中心由成本中心转化为利润中心，呼叫中心的真正价值才能得以实现。

第三节　数据仓库技术

一、数据仓库概述

（一）数据仓库的定义

许多人在数据仓库的发展过程中作出了不可磨灭的贡献，数据仓库的概念是由美国信息工程学家 William Inmon 博士在 1993 年出版的 *Building the Data Warehouse* 中首次提出的，他系统地阐述了关于数据仓库的思想和理论，为数据仓库的发展奠定了基石。

William Inmon 将数据仓库定义为：一个面向主题的、集成的及随时间变化的，但信息本身又相对稳定的数据集合，它用于对管理决策过程的支持。

对于 William Inmon 提出的这个数据仓库的概念我们可以从两个层次予以理解，首先，数据仓库用于支持决策，面向分析型数据处理，它不同于企业现有的操作型数据库；其次，数据仓库是对多个异构的数据源有效集成，集成后按照主题进行了重组，并包含历史数据，而且存放在数据仓库中的数据一般不再修改。

（二）数据仓库的特点

从 William Inmon 关于数据仓库的定义中可以知道，数据仓库具有这样一些重要特性：面向主题、集成性、数据随时间变化和相对稳定性。

1. 面向主题

主题是一个抽象的概念，指用户利用数据仓库进行决策时所关心的重点方面，一个主题通常与多个操作性信息系统相关。面向主题是指数据仓库内的信息是按主题进行组织的，然后根据按主题进行分析和决策的需要提供信息，每一个主题对应一个目标分析领域。例如，一个保险公司的数据仓库的主题可以是客户、保险金、索赔、政策等，而如果按传统的数据库来组织则可能是医疗保险、财产保险、信用保险等。两者的不同之处在于：基于主题组织的数据被划分为各自独立的领域，每个领域有自己的逻辑内涵，相互之间没有交叉；基于应用的数据则是为了处理具体应用而组织在一起的。应用是客观世界既定的，它对于数据内容的划分未必适用于分析的需要。

2. 集成性

集成性是指数据仓库中的信息不是从各个业务处理系统简单抽取出来的，而是经过系统加工、汇总和整理的，以保证数据仓库内的信息是关于整个企业的一致的全局信息，以有效地支持后续的联机数据分析和数据挖掘等技术的应用。实际上，这是数据仓库建设过程中最关键、最复杂的一个步骤。数据重组的第一步是消除原始数据中的所有矛盾之处，如字段的同名异义、异名同义、单位不统一、字长不一致等，然后才能把业务数据库中面向应用的数据结构转成数据仓库要求的面向主题的数据结构。例如，一些银行为了满足数据仓库对数据集成性的要求而开展的数据大集中项目，就是为了把分散存放在各业务子系统中的业务数据集中起来，为数据仓库提供可靠、干净的高质量数据。

3. 数据随时间变化

数据随时间变化则是指数据仓库内的数据是系统按照不同时期来组织的，通常是按某一固定时间段进行总结的，如按月、按季度或者按年，数据仓库数据的码键都包含时间项，用以标明该数据所属的历史时期，而且数据仓库中的数据保存时限要能够满足决策分析的需要，至少在五年以上。通过这些积累下来的信息，可以对企业的发展历程和未来趋势作出定量分析和预测。银行、电信等行业都是数据密集型行业，往往积累了十多年甚至二十多年的历史数据，这些历史数据经过加工整理后导入数据仓库，成为数据分析的宝贵资源。

4. 相对稳定性

在操作型环境中，对数据可以进行反复的添加、删除、修改、查询等操作，这些操作可以来自同一个系统，也可以来自不同的系统。而在数据仓库中，数据由操作型数据抽取而来，反映相当长一段时间内历史数据的内容，是不同时间点的数据库快照的集合以及基于快照的统计、综合和重组。一旦某个数据进入数据仓库，一般情况下将被长期保留，也就是说，数据仓库一般有大量的插入和查询操作，但修改和删除操作很少，具有相对稳定性。当然，由于数据仓库自身容量限制，设计人员会根据实际分析的需要设定一个限额（如 20 年），那么数据仓库内只存放迄今为止 20 年的数据，更早以前的数据就作为历史数据存放在磁盘或磁带等存储媒介上。

二、数据仓库的结构

数据仓库从多个信息源获取原始数据，经整理加工后，存储在数据仓库的内部数据库中，通过数据仓库访问工具，向数据仓库的用户提供统一、协调和集成的信息环境，支持企业全局的决策过程和对企业经营管理的深入综合分析。数据仓库作为一个系统，是多种技术的综合，它由数据源、ETL 工具、数据仓库、OLAP 服务器、前端工具及元数据几部分组成。

1. 数据源

数据源为数据仓库提供源数据，如各种关系型数据库、桌面数据库、文本文件、Web 数据等都可以作为数据仓库的数据源。从总体内容上讲，数据源可以分为内部数据源（如 POS/MIS 系统提供的销售数据、财务数据等，客户服务中心提供的客户资料信息等）和企业外部数据源（如目标市场信息、竞争对手信息等）。从数据的存储类型上讲，数据源也存在多种形式，如文本文件、表格文件、数据库文件等。

2. ETL 工具

ETL 即数据抽取（extraction）、转换（transformation）和装载（load），其功能是根据元数据库中的主题表定义、数据源定义、数据抽取规则定义对异地异构数据源进行清理、转换，对数据进行重新组织和加工，再装载到数据仓库的目标库中。在组织不同来源数据的过程中，可以先将数据转换成一种中间模式，将它暂时移至临时工作区，在临时工作区进行必要的加工。加工数据是为保证目标数据库中数据的完整性、一致性。数据抽取和转换是建立数据仓库要考虑的一个关键问题。传统的关系型数据库管理系统支持一般的数据抽取、数据复制以及运动程度上的数据重新组织、聚簇和汇总，但如果数据源之间的数据存在逻辑的不一致，则需要进行额外的重新组织和转换加工，那么传统数据库就不能完成任务了。举例而言，在传统的关系型数据库管理系统中，不能自动完成从主机的联机事务处理系统中抽取数据，解决数据间不一致所造成的冲突，对数据进行重新组织，然后转换到目标数据库中去的全部过程。实际上，源数据组织不合理、包含冗余数据、数据在逻辑上冲突、数据定义冲突等问题十分常见，因此，有必要采用特别的数据抽取和转换工具。

3. 数据仓库

数据仓库是整个系统的中心，存储经过检验、整理、加工和重新组织后的数据。通过对数据仓库数据量的估计和客户访问数的估算，对数据仓库主平台所需的软件和硬件作出评估，确定主平台的系统配置情况。数据仓库按照数据的覆盖范围可以分为企业级数据仓库和部门数据仓库（通常称为数据集市）。

4．OLAP 服务器

OLAP 是基于数据集市的信息分析处理过程，是数据仓库的用户接口部分，它包括直观可视化的多维数据模型、高效分析查询语言和根据复杂函数产生数据新视图的工具，可以提供数据的多层面、多角度的逻辑视图，为复杂的分析查询提供快速响应。

5．前端工具

为了使数据仓库用户能有效地使用数据仓库中的信息，进行深层次的综合分析和决策，数据仓库系统要向用户提供一整套数据访问和分析工具，主要包括各种报表工具、查询工具、数据分析工具、数据挖掘工具以及各种基于数据仓库或数据集市的应用开发工具。数据访问和分析工具不但要提供一般的数据访问功能，如查询、汇总、统计等，还要提供对数据的深入分析功能，如数据的比较、趋势分析、模式识别等。

6．元数据

数据仓库的体系结构中还有一部分非常重要的内容——元数据。它跨越了体系结构的前台和后台，贯穿其中的各部分内容，完成对各数据的定义和管理，人们习惯称为"关于数据的数据"。元数据本身也是一种数据存储，但其实质发挥的是进行数据定义与管理的作用。因此，元数据有别于一般的数据存储，实质是一种数据管理。

元数据描述了数据仓库的数据和环境，它是以概念、主题、集团或层次等形式建立的信息结构。元数据分为两类：一类是管理元数据，它是对数据源和其内容、数据仓库主题、数据转换及各种操作信息的描述；另一类是用户元数据，它帮助用户查询信息、理解结果及了解数据仓库中的数据和组织。元数据的使用者是系统管理员和终端用户，它能支持 5 种数据仓库管理功能，即数据仓库内容的描述、定义数据抽取和转换、基于商业事件的抽取调度、描述数据同步需求，以及衡量数据质量指标。

典型的数据仓库元数据内容包括：数据仓库表的结构、数据仓库表的属性、数据仓库源数据的属性、从数据源到数据仓库的映射、数据模型的规格说明、抽取日志和访问数据的公用例行程序。

三、数据库与数据仓库的区别

数据仓库是在数据库技术的基础上发展起来的，但数据仓库和数据库是两个不同的概念。从根本上来说，数据库和数据仓库的区别在于：数据库是面向事务设计的，一般存储基于事务处理的操作型数据；而数据仓库是面向主题设计的，存储用于分析的历史数据。

企业中定义的典型的数据仓库主题包括：客户主题、产品主题、市场主题等。以一家超市为例，如图 3-4 所示，企业已经有了销售数据库、财务数据库、客户服务数据库、市场信息数据库，并选择收益、客户、市场三个主题，则收益主题可以从销售数据库和财务数据库中了解公司各项业务的收入情况；客户主题可以从销售数据库、财务数据库、客户服务数据库中获得客户消费、咨询等全方面信息；市场主题可以根据市场信息数据库来分析市场发展趋势。通过这种按主题的数据组织方法，数据仓库极大地方便了数据分析的过程。

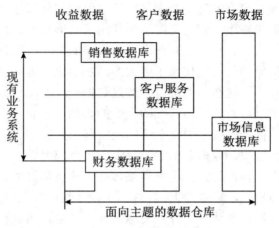

图 3-4　数据仓库面向主题的特征

除此之外，数据库和数据仓库的区别还体现在设计原则、设计目的、数据结构等方面，如表 3-1 所示。

表 3-1　数据库与数据仓库的区别

项目	数据库	数据仓库
设计目的	面向应用，为业务操作人员的日常业务处理提供支持	面向决策分析，为中高层管理人员提供决策支持
数据组织	面向事务，按照业务处理流程来组织数据	面向主题，根据分析要求将数据组织成完备主题域
数据内容	动态变化，只要有业务操作发生，数据就会被更新，始终存储当前值数据	相对来说是静态的，存储大量的历史数据
数据的访问与使用	数据使用频率较高，完成事务处理需要访问的数据量比较小	数据使用频率相对来说较低，完成决策分析可能要访问大量的数据
设计原则	尽量避免冗余，一般采用符合范式的规则	有意引入冗余，采用反范式的规则
系统开发	一般选用结构化开发方法，过程、阶段划分明确	一般选用螺旋式开发方法，是一个动态反馈和循环的过程

四、数据仓库的应用

1. 数据仓库在客户关系管理中的应用

在众多客户关系管理的解决方案与应用软件中，数据仓库的强大功能被视为企业提升服务品质的一大武器，建立数据仓库也成为企业重要的未来趋势。数据仓库在国外已应用了多年，而国内还属于刚刚起步。由于建设成本较高，国内目前是以国际化、自由化程度较高、竞争激烈的电信和金融业为先驱，保险、医疗、航空等行业也陆续引进。

数据仓库是客户关系管理的核心，无论采用哪家厂商提供的客户关系管理系统，都必须与企业的支持系统，即数据仓库接到一起。透过数据仓库，企业才能对客户有全面的了解，形成客户的统一视图。

数据仓库是一个中央存储系统，它可以全方位地记录客户资料，系统地监测重大客户事件的流程，在整体客户群中确认个别客户的价值或发现留住客户的机会，同时在有限的沟通渠道上排定优先顺序，利用有限资源找出最具潜力的客户。因为企业的客户群并不仅限于常常接触的那些客户，还有许多不常接触的客户。也许这些客户与企业的关系并不是那么密切，但他们仍可能代表了庞大的潜在商机，因此企业也应该知道他们是谁，怎样与他们进行互动。这些问题都可以通过数据仓库的运用得到答案，数据仓库就像是中枢系统，存储了以客户资料为基础的企业的智慧，会思考、判断，而网络、呼叫中心等渠道就如同末梢神经，如果中枢系统出现问题，末梢神经也就失去了作用。

在客户关系管理系统中，数据仓库主要有以下几点应用。

（1）客户行为分析。客户行为分析包括整体行为分析和群体行为分析。前者用来发现企业所有客户的行为规律，后者根据客户行为的不同将客户划分为不同的群体，分别分析各个群体的行为特征。群体行为分析又称为行为分组，通过行为分组，客户关系管理用户可以更好地理解客户，发现群体客户的行为规律。在完成行为分组后，还要进行客户理解、客户行为规律发现、客户和客户组之间的交叉分析。

（2）分析重点客户。客户流失是企业面临的最大问题之一，不断流失客户成了阻碍企业发展的瓶颈。如何识别给企业带来80%利润的20%的客户并防止其流失成了企业面临的主要问题，数据仓库的应用解决了这个问题。数据仓库是客户关系管理中的一项重要技术，通过数据仓库中的数据分析出最具有价值的客户，并针对这些客户制定相应的政策。

（3）降低企业管理成本。大量的客户数据的管理对于企业来说是一项工作量庞大的工作，数据仓库的应用提供了快速准确的查询工具，使数据的统一规范管理成为可能，大大降低了企业的管理成本。

（4）满足客户需求。数据仓库的应用使企业增加了市场适应能力。企业通过历史数据分析市场上客户需求的变化趋势，及时改变产品性能以适应客户需要，在满足客户需要的同时增强了企业的竞争能力。

（5）分析企业的经营状况。数据仓库不仅记录了当前数据，而且还记录了大量的历史数据。通过历史数据分析产品的销售与客户关系管理的关系及不同类型客户对于产品的贡献率，从而分析企业的经营状况，为今后企业的发展经营奠定了良好的基础。

（6）市场性能评估。市场性能评估用来评价市场活动能否达到预定的目标，它是评价客户行为分析和改进市场策略性能的重要指标。同时也需要对重点客户发现过程的性能进行分析，然后在此基础上修改重点客户发现过程。市场性能评估以客户所提供的市场反馈为基础，通过数据仓库清洁与集中过程，将客户对市场的反馈自动输入到数据仓库中，从而进行客户行为跟踪。市场性能评估与客户行为分析和重点客户发现是相互交叠的过程，这样才能保证企业的客户关系管理能够达到既定的目标，建立良好的客户关系。

2. 数据仓库的行业应用

（1）在证券业的应用。在证券业，数据仓库处理客户分析、账户分析、证券交易数据分析、非资金交易分析等多个业界关心的主题。证券业是对数据整理、分析、预测的需求相当高的行业。通过数据仓库提供的大量数据对用户的信息、上市公司的信息、公司的盈利信息加以分析，并结合行情走势、经济政策等外部数据为客户提供针对其个人习惯、投资组合的投资建议，从而真正做到对客户的贴心服务。

（2）在银行领域的应用。银行业中的数据仓库主要实现财务分析、业务管理、动态报表和金融资讯等管理分析的应用。同时，在数据仓库的基础上进行 OLAP 操作和数据挖掘，以辅助制定货币政策，防范银行的经营风险，实现科学管理及进行决策。

（3）在税务领域的应用。数据仓库在税务领域可以解决三个方面的问题：一是查出应税未报者和瞒税漏税者，并对其进行跟踪；二是对不同行业、产品和市场中纳税人的行为特性进行描述，找出普遍规律，谋求因势利导的征税策略；三是对不同行业、产品和市场的应收税款进行预测，制订最有效的征收计划。

（4）在保险业的应用。保险公司的业务系统日趋完善，面对已掌握的大量数据，出现了日益增长的对各种查询、统计、报表及分析的需求，同时需要提高防范和化解经营风险的能力。数据仓库的应用能有效利用这些数据来实现经营目标，预测保险业的发展趋势，甚至利用这些数据来设计保险企业的发展宏图，在激烈的竞争中赢得先机。

第四节　数据挖掘技术

一、数据挖掘概述

（一）数据挖掘的定义

信息在企业生存和发展中的重要作用越来越得到人们的认同，许多企业都建立了自己的信息处理系统。这些系统不仅为企业带来了信息处理的便利，而且带来了巨大的财富——大量宝贵的数据。但在多数情况下，企业利用这些系统只是为了提高数据操作的效率，并未意识到隐藏在数据背后的极为重要的商业知识。正如未来学家奈斯比特（Job Naisbitt）所言：人类正被信息淹没，却饥渴于知识。

如何才能发掘这些知识呢？传统的信息处理工具已经不能应对这一要求，人们需要采用某种方法，自动分析数据、自动发现和描述数据中隐含的商业发展趋势，并自动地标记数据、对数据进行更高层次的分析，以更好地利用这些数据，于是数据挖掘技术应运而生。

随着数据挖掘技术的不断发展，其应用领域也不断拓展。数据挖掘的对象已不仅仅是数据库，也可以是文件系统或是组织在一起的数据集合，还可以是数据仓库。与此同时，数据挖掘也有了越来越多不同的定义，这些定义尽管表达方式不同，但其本质都是相似的，概括起来主要是基于技术和商业两个角度。

从技术角度看，数据挖掘就是从大量的、不完全的、有噪声的、模糊的、随机的实际应用数据中，提取隐含在其中的、人们事先不知道的、但又是潜在的和有用的信息与知识的过程。它是一门广义的交叉学科，涉及数据库技术、人工智能、机器学习、神经网络、统计学、模式识别、知识库系统、知识获取、信息检索、高性能计算和数据可视化等多学科领域，且其本身还在不断发展，目前尚有许多富有挑战的领域，如文本数据挖掘、Web 信息挖掘、空间数据挖掘等。

从商业角度看，数据挖掘是一种深层次的商业信息分析技术。它按照企业既定业务目标，对大量的企业数据进行探索和分析，揭示隐藏的、未知的规律，验证已知的规律性并进一步将其模型化，从而自动地提取出用以辅助商业决策的相关商业模式。

简言之，数据挖掘其实是一种数据分析方法。数据分析本身已经有许多年的历史，只不过以往数据收集和分析的目的多是科学研究。另外，由于当时计算能力所限，对大数据量较小数据分析的复杂方法受到很大的限制。现在，由于业务自动化的实现，商业领域产生了大量的业务数据，所有企业面临的一个共同问题是：企业的数据量非常大，而其中真正有价值的信息却很少。因此，从大量的数据中经过深层分析获得有利于商业运作、提高企业竞争力的信息，就像从矿石中淘金一样，数据挖掘也因此而得名。

（二）数据挖掘的商业作用

数据挖掘是一种新的商业信息处理技术，其主要特点是对商业数据库中的大量业务数据进行抽取、转换、分析和其他模型化处理，从中提取出可辅助商业决策的关键性数据。数据挖掘的商业应用主要有以下几方面。

（1）超市分析交易数据、安排货架上货物的摆布以提高销量；

（2）信用卡公司分析信用卡历史数据，判断哪些人有风险、哪些人没有风险；

（3）警方分析行为模式，判断哪些人对受保护的信息具有潜在威胁；

（4）医药公司分析医师的处方，判断哪些医师愿意购买其产品；

（5）保险公司分析以前的客户记录，决定哪些客户是潜在花费高额保费的对象；

（6）汽车公司分析不同地方人的购买模型，针对性发送给客户喜欢的汽车的手册；

（7）人才中心分析不同客户的工作历史，发送给客户潜在的、感兴趣的工作信息；

（8）访问没有归类的竞争对手的数据库，推断出潜在的归类信息；

（9）教育培训机构分析学生的历史信息，确定哪些人愿意参加培训，然后发送手册给他们；

（10）广告公司分析人们的购买模式，估计他们的收入和孩子的消费需求；

（11）市场分析人员分析不同团体的旅游模式，决定不同团体之间的关联；

（12）医师分析病人历史信息和当前用药情况，预测潜在问题；

（13）税务部门分析不同团体缴纳所得税的记录，发现异常模型和趋势等。

（三）数据仓库与数据挖掘

数据仓库提供来自不同种类的信息系统的集成化和历史化的信息，为有关部门或企业进行全局范围的战略决策和长期趋势分析提供了有效支持。数据挖掘是一种有效利用信息的工具，它主要基于人工智能、机器学习、统计学等技术，高度自动化地分析、组织原有的数据进行归纳性的推理，从中挖掘出潜在的模式，预测用户行为，帮助组织的决策者正确判断即将出现的机会，调整策略、减少风险，进行正确的决策。一般情况下，数据挖掘的对象可以是普通的数据库、文件系统，也可以是数据仓库。

直接从普通的数据库进行数据挖掘的难度较大，因为数据处理比较复杂，需要通过大量的计算才能生成需要的数据。而数据仓库是面向复杂的数据分析以支持决策过程的，它集成了一定范围内的所有数据，是面向主题的、整合的、相对稳定的，并随着时间变化而不断更新的数据集合。数据在导入数据仓库时一般已经清理过，因此构建在数据仓库平台上的数据挖掘效率会更高。大部分情况下，数据挖掘都要先把数据从数据仓库中拿到数据挖掘库或数据集市中。从数据仓库中直接得到并进行数据挖掘的数据有许多好处。数据仓库的数据清理与数据挖掘的数据清理差不多，如果数据在导入数据仓库时已经清理过，那很可能在做数据挖掘时就没必要再清理了，而且所有的数据不一致的问题都已经解决了。

需要指出的是，数据挖掘是一个相对独立的系统，它可以独立于数据仓库系统而存在，数据仓库为数据挖掘打下了良好的基础，包括数据抽取、数据清洗整理、数据一致性处理等。当然，数据挖掘系统本身也可以单独来做这些事情。因此，数据挖掘不一定必须建立一个数据仓库，数据仓库不是必需的。建立一个巨大的数据仓库，把各个不同源的数据统一在一起，解决所有的数据冲突问题，然后把所有的数据导入一个数据仓库内，是一项巨大的工程，可能要用几年的时间、花上百万的资金才能完成，小型企业是难以承受的。如果只是为了数据挖掘，可以把一个或几个事务数据库导入一个只读的关系型数据库中，即把它当作数据集市，然后在上面进行数据挖掘。

二、数据挖掘的知识类型

数据挖掘是一门交叉学科，它把人们对数据的应用从低层次的简单查询提升到从数据中挖掘知识、提供决策支持。这里所发现的知识既不要求是放之四海而皆准的真理，也不要求是全新的自然科学定理，而是具有特定的前提和约束条件，面向特定的领域，同时还要易于被用户理解，最好能用自然语言表达的所发现的结果。数据挖掘所发现的知识包括以下六种类型：广义知识、关联知识、聚类知识、分类知识、预测型知识和偏差型知识。

1. 广义知识

广义知识（generalization）指描述类别特征的概括性知识。根据数据的微观特性发现其表征的、带有普遍性的、较高层次概念的、中观和宏观的知识，反映同类事物共同性质，是对数据的概括、精练和抽象。

广义知识的发现方法和实现技术有很多，如数据立方体、面向属性的归纳、基于概念的聚类等。数据立方体主要是建立在数据仓库的基础之上的，其基础是电子数据表格。数据立方体还有其他一些别名，如多维数据库、实现视图、OLAP 等。该方法的基本思想是实现某些常用的代价较高的聚集函数，诸如计数、求和、求平均值、取最大值等。既然很多聚集函数需经常重复计算，那么在多维数据立方体中存放预先计算好的结果将能保证快速响应，并可灵活地提供不同角度和不同抽象层次上的数据视图。另一种广义知识发现方法是加拿大西蒙弗雷泽（Simon Fraser）大学提出的面向属性的归纳方法。这种方法以类结构化查询语言（structured query language，SQL）表示数据挖掘查询，收集数据库中的相关数据集，然后在相关数据集上应用一系列数据推广技术进行数据推广，包括属性删除、概念树提升、属性阈控制、计数及其他聚集函数传播等。

2. 关联知识

关联知识（association）是反映一个事件和其他事件之间的依赖或关联的知识。若存在两个或多个变量，它们的取值之间存在一定规律性，就称它们是关联的，就存在关联知识。关联知识分为简单关联知识、时序关联知识。

简单关联知识就是如购买面包的客户中有 90%的人同时购买牛奶这样的关联知识。简单关联知识揭示的是交易数据库中的项集之间的有趣联系，其实现技术是关联分析，主要是寻找频繁集及在频繁集的基础上生成强关联规则。一般要由外界输入两个因子：支持度阈值和置信度阈值。

时序关联知识是指事物之间在时间上的相关性。它的基础是时序数据库，数据库中的值或事件与时间变化有关。其主要的实现技术是趋势分析、相似性搜索等，主要应用于股票市场数据分析、商业交易序列处理、动态产品处理等方面。

3. 聚类知识

聚类就是要做到物以类聚，不是同一类的不在一起，就是把整个数据库分成不同的类，同一个类中的数据则尽量相似，而类与类之间的差别要很明显。对每一个类形成特有的性质描述。聚类是无监督学习的典型方法，类的个数事先是不知道的，形成的类的物理意义也需要专业人士进行解释。

形成聚类知识时，形成一个类的标准是外界输入的，如距离标准。这里的距离是抽象的，就是事物之间的相关度，在相关度内形成同一个类。类的形成是一个反复迭代的过程。聚类知识只是对已有的数据进行归纳整理，把知识的粒度增大。而分类是基于粗糙集理论的数据挖掘方法，研究监督学习方法，目的是预测，二者应加以区别。

4. 分类知识

分类知识（classification and clustering）是指反映同类事物共同性质的特征型知识和不同事物之间的差异型特征知识。在共同性质的特征型知识中，主要是经过多层次的抽象，提取该类最显著的特征，常用的方法有规则归纳、面向属性的归纳、概念聚类等，所有的操作都是基于同一个样本空间的。差异型特征知识的提取也是通过抽象之后的规则归纳，不同的是有两个样本空间，其中一个作为对照的样本空间。两个样本空间在抽象时要在同一层次上，经过对比分析，得出某一抽象层次上的差异特征知识。

分类知识的知识表现就是类标识，并且类标识是离散的，各个类之间是严格区分的。最为典型的分类方法是基于决策树的分类方法，它从实例集中构造决策树，是一种有指导的学习方法。数据分类还有统计、粗糙集、神经网络等方法，线性回归和线性辨别分析是典型的统计模型。

5. 预测型知识

预测型知识（prediction）是根据时间序列型数据，由历史的和当前的数据推测未来的数据，也可以认为是以时间为关键属性的关联知识。

目前，时间序列预测方法有经典的统计方法、神经网络和机器学习等。1968 年博克斯和詹金斯提出一套比较完善的时间序列建模理论和分析方法，这些经典的数学方法通过建立随机模型，如自回归模型、自回归滑动平均模型等，进行时间序列的预测。由于大量的时间序列是非平稳的，其特征参数和数据分布会随着时间的推移而发生变化。因此，仅通过对某段历史数据的训练来建立单一的神经网络预测模型，还无法完成准确的预测任务。为此，人们提出基于统计学和精确性的再训练方法，当发现现存预测模型不再适用于当前数据时，便对模型重新训练，获得新的权重参数，建立新的模型。还有许多系统借助于并行算法的计算优势进行时间序列预测。

6. 偏差型知识

偏差型知识是针对差异和极端特例的描述，揭示事物偏离常规的异常现象，如标准类以外的特例、数据聚类以外的离群值等。偏差型知识的出现说明该实例是极端特殊的，应该引起高度重视。

除了采用分类法进行偏差型知识发现以外，聚类算法也可以用来发现偏差型知识。分类算法发现的是偏离标准类的特异实例，聚类算法发现的是不能聚合到任何一个类群中的特例。入侵检测、离群值发现是偏差型知识的典型应用。

三、数据挖掘的任务

数据挖掘通过预测未来趋势及行为，作出前瞻性的、基于知识的决策。数据挖掘的目标是从数据库中发现隐含的、有意义的知识，主要有以下四种主要任务。

1. 预测建模

预测建模（predictive modeling）有两类任务：分类（classification），用于预测离散的目标变量；回归（regression），用于预测连续的目标变量。例如，预测一个 Wed 用户是否会在网上书店买书是分类任务，因为该目标变量是二值的。另外，预测某股票的未来价格是回归任务，因为价格具有连续值属性。两项任务目标都是建立一个模型，使目标变量预测值与实际值之间的误差达到最小。预测建模可以用来确定客户对产品促销活动的反应、预测地球生态系统的扰动或根据检查结果判断病人是否患有某种特定的疾病。数据挖掘自动地在大型数据库中寻找预测性信息，以往需要进行大量手工分析作业的问题如今可以迅速、直接地由数据本身得出结论。一个典型的例子是市场预测问题，数据挖掘使用过去有关促销的数据来寻找未来投资中回报最大的用户，其他可预测的问题包括预报破产，以及认定对指定事件最可能作出反应的群体。

2. 关联分析

关联分析（association analysis）用来发现描述的数据中强关联特征的模式，通过分析给出两个或多个变量间存在的相关性规律。所发现的模式通常用蕴含规则或特征子集的形式表示。由于搜索空间是指数规模的，关联分析的目标是以有效的方式提取最有趣的模式。关联分析的应用包括找出具有相关功能的基因组、识别一起访问的 Wed 页面、理解地球气候系统中不同元素之间的联系等。数据关联是数据库中存在的一类重要的、可被发现的知识。若两个或多个变量的取值之间存在某种规律性，就称为关联。关联可分为简单关联、时序关联、因果关联。关联分析的目的是找出数据库中隐藏的关联网。有时并不知道数据库中数据的关联函数，即使知道也是不确定的，因此关联分析生成的规则带有可信度。

3. 聚类分析

聚类分析（cluster analysis）旨在发现紧密相关的观测值组群，使得与属于不同簇的观测值相比、属于同一簇的观测值相互之间尽可能类似，即簇聚同类对象，使在抽象空间中属于同一类别的个体距离尽可能小，反之尽量大。聚类分析可用来对相关的客户分组、找出显著影响地球气候的海洋区域及压缩数据等。聚类分析增强了人们对客观现实的认识，是概念描述和偏差分析的先决条件。聚类技术主要包括传统的模式识别方法和数学分类学。20 世纪 80 年代初，米哈尔斯基提出了概念聚类技术，其要点是，在划分对象时不仅要考虑对象之间的距离，划分出的类还要具有某种内涵描述，从而避免传统技术的某些片面性。

4. 异常检测

异常检测（anomaly detection）的任务是识别其显著不同于其他数据的特征观测值，寻找观察结果与参照值间的差别，这些偏差往往包含很多具有潜在意义的知识信息。这样的观测值称为异常点（anomaly）或离群点（outlier）。数据库中的数据常有一些异常记录，从数据库中检测这些偏差很有意义。偏差包括很多潜在的知识，如分类中的反常实例、不满足规则的特例、观测结果与模型预测值的偏差、量值随时间的变化等。偏差检测的基本方法是寻找观测结果与参照值之间有意义的差别。异常检测算法的目标是发现真正的异常点，而避免错误地将正常的对象标注为异常点。换言之，一个好的异常检测器必须具有高检测率和低误报率。异常检测的应用包括检测欺诈、网络攻击、疾病的不寻常模式、生态系统扰动等。

异常检测可以用于信用卡欺诈检测等商业应用中。信用卡公司记录每个持卡人所做的交易，同时也记录信用限度、年龄、年薪和地址等个人信息。由于与合法交易相比，欺诈行为的数目相对较少，因此异常检测技术可以用来构造用户的合法交易的轮廓，当一个新的交易到达时就与之比较。如果该交易的特性与先前所构造的轮廓很不相同，就把交易标记为可能是欺诈。

四、客户关系管理中的数据挖掘

（一）数据挖掘在客户关系管理中的应用

1. 客户分类

对客户进行分类，有利于针对不同类型的客户进行分析，分别制定客户服务策略。客户分类也是其他客户分析的基础，在分类后的数据中进行挖掘更有针对性，可以得到更有意义的结果。

客户分类可以采用分类的方法也可以采用聚类的方法。分类的方法是预先给定类别，如将客户分为高价值客户和低价值客户。然后确定对分类有影响的因素，将具有相关属性的客户数据提取出来，选择合适的算法对数据进行处理，从而得到分类规则。经过评估和验证后就可规则应用在未知类型的客户中，对客户进行分类。聚类的方法则是一种自然聚集的方式，在数据挖掘之前并不知道客户可以分为哪几类，只是根据要求确定分成几类（有些算法需要人为确定输出簇的数目）。将数据聚类后，再对每个簇中的数据进行分析，归纳出相同簇中客户的相似性和共性。

2. 客户识别

识别客户是企业发现潜在客户、获取新客户的过程。新客户包括以前没听过或没使用过企业产品的人、以前不需要企业产品的人甚至是竞争对手的客户。由于企业掌握的新客户的信息并不多，所以企业应采取一些必要的手段（如广告宣传的同时进行问卷调查或网上调查等）来获取潜在客户的信息，这些信息包括地址、年龄、收入范围、职业、教育程度和购买习惯等。

在得到这些相关信息后，企业应该通过一些小规模的实验来观察潜在客户对企业产品的不同反应。根据反馈结果建立数据挖掘预测模型，找到对产品最感兴趣的客户群，挖掘结果会显示潜在客户的名单，同时可根据潜在客户的信息分析出哪种类型的人最可能是潜在客户。得到了这样的分析结果，在寻找潜在客户时就有了指导方向。例如，分析结果表明大多数潜在客户都是年龄为 25～35 岁的外企职员，那在下一步宣传和获取客户阶段就应该有针对性地设计广告和确定宣传地点。同时，还可以根据潜在客户的特点分析企业产品的优势。

3. 客户保留

由于企业对现有客户的信息掌握得比较详细，而对潜在客户的信息掌握得很少，因此，对于企业来说，获取一个新客户远比保留一个老客户的成本高得多。而且在目前开放的商业环境下，企业间的竞争越来越激烈，客户保留也成为企业面临的一个重要难题。

认识到这项工作的重要性，很多企业开始建立客户流失预警体系，主要是通过分类、聚类等模型来对以往流失的客户数据进行分析，从而找出流失客户的行为模式，同时分析客户流失的原因。然后，根据得出的因素建立相关的模型，对现有客户进行评价，预测现有客户中有流失倾向的客户并及时调整服务策略，采取一些相应的措施来挽留客户，从而达到减少客户流失的目的。

4. 客户忠诚度分析

提高客户忠诚度是企业客户关系管理的一个重要目标。忠诚度高的客户会不断地购买企业的产品或服务，不论产品或服务的质量是不是最好，价格是否有折扣。企业获得一个忠诚客户无疑会大大降低成本，同时会提高企业的竞争力。

数据挖掘在客户忠诚度分析中主要用于对客户持久性、牢固性和稳定性进行分析。客户持久性反映的是客户在企业连续消费的时间。客户牢固性反映的是客户受各种因素的影响程度。牢固性高的客户受各种因素的影响较小，始终购买同一企业的产品或服务，而有些顾客只在促销、打折或大规模宣传时才购买该企业的产品或服务，他们的牢固性相对较低。客户稳定性是客户消费周期和频率的表现，每隔一段时间就购买一次该企业产品的客户被认为是稳定的，而那些偶尔购买、购买时间随机的客户被认为是不稳定的。这三个指标综合起来可以反映客户的忠诚度。

对客户持久性、牢固性和稳定性的分析主要是运用时间序列模型中的趋势分析方法。趋势分析包含趋势走向、周期走向与周期变化、季节性走向与变化、不规则的随机走向几个方面的分析。通过趋势分析，可以了解客户在过去一段时间的消费周期和消费随时间变化的情况，同时还能预测客户在未来一段时间内的消费趋势。结合数据的分析结果和预测结果可以判断一个客户的持久性、牢固性和稳定性，继而确定客户的忠诚度。

5. 客户盈利率分析

客户盈利率是一个定量评价客户价值的指标。它是根据规定的评价尺度，通过对客户数据计算得到一个确定结果的过程，因此，客户盈利率的计算并不需要运用数据挖掘技术。数据挖掘技术在客户盈利率分析中的应用主要体现在分析上。企业可以运用数据挖掘技术预测在不同的市场竞争环境和市场活动环境下客户盈利率的变化。客户盈利率分析的目的是找到那些"高价值"的客户，并针对这些高价值的客户进行更深层、更细致的客户关系管理。客户盈利率分析中数据挖掘的应用目的是找到最合适的市场环境，使企业的客户盈利率达到最优。

6. 交叉营销

商家与客户之间的商业关系是一种持续的不断发展的关系，通过不断地相互接触和交流，客户享受到了更好、更贴切的服务，商家则因为增加了销售量而获利。交叉营销是指向已购买商品的客户推荐其他产品和服务。在新客户的获取越来越难的形势下，交叉销售是提升企业销售额的有效手段。早在1965年，国外银行就开始应用交叉销售向老客户推荐他们可能需要的其他金融产品和服务。这种策略成功的关键是要确保推销的产品是用户所感兴趣的，有几种挖掘方法都可以应用于此问题，关联规则分析能够发现客户倾向于关联购买哪些商品。聚类分析能够发现对特定产品感兴趣的用户群，神经网络、回归等方法能够预测客户购买新产品的可能性。

在客户关系管理中有效利用数据挖掘，可以指导企业高层决策者制定最优的企业营销策略，降低企业运营成本，增加利润，加速企业的发展。只有融合了数据挖掘技术的、高效的客户关系管理，才能更好地适应当今信息时代及网络化特征，成为现代企业在激烈的市场竞争中生存的根本和制胜的关键。

（二）客户关系管理数据挖掘过程

数据挖掘过程是开展数据挖掘项目的具体操作流程，是数据挖掘顺利进行的先决条件。具体到客户关系管理领域，可以将数据挖掘过程分为五个主要步骤：明确业务目标、数据准备、选择挖掘算法、建立并评估模型和解释挖掘结果。

1. 明确业务目标

数据挖掘的第一步是确定分析和预测的目标，主要是明确业务目标。只有确定了分析目标才能提取数据、选择方法，因此，确定分析和预测目标是数据挖掘的基础条件。数据挖掘的实施过程也都是围绕这个目标进行的。在明确业务目标阶段，首先需要明确当前数据挖掘所要解决的实际问题，即某个客户关系管理研究主题，进而从客户关系管理的角度理解数据挖掘的目标和需求，对现有资源进行评估，将业务问题转换成数据挖掘的问题并确定目标，制订达到目标的数据挖掘计划。

以面向电信企业的客户关系管理为例，客户关系问题主要包括客户价值评价、行为细分、流失预测、新产品响应、交叉/提升销售等。

要做到这些，需要业务领域专家的参与，提供必要的文档说明，如任务提出的理由、商业问题定义、实现目标等。同时，要加强数据挖掘技术人员与业务领域专家的沟通和交流，对任务进行深入的分析，最终达到对任务和目标的理解与定义是符合领域实际的，并且是透彻而准确的。这些理解与定义应形成一致的文档，并在以后的数据挖掘实施过程中作为首要的参考资料。

2. 数据准备

当具体的客户关系管理数据挖掘问题确定并明确定义以后，还需业务领域专家与数据挖掘技术人员合作，根据企业实际需要与原始数据的存在环境，共同制订出数据准备的解决方案。

数据准备包括数据清理、数据集成、数据选择和数据变换等过程。由于现实世界中的数据库极易受噪声数据、空缺数据和不一致型数据的侵扰，通过数据清理来填写空缺的值，平滑噪声数据，并解决不一致的问题，可以提高数据质量，进而提高挖掘的效率和挖掘结果的质量。数据集成将多个数据源中的数据结合起来存放在一个一致的数据存储（如数据仓库）中。这些数据源可能来自多个实际系统，因而存在许多不一致的地方，如命名、结构、单位、含义等。因此，数据集成并非是简单的复制过程，它需要统一原始数据中的所有矛盾处，如字段的同名异义、异名同义、单位不统一、字长不一致等。数据选择是在对发现任务和数据本身内容理解的基础上，寻找依赖于发现目标的表达数据的有用特征，以缩减数据规模，从而在尽可能保持数据原貌的前提下最大限度地精简数据量。数据选择主要有属性选择和数据抽样两个途径，并分别针对数据库中的属性和记录。数据变换将数据变换成统一格式，并对不符合模型输入要求的数据进行规范化操作，使其符合数据挖掘的格式。例如，数据变换将属性数据按比例缩放，使之落入一个小的特定区间，还要将连续属性进行离散化处理或将离散数据进行连续化处理，以适应特定数据挖掘算法的需要。

3. 选择挖掘算法

建立模型时，首先要根据商业问题及数据样本集的特点选择合适的算法，并根据具体问题对这些算法进行适当的组合。大部分数据挖掘算法都是针对特殊的目的而设计的，而且都规定了所允许的输入数据的类型，即有的算法要求是数值型数据，有的算法要求有定性数据。通常情况下根据所定义要解决的问题来选择挖掘算法，如分析客户属性一般采用聚类算法，分析购买模式使用关联规则（该技术最初就是针对此目的而开发的）等。

4. 建立并评估模型

建立模型是根据模型分析目标选择合适的方法和算法对数据进行分析，得到一个数据挖掘模型的过程。在选择基本挖掘算法的基础上，通常需要采用几种具体算法分别对数据进行挖掘，对不同算法的实现过程、实现代价和挖掘效果等进行比较，选出最合适的模型。建立模型是个反复进行的过程，需要不断地改进或更新算法以寻找对目标分析作用最明显的模型。改进模型后得到一个最合理、最适用的模型，建立模型的过程也就基本完成了。

建立好模型以后，评估与验证是重要的环节。对聚类、关联规则挖掘等无监督学习系统来说，模型的评估是困难的，因为结果的好坏很大程度上取决于使用工具的特定环境。当数据挖掘建立的是预测模型时，为了保证得到的模型具有较好的精确度和稳健性，一般将数据集分为两部分，一部分用于建立模型，另一部分则用于测试模型。

对模型的评估应主要考虑以下几个方面。

（1）模型的准确性。对于数据挖掘模型来说，模型的准确性是最为重要的。利用各种验证方式对模型进行测试的主要目的也是验证模型的准确性。

（2）模型的可理解性。模型在准确的基础上还应容易理解，如数据挖掘人员了解不同的输入对结果的影响、预测成功或失败的原因等。

（3）模型的性能。模型的性能主要是指模型运行的速度、输出结果的速度、实现代价、复杂度等。对于数据挖掘模型来说，最好的模型并不一定是性能最好的，但是在准确和可理解的基础上，高性能也是数据挖掘模型追求的一个目标。

模型建立和检验是一个反复的过程，如果模型检验后发现效果不是很好，就要对模型进行修改甚至重新建模，直到建立的模型通过验证和评估为止。

5. 解释挖掘结果

运行数据挖掘模型，将会从大量的数据集中得出许多有价值的信息。例如，对电信客户行为进行细分，不同的客户群中将蕴含着显著的行为属性特征（包括通话时间、次数、对象等）。因此，对挖掘结果的解释是数据挖掘最终的、最重要的一步。但是，由于挖掘算法及系统具有黑箱性质，许多规则及特征难以合理解释。因此，在挖掘结果的解释过程中，需要挖掘专家和业务领域专家的共同合作，尽可能地使用统计工具和可视化方法来刻画挖掘结果的属性特征。

思 考 题

1. 简述客户关系管理系统的结构。
2. 简述成功实施客户关系管理系统的关键。
3. 呼叫中心由哪些基本部分组成？
4. 简述呼叫中心的业务流程。
5. 对比分析数据库与数据仓库的区别。
6. 数据仓库在客户关系管理中应用在哪些方面？
7. 简述数据挖掘与数据仓库的关系。
8. 数据挖掘在客户关系管理中有哪些应用？

案例分析

第四章

客户关系管理战略

> 兵者，国之大事，死生之地，存亡之道，不可不察也。
>
> ——《孙子兵法·始计篇》
>
> 战略是为了达到战争目的而对战斗的运用。
>
> ——德国军事家冯·克劳塞

学习目标

1. 理解客户关系管理战略的内涵
2. 掌握客户关系管理的远景和目标
3. 熟悉客户关系管理战略的核心活动
4. 熟悉客户关系管理战略实施评价

案例导入

第一节 客户关系管理战略概述

一、客户关系管理战略的理解

在我国，"战略"一词自古有之，先是"战"与"略"的分别使用。"战"指战斗和战争，"略"指韬略、策略计划。《左传》和《史记》中已使用"战略"一词，西晋史学家司马彪有以"战略"为名的著述。在西方，"战略"一词来源于希腊文"stratagos"，其含义是 "将军指挥军队的艺术"。可以说，"战略"一词原是个军事方面的概念。20世纪 50 年代，"战略"一词被引入到工商企业管理，几十年来对于大多数企业而言，提到企业战略、产品战略等比较好理解，但是客户关系管理战略却不好让人理解。这是因为在企业界、学术界对客户关系管理本身的认识还没有达成共识。因此，要理解客户关系管理战略，我们只能按照企业一般战略的框架加以认识。我们可以更加全面地将客户关系管理战略理解为一种旨在理解、预测、管理个性化客户需求的经营战略，它是一种战略的、流程的、组织的和技术的变革历程，触及企业内部许多独立的部门，需要正确处理与许多理念的关系，如企业战略、供应链管理、企业资源规划等。企业要想有效地实施客户关系管理战略，至少需要站在企业发展的战略高度上从以下几个方面对客户关系管理加以理解。

1. 客户关系管理是一种管理理念

客户关系管理的核心思想是将企业的客户（包括最终客户、分销商和合作伙伴）视为最重要的企业资产，通过完善的客户服务和深入的客户分析来满足客户的个性化需求，提高客户满意度和忠诚度，进而保证客户终身价值和企业财务收益增长的实现。客户关系管理吸收了数据库营销、关系营销、一对一营销等最新管理思想的精华，通过满足客户的需求，特别是满足最有价值客户的特殊需求，来建立和保持长期稳定、互惠互利的双赢客户关系。

2. 客户关系管理是一种管理机制

客户关系管理是一种旨在改善企业与客户之间关系的新型管理机制，可以应用于企业的市场营销、销售、服务与技术支持等与客户相关的领域。它通过向企业这些部门的专业人员提供全面的个性化的客户资料，强化其跟踪服务、信息分析的能力，帮助它们与客户及生意伙伴之间建立和维护一种亲密信任的关系，为客户提供方便、快捷和周到的优质服务，提高客户满意度和忠诚度。客户关系管理在提高服务质量的同时，还可以通过信息共享和优化业务流程来有效地降低企业经营成本。

3. 客户关系管理是一种管理软件和技术

客户关系管理是以信息技术、软件和硬件系统为基础的管理方法和应用解决方案的总和。它既是帮助企业组织管理客户关系的方法和手段，又是一系列实现销售、营销和客户服务流程自动化的软件乃至软件系统。客户关系管理将最佳的业务实践与数据仓库、数据挖掘、工作流、呼叫中心、企业应用系统集成等信息技术紧密结合在一起，为企业的销售、客户服务和决策支持等领域提供了一个智能化的解决方案。客户关系管理集成了互联网和电子商务、多媒体技术、数据仓库和数据挖掘、专家系统和人工智能等当今最先进的信息技术。

总之，客户关系管理是现代管理思想与信息技术相结合的一种竞争战略，它通过最佳业务实践与信息技术的融合，围绕以客户为中心设计与管理企业的战略、流程、组织和技术系统，并提供一个解决方案，其目的是提高客户交付价值和忠诚度，进而实现企业收入的增长与效率的提高。

二、客户关系管理战略的分析

客户关系管理时代的到来，为企业的经营和发展创造了新的环境，使企业面临着更多机遇和挑战。企业在引入客户关系管理之前，必须先明确本企业的核心业务和未来的发展方向，以及客户关系管理在整体战略中的作用。表 4-1 列出了企业在实施客户关系管理战略之前必须明确的一些问题。

表 4-1　企业实施客户关系管理战略之前必须明确的一些问题

产业方面
（1）企业处于什么行业？
（2）产业结构的现状及未来可能发生的变化趋势？
（3）产业标杆和基准是怎样的？
（4）在产业的内外部是否存在足以瓦解现有产业结构的战略性力量？

续表

企业方面

（1）企业的使命、愿景和战略意图是什么？

（2）企业战略与客户价值是否相容？

（3）企业的资源和能力优势何在？

（4）企业文化是否"以客户为中心"？

（5）是否有能力评估客户持续价值？

（6）是否有能力管理评估客户持续价值？

（7）企业的人力资源和业务流程是否能够满足客户期望？

（8）企业组织架构是否能够支持客户关系管理的核心流程？

（9）企业是否支持跨部门或跨分支机构的合作？

竞争方面

（1）竞争者具有怎样的行为和特征？

（2）竞争者的竞争策略如何？

（3）新竞争者的进入障碍是什么？未来的发展前景如何？

（4）新竞争者是否具有某些后发优势？它们是否可以不受现有产业结构的束缚？

渠道方面

（1）不同分销渠道在当前和未来的作用如何？

（2）新的分销渠道存在哪些机会？

（3）企业产品和服务如何销售出去？

客户方面

（1）谁是企业当前或潜在的客户？企业的细分市场主要有哪些？

（2）是否存在市场细分、一对一营销和大规模定制化的机会？

（3）企业与客户已存在或准备建立的关系是什么？

（4）如何将客户沟通的结果反馈到企业经营中，并据此作出相应调整？

（5）企业准备采用何种信息技术平台以满足客户现在或潜在的需求？

通过对表 4-1 中所列出问题的回顾，企业可以对自身的状况有一个清晰的认识，有助于制定本企业当前或未来的客户关系管理战略。我们可以根据客户服务个性化程度的高低与客户信息完整程度的高低两个维度，将企业对客户关系管理战略的选择类型分为以下四类：产品销售战略、客户营销战略、服务支持战略和个性化关系营销战略（一对一营销战略），如图 4-1 所示。

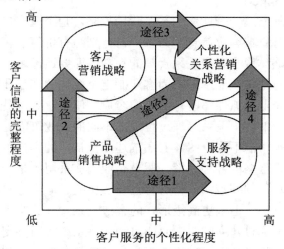

图 4-1　客户关系管理战略的分类矩阵及其转换途径

在图 4-1 中，纵轴反映的是客户信息的完整程度，包括对客户信息的掌握量和信息分析的复杂程度；横轴反映的是客户服务的个性化程度，即企业为客户提供的产品或服务所体现的个性化或定制化程度。横轴和纵轴的交义就形成了四种基本的战略定位，每种战略定位都有其专门的特征，适合特定的商业环境。随着战略定位从左下方向右上方的调整，客户关系管理的战略形势越来越复杂。在所有四种基本战略中，个性化关系营销战略最为复杂，它不仅要求企业收集和分析大量的客户信息，而且必须具有为客户提供个性化服务的愿望和能力。下面分别讨论了四种基本战略。

1. 产品销售战略

产品销售战略是指以产品为导向的营销战略。它从某种程度上讲，不是真正意义上的客户关系管理。它考核企业营销效果的指标主要还是依据销售数量。这种战略对客户信息的要求不高，主要为客户提供通用的产品和服务，追求规模效应，比较适合注重销售的企业采用。由于掌握客户信息的数量和手段的局限，这类企业的客户关系管理很难摆脱产品导向。

2. 服务支持战略

服务支持战略属于基于产品战略的营销战略。相对于大多数企业单纯的产品战略，服务支持战略是向客户关系管理战略靠近的一种选择。通过实施此种战略，企业力图识别客户群中有价值的客户加以保持与挽留，并将企业的资源重点投向这些客户，企图通过提高服务与支持水平而不是主要通过深挖客户信息来改善与客户的关系，因而对客户信息的要求不高。

3. 客户营销战略

客户营销战略属于客户导向营销战略，是企业在为客户提供产品与服务时，已经把营销的中心由单纯提供产品转向重视客户的需求，并通过充分挖掘客户信息加强对需求的理解，有效区分客户价值、客户盈利能力、客户忠诚度及竞争者反应等。这种战略表明企业正在加深对客户关系管理本质的认识，同时通过实施此种战略，为企业进一步识别交叉销售和扩展销售提供机会。

4. 个性化关系营销战略

个性化关系营销战略属于个性化的关系营销战略，是企业客户关系管理战略中的理想形态。企业通过充分掌握客户信息，为客户，特别是有价值的客户实施基于个性化的关系营销战略。该战略体现了客户关系管理的精髓，即要通过客户关系管理的功能，识别客户的偏好和需求特征，在此基础上为客户制定个性化的产品和服务，最大限度地满足此类客户的需求。企业要抓住那些有价值的客户，使企业效益最大化。

在迈向完全意义上的客户关系管理过程中，不同的企业可能处于不同的战略起点，因此实现目标的途径也可能不同。图 4-1 还描述了从初级的客户关系管理战略迈向完全意义上的客户关系管理战略的各种途径。假设企业当前采用的是产品销售战略，则应该积极地评估当前的各项活动和策略，将所有已经实施的、面向客户的措施有效地整合起来，以寻找战略性的突破，追求更高级形式的客户关系管理战略。采用产品销售战略的企业可以采用途径 1，通过建立呼叫中心或自动应答系统等服务支持手段，加深与客户之间的关系；或者采用途径 2，通过构建更为完整的数据库，有效地寻找目标客户，提高营销的针对性。一般来说，当前采用产品销售战略的企业由于自身的意愿或者能力的约束，很少采用途径 5 直接转向个性化关系营销战略。这些企业大多数采用循序渐进的方法，先从产品销售型转向客户销售型或服务支持型，然后采用途径 3 或途径 4，最终迈向个性化关系营销战略。

三、客户关系管理战略的内容

通过上一节的分析，我们可以认为企业要想成功实施客户关系管理，必须把客户关系管理的实施上升到战略高度，为客户关系管理的成功实施制定战略规划。客户关系管理的实施战略应当是一种把战略、技术和人结合起来的综合方法，这种方法是以客户为向导的企业战略的一部分。客户关系管理战略需要寻找恰当的客户并能正确地理解客户的需求。因此，一个完整有效的客户关系管理战略必须包括以下几个主要方面：客户关系管理的远景和目标、客户战略、客户关系管理战略的核心活动、客户关系管理战略的实施基础和客户关系管理战略的评价，如图 4-2 所示。

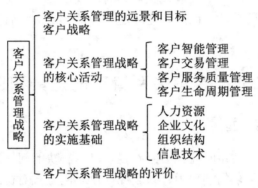

图 4-2　客户关系管理战略的内容

1. 客户关系管理的远景和目标

客户关系管理的远景和目标说明了企业对客户关系管理的基本理解，这是制定实施客户关系管理战略的准备工作，它可以帮助企业明确"以客户为中心"的价值观念，帮助企业理解目前所处的环境和未来的发展前景。如果企业脱离了实际，盲目依赖信息技术实施客户关系管理战略，必将造成大量资金、时间和人力资源的浪费，最终导致客户关系管理项目的失败。

2. 客户战略

客户战略可以帮助企业明确客户是谁，客户想要什么，我们能为客户做什么等问题。这些问题有助于确保有效地对客户关系组合进行管理，而不是简单地把客户视作营销活动的对象。一项客户战略至少应该包括客户理解、客户竞争、客户吸引力和客户管理能力四个核心要素。

3. 客户关系管理战略的核心活动

客户关系管理战略的核心活动包括客户智能管理、客户交易管理、客户服务管理和客户生命周期管理，其中的客户智能管理可以帮助企业更好地利用客户资料和深入地理解客户需求，客户交易管理可以为企业与客户之间的交易提供多种渠道，同时，企业可通过客户质量管理为客户提供多种产品及相关服务，这些是系统地发展长期客户关系，即客户生命周期管理的基础。在企业完成客户战略制定的基础上，客户关系管理中进行的四项核心活动就可以相互融合了。

4．客户关系管理战略的实施基础

成功实施客户关系管理的四项核心活动需要几个必要条件，即人力资源、组织结构、信息技术和以客户为导向的企业文化，四者缺一不可。以客户为中心的商业模式需要企业对经营理念进行革命式的再造，根本改变企业体制，构造一个"从客户利益出发"的企业文化体系和组织结构，以及相关的人力资源和信息技术作为贯彻与执行的保障。

5．客户关系管理战略的评价

企业在实施客户关系管理战略的过程中不可能没有任何问题，因此需要不断地对客户关系管理战略进行改进，以便达到预期结果；同时，由于互联网、数据挖掘、决策支持系统和专家系统等技术的不断发展及企业自身的发展需求，也不可避免地需要持续改进和增加客户关系管理的功能。因此，建立起相应的客户关系管理战略实施评估与反馈机制显得至关重要。

第二节　客户关系管理的远景和目标

一、客户关系管理的远景

许多企业在管理客户关系时往往会碰到很多难以解决的问题：如无法测度考核的价值、缺乏有关客户真实需求的洞察力、缺乏如何以不同方式对待具有不同相对重要性的客户的战略方法等，其结果只能使许多企业都无法把有限资源花费在最有价值的客户身上，无法实现客户价值、客户体验质量和交付成本之间的平衡，这只能意味着投资的浪费、重复的努力、不兼容的解决方案和日益不一致的客户体验。而客户关系管理远景可以指导企业走向最终的理想状态，并确定相应的行动方案。如果没有根据企业当前的需求（企业竞争能力和竞争优势）、市场所要求的速度和投资合理性所需要的经营收益等因素来生成和调整客户关系管理远景，并使它们保持高度匹配和一致的话，企业充其量只能取得有限的短期成功。

（一）客户关系管理远景的形成过程

客户关系管理远景的形成过程并非是自上而下的，也并非是一成不变的。在形成客户关系管理远景之前，企业需要进行客户需求研究和经营环境分析；所制定的远景必须与企业总体战略以及各种企业资源（如人力资源、财务资源、实体资源、知识产权和竞争能力等）相一致；远景本身必须清晰、明确、现实，使得企业所有个体都知道企业的努力方向、自己的角色和贡献，共同为客户关系管理远景的实现而努力。

1．外部环境分析

现代企业的生产经营活动日益受到外部环境的影响。企业要制定和实施客户关系管理战略，首先必须全面、客观地分析和把握外部环境的变化，以此为依据来制定相应的战略目标和部署实现战略的具体步骤。企业与外部经营环境、其他竞争合作的组织及公众等外部因素共同处于一个相互作用、相互联系、相互影响的动态系统之中，所有影响企业成败但又存在于企业外部、非企业所能控制的潜在因素或力量，就构成了企业的外部环境。客户关系管理战略的外部环境分析主要是围绕三个方面来进行的，即营销方面、销售方面和服务方面。

（1）营销方面。当今的营销环境正在发生深刻的变化。一方面，产能过剩和产品同质化让客户有更多选择，也给客户带来更多的选择困惑，同时，信息的透明化和客户注意力分散导致企业与客户的沟通更加困难，企业面临着相对大的营销压力；另一方面，领先企业和专业营销机构基于客户关系管理的理念，利用以互联网为代表的信息网络技术，进行卓有成效的营销创新，建立了体现现代市场营销新观念的营销方法体系，拓展了许多新的营销渠道。例如，当 Web2.0、P2P、宽带、流媒体、无线通信等一系列技术日益成熟并相互融合之时，博客、RSS、即时通信、手机电视、移动电视、楼宇电视、列车电视等一系列新媒体也纷纷出现，并构成了全新的营销平台，体现了一种"新技术—新媒体—新营销"的发展趋势。因此，企业制定客户关系管理战略时，应充分考察并研究当前营销环境的变化，特别是许多营销手段的出现。

（2）销售方面。销售模式正在向多样化、自动化和知识化的方向发展。需要根据不同的渠道采取不同的客户管理策略，借助一些销售自动化工具，包括一些通信设备（如PDA、掌上电脑、手机等），网络（如 Internet、Intranet 等）和管理软件（如 SFA 等），来实现销售的统一协调管理；通过知识库创建、编辑、管理包括产品、竞争厂商、样板客户、应用方案等与销售相关的业务经验和知识，供销售人员查询和引用。因此，在进行销售环境分析时，应关注多种销售渠道的建立、销售自动化工具的应用情况、销售经验和知识的积累与使用情况等。

（3）服务方面。服务方式呈全方位、全天候和定制化的趋势。由于许多产品的质量出现了趋同倾向，企业之间的差异化通常来自独特的设计、情感诉求、价值区分和个性化的服务等因素；由于客户在年龄、文化程度、生活背景和价值观等方面存在差异，导致不同个体对统一服务方式的感知和体验也存在差异，这些都给企业服务质量控制提出了更高的要求。

2. 内部环境分析

客户关系管理战略的制定和实施，不仅要客观地分析企业的外部环境，而且要对企业自身素质和能力加以科学地剖析。对自身内部环境的分析，是企业客户关系管理战略制定过程中的重要工作。其中，企业的内部环境是指企业能够加以识别和控制的内部因素，主要包括企业战略、组织文化、流程和组织结构、人力资源、信息环境、知识储备与研发能力、绩效管理体系、财务管理能力、采购体系、营销和销售能力等。在实践中，正是以企业内部环境为基础的独特能力，最终决定了客户关系管理战略及其实施的效果。

（二）客户关系管理远景的内容

经过上述分析过程，企业可以通过许多方式来界定客户关系管理远景。总体来说，企业客户关系管理远景要素与关键问题如表 4-2 所示。

表 4-2　企业客户关系管理远景要素与关键问题

要素	关键问题
企业远景	什么是企业最重要的目标和理想的未来状态？ 企业对生存、成长和营利性的投入水平如何？ 企业从事经营的目的是什么？企业正在从事什么业务？ 应该专注于一个产业，还是多样化？ 如果选择多样化，应该相关多样化吗？
目标客户与市场	企业想确定的目标市场是什么？ 谁应该是企业的客户？企业希望满足其什么需求？
地理范围	企业应该服务哪些地理区域？ 企业应该在地区、国家还是国际、全球的范围内展开经营活动？
主要产品与服务	企业提供的产品与服务范围是什么？
核心技术	企业希望拥有什么类型的技术？
竞争优势的基础	企业应该保持哪些独特能力？ 客户在购买产品与服务时，可以获得哪些价值？
价值观	企业拥有的价值观和共享的信念是什么？

二、客户关系管理的目标

从全局角度来看，企业在实施客户关系管理之前要明确地制定一个长远的、清晰的总体发展目标。客户关系管理的实施是以该目标为导向进行的，明确预期目标不但有利于推进目标所规定的各项任务，而且能够对具体的实施过程起到辅助和带动作用。首先，企业制定目标必须依据对远景的分析，确定自身的管理模式、业务流程、组织结构等环节中的优势、劣势及存在的关键问题，同时，根据企业实际需求及未来发展方向来最终选择范围于企业总目标的客户关系管理系统。从战略角度来看，企业的发展需要经历一个长期的多阶段的过程，为了保证客户关系管理的成功实施，企业可以将总目标细分为短期的不同阶段的绩效目标，以便进行阶段性考核。从管理角度来看，企业还要建立一整套判断项目成功或失败的标准，对客户关系管理的应用情况能够根据市场的不断变化有效地进行规划、评测以及有针对性地改进，从总体上把握实施周期。

客户关系管理战略目标不是一个空洞的概念，要能够为企业的整体业务的发展提供导向。客户关系管理战略制定与实施的主要目的在于向客户提供超越竞争对手和客户期望的优异客户价值，实现较高的客户满意度，与客户维持长期的合作关系，并设法提高客户忠诚度。因而应当具有可分解性，可以在整体指引组织的同时，分解成与各个业务流程相对应的战略目标和要求。从这种意义上讲，客户关系管理战略可以分为核心目标和业务目标，如图 4-3 所示。

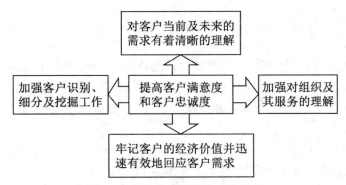

图 4-3　客户关系管理的战略目标

如图 4-3 所示，企业的着眼点应该在于优化客户体验，提升客户满意度，以便谋求竞争优势，最大化企业利润；在成本控制的基础上，加强客户的识别、细分，不断挖掘具有价值潜力的新客户，提高现有客户的满意度，赢取客户的忠诚度和实现较高的客户挽留率。企业应牢记客户的经济价值并迅速有效地回应客户需求，客户及其需求是企业所有业务的关注点，为了寻求新的差异化竞争优势，企业必须对当前及未来的客户需求形成清晰的认识，实现经营观念从产品中心向服务中心的转化，对产品与服务的个性化和定制化给予前所未有的战略关注。越来越多的实践证明，企业成功的关键在于有效地提供差异化的、有价值的服务，针对不同的客户关系和个性化的客户需求提供相应的产品和服务，并在最大化客户满意度的同时实现企业利润的持续稳定增长。

在制定客户关系管理战略目标时，应综合考虑多方面因素。客户关系管理战略目标必须在方向上与企业总体战略目标保持一致；必须考虑企业未来中长期发展战略与规划，杜绝贪大求全的思想，遵循总体规划、分步实施、分步受益的原则，根据企业未来的发展方向和时间进度决定企业实施客户关系管理相关功能模块的优先次序。

在制定客户关系管理战略目标时，还应该遵循技术服务于经营管理的宗旨。未来的客户关系管理系统实施是为企业经营管理服务的，必须考虑企业未来业务发展的战略部署，做到管理软件能够与企业发展趋势相适应，具备一定的可扩展性和灵活性。应该认识到，技术只是使能力提高的因素，而不是解决方案。

第三节　客户战略的制定与核心活动

一、客户战略的制定

（一）客户战略的内容

所谓客户战略，就是企业对如何建立和管理客户关系的目标及目标实现途径的整体性把握。一项客户战略至少应该包括以下四个核心要素。

1. 客户理解

客户战略的中心在于把客户群分解为可以有效管理的细分客户群体，进而形成合理的客户关系组合结构。对于每一种客户细分，企业都应该考虑客户对产品和服务的需求的共性，再细分为对于每一种产品和服务的需求。

2. 客户竞争

在一个竞争激烈的市场环境中，有效客户战略必须能够服务于竞争。企业竞争力应该体现在：既能保持原有的客户份额，又可以获得一些新客户，并同时能够对客户的结构构成进行优化，淘汰不合格的劣质客户群，赢得和挽留优质客户群。

3. 客户吸引力

培育客户忠诚度和建立牢固的情感纽带，形成直接吸引力，同时形成口碑式的间接吸引力是非常关键的，因为这将会是企业能够通过交叉销售和升级销售来保持和提取更大客户价值的重要因素之一，也是尽可能发掘优质客户和吸引有利可图的其他企业的优质客户的重要因素。

4. 客户管理能力

企业的每一位员工都应该积极地为客户提供服务，而不是仅仅将其归为客户服务部门的责任对象，企业作为一个有机的整体，必须构建强大的全面客户服务和管理体系。

（二）客户增长矩阵

为了便于企业将关注的焦点长久地集中在客户身上，在这里引进一个客户增长矩阵，如图 4-4 所示。客户增长矩阵通过图解说明了各自不同的客户战略，依靠这些战略，企业能够发展，并且建立与客户的特殊关系。

	产品/服务 现有的	新的
现有的	客户忠实于你	客户扩充
新的	客户获得	客户多样化

图 4-4　客户增长矩阵

1. 客户忠实于你的战略

首先，我们已经发现，随着客户忠实于你方面的逐渐加强，能从许多方面产生出渐增的利益率。有经验表明，忠实客户倾向于将大量的时间花在企业的身上，他们担当了推荐介绍方面的“代理商”，从而为企业带来了新的客户，并且企业最终为他们服务可能还比为新客户服务所花费的成本要少得多。这些因素结合起来提供了强大的证据，表明了企业的收益率直接与客户忠实程度相关。因此，应该将战略上的关注焦点集中在客户的回头率上，这比获得更大的市场份额更重要。

其次，如果一个企业拥有合适的客户，那么它就会获得竞争优势，同样，让客户忠实于你的战略就是获得持续竞争优势的基础。如果没能拥有合适的客户，那就说明客户忠实于你的这种程度是不恰当的，显然在这里存在一个匹配关系。

2. 客户扩充战略

客户扩充战略常常与客户忠实于你的战略结合在一起使用，这两个战略都涉及一个问题，那就是要维持企业已经与客户建立起来的关系。新增的产品或服务都要适合于客户群体，通过零售商店提供金融服务就是从客户扩充战略中获得更大回报的一个实例。

类似这样的战略扩充已经使行业或市场的界定变得越来越模糊。以前处于不同市场范畴的企业，现在正为获得同样的客户而竞争，并且正依靠这些战略去满足同样的客户需求。

3. 客户获得战略

为了获得更合适的客户，需要对潜在的客户进行需求分析，在有需求的地方需要应用客户获得战略。例如，当企业在迅速增长的市场中运作的时候，或者当快速增长有一些特殊需求的时候，尤其在后一种情况下，重点可能就是要获得新客户，但这些新客户的需求类似于现有的客户。客户获得战略对于当前的客户群体是否能够招来新客户来说具有重要的意义。对于许多小的企业来说，运用此战略可以通过当前客户的口碑传播，以低成本获得新客户来扩大规模，而老客户的行为模式会给企业带来指导作用。

4. 客户多样化战略

客户多样化战略涉及了最高的风险问题，因此该战略涉及企业使用新产品和新服务来与新客户做生意谋求发展的状况。除非有特殊的机会，否则它作为企业所遵循的切实可行的战略是非常不可靠的。例如前几年在国营军工企业向民用企业的转型中，许多企业新开发的产品出来了很久，还没有找到合适的客户，结果造成产品大量积压，其原因是客户群体、销售渠道发生了根本变化。如果客户多样化战略在没有充分地研究透彻之前就进入实施阶段的话，企业不但要试着应付根本不同以往的客户，同时还要解决新产品技术的问题。

5. 不同的客户战略结合

通过上述各种战略的分析，企业要建立战略，首先必须实施好客户忠实于你的战略，然后通过忠实客户向下推荐，以及向客户提供新产品和新服务，将客户扩充战略及客户获得战略与客户忠实于你战略结合起来，如图 4-5 所示，使企业不断获得新客户，而且当前客户也变得更忠诚。其根基就在于客户忠实于你的战略是开发发展战略的基础，这也是客户关系管理战略的基本出发点。

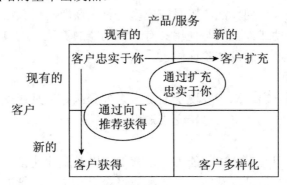

图 4-5　客户增长矩阵的要素组合

二、客户关系管理战略的核心活动

（一）客户智能管理

客户智能是创新和使用客户知识，帮助企业提高优化客户关系的决策能力和整体运营能力的概念、方法、过程以及软件的集合。对该定义的正确理解可以结合图 4-6 中的客户智能体系框架从以下五个方面展开。

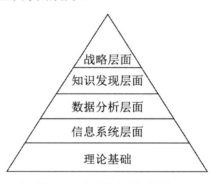

战略层面
知识发现层面
数据分析层面
信息系统层面
理论基础

图 4-6　客户智能体系框架

1. 理论基础

客户智能的理论基础是企业对客户采取决策的指导依据，这既包括企业分析和对待客户的理论与方法，也包括分别从客户和企业角度进行的价值分析。通过消费行为分析、满意度分析、利益率分析等诸如此类的指标的测评与衡量，达到决策科学化、合理化的目的。

2. 信息系统层面

信息系统层面成为客户智能系统的物理基础，表现为具有强大决策分析功能的软件工程和面向特定应用领域的信息系统平台，如客户关系管理、资源计划管理、销售自动化、商业活动管理等。与事务型 MIS 不同，客户智能系统能提供分析、趋势预测等决策分析功能。

3. 数据分析层面

数据分析层面是一系列算法、工具或模型。首先获取与所关心主题有关的高质量的数据或信息，然后自动或人工参与使用具有分析功能的算法、工具或模型，帮助人们分析信息、得出结论、形成假设和验证假设。

4. 知识发现层面

与数据分析层面一样，知识发现层面是一系列算法、工具或模型，它将数据转变成信息，而后通过知识发现，将信息转变成知识。

5. 战略层面

将信息或知识应用在提高决策能力、运营能力以及企业建模上等客户智能的战略层面，利用多个数据源的信息以及应用经验和假设来提高企业决策能力的一组概念、方法与过程的集合。它通过对数据的获取、管理和分析，为贯彻企业组织的各种人员提供知识，以提高企业战略决策和战术决策能力。

（二）客户交易管理

企业各部门每次与客户的接触都是十分重要的，企业应该把握每一次与客户接触的机会。在进行客户交易管理过程中，企业应重点考虑以下两个方面的问题。

1. 全面客户接触点管理

客户接触点管理是指企业决定在什么时间（when）、什么地点（where）、如何（how）与客户或潜在客户进行接触，并达到预期沟通的目标，以及围绕客户接触过程与接触结果处理所展开的管理工作。客户接触点管理的核心是企业如何在正确的接触点以正确的方式向正确的客户提供正确的产品/服务。

客户接触点管理体系的规划包括：客户视角的接触点研究、客户接触点需求与客户接触转变研究、多渠道客户接触点规划与体验设计、多渠道客户接触点建设与投资策略、多渠道客户接触点信息整合管理、客户接触成本评估与渠道接触优化、多渠道客户接触点体验测量与绩效优化等。

2. 投诉管理

投诉管理也是客户交易管理的基本组成部分。客户保持力会因不良的服务而受到破坏，但是企业从不良的服务中恢复的方式将会决定能否留住原有的客户。全面客户接触点管理的侧重点是一般情况的客户接触行为，而投诉管理要求企业以专业的方式应对失败的状况。无论是由现场的员工来完成还是由事后的数据分析员来完成，投诉管理都有助于促进长期的客户关系。从企业的角度来看，企业的投诉管理是一种直接反馈的工具，是持续提升整个价值链的基础。

（三）客户服务质量管理

1. 客户服务质量管理

客户服务质量不同于产品质量，它具有更多的难把握性，站在企业角度或站在客户角度认识的服务质量可能有所差别。从企业的角度看，服务质量是企业在对客户的服务过程中，为使目标客户满意而提供的最低服务水平，也是企业保持这一预定服务水平的连贯性程度。从客户的角度看，企业服务的对象是客户，服务质量的好坏最终是由客户的意见决定的，客户对服务质量的理解是基于他对该服务质量的感知，同一项服务会由于客户的不同而产生不同的服务质量的理解也是基于他对该服务质量的感知，同一项服务会由于客户的不同而产生不同的感知服务质量。

美国经济学家菲根堡姆提出了"全面服务质量管理"的概念，它是指由企业所有部门和全体人员参加的，以服务质量为核心，以客户忠诚为导向，从为客户服务的思想出发，综合运用现代管理手段和方法，建立完整的质量体系，通过全过程的优质服务，全面满足客户需求的质量管理活动。

2. 客户服务质量管理的原则

企业在实施客户服务质量管理过程中应遵循以下原则。

（1）以客户为关注点。这一原则是质量管理的核心思想。任何企业都依存于客户，企业失去了客户，就失去了存在和发展的基础。因此，企业必须时刻关注客户潜在的需求和期望及其对现有服务的满意程度，根据客户的要求和期望改进工作，以取得客户的信任，稳定地占领和扩大市场。

（2）领导作用。领导作为决策者在质量管理中起着举足轻重的作用。领导者要在充分考虑本企业和资产所有者、员工、客户、合作者、行业、社会等各相关方面的需求后制定方针，作出规划，确定具有挑战性的、被员工理解的企业目标，并带领员工努力实现目标。其中的关键是通过其领导作用及所采取的各项措施，创造能使员工充分参与的既有民主又有集中、既有纪律又有自由的工作环境，只有在这种环境下，才能确保质量管理体系得以有效运行。

（3）全员参与。人是企业之本，产品和服务是人的劳动的结果，加强质量管理工作需要全体员工的参与。首先要使员工了解他们在岗位中的作用及他们工作的重要性，明确目标和责任，然后给他们创造提高知识技术和经验的机会，使他们对本职工作负有使命感，渴望参与对质量管理工作的持续改进，并努力作出贡献。

（4）持续改进。持续改进是增强企业满足客户要求的能力的循环活动。市场是变化的，客户会不断地提出新的要求，如果企业不能随之持续改进，就会失去客户，进而失去市场。任何企业的质量管理体系的充分性都是相对的，都要经过一个从不够充分到比较充分，再到很充分的持续改进的过程。此项工作在实施中是通过使用质量方针、目标、审核结果、数据分析、纠正和预防措施以及管理评审的方针，来促进质量管理体系的持续改进。

（5）服务定制化。企业要想在网络经济时代大显身手，就必须遵循个性化战略。在个性化时代，客户是千差万别的。管理大师德鲁克在描述企业的定义时曾这样说，企业的宗旨只有一个，就是创造客户。从生产者来讲，服务是否为客户欢迎，最主要的是能否把自己的服务与竞争对手区别开来，使消费者一见钟情。所以，从某种意义上说，创造客户就是创造差异。服务应当是在大规模定制的基础上针对特定客户需求的服务体系，包括产品线的宽度、深度，产品的个性化定制、质量状况，甚至包括产品的售后服务的各个要素。

（6）沟通响应及时化。服务企业应该与每个客户进行对话，并让这种对话成为一种学习的关系。客户会说出他们需要的服务，企业则为他们提供所需的产品或服务。客户在这种合作关系中会提供建议，并具体说明需要什么样的新服务。企业应从培养客户的忠诚度出发，全面了解客户所需，包括他们需要什么、何时需要、怎样需要，从而提供合适的、个性化的、即时的、具备竞争力的促销活动，"锁定"客户的使用习惯，建立服务品牌忠诚。

（四）客户生命周期管理

客户关系生命周期是指从一个客户开始对企业进行了解或企业对某一客户进行开发开始，直到客户与企业的业务关系完全终止且与之相关的事宜完全处理完毕的这段时间。生命周期理论是一个十分有用的工具，将其引入客户关系的研究可以清晰地洞察客户关系发展的动态特征，不同阶段驱动客户关系发展的因素不同，同一因素在不同阶段内涵不同，客户分析的发展是分阶段的，不同阶段客户的行为特征及其为企业创造的利润也不同。因此，客户和关系生命周期理论是从动态角度研究客户关系的基础。

目前，客户关系生命周期的研究和应用已开始引起越来越多学者的兴趣。现有的研究一般是将客户生命周期的阶段划分为考察期、形成期、稳定期和退化期四个阶段，简称四阶段模型。考察期是客户关系的孕育期，形成期是客户关系的快速发展期，稳定期是客户关系的成熟期。

在具体实施过程中，企业应注意到在客户关系的不同生命周期阶段，客户的关注重点和企业的管理重点是存在差异的。表 4-3 在客户生命周期四阶段模型的基础上进一步归纳出各阶段的客户特征和相应的企业管理重点。

表 4-3　客户关系管理生命周期的特征及管理重点

阶段	集群特征	管理重点
初识期	信任与投入程度都相对较低，追求消费习性的一致性和心理品位的一致性	1. 重视商品品牌的丰富性 2. 重视产品与服务的质量 3. 重视客户与企业对商品、服务或价格的价值观认知的一致性 4. 提供商品以外的免费服务等非物质利益
矜持期	心理与行为因素的平均水平比初识期略高，该客户群在心理因素方面的得分相对高于其行为表现，从而显示出内心深处已经对企业形成高度认同，只是消费行为的表现仍趋保守	1. 重视商品品牌的丰富性 2. 重视产品与服务质量 3. 提供商品以外的免费服务等非物质利益
平稳期	在行为和心理因素方面，均明显高于初识期和矜持期的客户群，而且与企业的关系已经处于平稳状态，愿意提供建议和实际参与合作	1. 重视商品品牌的丰富性 2. 重视与客户间接的互动和沟通接触机会
思异期	在行为和心理因素方面，均明显高于初识期和矜持期的客户群，而且与企业的关系已到平稳状态，但有些客户有尝试作出改变的心理，消费行为可能有妥协倾向	1. 重视与客户间接的互动和沟通接触机会 2. 防止客户转换供应商
稳固期	关系建立最长久，心理与行为因素都表现出很高的客户忠诚度，是关系强度最高的阶段，愿意提供建议和实际参与合作，对商品和企业形成了高度的信任	1. 重视商品品牌的丰富性 2. 重视人员服务 3. 重视客户与企业对商品、服务或价格的价值观认知的一致性 4. 重视与客户间接的互动与沟通接触机会 5. 提供商品以外的免费服务等非物质利益

在实践中，具体的客户关系管理战略实施活动可以通过以下途径针对不同的客户特点和企业管理重点加以实现：①设立呼叫中心或服务台，为客户提供服务支持，并根据客户所阐述的需求提供适当的产品；②努力识别出所有客户中值得挽留的目标客户，并将资源和能力投入到最重要的客户身上；③与客户进行一对一个性化沟通，运用一系列数据分析来加深对客户需求的理解，通过构建更为完善的数据库，有效地寻找目标客户，提高客户管理策略的针对性；④更加注重提高数据的质量，并有效地加

以管理和利用；⑤进一步识别交叉销售和升级销售的机会，尽可能提高客户营利性；⑥建立复杂多变的数据平台（如数据仓库系统），并配备相应的分析工具（如数据挖掘软件）。不同的企业还可根据自身情况以及本行业的特点实施不同的战略活动，如分析客户的购买模式，向客户推销具有更高附加值的服务；分析客户的需求和偏好，更好地支持客户挽留活动等。

第四节　客户关系管理战略实施的评价

一、客户关系管理战略实施评价的作用

客户关系管理战略实施评价是客户关系管理战略实施流程中不可或缺的重要环节和实施保证，建立有效的客户关系管理战略评价和控制体系对企业成功实施客户关系管理战略，达到既定战略目标意义十分重大。在企业客户关系管理战略的实施中，对客户关系管理战略的有效评价和控制有助于企业识别与把握客户关系管理战略实施的重要方向，对各环节的关键活动和实施效果形成评价与控制，对组织的有效激励提供重要依据，并保证战略实施的持续改进以及战略目标的最终实现。具体来讲，对客户关系管理的合理评价与控制主要有以下三个作用。

1. 辅助决策制定

企业实施客户关系管理评价方法会因不同部门决策制定方式的不同而不同。企业通过对客户需求信息的收集、整理和分析，对客户进行有效细分，识别出企业的高价值客户，进而制定有针对性的营销策略和发展战略。当企业制定有关客户的战略时，对客户分析获得的有效评价可以协助特定的决策者制定和改善企业的竞争策略，这种有关客户的决策一般是以"如何管理客户关系"为中心，以提高客户的满意度和忠诚度为目的的。

2. 指导进行中的互动或策略

对客户关系管理战略活动的评价并不是仅仅用来协助企业全面制订计划、制定决策，它也可以被用来引导与客户相关的日常活动，这与影响决策制定相关，但又不同于决策制定。评价客户活动不仅有助于企业决定采用哪一种客户战略，还有助于前端员工和领导完成日常性的任务。

3. 预测未来的心态

企业需要使用客户关系管理技术来协助预测客户的需求，或者预测未来的潜在客户或市场态势。在营销中使用预测性模型已经很长时间了，而且使得营销获得了很大的成功。客户关系管理技术和方法用来协助企业改进现有产品的设计，并通过与客户进一步的协作来开发新的产品。数字技术使得公司降低了与客户交互的成本，并且其交互的机制也比较容易评估。

应该看到，客户关系管理战略是一个不断修正、逐步展开的循环过程，对组织的调整和管理转型不仅要有足够的思想准备，而且需要在客户关系管理战略的实施中不断完善基础设施，实现流程重组和确保基础数据的准确性，并注意有可能引发的各种变化。

二、客户关系管理战略评价的流程

客户关系管理战略的评估应该是一个对客户关系管理战略有效性进行持续评估的动态循环过程，同时它也是一个与客户关系管理战略流程并行的系统工程。客户关系管理测评模型如图 4-7 所示，评价过程是在率先确定客户关系管理的任务和目标之后设计出客户关系管理战略框架，以便确定主要的战略因素；接下来是要找出客户关系管理活动与所要实现的商业目标之间的内部联系。通过对这些内部联系进行分析，然后通过收益分析来测评客户关系管理实施的效果。可以看到，这一评价过程有助于管理人员对客户关系管理战略形成更深入的理解，可以帮助他们制定和实施合理的客户关系管理战略。在把客户关系管理活动转化为最终收益之前，上述步骤将会不断地重复进行。

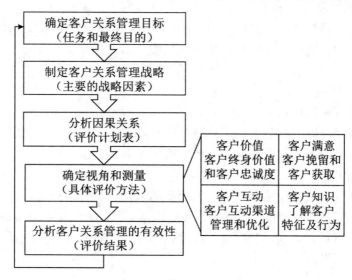

图 4-7　客户关系管理测评模型

三、客户关系管理战略评价的关键维度

评价维度是实现客户关系管理战略评价目标中至关重要的因素。在传统的评价体系中，主要包括四个维度，分别是财务维度、客户维度、内部作业流程维度及创新与学习维度。这四个维度是以企业为中心的评价体系，其中财务维度强调为股东创造的价值，所涉及的财务目标往往与利益的评估相关联；客户维度强调为客户创造的价值，指标主要包括客户满意、客户挽留、吸引新客户和目标市场与市场份额几个部分；内部作业流程维度关注的焦点是提升企业作业流程的效率和效果，重视从创新到售后服务的整个流程，以及对研发过程的评价；创新与学习维度则能帮助企业识别出对当前和未来成功最为关键的因素，进而对企业的持续发展能力进行评估。

与传统评价体系相比，以客户为中心的评价维度应该更强调提升客户忠诚度和客户利益，更强调增强互动渠道的有效性和追求卓越的客户资产经营方式，客户关系管理评价维度对比如表 4-4 所示。因此以客户为中心的评价指标体系应包括以下四个方面的维度：客户知识、客户互动、客户价值和客户满意。

表 4-4　客户关系管理评价维度对比

以企业为中心	关注焦点	以客户为中心	关注焦点
财务维度	为股东创造价值	客户知识	理解客户和对客户信息进行分析
客户维度	为客户创造价值	客户互动	增强互动渠道的有效性和追求卓越的客户资产经营方式
内部作业流程维度	提升企业作业流程的效率和效果	客户价值	提升客户忠诚度和客户利益
创新与学习维度	通过实施持续的改善措施，保持企业的创新能力和变革能力	客户满意	获取商业价值

1. 客户知识维度

客户知识维度包括客户细分群体的层次和对客户数据的管理，它关注于技术上的改进、对客户需求的理解和有关客户特征的数据库，这些指标影响与客户互动的过程，进而对客户价值和客户满意产生重要影响。

2. 客户互动维度

客户互动维度包括卓越的运营能力、有关客户服务的互动渠道管理和流程管理。在实践中，对与客户接触及互动过程进行有效的管理和持续的改进，直接会对客户价值、运营效果和高质量的客户关系管理服务产生重要影响。

3. 客户价值维度

客户价值维度包括企业从客户那里所获取的利益，如客户终身价值、客户忠诚或客户资产等。如果客户对企业的产品或服务表示满意，那么企业基本上不必担心客户离去。为了保证这种互惠互利关系，客户价值维度指标促使管理人员持续地寻找方法，以便赢得客户承诺和客户忠诚。

4. 客户满意维度

客户满意维度表明了客户对企业所提供产品和服务的满意水平，这是产品或服务能够符合客户期望从而给客户带来一种心理的或非心理的满足，它在很大程度上决定了购买者将来是否能够成为企业的长期客户。

四、客户关系管理战略实施的关键成功因素

企业要取得客户关系管理战略实施的成功，必须关注如下方面。

1. 确保战略实施过程协调一致

作为企业总体战略的一部分，客户关系管理战略必须与其他相关战略之间保持协调一致。为了取得客户关系管理的成功，企业应该在组织内部有效地沟通各种战略意图，确保组织的战略意图得到绝大多数员工的理解和认同。如果企业希望以客户导向作为基本经营理念，以提高客户满意度为根本目的，但没有一套完整的战略来保证客户导向型观念，并获得组织上下的普遍认可，即使费了多番周折，也无济于事，始终摆脱不了传统产品导向型观念的影子。因此，要实现战略过程的协调一致，必须强调各部门之间业务活动的相互配合，共同服从于组织整体的客户关系战略。

2．调整组织结构——从交易管理转向关系管理

事实上，一个企业的组织结构能够在一定程度上反映该企业对客户和客户关系所持的基本理念。通过考察生产、营销、销售、采购和其他业务活动在整个企业中的地位，可以很清楚地知道企业到底崇尚什么。从客户关系管理角度看，客户是企业最重要的资产，能不断为企业带来收益，因此，企业的所有活动都应该围绕客户关系展开。关系管理不仅要为本企业的产品寻找客户，还要投入大量的努力来维持和培养关系，以增加客户关系可能带来的价值。而关系价值的增加必须通过改善关系过程来实现，企业必须在组织结构上作出调整，促进跨部门的协作，以适应关系管理的需要。如果组织过于分权化，可能难以为客户提供协调一致的服务，影响服务的质量和一贯性；而过于集权化的组织则不利于发挥各部门或员工的积极主动性，也无法创造性地为客户提供服务。因此，企业应该根据自身的情形，在集权和分权之间权衡，作出选择。对于那些尽可能标准化或程序化的过程，企业应尽可能内化到组织规章或软件系统中，以形成对员工自主性的一种约束机制，在充分发挥员工积极主动性的同时，保证企业的统一形象。

3．培育有利于客户关系管理滋长的组织文化

组织文化是影响客户关系管理成败的重要因素。通常，组织文化是一种无形的因素，是企业在长期发展和成长过程中形成的理念与价值观等。总体来说，有两个方面的文化因素会影响客户关系管理的效果，第一个是实施重大变革的能力。如果一个企业在历史上经历数次失败的变革或者内部员工普遍缺乏迎接挑战的勇气，那么可能会形成一种惧怕变革的保守文化。在这样的组织文化氛围中，要想迅速引入客户关系管理恐怕十分困难，因此，必须采用循序渐进的方法，逐渐营造一种有利于变革的文化，慢慢地将客户导向型观念灌输到每个员工的心中。第二个是各业务部门之间的协作意识。各业务部门之间是否愿意合作，是否遵守承诺，是否服从共同的战略等，均是影响客户关系管理成败的重要因素。由于这些因素往往是无形的，企业很难对它们进行衡量和测评，因此，企业必须采用一些定性的手段，来分析当前文化中存在的优势和劣势。在发展优势的同时，消除文化上的劣势因素，使企业的整体文化更有利于客户关系管理战略的成长。

4．建立一个集成的信息环境

对于每一位客户而言，与企业发生接触和信息交换的渠道有很多种，既有电子方式的，如电子邮件、互联网、电话等，也有非电子方式的，如信函、服务接触等。为了给客户提供一个有效的接触方式并综合地利用各种客户数据，企业应该建立一个集成的信息环境。一方面，企业可以通过该信息环境，获取客户数据，了解客户的想法和需求；另一方面，客户可以通过该信息环境，选择最有效的信息获取方式，实现有效的沟通。在前面我们已经谈过，客户关系管理是基于数据的一种管理，如果没有完善的客户信息和数据，也就不可能实现真正意义上的客户关系管理，而一个集成的信息环境无疑可以实现对各种数据的有效收集和汇总，为实现客户关系管理奠定数据和信息的基础。

5．争取企业高层的大力支持

要成功地实现客户关系管理，不仅需要在组织上、文化上和技术上作出重大贡献，而且还需要调节各部门之间的活动，因此，获得组织高层人员的认同和支持是十分必要的。没有高层的支持和参与，几乎不可能实施任何跨部门的业务战略，也不可能营造有

利于客户关系管理的组织结构和文化，更不可能投入巨资来兴建集成的客户关系管理信息技术系统。在实施客户关系管理的过程中，至少应该有一名高层经理人员具体负责对整个过程的支持。直接支持客户关系管理过程的高层经理人员必须满足如下三个方面的条件：首先，高层经理人员的支持不能停留在表面上，还必须深入了解客户关系管理的内涵和相应的运作模式；其次，高层经理人员必须能够对整个客户关系管理过程施加积极的、正面的影响，敦促跨部门的合作；最后，高层经理人员必须逐步采取措施，确保整个企业高层都能对客户关系管理有一个全面的理解和认识，以进一步获得其他高层经理人员的支持。

思 考 题

1. 简述客户关系管理战略的内涵和内容。
2. 简述客户关系管理的远景和目标。
3. 简述客户关系管理战略矩阵和客户增长矩阵。
4. 列举客户关系管理战略的核心活动涉及的具体内容。
5. 客户关系管理战略评价有哪几个关键维度？
6. 客户关系管理战略实施的关键成功因素是什么？

案例分析

第 五 章

客户的分析、识别、选择与开发

使我们冲动的，是心情；让我们有理性、有逻辑地分析的，是大脑。

——编著者

潜在客户应该是"现在"就需要你产品和服务的人，而不是"未来"可能需要的人。开发客户必须对准最可能购买的潜在客户，最浪费时间的就是追逐所有可能符合潜在客户条件的人。

——杰·亚伯拉罕

学习目标

1. 熟悉客户分析的知识
2. 掌握客户识别的理论
3. 熟悉客户选择策略
4. 掌握客户开发策略

案例导入

第一节 客 户 分 析

一、客户分析的含义

客户分析是指根据客户信息数据来分析客户特征，评估客户价值，从而为客户制订相应的营销策略与资源配置计划。通过合理系统的客户分析，企业可以知道不同的客户有什么样的需求，分析客户消费特征对商务效益的关系，使运营策略得到最优的规划；更为重要的是可以发现潜在客户，从而进一步扩大商业规模，使企业得到快速的发展。

企业可以从以下几个方面对客户进行分析。

1. 分析客户个性化需求

"以客户为中心"的个性化服务越来越受到重视。实施客户关系管理的一个重要目标就是能够分析出客户的个性化需求，并对这种需求采取相应措施，同时分析不同客户对企业效益的不同影响，以便作出正确的决策。这就使得客户分析成为实施客户关系管理时不可缺少的组成部分。

2. 分析客户行为

通过分析客户行为，企业可以利用收集到的信息，跟踪并分析每一个客户的信息，不仅知道什么样的客户有什么样的需求，同时还能观察和分析客户行为对企业收益的影响，使企业与客户的关系及企业利润得到最优化。

3. 分析有价值的信息

利用客户分析系统，企业不再只依靠经验来推测，而是利用科学的手段和方法，收集、分析和利用各种客户信息，从而轻松地获得有价值的信息，如企业的哪些产品最受欢迎，原因是什么，有什么回头客，哪些客户是最赚钱的，售后服务有哪些问题等。客户分析将帮助企业充分利用其客户关系资源，在新经济时代从容自由地面对客户。

目前我国企业对客户的分析还很欠缺，分析手段较为简单，方法也不够系统和完善。而简单的统计方法虽然可以在一定程度上得出分析结果，但因为不同企业发展中存在一定的不平衡性，利用简单的统计模式得出的结论容易有较大的误差，难以满足企业的特殊需求。因而企业需要有更加完善、合理的客户分析方案，进一步提高客户分析的合理性、一致性，并能在潜在客户的培养和发现中提供更多的决策支持。

二、客户分析的内容

具体来说，客户关系管理中的客户分析可以包含以下六个方面的内容。

1. 商业行为分析

商业行为分析通过客户的资金分布情况、流量情况、历史记录等方面的数据来分析客户的综合利用状况。其主要包括以下方面。

（1）产品分布情况。分析客户在不同地区、不同时段所购买的不同类型的产品数量，可以获取当前营销系统的状况，各个地区市场状况，以及客户的运转情况。

（2）消费者保持力分析。通过分析详细的交易数据，细分那些企业希望保持的客户，并将这些客户名单发布到各个分支机构以确保这些客户能够享受到最好的服务和优惠。细分标准可以是单位时间交易次数、交易金额、结账周期等指标。

（3）消费者损失率分析。通过分析详细的交易数据来判断客户是否准备结束商业关系或正在转向另外一个竞争者。其目的在于对那些已经被识别结束了交易的客户进行评价，寻找他们结束交易过程的原因。

（4）升级/交叉销售分析。对那些即将结束交易周期或有良好贷款信用的客户，或者有其他需求的客户进行分类，便于企业识别不同的目标对象。

2. 客户特征分析

（1）客户行为习惯分析。根据客户购买记录识别客户的价值，主要用于根据价值来对客户进行分类。

（2）客户产品意见分析。根据不同的客户对各种产品所提出的各种意见，以及当各种新产品或服务推出时的不同态度来确定客户对新事物的接受程度。

3. 客户忠诚分析

客户忠诚是基于对企业的信任度、来往频率、服务效果、满意程度以及继续接受同一企业服务可能性的综合评估值，可根据具体的量化指标进行量化。保持老客户要比寻求新客户更加经济，保持与客户之间的不断沟通、长期联系、维持和增强消费者的感情纽带，是企业间新的竞争手段，而且巩固这种客户忠诚度的竞争具有隐蔽性，竞争者看不到任何策略变化。

4. 客户注意力分析

（1）客户意见分析。根据客户所提出的意见类型、意见产品、日期、发生和解决问题的时间、销售代表和区域等指标来识别与分析一定时期内的客户意见，并指出哪些问题能够成功解决，哪些问题不能解决，分析原因何在。

（2）客户咨询分析。根据客户咨询产品、服务和受理咨询的部门以及发生和解决咨询的时间来分析一定时期内的客户咨询活动，并且跟踪这些建议的执行情况。

（3）客户接触评价。根据企业部门、产品、时间区段来评价一定时期内各个部门主动交出客户的数量并了解客户是否在每个星期都收到多个组织单位的多种信息。

（4）客户满意度分析与评价。根据产品、区域来识别一定时期内感到满意的 20% 的客户和感到最不满意的 20% 的客户，并描述这些客户的特征。

5. 客户营销分析

为了对潜在的趋势和销售数据模型有比较清楚的理解，需要对整个营销过程有一个全面的观察。

6. 客户收益率分析

对每一个客户的成本和收益进行分析，可以判断哪些客户是为企业带来利润的。

在客户关系管理中，企业的生产、营销、服务及市场都是围绕着客户而进行的。客户分析将成为成功实施客户关系管理的关键、帮助企业最大限度地提高客户满意度，同时也降低了企业的运作成本，提高了企业的运作效率。

第二节　客户识别

一、客户识别

1. 客户识别的含义

客户识别就是通过一系列技术手段，根据大量客户的个性特征、购买记录等可得数据，找出谁是企业的潜在客户，客户的需求是什么，哪类客户最有价值等，并把这些客户作为企业客户关系管理的实施对象，从而为企业成功实施客户关系管理提供保障。

客户识别是一个全新的概念，它与传统营销理论中的客户细分与客户选择有着本质的区别。传统营销理论是以选择目标市场为着眼点，对整个客户全体按照不同因素进行细分，随后选择企业的目标市场（客户）。而客户识别是在已经确定好目标市场的情况下，从目标市场的客户群体中识别出对企业有意义的客户，作为企业实施客户关系管理的对象。由于目标市场中客户的偏好等个性特点各不相同，不同客户与企业建立并发展客户关系的倾向也各不相同，因此他们对企业的重要性是不同的。

2. 客户识别的意义

客户识别对企业实施客户关系管理的重要意义主要体现在对企业的客户保持和新客户获取上。

（1）客户识别对客户保持的影响。客户保持是企业实施客户关系管理的主要目标之一，它对企业的利润有重要影响。对美国九类行业的调查数据表明，客户保持率增加 5%，行业平均利润增长幅度为 25%～85%。客户保持对公司利润的影响之所以如此巨大，是因为保持现有客户比获取新客户的成本低得多，一般可节约四至六成。但是客户保持也是需要成本的，在现有的客户群体中，并不是所有的客户都会同企业建立并发展长期合作关系。如果不加区别地开展对所有客户的保持努力，势必会造成客户保持成本的增加。如果事先通过客户识别的方法，识别出具有较大概率同企业保持客户关系的客户，并有区别地开展客户保持努力，就会收到事半功倍的效果，大大节省企业的客户保持成本。

（2）客户识别对新客户获取的影响。尽管客户关系管理把重点放在客户保持上，但由于客户关系的发展是一个动态的过程，企业还是需要获取新客户。新客户的获取成本大大高于老客户的保持成本，其主要原因就是在新客户的开发过程中，客户的反馈率太低，导致获取每个客户的平均成本居高不下。如能够有效识别最可能成为企业客户的潜在客户，并有针对性地开展新客户的获取努力，势必能够大大节省企业的新客户获取成本，其节省幅度比在客户保持中使用客户识别的节省幅度还要大。这样就可以杜绝新客户开发中无谓的投入，用尽可能少的客户获取成本获取尽可能多的客户。

二、识别潜在客户

1. 潜在客户的定义

潜在客户是指存在于消费者中间，可能需要产品或接受服务的人。这个定义也可以理解为，潜在客户是经营性组织机构的产品或服务的可能购买者。潜在客户是其存在的买点与企业卖点，即客户接触完全对位或部分对位，但尚未购买企业产品或服务的客户。这类客户数量大、分布广，但由于各种原因，他们现在并不购买企业的产品，但若企业加大营销努力，就有可能使其成为企业的现实客户。

潜在客户是组织争取的对象，是客户管理关注的重点之一，及时调查、分析、研究和把握潜在客户的需求是组织应该经常实行的必不可少的活动。不断把潜在客户变为现实客户，正是组织兴旺发达的标志。潜在客户包括三个层面：一是对某个地区来说，该地区可能是潜在的销售市场，该地区的组织或个人则称为潜在客户；二是对某个阶层（如以收入划分的阶层，以城乡划分的阶层等）来说，该阶层的组织或个人则称为潜在客户；三是对某个组织或个人来说，可能是本组织的潜在客户。一般来说，对地区性的潜在客户可能较容易开拓，而对单个的潜在客户却难以使其成为现实客户，阶层性的潜在客户可能居于两者之间。但是。组织不能只考虑自己的难易问题。况且，在当今经济全球化的时代，某个地区、某个阶层的客户对本组织来说是潜在的，而对本组织的竞争对手来说早已是现实客户了。因此，要求企业不断地去开拓。

2. 潜在客户的转化

促进潜在客户转化为现实客户是企业客户关系管理的又一重点内容。潜在客户的转化，其实质就是市场拓展。潜在客户的转化需要一定的条件，同时也需要企业营销管理人员和客户管理人员进行一系列的促进工作。这样客户才不至于只停留在潜在位置上，而是发展成为企业实实在在的客户，为企业带来更多的经济利益，为进一步识别有价值的客户打下坚实的基础。企业在促进潜在客户向现实客户转化的过程中，可以按照以下几个要点进行。

（1）强调客户的需求和欲望。产品的品质、文化品位都取决于客户的认知，真正的营销价值是客户的心智。发现潜在客户，为客户提供合适的产品，必须调查客户的内心世界。只有充分地与客户进行沟通，了解产品知识、品牌价值、产品的效用需求及其评价标准、客户的个性品位等因素，才能找准潜在客户心理，获得现实客户。客户产品策略只是企业向客户传达利益的工具和载体，也就是满足客户需求与欲望的形式。企业发展产品策略必须从客户的需求与欲望出发，而不是从企业的研究与开发部门出发。市场上最成功的产品往往不是提供最好的产品，而市场最需要的产品，即通常所说的适销对路。

（2）加强品牌建设。在同类产品较多的情况下，企业只有通过富含客户追求的品牌来达到目的，这是客户较高层次的需求和欲望。产品属性易复制，而品牌个性、文化价值、利益及其组合是难以复制的。品牌力量的渗透扩展，形成品牌接受力，进而形成品牌偏好、品牌忠诚，企业可通过品牌力量的扩张，来达到市场的扩张，占有市场，获得竞争优势。

（3）降低客户付出成本。对于客户来说，付出的成本包括货币、时间，甚至还包括在客户使用产品中所带来的烦恼和不快。此外，客户一般只会购买他们认同的价值，客户不认同，产品就卖不出去。因此，企业需要分析客户的认知，根据认知价值对产品进行定价。定价的关键不是卖方的成本，而是买方对价值的认知，而认知价值是利用多种沟通手段在购买者心目中建立起来的。

（4）提供购买便利。企业生产出来的产品只有通过一定的市场营销渠道，经过物流过程才能在适当的时间、地点以适当的价值供应给广大客户。这时，企业考虑的是如何大量销售，如何降低成本。为了形成优势，企业必须不断分析市场状况和客户行为，根据客户购买方式的偏好为客户提供最好的服务和最大的方便。

（5）进行有效的沟通。促进潜在客户的转化要求与客户"对话"，进行沟通。企业必须与客户进行信息交换。为了达到这种目的，首先，企业必须了解客户的媒体习惯和类型；其次，了解客户需要何种信息，然后对客户需要进行回应。产品生命周期缩短、多样化和个性化也要求企业时刻倾听客户的声音，时刻保持与客户沟通，时刻留意客户的动向，应季、应时、应人地满足客户需求。

（6）重视与客户的接触。接触管理主要解决的问题是，企业选择在什么时间、什么地点或什么情况下与客户进行有效沟通，此外，还要考虑接触时间、接触方式、接触内容等因素对客户有什么样的重要影响。信息传达的方式和时机与传达的内容密切相关。在接触管理过程中，企业必须考虑最能影响客户购买决策的因素以及其中客户的信息传递因素。

（7）强化潜在客户动机。强化动机可以促使潜在客户购买本企业的产品，这是能否实现销售的关键。这一阶段企业应该考虑很多因素，包括哪些客户在寻求资料，客户从什么渠道寻求资料，资料来源的相对重要性，购买者最终关注的是哪方面的产品特性，等等。

（8）促进客户购买。潜在客户在决策过程中总会遇到各种阻力，包括经济的、社会的阻力，这些阻力会影响购买者的决定，所以了解潜在客户可能面临的阻力，就能通过恰当的营销手段，如价格调整、产品的优良性能、广告宣传、支付的形式、退换的条件等来消除潜在客户购买的阻力。

（9）实现销售。使潜在客户的需要得到充分满足并获得有力的评价才有可能让客户重复购买，并且对其他客户产生积极的影响。要实现销售，企业就要有正确的销售渠道作保证，所以要研究目标客户和潜在客户的信息，以及产品在他们心目中的地位；安排售后服务活动，包括技术咨询服务、安装调试、维修服务、客户意见收集和处理工作等。

三、识别有价值的客户

实际上，并不是所有的客户都想与企业保持关系。在对有经验的营销人员的咨询和调查中发现，总存在这样一些客户，他们的购买决策只受价格因素的影响，若别的企业的价格较低，他们会马上转移过去，有的还公开地告诉企业谁的价格低就买谁的。营销人员也发现有些客户更关心商品的质量、价值和服务，在大多数情况下，他们宁愿多花些钱。

正如西北大学的保罗·王教授指出的那样，一般情况下，客户可能划分为两种类型：交易客户（transaction buyer）和关系客户（relationship buyer）。一个交易型客户只关心商品的价格，在购买商品之前，他们会花上几个小时的时间在网上查询价格，他们不怕等待，他们会因为买到最便宜的东西而沾沾自喜。而关系型客户希望能找到一个可以依赖的供应商，他们寻找一家能够提供可靠商品的友好企业，让企业认识他们、记住他们，并能帮助他们，与他们建立一种关系，一旦找到了这样的供应商，他们就会一直在那里购买商品和享受服务。交易型客户给企业带来的利润非常有限，企业销售给他们的商品的利润率要比关系型客户低得多。所以，企业无须与所有的客户建立关系，重要的是清楚地区分出交易型客户和关系型客户。

识别有价值的客户实际上需要两个步骤：首先，要分离出交易型客户，以免他们干扰企业的营销计划，让企业减少在与这些毫无忠诚可言、只关心价格的客户身上花费无谓的时间和金钱。目前很多优秀的数据库营销系统都能够通过计算单个客户的积累销售总边际贡献和折扣百分比来跟踪客户。其次，在剔除了这些价值量不大的交易型客户以后，企业就可以来分析剩下的关系型客户了。企业可以将全部关系型客户分为截然不同的三类：一是给企业带来最大利润的客户；二是带来可观利润并且有可能成为企业最大利润来源的客户；三是现在能为企业带来利润，但正在失去价值的客户。

对于第一类客户，企业最好进行客户关系管理营销，目标是留住这些客户。企业也许从这些客户的手中得到的是所有的生意，对这些客户进行客户关系管理营销能保证企业不把任何有价值的客户遗留给竞争对手。

对于第二类客户，他们可以为企业带来可观的利润并有可能成为企业最大利润的来源，对这些客户进行营销同样非常重要。这类客户也许在企业的竞争对手那里购买商品，所以针对这类客户开展营销的直接目的在于提高企业在他们的购买中的份额。

对于第三类客户，企业如果对其进行特别的关照和交流，可能会增加一些他们的购买量，但是与大量的营销开销对比，这会显得特别昂贵、不值钱。企业可以经过一些分析，剔除这部分客户以降低企业实施客户关系管理的工作量和投入。

由以上分析，我们已经知道有的客户能给企业带来利润，有的则不能；有的客户相比之下可能会给企业带来更大的利润，有的客户则更具有长远的价值。客户关系管理不是对所有客户不加区分地对待，而是不断为有价值的客户提供优厚的价值服务，并从这些客户得到卓越回报的一种有选择性的价值交换战略，如果无法评价客户价值，就谈不上建立并维持良好的客户关系。衡量客户对企业的价值的标准要看客户对企业产品消费增加的潜力及其对企业的长期价值，不同客户之间的差异主要取决于他们对企业的价值的不同。

传统的客户分类方法的依据是企业对客户的特征统计，如客户的购买量、购买的产品类型、购买频率等。这些特征变量有助于预测客户未来的购买行为，这种划分是理解客户群的一个良好的开端，但是还远远不够。目前比较实际的方法是按照客户价值对客户进行分类。首先，企业可以根据不同的客户价值决定如何在客户中分配企业的有限资源，确定客户投入方案，以此来建立和维持客户关系。然后在一定资源预算的范围内根据客户的不同需求，设计和实施不同客户关系管理策略，保持有价值的客户在未来转化为高价值客户，而对那些不论是现在还是将来都对公司没有价值的客户则鼓励其转向竞争对手，从而最终达到以合理成本实现最大企业总体利润的目的。

客户价值可以具体划分为两个维度，即当前价值和长期潜在价值，每个维度分为高低两档，由此可将整个客户群分成四组，细分的结果可用一个矩阵表示，称为客户价值矩阵，如图 5-1 所示。

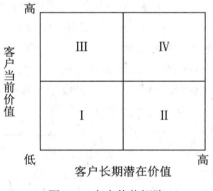

图 5-1 客户价值矩阵

客户当前价值是客户按照目前的购买模式不变，在将来能为企业创造的价值。客户长期潜在价值是通过采用合适的客户保持策略，使客户购买行为模式向着有利于增大对企业利润的方面发展时，客户未来有望为企业带来的利润总和的现值。客户长期价值是决定企业资源投入预算的最主要依据。

根据每个客户的当前价值和客户长期潜在价值，企业的所有客户可以分成以下四类。

（1）Ⅰ类客户。这类客户又称为铅质客户，是最没有吸引力的一类客户，其当前价值和潜在价值都很低，甚至是负利润。如偶尔下一些小额订单的客户，经常延期支付甚至不付款的客户，提出苛刻客户服务要求的客户，定制化要求过高的客户等。

（2）Ⅱ类客户。这类客户又称为铁质客户，有很高的增值潜力，但目前尚未成功地获取其大部分价值。可以预计，如果加深与这类客户的关系，在未来这类客户将有潜力为企业创造可观的利润。因此，对这类客户，要不断向其提供高质量的产品、有价值的信息、优质服务甚至个性化方案等，让这类客户持续满意，并形成对企业的高度信任，从而促进客户关系越过考察期，顺利通过形成期，并最终进入稳定期，进而获得客户的增量购买、交叉购买和新客户推荐。

（3）Ⅲ类客户。这类客户又称为银质客户，有很高的当前价值和低的增值潜力。从客户生命周期的角度看，这类客户可能是客户关系已进入稳定期的高度忠诚客户，他们已将其业务几乎 100%地给了本企业。因此，未来在增量购买、交叉购买和新客户推荐等方面已没有多少潜力可供进一步挖掘。显然，这类客户十分重要，是企业仅次于Ⅳ类客户的一类最有价值的客户。

（4）Ⅳ类客户。这类客户又称为金质客户，既有很高的当前价值，又有巨大的增量潜力，是企业最有价值的一类客户。和上面Ⅲ类客户一样，从客户生命周期的角度看，这类客户与企业的关系可能也已进入稳定期，他们已将其当前业务几乎100%地给了本企业，也一直真诚地、积极地为本企业推荐新客户。与Ⅲ类客户不同的是，这类客户本身具有巨大的发展潜力，业务总量在不断增大。因此这类客户未来在增量购买、交叉购买等方面尚有巨大的潜力可挖。这类客户是企业利润的基石，企业要千方百计、不遗余力地作出各种努力，以便保持住他们。

从以上对四类客户的分析来看，Ⅳ、Ⅲ两类客户的数量不大，约占 20%，而为企业创造的利润约占企业总利润的80%，常说的"企业最有价值客户"指的就是这两类客户；Ⅱ类客户属于有价值潜力的客户，通过再造客户关系，未来有可能转化为Ⅲ类或Ⅳ类客户，但就当前来说带给企业的利润很薄。而Ⅱ、Ⅰ两类客户在数量上占了绝大多数，约占企业客户总数的80%，但他们为企业创造的利润大约只占企业总利润的20%。

企业可根据客户利润的预测，将每类客户的数量，每类客户对企业的贡献和每类客户大致的资源投入比例作一个粗略的对照分析。如图5-2所示。

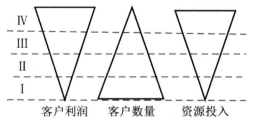

图 5-2　企业客户资源分配

四、关键客户识别与方法

识别潜在客户和有价值客户的方法有很多，这里介绍一种比较实用的工具——关键客户识别和选择矩阵，该矩阵是由彼得·切维顿提出来的。关键客户识别与选择矩阵的主要目的和好处是：识别潜在客户并对现有客户进行分类，了解客户对企业自身的竞争优势的认知，确定对竞争者的优势还需要做哪些研究，等等。

该矩阵使用客户吸引力和相对竞争优势两个因素来对客户进行分析。其中，客户吸引力是指客户或潜在的客户什么地方吸引企业；相对竞争优势是指相对于企业的竞争对手，企业有什么地方能够吸引客户。每个轴都是由一系列的因素共同决定的，其中既有定量的因素也有定性的因素，但它们都是企业所处的具体经营环境特有的。在使用这些因素作为测量指标之前，企业必须首先明确界定它们。要想让这个矩阵在分配资源、判定优先级别和确定客户关系类型方面真正有所帮助，企业就必须在这个环节上多费些心思。

企业可以将企业的客户大致分为以下四种类型（图5-3）：关键客户、关键发展客户、维持客户、机会主义客户。将客户分为四种类型，并不意味着取此就一定要舍彼。划分客户类型主要是一种决定资源分配方式的手段，关键客户应该比维持客户得到更多的资源，并不一定就意味着关键客户更为重要，而只是说明它们是不一样的。

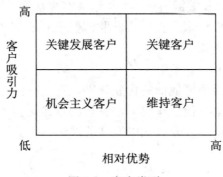

图 5-3　客户类型

释放资源以投资于关键客户如图 5-4 所示，它显示了在这四类客户之间分配资源的基本原则。最有价值的资源、人力和时间应该投资于关键客户和关键发展客户。与此同时，企业也要找到其他一些占有资源较少的手段，以便对维持客户和机会主义客户进行管理和服务。如果做到这一点，不仅可以节省大量的时间和精力，以用于矩阵的上半部分客户，而且由于下半部分客户的管理效率提高，企业由此而额外获得的利润也可以投资到上半部分客户身上。

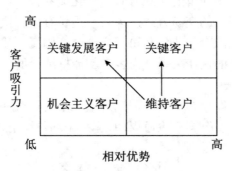

图 5-4　释放资源以投资于关键客户

了解关键客户识别矩阵的目的和好处之后，我们就来简单介绍一下如何对这四种类型的客户分别进行管理。

1. 关键客户

企业与关键客户之间相互看重。在这种情况下，企业应更多地分配资源来发展这种关系。保证人力和时间的投入是最关键的。企业应该建立一个关键客户团队，专门负责了解客户的需求，并调整企业内部的业务流程来满足他们。

2. 关键发展客户

通常会有很多客户出现在这个象限中。该象限中都是那些企业积极争取但尚未获得的客户。大多数企业都是赢取的客户多于要保持的客户。在这种情况下，企业的任务就主要是探索性的——研究需求和认知态度，并获准进入。这些客户同样需要投入大量的资源，但对其投资的回报速度相对较慢。

3. 维持客户

这一象限中的客户必须保持。另外，对他们进行管理的时候则要想着如何从他们身上撤出资源，投向关键客户和关键发展客户。这类客户从很多方面来看都是最难管理的。他们是很好的客户，可能多年来一直忠心耿耿，但企业还是必须作出艰难但却正确的决定，即从这类客户中抽回资源和精力。

4. 机会主义客户

对于这些客户，企业要根据他们的优先级别，在正确的时间、以正确的方式提供热情的服务。企业不能轻率地向他们作出无法兑现的承诺。要欢迎他们的光顾，但也要谨记自己的目标——从他们身上获取收入以发展关键客户和关键发展客户。

五、客户识别方法

1. 定性客户识别方法

定性客户识别方法是宏观上对企业目标客户进行识别的一种方法。它是根据不同客户所认知价值侧重点的不同对客户进行的识别。定性客户识别方法可以把客户分为 3 类：内在价值型客户、外在价值型客户、战略型价值客户。

对于我国通信运营商而言，企业客户可按照定性的识别方法进行模糊分类。一般来讲，普通大众都属于内在价值型客户，比较注重产品的自身价值和服务的便利性，最佳的客户关系管理策略是采用简单的交易方式，简化交易程序，降低销售成本，客户关系管理策略应选用专家顾问型的交易方式，为客户提供有效解决方案，创造新价值。对国内三家运营商来讲，它们的合作伙伴和第三方支持商则属于战略型客户，客户关系管理策略是与客户建立起长远的伙伴关系，为客户创造持续价值。

2. 定量客户识别方法

定量客户识别方法可以用客户生命周期价值这个变量对客户进行定量识别。影响客户生命周期价值的因素主要有客户生命周期、客户平均每次消费额和客户平均消费周期，可以建立客户生命周期价值模型。

$$CLV = (s/t) \times T$$

式中，CLV 为从核定期开始计算的客户生命周期价值，T 为从核定期开始计算的客户生命周期长度，s 为根据客户消费数据计算的客户每次消费额，t 为根据客户消费数据计算的客户消费周期。

这种定量客户识别方法适合易于收集客户数据的行业，如零售业。零售业大卖场大都使用会员卡，便于记录客户的消费信息，可挖掘客户消费偏好，并对客户进行营销，如邮寄产品册、积分奖励、消费折扣等。

第三节 客户选择

一、客户选择的必要性

在买方占主导地位的市场经济条件下，一般来说，客户可以自由选择企业，而企业则不能够选择客户，大多数时候企业只能将客户当作上帝来看待，祈求客户的光顾与购买。

但是，我们从另一个角度来看，即使在买方市场经济条件下，作为卖方的企业还是应当主动地去选择自己的客户，这是由以下几个理由造成的。

1. 不是所有的购买者都是企业的目标客户

不同客户需求的差异性以及企业自身资源的有限性，使得每个企业能够有效服务的客户类别和数量是有限的，市场中只有一部分客户能成为企业产品或服务的实际购买者，其余则是非客户。例如，劳斯莱斯是世界顶级轿车，誉满全球，但并不是所有人都能买得起，对没有足够购买力的人来说，他们不需要劳斯莱斯。再如奔驰轿车和宝马轿车打的是有大量富余资金的人的主意，而夏利轿车和吉利轿车关注的是老百姓。企业如果能准确地选择属于自己的客户，可以降低客户成本，从而有效减少企业费用支出。

2. 不是所有的客户都能够给企业带来价值

客户存在差异性，并不是每个客户都能为企业带来价值。例如，有家公司打算选择合适的地区经销商进行全国性的市场销售，刘某是该公司的业务代表，负责选择地区经销商。他看到当地有位经销商很有实力，与很多品牌厂家都有合作关系，且有业务员100多人、运输车辆20余台，心想可以借助这个经销商打开地区市场局面。于是，他找到这位经销商，谈了合作事宜，经销商一口答应，但仅仅半年，这位经销商就让公司亏损贷款几十万元。

一般来说，优质客户带来高价值，普通客户带来低价值，劣质客户带来负价值。美国人威廉·谢登的80/20/30法则认为：在顶部的20%的客户创造了企业80%的利润，但其中一半的利润被底部的30%非盈利客户消耗掉了。也就是说，一些优质客户给企业带来的超额价值，通常被许多"坏"客户扼杀了。所以说，选择正确的客户能增加企业盈利能力，这就要求企业在选择客户时要有针对性，对不同客户采取不同的策略。

3. 正确选择客户是成功开发客户的前提

企业如果选错了客户，则开发客户的难度将会比较大，开发成本也会比较高，开发成功后维持客户关系的难度也就比较大。例如，2000年美国宝洁公司在中国内地正式推出润妍，把目标群体定为18～35岁，被称为"新新人类"的年轻女性，促销也围绕这部分女性进行，产品的定位是"东方女性的黑发美"。但是，仅仅两年，润妍就因销售量不佳而销声匿迹。究其原因是宝洁相中的"新新女性"根本不买润妍的账，她们正孜孜以求地企图改变自己的发色！而中国市场对于黑发这一概念有兴趣并打算购买的人多为购买力不强的家庭妇女，她们却被宝洁抛到脑后。阴差阳错，最终润妍以失败告终。企业如果经过认真选择，选准了目标客户，那么开发客户、实现客户忠诚的可能性就很大。只有选准了目标客户，开发客户和维护客户的成本才会最低。例如美国近几年来增长最快的共同基金 Vanguard，正是由于选择了那些喜欢成本低、波动小的指数基金投资者作为自己的关系客户，并且专注于为其提供满意的服务，从而赢得了一大批忠诚而稳定的客户。

4. 目标客户的选择有助于企业的准确定位

不是所有的购买者都是企业的目标客户，不是所有的客户都能给企业带来收益。不同的客户群消费需求具有差异性，企业只能为特定的目标客户开发、提供适当的产品或服务。例如，某五星级酒店在为高消费的客户提供高档服务的同时，也为低消费的客户提供廉价的服务，就可能令人对这样的五星级酒店产生疑问。如果对客户不加选择，则可能造成企业客户定位模糊，不利于树立鲜明的企业形象。例如，美国的林肯汽车定位在高档商场，雪佛兰定位在中档汽车市场，而斑马则定位在低档汽车市场。再如，劳斯莱斯之所以成为世界公认的名车，成为显示地位和身份的象征，有一个重要的原因就是它对客户的背景严加考证和遴选——只卖给国家元首、皇室成员、绅士名流、商界富豪，而且不同的客户类型，车身颜色也有区别——黑蓝色的银灵系列卖给国家元首、政府高级官员、有爵位的人；中性颜色银羽系列卖给绅士名流；白、灰浅色银影系列卖给一般企业家、富豪。劳斯莱斯还有一个规矩，即不会将车卖给钱财来历不明或有黑社会背景的人。

二、客户选择标准

（一）理想客户的衡量标准

理想客户指的是本身素质高、对企业贡献大的客户，至少其给企业带来的收入要比企业为其提供产品或者服务所花费的成本高。理想客户最起码的条件是能够给企业带来盈利。理想客户应满足以下条件。

（1）购买欲望强烈、购买力大，有足够大的需求量来吸收企业提供的产品或者服务，特别是对企业的高利润产品的采购数量多。

（2）能够保证企业盈利，对价格的敏感度低，付款及时，有良好的信誉。信誉是合作的基础，不讲信誉的客户，条件再好也不能合作。

（3）服务成本较低，最好是不需要多少服务或对服务的要求低。这里的服务成本是相对而言的，而不是绝对数据上的比较。例如，一个大客户的服务成本是 200 元，银行净收益是 10 万元，那这 200 元的服务成本就显得微不足道；而一个小客户的服务成本是 10 元，但银行的净收益只有 20 元，虽然 10 元的服务成本在绝对数值上比 200 元小了很多，但相对服务成本却大了很多倍。

（4）经营风险小，有良好的发展前景。客户的经营现状是否正常、是否具有成长性、是否具有核心竞争力、经营手段是否灵活、管理是否有章法、资金实力是否足够、分销能力是否强大、与下家的合作关系是否良好，以及国家的支持状况、法律条文的限制情况等都对客户的经营风险有很大的影响。企业只有对客户的背景与前景进行全面、客观、远景性的分析，才能对客户有一个准确的判断。

（5）愿意与企业建立长期的伙伴关系。客户能够正确处理与企业的关系，合作意愿高，忠诚度高，让企业做擅长的事，通过提出新的要求，友善地引导企业怎样超越现有的产品或服务，从而提高企业的服务水平。

此外，还有一类客户，虽然他们的订单量相对来说并不是很多，但由于他们有较好的市场影响力、知名度和龙头示范作用，能给企业带来非常好的市场效果，提升企业的诚信度和美誉度。毫无疑问，这样的客户也应该是理想的客户，因为他们是具有战略价值的客户。

总之，理想的客户就是能够给企业带来的利润多、价值多，而占用企业的资源少，给企业带来的风险小的客户。

例如，银行选择理想的贷款客户的标准大致有如下几条。

（1）法人治理结构完善，组织结构与企业的经营战略相适应，机制灵活、管理科学。

（2）有明确可行的经营战略，经营状况好，经营能力强，与同类型客户相比，有一定的竞争优势。

（3）有可供抵押的资产，贷款风险小。

（4）财务状况优良，财务结构合理，现金回流快。

（5）产品面向稳定增长的市场，与供应商和分销商的合作良好。

（6）属于国家重点扶持或鼓励发展的行业，符合产业技术政策的要求。

相对来说，不理想客户满足以下条件。

（1）只向企业购买很少一部分产品或者服务，但要求却很多，花费了企业高额的服务费用，使企业为他们消耗的成本远远超过其给企业带来的收入。

（2）不讲信誉，给企业带来呆账、坏账以及诉讼等，给企业带来负效益，是一群时时刻刻在消耗企业资产的"蛀虫"，他们也许会让企业连本带利输个精光。

（3）让企业做不擅长或做不了的事，分散企业的注意力，使企业改变方向，与自身的战略和计划相脱离。

应当注意的是理想客户与不理想客户是相对而言的，只要具备一定的条件，他们之间是有可能相互转化的，理想客户可能会变成不理想客户，不理想客户也可能会变成理想客户。

因此，不要认为客户一时理想就会永远理想，企业要用动态的眼光来评价客户的理想与不理想。企业如果不注意及时全面地掌握、了解与跟踪客户的动态，如客户的资金周转情况、资产负债情况、利润分配情况等理想客户变为不理想客户时，将为时晚矣、追悔莫及。

（二）大客户不等于理想客户

通常，购买量大的客户被称为大客户，购买量小客户的则被称为小客户，显然，大客户往往是所有企业关注的重点。但是，如果认为所有的大客户都是理想客户从而不惜一切代价吸引和保持大客户，这就是一个误区，企业就要为之承担风险了，这是因为许多大客户有以下几个特点。

1. 财务风险大

大客户在付款方式上通常要求赊销，这就容易使企业产生大量的应收账款，而较长的账期可能会给企业经营带来资金风险，因而大客户往往容易成为"欠款大户"甚至使企业承担呆账、坏账的风险。例如，美国能源巨头安然公司一夜之间轰然倒塌，为其提供服务的安达信公司受其牵连而破产。这个例子很好地说明了规模有时候带来的可能是更大的风险。

2. 利润风险大

大客户有大客户的通病——客户越大，脾气、架子就可能越大。另外，大客户所期望获得的利益也大，某些大客户还会凭借其强大的买方势力和砍价实力，或利用自身的特殊影响与企业讨价还价，向企业提出诸如减价、价格折扣、强索回扣、提供超值服务甚至无偿占用资金等方面的额外要求。

因此，这些订单量大的客户可能不但没有给企业带来大的价值，没有为企业带来预期的盈利，反而降低了企业的获利水平，使企业陷于被动局面。例如，很多大型零售商巧立名目，如进场费、赞助费、广告费、专营费、促销费、上架费等费用，而使企业的资金压力很大，增加了企业的利润风险。

3. 管理风险大

大客户往往容易滥用其强大的市场运作能力，扰乱市场秩序，如窜货、私自提价或降低价格等，给企业的正常管理造成负面影响，尤其是对小新客户的生存构成威胁，而企业却需要这些小客户起拾遗补缺的作用。

4. 流失风险大

流失风险大主要表现在：一方面，激烈的市场竞争往往使大客户成为众多商家尽力争夺的对象，大客户因而很容易被腐蚀、被利诱而背叛；另一方面，在经济过剩的背景下，产品或者服务日趋同质化，品牌之间的差异越来越小，大客户选择新的合作伙伴的风险不断提高。这两个方面加大了大客户流失的可能性，他们随时都可能叛离企业。

（三）小客户可能是理想客户

在什么样的客户是理想客户的标准上，要从客户的终身价值来衡量。然而，许多企业缺乏战略思维，只是追求短期利益和眼前利益，而不顾长远利益，对客户的认识只是着眼于眼前能够给企业带来多少利润，很少去考虑客户在未来可预期的时间内能带来多少利润。因此，一些暂时不能带来利润甚至有些亏损，但从长远来说很有发展潜力的客户没有引起企业足够的重视，甚至往往被遗弃，更不要说得到企业的扶持。事实上，小客户不等于劣质客户，过分强调当前客户给企业带来的利润，其结果有可能会忽视客户将来的合作潜力，因为今天的理想客户经历创立阶段，也有一个从小到大的过程。例如，在20世纪80年代初期，个人计算机还是一个很小的市场，那时IBM最有价值的客户是主机用户，因此，IBM决定放弃追求个人计算机这个小市场，虽然它在这个市场上有绝对的优势。然而，个人计算机市场却是在近20多年中增长最快的市场之一，并且主宰了整个计算机市场。微软因生产个人计算机软件而成为世界上最大的公司之一，戴尔、联想和许多其他公司则因为生产个人计算机而享誉全球。相反，IBM 则错失良机，在个人计算机市场上越来越落后于竞争对手，最终不得不主动出局。可见，小客户有可能是理想客户，对客户的评判要科学，不能只看到目前的表象，不能只根据某一时点的表现就轻易地否定，不要因为目前客户"小"就盲目抛弃，那样就有可能使客户被"误杀"。因此，要用动态的眼光看待发展趋势。

三、客户选择策略

1. 选择与企业定位一致的客户

企业选择关系客户要从实际出发，要根据企业自身的定位和目标来选择经营对象，以选择与企业定位一致的关系客户为宜。例如，美国西南航空公司为了与其他航空公司进行差别化竞争，将关系客户定位在对航空票价敏感的低端市场上，飞机上不设商务舱和头等舱，而且对航空服务进行了一系列的简化：乘客到了机场的候客厅后，不给安排座位，乘客要像坐公共汽车那样去排队，上了飞机后自己找座位，如果你到得很早，可能会找到一个好座位，如果你到得晚，就很可能坐在厕所边；飞机上也不供应餐饮，但乘客一坐下来就可以听非常幽默的笑话，直到飞机降落，一路上嘻嘻哈哈的。

西南航空公司的这种"节约"服务，对低收入、低消费的人士有很大的吸引力，因为可以用极低的价格乘坐飞机。但对于稍微上层的白领人士来说就不合适了，白领人士不太在乎机票价格，但需要较好的航空服务，他们受不了要自己去"抢"座位。另外，他们上了飞机后往往要想问题、做事情或者休息，不喜欢吵吵嚷嚷的环境……因此，中产阶级、官员、大亨很少愿意乘坐西南航空公司的班机。

不过，这正是西南航空公司所追求的效果，它很清楚自己的服务对象。西南航空公司总裁在电视上说："如果你对我们提供的服务感到不满，那么非常抱歉地告诉你，你不是我们服务的关系客户，我们不会因为你的抱怨而改变我们的服务方式，如果我们的服务令你感到不满的话，你可以乘坐其他航空公司的飞机。当你感觉需要我们服务的时候，欢迎你再次乘坐西南航空的班机。"

2. 选择理想客户

既然我们已经知道，客户天生有优劣之分，那么企业就应该选择理想客户来经营，这样才能够给企业带来盈利。例如，戴尔公司发现新的电脑用户对服务支持的要求非常过分，而这种过分要求将耗尽公司的人力和财力资源，所以在 20 世纪 90 年代的大部分时间里，戴尔公司决定避开大众客户群，而集中人力和财力针对企业客户销售产品。当然，公司也对一些经过严格挑选的个人消费者提供服务，因为他们对产品和服务的需要与戴尔的核心客户群，即具有理想客户特征的企业客户非常相似。

又如，美国某化妆品企业生产了一种叫"嫩春"的面霜，可以防治青春痘，并能够减少皱纹。该面霜上市后，调查人员发现，80%的购买者是 20 岁左右的年轻女子，而其余 20%的购买者却是 35～50 岁的中年妇女——她们认为该产品能够减少皱纹。年轻女子关心防治青春痘，而中年妇女关心减少皱纹，这让企业面临两种选择，是强调防治青春痘，还是减少皱纹？企业考虑到80%和20%的差距，决定放弃中年妇女这个较小的市场，而强调防治青春痘的功效，全力以赴抓住年轻女性客户，从而获得了成功。

3. 选择有潜力的客户

锦上添花不稀罕，雪中送炭才可贵。企业选择客户不要局限于客户当前对企业盈利的贡献，而要考虑客户的成长性、资信、核心竞争力及未来对企业的贡献。对于当前利润贡献低，但是有潜力的小客户，企业要积极提供支持和援助。尽管满足这些小客户的需求可能会降低企业的当前利润，甚至可能带来损失，但是应该而且必须接受眼前的暂时亏损，因为这是一只能够长成"大象"的"蚂蚁"。

例如，麦当劳通过调查发现，去哪个餐馆吃饭并不全是由父母决定的，他们往往会尊重孩子的意见，而只要吸引一名儿童，就等于吸引了两个大人。因此，麦当劳决定将目标市场主要定位在儿童和家庭成员。为此，麦当劳在各个分店设置了游乐区及专门为孩子提供生日聚会的服务项目，同时，店内的食谱不断推陈出新，以满足小客户们日益变化的口味。麦当劳还看到，二三十年后这些孩子长大了还会带着自己的下一代继续吃麦当劳——这就是麦当劳的眼光。

支持客户在很大程度上也是支持自己，因为只有客户发展了，才可能对自己的产品或服务产生越来越大的需求。所以，企业一旦发现了可以从"蚂蚁"变为"大象"的有潜力的客户，就应该给予重点支持和培养，甚至可以考虑与管理咨询公司合作，从而提升有潜力的小客户的品质。这样，潜力客户在企业的关照下成长壮大后，他们对企业的产品或服务的需求也将随之膨胀，而且会知恩图报，对培养他们的企业有感情，有更强的忠诚度。在几乎所有优质客户都被各大企业瓜分殆尽的今天，这显然是培养优质客户的好途径。

4. 选择与自己实力相近的客户

一般来说，理想客户不一定是企业最佳的关系客户，因为"级别低"的企业如果瞄上"高级别"的客户，尽管这类客户很好，但是可能不属于我们，原因是双方的实力过于悬殊，我们对其服务的能力不够。我们看上人家，而人家未必看得上我们，这样的客户不容易开发，即使最终开发成功、勉强建立了关系，也会吃力不讨好，因为以后的服务成本也一定较高，维持关系的难度也较大。所以，这样的理想客户并不一定适合自己的企业。

现实中，有些企业只注重服务大客户，动辄宣称自己可以满足大客户的任何需求，似乎不如此不足以显示自己的实力。然而，由于双方实力的不对等，企业只能降低标准或放松制衡，委曲求全，甚至接受大客户提出的苛刻条件，或者放弃管理的主动权，从而对大客户的潜在风险无法进行有效的控制，结果一旦这些大客户出事，企业只能干着急，什么都做不了。例如，有一家生产汽车配件的公司打算把关系客户锁定为大型汽车制造厂，企图尽快达到盈亏平衡点，但经过几年的努力都未成功，因为这些大型汽车制造厂根本没把这家公司当一回事。无奈之下，这家公司转向了一些中小型汽车制造厂，而这些中小型汽车制造厂也正在寻找价廉物美且未被大型汽车制造厂锁定的供应商，于是双方建立了长期稳定的关系，取得了双赢的局面。

5. 选择与忠实客户具有相似特征的客户

在市场上，没有哪家企业能够满足所有客户的需求，但是，可能会有些客户认为企业提供的产品或服务比竞争对手的更好、更加物超所值，这至少说明企业的特定优势能够满足这类客户的需要，同时也说明他们是企业容易建立关系和维持关系的客户。因此，选择与忠诚客户具有相似特征的客户好，这是因为实践证明开发和维系这样的客户相对容易，而且他们能够不断地给企业带来稳定的收益。例如，目前肯德基的忠诚客户主要是：儿童、学生和都市上班族三类。儿童喜欢肯德基的原因是肯德基有好吃的炸鸡腿、汉堡包等食品，而且还可以边吃边到店中的微型儿童游乐场玩。学生喜欢肯德基的原因是肯德基的味道不错，且花费与学校旁的小排档相差无几，而其环境、情调却是小排档无法比拟的。上班族喜欢肯德基的原因是相对紧凑的工作生活确实需要便捷的快餐，另外，上班族不屑于路边小摊，也不愿工作间隙在写字楼里聊着QQ、MSN，却吃着老土的盒饭，肯德基用其干净、精致的产品包装和独特的口味轻而易举地俘获了他们的"芳心"。

　　肯德基在确定今后的经营对象时，就应该继续经营与这三类人群具有相似特征的客户，因为他们是最有可能继续忠诚于肯德基的，也是肯德基能够应对自如的客户群，两全其美。

第四节　客　户　开　发

一、营销导向的开发策略

　　所谓营销导向的开发策略，就是企业通过适当的产品、适当的价格、适当的分销渠道和适当的促销手段，吸引目标客户和潜在客户产生购买欲望并付诸行动的过程。《孙子兵法》中说："不战而屈人之兵，善之善者也。"套用这句话到客户开发上来就是，"不求人"的营销导向开发是客户开发的首选之策。

　　营销导向的开发策略特点是"不求人"，是企业靠本身的产品、价格、分销和促销的特色来吸引客户，它的效果是由客户自己完成开发、主动和自愿地被开发，还很可能是满心欢喜、感激涕零、心花怒放地被开发，所以，营销导向的开发策略是客户开发策略的最高境界，也是获得客户的理想途径。

（一）适当的产品或服务

　　适当的产品或服务是指企业提供给客户的产品或服务非常恰当、非常合适，这些产品或服务能够满足客户的需要。它不仅包括产品或服务的功能效用、质量、外观、规格，还包括品牌、商标、包装，以及相关的服务和保证等。

1. 功能效用

　　功能效用是吸引客户最基本的立足点，功能越强、效用越大的产品或服务对客户的吸引力就越大。例如，海尔在做市场调研时，一个客户随意说到冰箱里的冻肉拿出来不好切，海尔立刻意识到这是一个未引起冰箱生产企业重视的共性问题。于是，根据食品在-7℃时营养不易被破坏的原理，海尔很快研制出新产品"快乐王子007"。这款冰箱的冷藏冻肉出箱后可即时切，于是很快走俏。可见，好东西自然有客户愿意被"吸引"。这

案例

个案例就告诉我们，客户的需求是隐藏的，如果企业的产品或者服务的功能、效用能够满足这种需求，那么企业就应当想办法去挖掘产品或者服务的功能、效用，一旦这种需求被激发，那么市场就打开了，客户就会争先恐后地寻觅你，寻觅你的产品或服务。

2. 质量

好东西自己会说话——质量优异的产品或者服务总是受到客户的青睐，质量在吸引客户上起到了至关重要的作用。例如，法国家乐福公司对采购品的质量要求很严格，生产厂家必须通过包括工厂检测、产品测试直至装运检验等一系列的长达半年的考核，才能向家乐福供货；德国麦德龙公司对产品质量的要求永远排在第一位，所有进入麦德龙采购系统的产品先要在国内的一个区域销售，效果好才可以进入全国市场，最后才能分销到国外；日本大荣公司也很看重产品的安全性，因为进入大荣连锁采购系统的产品将有可能出口日本，而日本对进口产品都有严格的标准，尤其是产品的安全性……因此，这些物美价廉的超市吸引了众多客户的光顾。

案例

一个质量有问题的产品或者服务即使非常便宜也没有人愿意购买，反而唯恐避之不及。相反，对于高质量的产品，即使价格高一些，人们往往也愿意接受。因为质量往往代表着安全、可靠和值得信赖，人们之所以购买名牌产品或服务最主要的就是看中其过硬的质量。

3. 特色

特色是指事物表现出的独特色彩、风格。如今市场上同类同质的产品或者服务越来越多，因此，企业要想在激烈的市场竞争中脱颖而出，其产品或者服务必须有足够的特色才能吸引客户的注意或光顾。例如，沃尔玛针对不同的目标消费者，采取了不同的零售经营形式：针对中层及中下层消费者的沃尔玛平价购物广场；只针对会员提供各项优惠及服务的山姆会员商店；以及深受消费者欢迎的沃尔玛综合性百货商店等。这些不同的经营形式，为沃尔玛分别吸引了零售的各档市场。

4. 品牌

品牌是用以识别某个产品或者服务，并使之与竞争对手的产品或者服务区别开来的商业名称及标志。品牌对于客户的吸引在于，品牌是一份合同，是一个保证，是一种承诺。无论购买地点在哪里、无论分销形式如何，品牌向客户提供了一种统一的标准，减少了客户可能冒的风险，能够更好地维护客户的利益。当客户对产品或服务的安全和质量要求很高时或者当客户难以事先评估产品的性能时，品牌的作用尤为突出。因为品牌能够让客户信任、放心，尤其是久负盛名的品牌更能增强客户购买的信心。

当我们不是为个人购买，而是为团体或单位购买时，购买名牌产品或者服务就显得更为重要。因为，假如你购买的产品出问题了，如果购买的是知名品牌的产品，那就没有事，不会受批评；如果你购买的是杂牌，那就坏了，人们会对你有很多疑问。所以，在美国，人们常常说：购买 IBM 产品的雇员永远不会被解雇。

品牌对于客户的吸引力还在于，品牌不仅有利于维护客户的利益，还有助于提升客户的形象，特别是有些产品的购买被称为社会地位标志性的购买，如服装、酒、汽车等，由品牌产生的附加值是根本性的，起着绝对作用。品牌将自己的身份传递到人们的身上，提高了使用它或消费它的人的身价，给人们带来心理上、精神上更高层次和最大限度的满足。

5. 包装

产品给客户的第一印象，不是来自产品的内在质量，而是来自外观包装。包装是指为产品设计并制作容器或包扎物的一系列活动，是不属于产品本身又与产品一起销售的物质因素。包装能够方便产品的保护、运输、储存、摆放上架、被消费者识别、携带和使用。包装吸引客户的作用主要体现在"无声销售员"上。一方面，当产品被放到自选柜台或者自选超市时，好的包装能够吸引客户的视线，引起或加强客户的购买欲望。例如，好的食品包装可以引起人们的食欲，并能够提示产品的口感和质量，令人垂涎欲滴。另一方面，当各个品牌之间的"内在"差异很小或很难被消费者感知的时候，包装在功能方面或视觉方面的优势就会让产品"占上风"，并左右客户的购买决策。美国杜邦公司研究发现，63%的消费者是根据产品的包装来选择产品的。

此外，颜色、造型、风格、陈设、标签等，实际上也是"大包装"的范畴，它们可以建立赏心悦目的形象，吸引客户的光临。

6. 服务

服务是指伴随着产品的出售，企业向客户提供的各种附加服务，如产品介绍、送货、安装、调试、维修、技术培训、产品保证等。企业向客户提供的各种服务越完备，产品的附加价值就越大，客户从中获得的实际利益就越大，也就越能够吸引客户。例如，海尔集团是世界第四大白色家电制造商、中国最具有价值品牌，海尔推行的"全程管家365"服务为之立下了汗马功劳——在全年365天里，海尔"全程管家"星级服务人员24小时等待海尔客户的来电，无论一年中的哪一天，只要客户打电话到海尔当地服务热线，"全程管家"服务人员会随时按客户下达的需求上门服务。"全程管家"服务内容包括，售前上门设计、售中咨询导购、售后安装调试、定期维护保养等，这些优质的服务使客户购买海尔产品的信心大大提升了。

7. 承诺与保证

由于客户的购买总隐含着一定的风险，因此在一定程度上会限制其购买欲望，而卖方作出的承诺可以起到一种保险作用。如果企业对提供的产品或者服务作出承诺与担保，就可以降低客户购买的心理压力，引起客户的好感和兴趣，从而促进客户放心地购买和消费。实际上，敢于作出承诺和保证就已经体现了企业的一种气魄、一种精神，有利于吸引客户。例如，航空公司承诺航班准点，同时承诺当航班因非不可抗拒因素延误、延期、取消、提前时，保证赔偿乘客的损失，这样便可使乘客在一定程度上增强对航空服务可靠性的信心。又如，美国肯德基公司有两条服务标准，即客户在任何一家肯德基快餐店付款后必须在2分钟内上餐和炸鸡在15分钟内没有售出，就不允许再出售。

（二）适当的价格或收费

价格是企业出售产品或者服务所追求的经济回报。价格对客户而言，不是利益的载体，而是代表一种牺牲。因此，价格既可能表达企业对客户的关心，也可能给客户以利欲熏心的感觉，企业要想与客户建立关系就应恰当地定价与收费。

客户购买产品与服务时一般都会有一个期望价格，当市场价格高于期望价格时，就会有很多客户放弃购买或减少购买量。而当市场价格低于期望价格时，客户又可能产生怀疑而不购买——认为便宜没好货；特别是当客户不能客观地鉴别产品质量时，就会把价格当作一个质量标准，认为只有贵的产品才会是好的产品。可见，定价太高、太低都不行，企业应当根据产品或者服务的特点，以及市场状况和竞争状况，为自己的产品和服务确定一个对客户有吸引力的价格。

一般来说，企业通过价格吸引客户的策略有以下几种。

1. 低价策略

低价策略（折扣定价）即企业用较低的价格来吸引客户的购买，如宾馆把客房的价格定得低一些，就可以吸引更多的住客；或者将原定的价格打个折扣，以鼓励客户购买。

2. 高价策略

高价策略（声望定价）即企业利用有些客户往往以价格高低来判断产品的质量，认为高价位代表质量，尤其是当这种产品会影响他们的形象、健康和威望时，把产品或者服务的价格定成高价。

高价策略尤其适合于有声望需求的产品或服务的定价，如高档的汽车、别墅、西服、香水，高级酒店、著名医院、好的学校等。

3. 心理定价

心理定价即依据消费者对价格数字的敏感程度和不同联想而采取的定价技巧，常见的有以下 3 种形式。

（1）吉利数字定价。吉利数字如 6、8、9，像某饭店推出的宴席："一路顺风"666元/桌，"恭喜发财"888 元/桌。

（2）整数定价。整数定价是指给客户以产品或服务的质量也没有零头的感觉，可吸引对质量敏感而对价格不敏感的客户。

（3）零头定价。零头定价是指利用有些人的求廉心理，在价格上不进位，保留零头，给人以便宜的感觉，或是让客户感觉到该价格是经过认真的成本核算才确定的，给人以作风严谨、没有水分的感觉，从而吸引客户购买。

4. 差别定价

差别定价有以下三种形式。

（1）客户差别定价。客户差别定价是指针对不同的客户制定不同的价格，以吸引特定类型的客户群。例如，航空公司每年寒暑假向老师和学生提供优惠票价。又如宾馆为吸引回头客，对一部分忠诚的老客户提供较优惠的价格。

（2）消费时间差别定价。消费时间差别定价是指按照不同的时间，如不同的季节、不同的时期、不同的日期、不同的钟点来制定不同的价格，从而达到吸引客户、刺激消费的目的。例如，在旅游淡季时，将旅游景点的门票改定低价，或使用折扣价、优惠价等，可以吸引旅客。

（3）消费量差别定价。消费量差别定价是指按照消费量的不同来制定不同的价格，从而达到刺激批量消费的目的。例如，足球赛的套票平均每场的价格低于单场票，城市公园和博物馆推出的通用年票平均每场的价格也远远低于单场票，从而吸引了频繁光顾的客户的购买。

（4）招徕定价。招徕定价是指利用部分客户求廉的心理，将某种产品的价格定得较低以吸引客户，而客户在采购了廉价品后，还往往会选购其他正常价格的产品，从而促进企业的销售。例如，超市为了增加客流量，吸引更多的客户光顾，而把一些大客户熟悉的产品的价格定得很低。超市并没有打算从这些产品上赚钱，而是寄希望于客户被这些"招牌产品"吸引来，并且购买其他可为超市带来较多利润的产品。又如，饭店通过价格相对较低的食品来吸引客户前来用餐，而在酒水上获利。

（5）组合定价。组合定价是指先为一个产品的销售定低价，以此吸引客户的购买，然后通过客户以相对高价或者正常价购买同系列的其他互补产品来获利。例如，照相机必须与胶卷配套使用，而机械剃须刀要有刀片才能使用。在这种情况下，可以使互补性产品的主体产品（照相机、剃须刀具）以极低的价格进行销售，甚至可以不赚钱，以吸引客户的购买，然后寄希望于从其互补的产品（胶卷、刀片）的销售中获利。又如，美容院对初次惠顾的客户实行很低的体验价格，而以后的护理费用则较高。

组合定价与招徕定价有许多相通之处，但与招徕定价不同的是，组合定价是用在同一个系列的产品上。

（6）关联定价。关联定价是指企业对其关联企业的客户的消费实行优惠价，当然，这种优惠是相互的。例如，书店和快餐店联手，规定在书店一次性购买50元图书就可以获得10元的餐饮券，而在快餐店一次性消费满50元，在书店购买所有图书就可以享受95%的优惠。书店和快餐店相互借力、聚敛人气，乃双赢之举。

（7）结果定价。对客户来说，产品或者服务的价值取决于使用或消费的效果，因此，企业可以根据产品或者服务的使用效果或者服务效果进行定价，即保证客户得到某种效用后再付款，这有利于吸引客户放心地购买或消费。例如，职业介绍所推出等到当事人获得了适当的工作职位后才收取费用，这样就可以吸引求职者放心大胆地来接受职业介绍所的服务。

结果定价方法可以降低客户的风险，对客户有吸引力，尤其是当高质量的产品或者服务无法在削价竞争的环境中获取应有的竞争力，以及企业提供的产品和服务的效果是明确的、有把握的、可以保证的时候，特别适合使用。

（三）适当的分销

为了吸引客户，企业还应当通过恰当的销售渠道或途径，使客户很容易、很方便地购买到企业的产品或者服务。

1. 产品或服务的销售途径要方便

提供产品或服务的渠道是否方便客户，决定了客户获得的价值和付出的成本，是客户决定选择哪一家企业的产品或服务的重要参考指标。一旦购买的途径不够便利、不够理想，过于费力、费时，客户就可能放弃购买。

企业为了更好地为客户服务，对所在地和周边的客户，可采取巡回服务方式，而对距离较远的外地客户，可以采用设立分公司的形式，一则就近做好客户的服务，二则继续开拓该地和周边的新客户。

古语"一步差三市"，说的就是开店地址差一步就有可能差三成的买卖，还有人说，正确的选址一定意义上是成功的一半。一旦购买或消费的地点或便利性不够理想，过于费力、费时，客户就会放弃购买或消费，或者转向竞争者。因此，商店、电影院、餐厅等，如果能够位于人口密集、人流量大、人均收入高、交通便利的地段，就能够吸引和方便客户的消费，其营业收入和利润也会比较高。例如，饭店选址要考虑有更好的停车场所；邮局设在购物中心，方便客户；航空公司在航空市场欠发达的地区建立代销网络点。

2. 通过技术手段提高产品或服务的可获得性和便利性

随着信息技术和自动化技术的不断普及，网络、电话、自动加油泵、自动洗车机器、自动取款机、自动售货机等技术的运用越来越广泛，可以大大提高购买或消费的可获得性、便利性。例如，寿险公司为了吸引和方便客户购买寿险，面对新的市场情况和技术情况，开通了寿险超市、网上寿险、银行寿险、邮政寿险等形式来吸引和方便人们购买寿险。再如，银行面对新的市场情况和技术情况，开通了网上银行、电话银行等形式吸引和方便了人们对银行服务的消费。而如今除了现金存取业务以外，诸如转账、余额和明细查询、缴费、基金的申购赎回、个人外汇买卖、个人黄金投资等业务都可以通过网上银行和电话银行来办理，功能十分强大。

（四）适当的促销

适当的促销是指企业利用各种适当的信息载体，将企业及其产品的信息传递给目标客户，并与目标客户进行沟通的传播活动，旨在引起客户的注意，刺激客户的购买欲望和兴趣，使其产生实际的购买行动。

1. 广告

广告就是广而告之，是大众传播的一种形式，它可以大范围地进行信息传播和造势，起到提高产品或服务的知名度、吸引客户和激发客户购买欲望的作用。

广告的优点是：迅速及时，能够准确无误地刊登或安排播放的时间，并可全面控制信息内容，能让信息在客户心中留下深刻的印象。

广告的缺点是：单向沟通，公众信任度较低，易引起客户逆反心理。这就要求企业的广告减少功利的色彩，多做一些公关广告和公益广告，才能够博得客户的好感。

例如，耐克公司请著名的职业篮球明星乔丹在亚洲做广告，吸引了无数崇拜乔丹的亚洲球迷购买耐克运动鞋。

此外，广告运用象征、主题、造型等方式，也适合于品牌形象的推广及创造品牌的特色和价值，从而吸引客户采取购买行动。例如，香港国泰航空公司的广告以一棵大树自比，恰当地树立了自己的形象，显示了自己的安全性。

另外，广告如果能突出给客户带来利益，也能够吸引客户的购买。

广告的形式多种多样，传播范围广，可对目标客户、潜在客户和现实客户进行解释、说明、说服、提醒等，是企业与客户沟通的一种重要途径。

2. 公共关系

公共关系是指企业采用各种交际技巧、公共宣传、公共赞助等形式来加强与社会公众沟通的一种活动，其目的是树立或维护企业的良好形象，建立或改善企业与社会公众的关系，并且控制和纠正对企业不利的舆论，引导各种舆论朝着有利于企业的方向发展。

与广告相比，公共关系更客观、更可信，对客户的影响更深远，其类型有：服务性公共关系、公益性公共关系、宣传性公共关系等。

（1）服务性公共关系实例。去日本的书店买书，遇上脱销，店员会告诉你新版的出版日期，并赠送各类出版消息与新书分类目录，如果你需要书中的内容，书店还可以代为复印。

在宝岛眼镜店，人们可以免费用超声波清洗眼镜，并且得到很多关于清洗和使用眼镜的小知识，这大大增加了宝岛眼镜在消费者心目中的好感，很多消费者也因此成为宝岛眼镜的客户。本着"把视力健康带给每一双眼睛"的目的，宝岛眼镜走进高校，宣传眼科知识，普及用眼常识，并进行视力免费大普查，从而吸引了众多大学生客户。

（2）公益性公共关系实例。如今，宝洁公司援建的希望小学总数已近150所，创下了在华跨国公司援建希望小学最多的纪录。在长期支持希望小学工程的实践过程中，宝洁公司本着务实、创新的精神开创性地提出了"从我做起，携手商业伙伴，感召客户，帮助中国需要帮助的儿童生活、学习、成长"的公益模式，获得了社会的广泛认可。

2006年中秋前夕，中国邮政速递公司得知驻黎巴嫩的中国维和部队吃不到中秋月饼，于是立即通过国际速递网络，给维和部队送去了月饼，从而树立了良好的企业形象，赢得了公众的赞誉。

（3）宣传性公共关系实例。香港某商店为了推出一种最新的"强力万能胶水"，老板别出心裁，用这种胶水把一枚价值数千元的金币贴在墙上，并宣布谁能用手把它掰下来，这枚金币就归其所有。一时间，该商店门庭若市，观者如潮，只可惜谁也无法用手把这枚金币掰下来。这下"强力万能胶水"可出名了，吸引了众多客户前来购买。

日本西铁城手表在澳大利亚推出时采用飞机空投的形式，并且事先预告：谁捡到归谁。手表从天而降却又完好无损，有力地证明了手表过硬的质量，澳大利亚人自然对西铁城手表产生了好感，也产生了购买欲望。

3. 销售促进

销售促进是企业利用短期诱因，刺激客户购买的促销活动，其主要手段如下。

（1）免费试用。为打消用户对产品质量的顾虑或产品所能带来收益的怀疑，企业可以采取免费试用的方法，促使用户下定决心购买。

免费试用是吸引潜在客户或者目标客户迅速认同，并且购买企业的产品或者服务的有效方式。在买方市场条件下，"上帝"变得精明、挑剔，免费试用是"欲擒故纵，先予后取"。例如，中法合资上海达能酸乳酪有限公司为吸引长期客户向上海市民馈赠了10万瓶达能酸奶，许多市民品尝后感觉不错便长期购买。

（2）免费服务。例如，电器商店为购买者提供免费送货上门、免费安装、免费调试服务；皮革行业除免费为客户保养维修外，还免费为用户在夏季收藏皮夹克……从而吸引了对服务要求甚高的客户前来购买。

（3）奖金和礼品。这种形式的促进手段是指与购买一件产品相关的奖金或礼品馈赠活动。例如，南方航空公司推出里程奖励活动，对乘坐南方航空公司班机的乘客进行里程累积，当累积到一定公里数时，就奖励若干里程的免费机票。

（4）优惠券。优惠券是指企业印发的给予持有人购买产品时一定减价的凭证。由于能够得到减价优惠，所以对价格敏感的客户有很强的吸引力。优惠券可在报纸和杂志上刊印，还可以在产品或在邮寄广告中附送。例如，美国一家公司为了把它的咖啡打入匹兹堡市场，向潜在客户邮寄了一种代金券，客户每购一听咖啡凭代金券可享受 35% 的折扣，每听中又附有一张折价 20 美分的代金券，这样，客户就会不断地被这种小利小惠所刺激，从而对该产品保持长久的兴趣。

二、推销导向的开发策略

所谓推销导向的开发策略，就是企业在自己的产品、价格、分销渠道和促销手段没有明显特色或者缺乏吸引力的情况下，通过人员推销的形式，引导或者劝说客户购买，从而将目标客户开发为现实客户的过程。

推销导向的开发策略，首先要能够寻找到目标客户，其次是想办法说服目标客户采取购买行动。

（一）寻找客户

1. 从亲朋好友中寻找客户

任何客户资源都没有亲朋好友的推荐来得直接和保险。很多营销专家都认为，最有效的方法就是利用亲朋好友来寻找客户，尤其是对于销售新手来说更是如此。

亲朋好友之间彼此熟悉，信任度比较高，销售人员应恰到好处地利用并发挥他们的人际关系优势，使销售工作的渗透性更强、辐射面更广。此外，因为人们之间的相互联系是以共同的兴趣爱好或者共同的利益需要为纽带的，某个交际圈内的所有人，也许具有某种共同的消费需求，并且一个交际圈里的人有相互影响的特点。

2. 利用信息资料去寻找客户

销售人员寻找客户的一条简捷而有效的途径，就是通过收集信息和查阅资料来确定销售对象。有很多信息载体，如报纸、专业期刊、工商企业名录、各类市场调研资料以及企业内部资料等，都可以称为企业销售人员检索和利用的信息资料。

（1）工具书。全国、地区以及行业性的工商企业名录，各种年鉴和电话簿等工具书，能够为销售人员直接提供客户名单，如《中国工商企业名录》刊登了全国各个行业万余家企业的名称、地址、主要产品以及经营范围等。

（2）专业报刊。它包括各种公开发行与内部发行的提供市场信息的报纸与期刊。这些报刊涉及面广，既有全国性的，也有地方性的；既有综合性的，也有专业性的。其信息包容量比较大，对供需情况反映及时，可以为企业销售人员寻找客户提供线索，甚至可以直接提供客户名单。

（3）相关资料。它主要包括社会团体名册、市场供求信息、产品目录以及统计调查资料等。产品目录与统计调查资料通常附有生产厂家与经营单位，参考价值比较高。国内有许多社会团体，其中有很多行业性协会和专业性学会，它们的成员名册或者通讯录是现成的客户名单。

（4）企业内部资料。它主要包括财务、销售和服务三方面的资料。财务部门有大量以前的账目，从中常常可以找到曾经或还有来往的客户。通常，企业都保留着过去的销售记录，如合同、订购和退货记录，这些记录记载着很多销售对象的情况，企业销售人员应该予以重视。在售后服务中，服务部门与客户接触得比较多，因此，企业销售人员从他们那里可以获得很多客户的具体信息。

3. 通过相关机构去寻找客户

企业销售人员可以依据产品的特点，由相关商业机构、行政部门以及新闻单位等提供销售对象名单和有关情况，然后再登门进行洽谈。

（1）信息服务公司。这类公司近些年发展迅速，专门提供市场咨询服务。除了提供客户资料之外，有些公司还接受委托进行市场调查。销售人员可以通过他们获得客户资料，甚至准客户名单。现在，有很多经营性公司也都兼营咨询服务，他们在行业内信息灵通，也可以当作咨询的对象。

（2）行业协会和协会。这些社会团体通常是由某方面专家、学者组成，本身就可以提供专业性的咨询。在有些协会和学会内还设有咨询服务机构，通过这些社会团体，销售人员不但可以获得有价值的客户资料或者相同兴趣的爱好者极易为某些产品提供现成的准客户名单。

（3）新闻机构。很多报社和杂志社也提供市场咨询服务。有的报纸和杂志主要刊登国内外的经济动向、市场行情、社会需求或专门收集并传播供求信息，它们的主办单位都是理想的咨询对象。而且，提供咨询服务的新闻机构比较多，如专业性、行业性的报纸，以及有关刊物主办单位的信息机构等都可以提供客户线索。

（4）行政部门。主要有工业、银行、商业、统计、物价和财政等国家行政部门。若企业销售人员能利用各种关系去这些部门咨询，就可以获得可靠的客户信息。

4. 其他获得客户信息的途径

（1）会议寻找法。提供参加各种会议获得客户信息。每年，在全国各地都会召开名目繁多的商务会议，如订货会、展销会、研讨会、供货会、新闻发布会以及新产品鉴定会等，销售人员应该积极地参加和自己新品销售有关的各项会议，以便获得一些理想的客户资料。

（2）逐户访问法。逐户访问法又称为地毯式寻找法，指的是企业销售人员在所选择的目标客户群的活动区域内，对目标客户进行挨家挨户的访问，然后进行说服教育的方法。一般来说，销售人员采用此方法成功开发客户的数量与走访的人数成正比，要想获得更多的客户，就得访问更多数量的人。

（3）到俱乐部寻找法。物以类聚、人以群分，每个人都有自己的小圈子和自己特定的活动场所，因此，如果能够进入目标客户的社交圈子，对其的开发工作也就容易进行了，胜算也大一些。

（4）介绍法。介绍法是指通过他人的介绍来寻找有可能购买的客户的一种方法。

人与人之间有着普遍的交往与联系，消费需求和购买动机常常互相影响，同一个社交圈内的人可能具有某种共同的消费需求。只要取得现有客户的信任，就可以通过现有客户的自愿介绍，寻找到可能成为客户的其他人，而且说服的可能性较大。

此外商业伙伴也可以帮助介绍和推荐。企业是无法单独生存的，至少它必须有进货的上家和销售的下家。由于大家都处在同一利益链中，很容易因"唇亡齿寒"的"同伴意识"而互相照顾、互相捧场，如果能利用这种心态和利害关系，请上家和下家帮助介绍客户，将会有不小的收获。

另外，有的企业客户很多，甚至没有时间招呼客户，如果我们与这类企业搞好关系，就可以得到他们的帮助——将自己来不及照顾、顾不上招呼的客户介绍给我们。当然，这里的关键点在于处理好与这类企业的关系，这样他们才能作介绍。

（5）"中心开花"法。"中心开花"法是指在某一特定的目标客户群中选择有影响的人物或组织，并使其成为自己的客户，借助其帮助和协作，将该目标客户群中的其他对象转化为现实客户的方法。

一般来说，可作为"中心"的人物或组织有政商要人、文体巨星、知名学者，名牌大学、星级酒店、知名企业等，他们往往在公众中具有很强的影响力和很高的社会地位，拥有很多的崇拜者，他们的购买与消费行为有示范作用和先导作用，从而引发甚至左右崇拜者的购买与消费行为。

（6）电话寻找法。电话寻找法是指以打电话给目标客户的形式来寻找客户的方法。

电话寻找法应注意的事项：电话寻找是一项重复性高、易疲劳的工作，需要一个良好的交流环境，要保证电话推销人员在与客户交流时有一个放松的心情，如配备半封闭式的工作台，甚至有私密的空间等。

打电话前，必须提前做好功课：目标客户的名称，要说的内容，目标客户可能会提出的问题，以及如何应对目标客户的拒绝等。

打电话时口齿要清晰，语气要热情，另外要注意通话的时机，一般应该是正常的工作时间，也要注意通话时间的长短和谈话技巧，最好能用简短的话语引发对方的兴趣，激发其想进一步了解产品的欲望，否则极易遭到拒绝。如果第一个接听电话的是总机或者秘书，你必须简短地介绍自己，接下来要用礼貌、坚定的语气，说出要找的客户的名称，要让秘书感觉你很重要，你和老板谈论的事情也很重要，但是不要说得太多。

如果感觉这次电话开发的成功性不大，就要退而求其次，争取获得一个见面的机会，对方如果答应，就要立即确定时间和地点，收线之前，要再重复与对方见面的时间和地点。

（7）信函寻找法。信函寻找法是指以邮寄信函的方式来寻找客户的方法。如向目标客户寄送邮购产品目录、宣传单、插页等，向他们介绍公司的产品或者服务以及订购和联系的方式。

（8）短信、微信寻找法。短信、微信寻找法是指通过发送短信、微信来寻找客户的方法。

（9）网络寻找法。网络寻找法，即借助互联网宣传、介绍自己的产品从而寻找客户的方法，包括采用博客、微博。随着上网人数的日渐增多，企业很容易在网络上找到客户，因此网络寻找法前景广阔，其方式如下。首先，根据自己的经营范围浏览国内外的需求信息，并与这些有需求的客户联系，还可以在网上发布供应信息，吸引客户，进而积累客户资源。其次，登录专门的商务网站，如登录阿里巴巴的商务通、贸易通去寻找客户并与客户即时沟通，从而挖掘和开发客户。再次，进入聊天室，广交海内外朋友，从中寻找客户，或者请结交的朋友帮忙介绍客户。最后，自建网页，吸引和方便潜在的客户主动与自己联系。

（10）挖对手的客户。挖对手的客户是指企业运用各种竞争手段，如通过创新的产品、免费的培训和优惠的价格等方式，从竞争对手手中抢夺目标客户的方法。当对手的产品、服务明显不能满足目标客户的需求时，此法最适合采用。

（二）接近客户

1. 接近客户的任务

接近客户是指在实质洽谈前，销售人员要先与客户见面并互相了解。作为销售过程中的一个重要步骤，接近客户有它特定的任务。它的特定任务主要包括以下几个方面。

（1）验证事先所得的信息。首先，销售人员要通过寻找阶段、评估阶段和制定洽谈方案阶段得到客户信息，并以此准备相应的销售方式。然后，销售人员要在实际接触客户时，利用观察、询问、倾听等方式，验证事先掌握的信息是否正确。一旦发现原有的信息有误，就要迅速加以调整，及时改变原先的销售方式。

（2）吸引客户的注意。能否吸引客户的注意，是决定销售洽谈能不能深入进行下去的关键因素。销售人员必须在谈话开始时就设法让客户的注意力集中在洽谈上，让客户迅速、全面地认识产品的特性和好处，从而为激发客户的购买欲望奠定基础。

要想吸引客户的注意，销售人员还必须重视给客户留下的第一印象。第一印象会产生"晕轮效应"，即客户对销售人员某一行为的印象会影响到他对销售人员其他行为的印象和评价。所以，销售人员一定要注意自身的言谈举止，给客户留下良好的第一印象。

（3）设法培养客户的兴趣。在销售过程中，很多销售人员都善于吸引客户的注意，但是不善于培养他们的兴趣。其实从某种程度来看，培养兴趣更为重要。销售人员若在吸引客户的注意后不能很快地让客户对产品产生兴趣，不仅会使客户的注意力重新分散，而且还会使客户比之前更难产生购买欲望。所以，在接近客户时，销售人员要设法培养客户对产品的兴趣。

（4）顺利转入实质性的洽谈。吸引客户的注意和培养客户的兴趣，都不是接近客户的最终任务。接近客户的最终任务是在不知不觉转入实质性洽谈。要注意，倘若话题的转换过于突然，可能造成客户的反感，给实质性洽谈造成障碍。

2. 接近客户的策略

怎样接近客户，是销售人员必须弄明白的问题。下面介绍有效接近客户的策略。

（1）迎合客户的策略。销售人员要以不同的方式和身份去面对不同类型的客户，根据事先了解的信息或接触时的瞬间判断，选择最恰当的接近策略。销售人员可以改变自己的外在形象和加强自己的内在修养，如说话风格、服饰仪表、情绪等，扮演客户容易接受的角色。

（2）调整心态的策略。销售人员在与陌生客户第一次见面时，常常会表现出紧张、不安等复杂的情绪，甚至以种种理由回避接近客户，我们把这种现象称作销售恐惧症。因此，销售人员要学会自我放松的技巧，它可以让你克服压力、降低恐惧感。

如销售人员可以想象一下可能出现的最坏的情况，然后做好如何应对的心理准备。销售人员还可以考虑一下这种最坏的情况的发生概率有多大，倘若在 1/10 以下，就不要过于担心了，积极乐观的心态常常可以转危为安。

（3）减轻客户心理压力的策略。当销售人员接近客户时，客户会感觉到一种无形的心理压力，似乎只要是接受了销售人员，就等于承担了购买的义务。正是这种心理压力，使很多客户害怕接触销售人员，也正是这种心理压力，阻碍了销售人员接近客户。销售人员如果能减轻客户的这种心理压力，就能降低说服他们的难度，从而顺利转入之后的销售工作。很多优秀的销售人员常常使用其他的理由去接近客户，正是为了减轻他们的这种心理压力。

（4）控制时间的策略。销售人员必须善于控制接近的时间，把握时机转入正式洽谈。接触的最终目的是洽谈，而不只是引起客户的注意和兴趣。许多缺乏经验的销售人员，总是不好意思谈及销售话题，到临走之际还没有开始谈论正题，这样的接近效果是不理想的。至于接近客户的时间长短的问题，销售人员要视具体情况而定，一般不可以太长。

3. 接近客户的方法

方法得当，才能顺利地接近想要接近的客户。销售人员需要努力掌握并熟练运用以下几种接近客户的方法。

（1）产品接近法。产品接近法又叫实物接近法，是以销售人员所销售的真实产品作为介绍的工具来接近客户的方法，这就要求产品本身具备足够吸引客户注意力的独特魅力。

（2）社交圈接近法。由销售人员扮演客户所属的社会阶层或社交圈里的人，参加客户在场的社交活动，从而接近客户，引起客户的注意。

（3）搭讪接近法。这种接近法是指利用各种机会主动和客户搭讪，通过聊天的方式转入销售洽谈。使用这种方法时，销售人员必须做到找准客户、抓住时机、主动出击、紧扣主题。

（4）请教接近法。这种接近方法是指利用向客户请教问题的机会来接近对方。请教时，销售人员的态度要诚恳、谦虚，先赞美后请教，先请教后销售。

（5）利益接近法。这是一种通过向客户讲述销售可以给他们带来的实际利益来接近客户的方法。它符合客户购买时追求利益和满足需求的心理，因此较容易成功。

4. 接近客户前必须做的准备工作

（1）了解客户。接近客户之前，企业销售人员想的最多的问题往往是客户会不会接受我？而不是客户出于什么目的接见我？如何能让客户接受我？如果销售人员能在各个方面都做好充分的准备，给客户留下很好的印象，那么被客户接受的概率就会大大提高。

企业销售人员要详细了解客户的基本情况，准备好客户的所有资料。资料准备得越充足，对客户的了解就越深，洽谈时的切入点就越明确。

客户资料的收集主要包括：基本情况（包括姓名、性别、年龄、学历、职业等）、健康情况、家庭情况（同时注意尊重客户的隐私权）、经济情况、个人爱好、个人经历以及最近参加的活动等。例如，销售人员事先了解客户的喜好后，可以准备一些小礼物，以便在拜访时获得他们的好感。

为了能够详细地掌握客户的情况，销售人员还要从收集来的客户资料中挖掘出一些潜在信息或是客户感兴趣的话题。例如，客户和他家人的关系怎么样？他们目前最需要什么？他们比较感兴趣的话题是什么？

另外，销售人员还应充分考虑到销售过程中客户可能出现的反应，以便提前做好应对的准备。例如，客户对销售人员的态度，客户可能会有的反对意见，客户的主要购买动机以及客户的购买政策等。

（2）了解产品。销售人员熟悉所销售的产品应该像熟悉自己一样，因为这是开展销售工作的前提和基础，否则一切都无从谈起。既然熟悉自己所售后产品的情况如此重要，销售人员应该从产品的哪些方面着手了解呢？一是了解产品的质量和价格。客户最关心的事情就是产品的质量和价格。客户总是努力寻找质量和价格的最佳契合点，不断追求物美价廉的产品。由于客户购买产品的动机不同，他们所购买的产品的型号、价格也不相同。有些客户购买产品是因为价格低廉，有些客户则是为了经久耐用，还有的客户是为了追求品牌。因此，为了向客户推荐适合他们的产品，销售人员不但要熟悉公司产品的质量和价格，还要熟悉同类产品的质量和价格。二是了解产品的优缺点。销售人员一定要了解自己所销售产品的优缺点。因为只有这样，才能向客户介绍产品的优势及存在的缺陷，让客户通过比较作出选择。三是了解产品的保养方法。通常，客户在购买一件产品后，并不希望它在短时间内发生故障或损坏，所以，客户总是十分关心产品的保养问题。例如，你的产品需要怎样保养？需要电池吗？电池的电力能够维持多久呢？产品本身附有什么保证吗？假如产品出了问题，我应该怎么办呢？面对这些问题，销售人员必须事先熟悉产品的性能及其所需要的保养方法。

（3）拟订拜访计划。拜访计划主要包括以下两个方面：一是拜访的时间与场所。这主要是从客户的日常习惯、生活规律及其所从事的职业等方面进行考虑，切勿与客户的工作和生活发生冲突，使客户心生反感。二是拜访时的礼仪。这主要包括拜访时的衣着打扮、言谈举止等。由于不同的职业和不同的场合有着不同的着装要求，因此，销售人员要根据客户的工作性质和洽谈场所确定拜访时的礼仪。例如，拜访企业的领导、身份尊贵的客户时，销售人员最好穿着职业装，以尊重客户的身份。拜访工厂的员工时，销售人员穿着就要随便一些，其原则是不要产生太大反差，最好是与他们的形象保持一致。总之，拜访计划一定要根据客户的具体情况来订，一切以客户为中心。

（4）拟定拜访信函。拜访客户之前，销售人员不妨先寄出一封信函。大致来说，这种信函具有三种功能，表达对客户的尊重，避免上门拜访时因客户不在而造成时间上的浪费，避免与客户的工作和生活发生冲突。

拟定拜访信函的目的是引起客户的注意，使客户产生愿闻其详的念头，也是为了争取与客户面谈的机会，更是为了让客户对产品有一个初步的了解。

拜访信函的格式与一般书信格式一样，包括称呼、问候、正文、落款等几部分。拟定拜访信函的正文部分时要特别注意以下几项内容：自我介绍、称赞客户、表明意图、提出要求。

（5）电话预约。电话预约需要注意以下几个方面。

第一，电话预约必须在拜访的信函寄出后进行，即在客户收到信函后的两三天内给客户打电话。

第二，电话预约的目的要明确，其目的就是争取到见面的机会。

第三，语言简洁，通话时间不宜超过 2 分钟。

第四，语气坚定，语言流畅。

第五，使用二选一法，提出见面要求。例如"请问您是范先生吗？我是××保险公司的张×，我前几天给您寄了一封信，您收到了吗？我从顾×那里得知您的事业做得非常成功，很期待向您当面请教。同时，关于信上的内容我想与您商谈一下！请问是定在明天下午三点钟还是定在后天下午三点钟见面呢？……可以，明天下午三点我会准时拜访您的，打扰您了，再见。"

5. 与客户洽谈时必须做到的工作

（1）明确告诉客户自己拜访的目的。如果客户根本就不知道销售人员的拜访目的是什么，又怎么会考虑到与销售人员合作呢？现实中就有很多这样的销售人员，他们因为害怕遭到客户的拒绝，而不敢告诉客户他们拜访的目的。他们仅仅希望在业务洽谈的时候，客户会突然打断自己的谈话，开心地表示愿意购买；而客户如果不声不响，没有任何表示，他们就会不知所措，以为时机不成熟，从而过了原本可以成交的机会。所以，销售人员在拜访客户的时候，必须明确告诉客户此次拜访的目的，不然很可能是徒劳的。

（2）做好客户访谈记录。做好客户的访谈记录，有助于加快自己的销售进程。让我们来看一个失败的案例，想一想，这位销售人员到底失败在什么地方。

有一位销售人员一直在向客户推销一台机器，并希望对方能够早日订货，但客户就是不为所动，他反复地向那位客户介绍这台机器的种种优点，同时还向客户提出截至当年年底，交货期仍定为半年，自下年 1 月开始，交货期将定为一年。客户告诉销售人员，他自己无法立刻作出决定，并请销售人员下个月再来。

到了第二年的 1 月，销售人员又去拜访那位客户。这时，他早已将之前曾经提过的交货期的规定忘得一干二净了。当客户向他询问交货期的规定时，他依然说是半年。然后，他又向客户建议，只要立刻订货，就可以降价 10%。然而，上次洽谈的时候，他说过降价的最大限度是 5%，客户听他现在又这样说，一气之下就终止了洽谈。

从这个案例中我们可以得出这样一个结论，销售人员在销售过程中必须做好每天的客户访谈记录，尤其是对于那些已有购买意向的客户，必须有详细的访谈记录，不然当你下次再去时，假如所谈的条件和上次不一样，那么日后的拜访也必定不会成功。

想想看，案例中的销售人员如果能在初次拜访之后就做好访问记录，如果能在交货期与降价幅度等问题上保持言语的一致，如果能在第二次拜访之前回想一下上次拜访的经过，那么就有可能在第二次洽谈时达成交易。

（3）有效利用销售时间。由于有些客户的工作十分忙碌，因此他们喜欢接待那些有充分准备且说话简明扼要的销售人员。

拜访客户，尤其是拜访重要的且时间对他们来说又很宝贵的客户时，销售人员一定要开门见山地说明此次前来的目的，在最短的时间内有效地表达出更多有价值的信息，让客户感觉到你是一个办事效率非常高的人，若有合作意愿，自然会把你作为首选。

（4）用开场白赢得客户的好感。通常，销售人员在与客户讲第一句话时，就已经决定了销售的结果。采用什么样的开场白，将会让沟通更有效？其实到底应该怎样开场才算得体，并没有一个明确的答案。下面几种方式可供销售人员参考。

一是以提问的方式开场。以这种方式开场，销售人员要小心避免提出对方可能会回答"不"的问题。例如，"您希望降低 20%的原材料吗？"销售人员可以连续向对方提出问题，以引起对方对产品的注意，例如，"您知道我们公司的产品吗？""不知道啊！""那您看一下，这就是我们公司的产品。"同时将样品向客户展示，接着说："我们公司派我特地来拜访您。您感觉我们的产品怎么样？"

二是以讲故事的方式开场。某些时候，以一个有趣的故事或者笑话开场，也能收到很好的效果。但这样做时，销售人员一定要明确自己的目的并不只是让客户笑一笑，所讲的故事必须与产品的用途相关，或者能够直接引导客户去考虑购买产品。

三是以引用介绍人的方式开场。假如能找到一个认识客户的人，那么销售人员就可以这么说："范先生，您的同学顾先生希望我来拜访您，商谈一个您可能会感兴趣的问题。"这个时候，范先生可能会马上想知道销售人员所提到的问题，这样自然就能引起对方的注意了。

四是以赠送礼物的方式开场。以赠送小礼物作为开场白时，销售人员所赠送的礼物一定要与所销售的产品有关，因为完全可以在赠送礼物的同时，顺便提及自己的产品。

所以销售人员应针对客户类型、见面场地、对方所需要的产品特征等客观因素，设计自己的开场白。力求让开场白精彩有效，即便销售人员还不能够灵活使用这些方式，但最起码不会引起客户的反感。

（5）根据客户心理进行销售。不管销售人员的口才多么好，都会在说服客户时碰到大麻烦。难道良好的口才还不足以打动客户吗？并不是这样，原因是在于他们不善于察言观色，不能把握客户的心理，不清楚销售的最佳时机，以致在无形中得罪了客户，遭到客户的埋怨。

（6）要善于"透过现象看本质"。销售人员在面对不同的客户时，会遇到各种各样出人意料的情况，如何去面对和处理这些复杂的情况呢？许多时候，销售人员会有意无意犯这样一个错误：无法冷静而全面地看待已经出现的问题，仅仅是站在自己的角度，用自己的标准进行判断，从而只看到表面的现象，而忽略了隐藏的商机。

（7）避免"冷冰冰"的语气。要知道，情绪是可以传染的。优秀的销售人员总是能够很好地向客户传递积极的情绪，用自己的热情去感染对方，以促成交易。而那些业绩平庸的销售人员常常意识不到这一点，在不知不觉中因自己的消极情绪而影响了销售业绩，让许许多多的成交机会从身边溜走。

（8）弄清楚客户最关心的事。很多刚入行的销售人员在拜访客户时，总是随便打个招呼后就迫不及待地介绍起自己的产品，他们反复强调自己的产品有多么好，购买该产品会给客户带来怎样的好处。这样的销售方式，客户自然不愿意接受。

寻找客户关心的话题，拉近与客户之间的距离，先让客户接受自己，然后再谈论产品才是成功销售的正确步骤。

如何让客户接受自己呢？其实道理很简单，就是与客户聊他最关心的事。要想让客户喜欢、接纳自己，销售人员就必须多费心思研究客户的基本情况，如他的兴趣爱好、品位等。

（三）说服客户策略

寻找到客户不等于能够开发成功，因为还需要一个说服客户的过程。

1. 说服客户三要点及注意事项

说服客户三要点如下。

首先，要向客户介绍企业的情况和产品的优点、价格及服务方式等信息。

其次，要及时解答和解决客户提出的问题，消除客户的疑虑，并且根据客户的特点和反应，及时调整策略和方法。

最后，要说明和表达客户购买产品与服务的好处。

说服客户时一般要注意的事项如下。

（1）记住客户的名字，并且不时亲切地、动听地称呼。频频称呼客户的名字会使客户产生被尊重的感觉，能够加深与客户之间的感情。

（2）善于倾听。要想更多地鼓励客户参与，了解更多的信息，在善于提问的同时，还要善于倾听。

（3）避免用武断式的语言。讲述可能引起争论的事情时，应该以最温和的方式，如"据我了解……""如果没有记错的话……"来表达自己的观点，而不要使用绝对的或不容许怀疑的字眼。

（4）懂得微笑。希尔顿酒店的创始人希尔顿的母亲告诉希尔顿，要使经营持久发展，就要掌握一种简单、易行、不花钱却又行之长久的秘诀，那就是微笑。服务、环境可以令客户"宾至如归"，热情、微笑会令客户"流连忘返"。

（5）有恒心。有一个故事，说的是一个人试图用锤子锤烂一块巨石，他锤了十几下，巨石纹丝不动，又锤了几十下，巨石依然如故，他又连续锤了两百下，还是没有任何结果。但是这个人毫不灰心，仍然接着锤……突然，一锤砸下后，巨石一下就裂开了，碎成了许多小块。

这则故事启发我们：做事要持之以恒，"只要功夫深，铁杵磨成针""滴水可以穿石"，说服客户也是同样的道理。

2. 说服客户的技巧

富兰克林式表达，就是销售人员向客户说明，如果你买了我们的产品，能够得到的第一个好处是什么，第二个好处是什么，第三个好处是什么，第四个好处是什么……同时也向客户说明不买我们的产品，蒙受的第一个损失是什么，第二个损失是什么，第三个损失是什么，第四个损失是什么……这样，客户权衡利弊得失之后，就会作出选择。

3. 不同客户类型的说服策略

由于客户的学识、修养、个性、习惯、兴趣及信仰等的不同，自然对于各种人、事、物的反应感受有相当大的差异，因此企业必须区别对待不同类型的客户。

（1）理智型客户。这类客户是最成熟的客户，较理性，不冲动，客观明智，考虑周详，决策谨慎。对待这类客户要按部就班，按照正常的方式，规规矩矩、不卑不亢、坦诚细心地向他们介绍产品的有关情况，耐心解答疑点，并尽可能提供有关证据，而不能投机取巧。

（2）冲动型客户。这类客户个性冲动，情绪不稳定，易激动，且反复无常，对自己所作的决策容易反悔。对待这类客户，企业一开始就应该大力强调所推销的产品的特色和实惠，促使其尽快购买，但是要注意把握对方的情绪变动，要有足够的耐心，不能急躁，要顺其自然。

（3）顽固型客户。这类客户多为老年客户，他们在消费上具有特别偏好，对新产品往往不乐意接受，不愿意轻易改变原有的消费模式与结构。对这类客户不要试图在短时间内改变他，否则容易引起对方强烈的反应以及抵触情绪和逆反心理，要善于利用权威、有力的资料和数据来说服对方。

（4）好斗型客户。这类客户争强好胜，对事物的判断比较专横，征服欲强，喜欢将自己的想法强加于人，尤其喜欢在细节上与人争个明白。对待这类客户要做好被他步步紧迫的心理准备，切不可意气用事，贪图一时痛快，与之争斗；相反，以柔克刚，必要时丢掉点面子，适当做些让步也许会使事情办得更好。

（5）优柔寡断型客户。这类客户缺乏决策能力，没有主见，不敢下决心，胆小怯懦，畏首畏尾。对待这类客户应以忠实、诚恳的态度，主动、热情、耐心地作介绍并解答其提出的问题，要让这类客户觉得你是可信赖的人，然后让你帮助他们作出购买决策。

（6）孤芳自赏型客户。这类客户喜欢表现自己，突出自己，不喜欢听别人劝说，任性且嫉妒心较重。对待这类客户，首先要在维护其自尊的前提下向其客观地介绍情况；其次要讲他熟悉并且感兴趣的话题，为他提供发表高见的机会，不轻易反驳或打断其谈话；最后推销人员不能表现太突出，不要给对方造成对他极力劝说的印象，要点到为止，水到渠成。

（7）盛气凌人型客户。这类客户常摆出一副趾高气扬的样子，不通情达理，高傲顽固，自以为是。对待这类客户应该不卑不亢，先有礼貌地用低姿态方式充当他的忠实听众，给予喝彩、附和，表现出诚恳、羡慕及钦佩，并提出一些问题，向对方请教，让其尽情畅谈，以满足其发表欲，博取对方的好感。

（8）生性多疑型客户。这类客户多疑多虑，不相信别人，无论是对产品还是销售人员都会疑心重重。对待这类客户要充满信心，要以端庄、严肃的外表与谨慎的态度说明产品的特点和客户将获得的实惠。某些专业数据、专家评论对建立这类客户对你的信任会有帮助。但切记不要轻易在价格上让步，否则会使对方对你的产品或服务产生疑虑，从而使交易失败。

（9）沉默寡言型客户。这类客户生活比较封闭，性格内向，平时极少言语，对外界事物表现冷淡，与陌生人保持相当距离。对待这类客户应主动向其介绍情况，态度要热情、亲切，要设法了解其对产品的真正需要，注意投其所好，耐心引导。

（10）斤斤计较型客户。这类客户爱贪小便宜，爱讨价还价，精打细算且不知足，但精明能干。对待这类客户应避免与其计较，一方面要强调产品的优点，且事先提高一些价格，让客户有讨价还价的余地；另一方面可先赠予他小礼物，让他觉得占了便宜，一旦他有了兴趣，接下来就会跟定你了。

思 考 题

1. 试述客户分析含义及内容。
2. 概述客户识别与选择矩阵之间的关系。
3. 理想客户的选择标准是什么？
4. 简述客户选择策略。
5. 营销导向客户开发策略有哪些？
6. 推销导向客户开发策略有哪些？

案例分析

第六章

客户信息管理

> 信息就是无形的财富，重视信息并善于利用信息，会带来巨大的经济效益。
>
> 如果您想获得更多的客户信息，最好的办法是不断地提问。不断地提问可以有效而正确地了解到如何为客户服务的信息。
>
> ——编著者

学习目标

1. 熟悉客户信息概念及内容
2. 掌握信息的采集方法
3. 熟悉客户信息整理与管理
4. 掌握信息的归档管理

案例导入

第一节　客户信息概述

一、客户信息的概念与主要内容

（一）客户信息的概念

客户信息是指客户基本情况、客户喜好、客户细分、客户需求、客户联系方式等一些关于客户的基本资料。

（二）客户信息的主要内容

1. 个人客户信息

个人客户信息应当主要包括以下几个方面的内容。

（1）基本信息。基本信息包括姓名、户籍、籍贯、血型、身高、体重、出生日期、性格特征，身份证号码、家庭住址、电话、传真、手机号码、电子邮箱，所在单位的名称、职务、单位地址、电话、传真等。

（2）消费情况。消费的金额、消费的频率、每次消费的规模、消费的档次、消费的偏好、购买渠道与购买方式的偏好、消费高峰时点、消费低峰时点、最近一次的消费时间等。

（3）事业情况。以往就业情况、单位名称、地点、职务、年收入，在目前单位的职务、年收入、对当前单位的态度，对事业的态度、长期事业目标是什么，中期事业目标是什么、最得意的个人成就是什么等。

（4）家庭情况。已婚和未婚、结婚纪念日、如何庆祝结婚纪念日，配偶姓名、出生日期及血型、教育情况、兴趣专长及嗜好，有无子女，子女的姓名、年龄、生日、教育程度，对婚姻的看法、对子女教育的看法等。

（5）生活情况。医疗病史、目前的健康状况，是否喝酒（种类、数量）、对喝酒的看法，是否吸烟（种类、数量）、对吸烟的看法，喜欢在何处用餐、喜欢吃什么菜，对生活的态度、有没有座右铭，休闲习惯是什么、度假习惯是什么，喜欢哪种运动、喜欢聊的话题是什么，最喜欢哪类媒体，个人生活的中期目标是什么、长期目标是什么等。

（6）教育情况。高中、专科、本科、研究生的起止时间，最高学历、所修专业、主要课程，在校期间所获得的奖励、参加的社团、最喜欢的运动项目等。

（7）个性情况。曾参加过什么俱乐部和社团、目前所在的俱乐部或社团，是否热衷于政治活动、宗教信仰或态度，喜欢看哪些类型的书，忌讳哪些事、重视哪些事，是否固执、是否重视别人的意见，待人处事的风格，自己认为自己的个性如何、家人认为他的个性如何、朋友认为他的个性如何、同事认为他的个性如何等。

（8）人际情况。亲戚情况、与亲戚相处的情况、最要好的亲戚，朋友情况、与朋友相处的情况、最要好的朋友，邻居情况、与邻居相处的情况、最要好的邻居，对人际关系的看法等。

例如，房地产企业在收集客户信息时，通常关注客户目前拥有房地产的数量、品牌、购买时间等，而这些在结合家庭人口、职业、年龄和收入等数据进行分析后，往往能够得出该客户是否具有购买需求、预计购买的时间和数量、消费的档次等结论。

2. 企业客户的信息

（1）客户名称。描述客户名称，可以是客户的公司名称也可以是易记简称。

（2）所属区域。按照客户的业务范围进行定义，如果客户的经营范围是国内大区，如华南区、华东区、华中区、华北区、西南区、西北区等。

（3）客户性质。就是客户的企业性质，如国有企业、中外合资企业、私营企业、外商独资企业、个体户等。

（4）客户来源。如网站广告、展览会、客户推荐、电话、邮件、报刊广告、黄页、朋友介绍等。

（5）所属行业。按照用户的客户的所属行业进行定义，如教育、医疗卫生、政府等。

（6）信用状况。销售人员自行衡量评估客户的信用状况。信用状况评为一至五星级。

（7）类型策略。设定这个客户的联系周期，系统为了防止企业长时间不与客户联系，将按照这个策略给企业提醒跟进计划。

（8）购买策略。设定这个客户的购买周期，是为了防止客户流失而企业又没留意，当客户超出这个策略时间没有购买记录的话，系统自动生成一条客户业务下滑提醒，让企业及时采取一些行动，挽留客户。

（9）员工数量。这是为了能更清楚地了解客户的现状。

（10）规模。规模是指企业生产、经营等范围的划型，划分为大中小三个类型。

（11）从业时间。从企业从事某项行业之日起计算从业时间。

（12）行业地位。为了能更清楚地了解客户的重要程度。可以设置为领导者、较有影响、影响一般和没有影响力等。

（13）结算方式。例如，现款现货、一个月回款、票到付款、2个月回款、3个月回款等。

（14）希望代理。了解经销商客户的发展动向。

（15）电话和传真。客户的常用联系电话，客户的传真号码。

（16）电子邮件。企业可以通过系统给客户发送电子邮件，而不用重复输入。

（17）单位网址。记录客户的单位网址。方便查找和了解客户的更多信息。

（18）通信地址。方便客户邮寄资料。

（19）邮政编码。记录客户所在地区的邮政编码。

（20）交易次数。系统自动统计客户的消费次数。

（21）交易金额。系统自动统计客户的总交易金额，方便了解客户的重要程度。

（22）首次交易。系统自动记录客户的业务往来开始时间。

（23）最近交易。系统自动记录客户的最近一次购买时间，方便跟踪客户。

二、客户信息的重要性

客户信息是企业理解客户的基础，企业在经营中识别客户的价值依赖于客户的信息，只有掌握了客户信息，才能对客户进行分类管理，合理配置企业有限的资源，提高企业的经营效率。

1. 客户信息是企业决策的基础

信息是决策的基础，如果企业想要维护好不容易与客户建立起来的关系，就必须充分掌握客户的信息，就必须像了解自己的产品或服务那样了解客户，像了解库存的变化那样了解客户的变化。

任何一个企业总是在特定的客户环境中经营发展的，有什么样的客户环境，就应有与之相适应的经营战略和策略。如果企业对客户的信息掌握不全、不准，判断就会失误，决策就会偏差，而如果企业无法制定出正确的经营战略和策略，就可能失去好不容易建立起来的客户关系。所以，企业必须全面、准确、及时地掌握客户信息。

2. 客户信息是客户分级的基础

企业只有收集全面的客户信息，特别是他们与企业的交易信息，才能知道自己有哪些客户；才能知道他们分别有多少价值；才能识别哪些是优质客户，哪些是劣质客户；才能识别哪些是贡献大的客户，哪些是贡献小的客户；才能根据客户带给企业价值的大小和贡献的不同，对客户进行分级管理。例如，美国联邦快递公司根据客户的信息和历史交易信息来判断每位客户的盈利能力，把客户分为"好""不好"和"坏"三种，并且为三种不同价值的客户提供不同的服务。

3. 客户信息是与客户沟通的基础

大众营销、大众广告、大众服务都不能实现有针对性地与客户沟通，实际上还扩大了企业与客户之间的距离。随着市场竞争的日趋激烈，客户情报愈显珍贵，拥有准确、完整的客户信息，既有利于了解客户、接近客户、服务客户，也有利于客户沟通。例如，中原油田销售公司设计了统一的客户基本信息表格分发给各个加油站，内容包括司机的姓名、性别、出生年月、身份证号码、家庭住址、联系电话、个人爱好、车型、车号、单位、承运类型、车载标准、动力燃料、油箱容量、主要行车线路、经过本站时间，并有累计加油获奖记录。通过从计算机中调出当天过生日的客户，向其赠送蛋糕等生日礼物，架起了加油站与客户之间的友谊桥梁。

如果企业能够掌握详尽的客户信息，就可以做到因人而异地进行一对一的沟通，就可以根据每个客户的不同特点，有针对性地实施营销活动，如发函、打电话或上门拜访，从而避免大规模的高额广告投入，使企业的营销成本降到最低点，而成功率却达到最高点。一般来说，大面积地邮寄宣传品的反馈率只能达到 2%～4%，但是，在了解客户"底细"的基础上经过筛选，有针对性地邮寄宣传品，反馈率就可以达到 25%～30%。

4. 客户信息是客户满意的基础

在竞争激烈的市场上，企业要满足现有客户和潜在客户及目标客户的需求、期待和偏好，就必须掌握客户的需求特征、交易习惯、行为偏好和经营状况等信息，从而制定和调整营销策略。

如果企业能够掌握详尽的客户信息，就可以在把握客户需求特征和行为偏好的基础上，有针对性地为客户提供个性化的产品或者服务，满足客户的特殊需要，从而提高他们的满意度，这对于保持良好的客户关系、实现客户忠诚将起到十分重要的作用。

如果企业能够及时发现客户的订货持续减少的信息，就可以赶在竞争对手之前拜访该客户，同时采取必要的措施进行补救，从而防止他们的流失。

如果企业能够及时掌握客户对企业的产品或服务的抱怨信息，就可以立即派出得力的人员妥善处理和解决，从而消除他们的不满。

如果企业知道客户的某个纪念日，就可以在这个日子送上适当的礼物、折扣券、贺卡或电影票，或在知道客户正为失眠困扰时，寄一份"如何治疗失眠"的资料给他，这些都会给客户带来意外的惊喜，从而使客户对企业产生依赖感。

例如，日本花王公司就随时将收集到的数据、意见和问题输入客户计算机，现在已经建立了 8 000 多页的客户资料，每年公司凭借这些资料开展回报忠诚客户的活动，以此来巩固与老客户的关系，并且吸引新客户。

三、信息的类型

客户信息主要分为描述类信息、行为类信息和关联类信息三种类型。下面介绍这三种基本的客户信息的特点。

1. 描述类信息

客户描述类信息主要是用来理解客户的基本属性的信息，如个人客户的联系信息、地理信息和人口统计信息，企业客户的社会经济统计信息等。这类信息主要来自客户的登记信息，以及通过企业的运营管理系统收集到的客户基本信息。

这类信息的内容大多是描述客户基本属性的静态数据，其优点是大多数的信息内容比较容易采集到。但是一些基本的客户描述类信息内容有时缺乏差异性，而其中的一些信息往往涉及客户的隐私，如客户的住所、联络方式、个人收入等信息。

对于客户描述类信息最主要的评价要素就是数据采集的准确性。

在实际情况中，经常有一些企业知道为多少客户提供了服务，以及客户购买了什么，但是往往到了需要主动联络客户的时候，才发现缺乏能够描述客户特征的信息和与客户建立联系的方式，或是这些联络方式已经失效了，这都是因为企业没有很好地规划和有意识地采集、维护这些客户描述类信息。

2. 行为类信息

客户的行为类信息一般包括：客户购买服务或产品的记录、客户的服务或产品的消费记录、客户与企业的联络记录，以及客户的消费行为、客户偏好和生活方式等相关的信息。

客户行为类信息的主要目的是帮助企业的市场营销人员和客户服务人员在客户分析中掌握与理解客户的行为。客户的行为信息反映了客户的消费选择或是决策过程。

行为类数据一般都来源于企业内部交易系统的交易记录、企业呼叫中心的客户服务和客户接触记录，营销活动中采集到的客户响应数据，以及与客户接触的其他销售人员和服务人员收集到的数据信息。有时企业从外部采集或购买的客户数据也会包括大量的客户行为数据。

客户偏好信息主要是描述客户的兴趣和爱好的信息。例如，有些客户喜欢户外运动，有些客户喜欢旅游，有些客户喜欢打网球，有些客户喜欢读书。这些数据有助于帮助企业了解客户的潜在消费需求。

企业往往记录了大量的客户交易数据，如零售企业就记录了客户的购物时间、购买商品类型、购物数量、购物价格等信息。电子商务网站也记录了网上客户购物的交易数据，如客户购买的商品、交易的时间、购物的频率等。例如，对于移动通信客户来说，其行为信息包括通话的时间、通话时长、呼叫客户号码、呼叫状态、通话频率等；对于电子商务网站来说，单击数据流记录了客户在不同页面之间的浏览和点击数据，这些数据能够很好地反映客户的浏览行为。

与客户描述类信息不同，客户的行为信息主要是客户在消费和服务过程中的动态交易数据和交易过程中的辅助信息，需要实时地记录和采集。

在拥有完备客户信息采集与管理系统的企业里，客户的交易记录和服务记录非常容易获得，而且从交易记录的角度来观察往往是比较完备的。

但是需要认识到的是，客户的行为信息并不完全等同于客户的交易和消费记录。客户的行为特征往往是对客户的交易记录和其他行为数据进行必要的处理和分析后得到的信息汇总与提炼。

3. 关联类信息

客户的关联类信息是指与客户行为相关的、反映和影响客户行为与心理等因素的相关信息。企业建立和维护这类信息的主要目的是更有效地帮助企业的销售人员和客户分析人员深入理解影响客户行为的相关因素。

客户关联类信息经常包括客户满意度、客户忠诚度、客户对产品与服务的偏好或态度、竞争对手行为等。这些关联类信息有时可以通过专门的数据调研和采集获得，如通过市场营销调研、客户研究等获得客户的满意度、客户对产品或服务的偏好等；有时也需要应用复杂的客户关联分析来生产，如客户忠诚度、客户流失倾向、客户终身价值等。客户关联类信息经常是客户分析的核心目标。

以移动通信企业来说，其核心的关联类信息就包括了客户的终身价值、客户忠诚度、客户流失倾向、客户联络价值、客户呼叫倾向等。

关联类信息所需的数据往往难采集和获得，即使获得了也不容易结构化后导入业务应用系统和客户分析系统。

规划、采集和应用客户关联类信息往往需要一定的创造性，而采集与应用也不是简单的技术问题，往往是为了实现与市场营销管理或客户管理直接相关的业务目标服务的业务问题，如提高客户满意度、提高客户忠诚度。降低客户流失率、提高潜在客户发展效率、优化客户组合等核心的客户营销问题。

很多企业没有意识地采集过这类信息，而对于高端客户和活跃客户来说，客户关联类信息可以有效地反映客户的行为倾向。对于很多企业来讲，尤其是服务类企业，有效地掌握客户关联类信息对于客户营销策略和客户服务策略的设计实施是至关重要的。一些没能很好地采集和应用这些信息的企业往往会在竞争中丧失竞争优势和客户资源。

第二节　客户信息采集

一、客户信息采集的含义

客户信息的采集是指客户数据的采集、整理和加工；客户知识获取是指客户信息的统计、分析和预测；客户知识运用是指客户知识的发布、传递和利用。

客户信息的采集是企业营销活动的一项系统性工作，面临着如何高效获取并不断更新客户信息的问题，而且客户信息的不同维度来源途径和获取程度存在各种差异。

不同的行业和企业定义客户的信息视图有所差别，企业需要通过客户的价值和行为来描述特征，尤其当定义潜在目标客户群时，更是需要如此。

一般来说，从市场营销的角度，描述客户信息的变量可以分为人口信息、行为信息和价值信息三类。在每一类中又可以进行相应的细分。

1. 获取客户信息的来源

一般来说，企业获取客户信息的来源主要是企业内部已经登记的客户信息、客户销售记录、与客户服务接触过程中收集的信息，以及从企业外部获得的客户信息。

很多企业也有意识地组织一些活动来采集客户信息，如经常采用的有奖登记活动，以各种方式对自愿登记的客户进行奖励，要求参加者填写他们的姓名、电话和地址等信息，这样的一些活动能够在短时间内收集到大量的客户信息。

收集客户资料的方法还包括有奖登记卡和折扣券、会员俱乐部、赠送礼品、利用电子邮件和网站来收集等。

2. 获取客户信息的渠道及优缺点

客户企业的信息可以为我们提供很多有价值的内容，从而有效地指导我们的销售工作。但市场处处充满竞争，信息变得隐蔽、不完整，如何获取我们所需要的信息呢？

（1）搜索。动动你的手指，信息尽在指尖。你可以随时在网上搜索企业网站、新闻报道、行业评论等。优点：信息量大，覆盖面广泛；缺点：准确性差，可参考性不高，需要经过筛选方可放心使用。

（2）权威数据库。国家或者国际上对行业信息或者企业信息有权威的统计和分析，是可供参考的重点，对企业销售具有重要的指导作用。优点：内容具有权威性和准确性；缺点：不易获得。

（3）专业网站。很多专业网站是免费的，各行业内部或者行业之间为了促进发展和交流，往往设有行业网站，或者该方面技术的专业网站。优点：以专业的眼光看行业，具有借鉴性，企业间可以作对比；缺点：不包含深层次的信息。

（4）展览。这是最值得去的地方。各行业或者地区定期或不定期会有展览，会有很多企业参展。优点：更丰富具体的信息，缺点：展览时间的不确定性。

（5）老客户。你的老客户同你新的大客户之间会有一定的相同之处。而同行业之间会有更多的相似之处，因此，你的老客户也会很了解其他客户的信息。销售企业可根据同老客户的关系，获得行业内部的一些信息。优点：信息的针对性和具体性，可参考性高；缺点：容易带主观色彩。

（6）竞争对手。让竞争对手开口告诉你，你所需要的客户信息。优点：迅速；缺点：准确度低，成本高。

（7）客户企业。客户企业会为你提供相应的一些必要信息。优点：具体，缺点：片面性大。

（8）市场考察。想畅销就得做市场考察。优点：翔实可靠，缺点：成本高。

（9）会议与论坛。注意那些行业精英的观点，这些观点对行业的发展会有很深的影响。优点：集思广益，缺点：信息可操作性差。

（10）专业机构，能为你提供专业的信息。优点：分析与研究能力强；缺点：费用高，时间长。

从多个渠道收集我们所需要的信息，是保证我们信息全面的有效方法，因为客户信息对我们后面的专业判断影响甚大，因此要严格认真地对待。

3. 从外部获取潜在客户数据的渠道

幸运的是，尽管国内的数据营销的社会基础并不十分完善，但仍有很多的机会找到并获取相关的客户数据。这些数据一般都要通过购买、租用或者是合作的方式来获取。

以下是可能的潜在客户数据获取渠道。

（1）数据公司。数据公司专门收集、整合和分析各类客户的数据和客户属性。专门从事这一领域的数据公司往往与政府及拥有大量数据的相关行业和机构有着良好而密切的合作关系。一般情况下，这类公司都可以为直复式营销行业提供成千上万的客户数据列表。在北京、上海、广州、深圳等国内大城市，这类公司发展非常迅速，已经开始成为数据营销领域的重要角色。

（2）目录营销与直复式营销组织。这类组织直接给消费者打电话或邮寄产品目录。只要有合适的价格或目的的安排，许多这样的公司都愿意分享它们的数据列表。

（3）零售商。一些大型的零售公司也有丰富的客户会员数据可以获取。

（4）信用卡公司。信用卡公司保存有大量的客户交易历史记录，这类数据的质量非常高。

（5）信用调查公司。在国外有专门从事客户信用调查的公司，而且这类公司一般愿意出售这些客户的数据。

（6）专业调查公司。在消费品行业、服务行业及其他一些行业中，有许多专注于产品调查的公司。这些公司通过长期的积累和合作，通常积累了大量的客户数据。

（7）消费者研究公司。这类组织往往分析并构建复杂的客户消费行为特征，这类数据可以通过购买获取。

（8）相关服务行业。可以通过与相关服务行业有大量客户数据的公司进行合作或交换的方式获取客户数据。这类行业包括通信公司、航空公司、金融机构、旅行社等。

（9）杂志和报纸。一些全国性或区域性的杂志和报纸媒体也保有大量的客户订阅信息和调查信息。

（10）政府机构。官方人口普查数据，结合政府资助的调查和消费者研究信息都有助于丰富客户数据列表。

在国内，政府部门往往拥有最完整而有效的大量数据。在以前，这些数据并没有很好地应用于商业。政府部门已经在大力加强基础信息数据库的建设工作，在数据基础越来越好、数据的管理和应用越来越规范的市场趋势下，政府部门也在有意识地开放这些数据用于商业。

除了以上所述各种获取客户信息的渠道之外，网络也是当下寻找客户的一个重要渠道，如时下热门的微博、微信等交流平台是非常有用并有效的网络传播平台。通过微博、微信等网络媒体形式收集客户信息，是现代营销人员十分有必要开发的新的营销渠道之一。

案例

二、客户信息采集的方法

市场调查、信息收集是辨认市场机会，确立企业竞争优势，建立市场竞争战略的出发点。信息收集是信息得以利用的第一步，也是关键的一步。信息收集工作的好坏，直接关系到企业的工作质量。

收集客户信息的方法多种多样，因具体情况而异，在收集资料时不能漫无目的，避免收集太多无用信息。主要有以下几种收集客户信息的方法。

（一）人员走访法

1. 人员走访法的定义
人员走访是指实地与客户进行接洽，从中了解情况和收集所需数据的信息采集方法。

例如要了解销售商对某种新产品的看法判断，选择家用轿车的想法等，可派人上门进行访问与了解。因为是面对面的访问，所以人员走访通常被认为是获取资料的最为可靠的手段，也是客户调查赖以获取详细、准确资料的重要方法。

2. 人员走访法的优点

（1）灵活性较强，不受任何限制，可以根据业务人员的需求与自己的工作时间巧妙安排，灵活开展。

（2）可以自由选择样本，容易控制。业务人员可根据需要选取样本作为人员走访的对象来了解相应的客户信息。

（3）可与观察法搭配实施。通过人员走访面谈，并加以现场观察，从而更真切地了解客户的全面真实信息。

（4）直接接触样本，有亲切感。直接上门走访，让人感觉受尊重，而且有种亲切感，有促膝谈心的效果，走访人员掌握得当，能收到收集客户信息的良好效果。

（5）回收率高。因为是当场引导和提问，所以面对客户存在的问题，走访人员可以实时进行解决，问卷回收率较高。

3. 人员走访法的缺点

（1）耗时。训练调查人员耗时、查访样本耗时和访问耗时。

（2）必须详细计划，严密控制进度。必要时须由专业机构来完成。

（3）调查人员的素质非常重要。调查人员的素质决定人员走访法的有效性，是否能获得走访对象的配合，是否能够就具体问题得到真切的答案，是人员走访法是否能有效收集到客户真实信息的关键。

（4）成本高。随着地区及走访样本规模的增大，相对增加费用，一定程度上会影响收集效果。

（5）调查人员在场会增加受访者的心理压力。就相应的问题，调查人员在场和不在场给受访者带来的心理压力是不一样的，在场时给受访者带来的心理压力较明显。从而会使信息内容不全面，甚至是不真实。

（二）电话调查法

1. 电话调查法的定义

电话调查法是指由调查人员根据抽样要求，在样本范围内通过电话访问的形式向被调查对象询问预先拟定的问题，从而获取信息数据的方法。

2. 电话调查法的优点

（1）收集市场调查数据速度快，费用低，可节省大量调查时间、途中走动和调查经费。现在的电话普及率高，费用低，尤其是使用电话套餐。

（2）收集市场调查资料覆盖面广。运用当今十分普及的电话进行客户调查，可选取样本量充分，相应的覆盖面也更广。

（3）可以免去被调查者的心理压力，易被人接受，特别适用于那些难以见面的名人客户和高级管理者。

3. 电话调查法的缺点

（1）只限于有电话的地区、单位和个人，电话普及率高才能广泛采用，在通信条件落后地区，这种方法会受到限制。

（2）由于不能见到被调查者，无法观察到被调查者的表情和反应，也无法出示调查说明、图片等背景数据，只能凭对方口述得到口头资料。因此，电话访问不能使问题深入，也无法使用调查的辅助工具。

（3）对于回答问题的真实性很难作出准确的判断。

（三）邮件调查法

1. 邮件调查法的定义

邮件调查法是指将事先设计好的问卷或调查表，通过邮件的形式寄给被调查对象，填好以后按规定的时间寄回来。

2. 邮件调查法的优点

（1）调查范围较广，问卷可以有一定的深度。邮件调查能够给调查对象提供充足的时间思考及良好的答题写作条件，所以可以用有一定深度的开放型问题进行调查。

（2）调查费用较低。在没有物质奖励时，只需印刷和邮寄费用，但为了争取调查对象的配合，一般都会设置一些礼品加以吸引。

（3）被调查者有充分的时间作答，还可查阅有关数据，因而取得的数据可靠程度较高。

（4）被调查者不受调查者态度、情绪等因素的影响，回答更客观，可消除调查者误差。

（5）无须对被调查对象进行选拔、培训和管理。因为是有一定深度的问题，让调查对象发散思维地回答，不需要对被调查者进行培训，任由其根据自我实际进行作答。

（6）匿名性较好。不需要将自己的详细信息公开，不需要写姓名，可以让被调查对象放心应答，不担心自己的信息会被泄露，容易取得配合。

3. 邮件调查法的缺点

（1）调查问卷回收率低，原因可能是被调查者对调查问题不感兴趣，问卷设计太复杂，被调查者不在家或太忙，等等。

（2）调查时间长，由于需要联系、等待、再联系、再等待，使调查时间拉长，影响调查资料的时效性。

（3）问卷回答可靠性较差，由于无法交流，被调查者可能产生误解，也可能请人代答。

案例

（四）现场观察法

现场观察法是指客户调查人员到现场凭自己的视觉、听觉或借助摄像录像器材，直接或间接观察和记录正在发生的市场行为或状况，从中了解有关情况和收集所需要数据的方法。例如超市用于识别商品条码的扫描仪、电视收视率调查中使用的"黑盒子"等。其特点是，不需要向被调查者提问，而是在被调查者不知情之下进行有关的调查。

1. 观察法的具体方法分为直接观察法和间接观察法

直接观察法是指调查者直接深入到调查现场，对正在发生的市场行为和状况进行观察和记录。间接观察法是指调查者采用各种间接观察的手段进行观察，用以获取有关的信息。

2. 现场观察法的优点

（1）直观可靠。通过直接观察，能够了解和掌握调查对象一手的数据，从而直观可靠地得到客户的相关信息。

（2）可以比较客观地收集第一手数据。所观察到的都是直接的而且是第一手的数据，比较客观，掺杂主观因素较少。

（3）直接记录调查到的事实和调查者在现场的行为。

（4）调查的结果从某种意义上更接近实际。

（5）基本上是被调查者的单方面的活动，避免很多因为调查人员及询问方式等产生的误差因素。

（6）调查人员不会受到与被观察者意愿和回答能力等相关问题的困扰。

（7）简便、易行、灵活性强，可以随时随地地进行。

3. 观察法的缺点

（1）时间长，费用高。这种方法耗时长，用人多，每人收集到的数据较少，需要较多的人参与。即使是一个观察点也都往往需要两个或以上的人参与观察。

（2）只有行为和自然的物理过程才能被观察到，调查人员无法了解被观察者的动机、态度和情感，因而，观察的深度往往不够。

（3）对观察人员素质要求高。要求观察人员必须有一定的专业知识、有一定的涵养，并且要有丰富的经验，能够将观察到的信息联系起来，并予以总结。

4. 使用观察法进行调查时要注意的事项

（1）应设计好抽样方案，以使观察对象和时段具有较好的代表性。

（2）最好不让被观察者有所察觉，否则就无法了解被观察者的自然反应、行为和感受。

（3）必须实事求是、客观公正，不带有主观偏见。

（4）调查人员的记录用纸和观察项目最好有一定的格式，便于详细地记录观察中的有关事项，而且整理结果时，也相对轻松。

（5）进行动态对比研究就需要长期地、反复地进行观察。

（五）焦点团体调查法

1. 焦点团体调查法的定义

焦点团体调查法，又称为集体访问法。它采用小组座谈的形式，围绕中心议题进行讨论。作为介于大规模调查与个别人物深度访谈之间，并与其互补的研究方法，焦点团体调查最显著的特点就是控制的集体讨论，一般用于收集有关研究计划的初步资料，为之后的问卷设计打下基础，或找出某种特殊现象背后的原因。

2. 焦点团体调查的优点

（1）便于收集初步资料。如上所述，焦点团体调查的优点之一是可实验性研究，为将来运用其他研究方法进行深入研究提供基础，如电话调查或其他的定性研究方法。

（2）实施时间短，伸缩性大。实施焦点团体调查的大部分时间用于召集调查对象。专门召集调查对象的机构，依照所召集人员的类型，通常能在 7～10 天的时间内完成任务。

（3）思考空间大，全面性强。焦点团体调查的回答经常比个人访问更具全面性且受到较少限制。一位回答者的论述有助于鼓励其他人顺着这条思路去思考，在个人访问中这种情况可能不会出现。能够胜任的主持人，可使讨论产生滚雪球效应，即发言者不断地对别人的观点发表评论。当其他人发言时，熟练的主持人可通过面部表情和非语言行为观察出语言表达能力不强的调查对象的意见和态度。

（4）费用低廉。焦点团体调查偏重"质"而非"量"，具有较为经济和高效的特点，用时短且费用项目不多。

3. 焦点团体调查法的缺点

（1）讨论局面的维持及效果的保证有相当难度。某些群体被自命为领导者的群体所控制，他们垄断他人的谈话并试图把自己的观点强加于其他成员。因此，焦点团体调查在很大程度上依赖主持人的技巧，他必须知道应该在什么时候探索更深入的问题，什么时候阻止讨论的话题，怎样使所有的参与者加入讨论。这些都必须有一定的专业知识和细心才能完成，对参与者一个嘲讽性或不恰当的评论，都可能会对群体的行为产生负面的影响。

（2）不宜收集定量资料。对典型调查研究来说，收集定量资料时不适于选择这个方法。如果定量资料很重要，则应利用其他研究方法来补充焦点团体调查的不足。许多不熟悉焦点团体调查研究人员的人误以为这种研究方法可以回答"数量少"的问题。其实，焦点团体调查研究主要是通过回答"为什么"或"如何"等问题来收集定性资料的。

（3）其他不利因素。小规模的焦点团体调查样本由自愿者组成，他们并不必然代表周围人的意见，记录仪器或调查场所的特性会使参与者感到拘束。如果参与者偏离讨论问题太远，所得到的资料可能无甚价值。

4. 焦点团体法的运用要点

（1）进行周密的计划。利用这种方法，必须在选取人群上、引导上、讨论上有周密的计划，以便能够有序、有效地开展调查。

（2）提供奖品。设置一些人们喜欢的奖品，让大家有参与调查的积极性。

（3）进行调查时，首先向小组成员提问，然后给他们一定的时间完成书面回答。

（4）会议主持人对焦点团体谈到的每一点进行复述并且重复大多数人的一致意见。

（5）代表性较差。因为焦点团体是较小的样本，所以其意见代表性较差。

（六）实验调查法

实验调查法又称为实验观察法，它是通过实验设计和观测实验结果而获取有关的信息。从影响调查问题的许多可变因素中，选出一个或两个因素，将它们置于同一条件下进行小规模实验，然后对实验观察的资料进行处理和分析，去研究结果是否值得大规模推广。

实验调查法的最大特点是把调查对象置于非自然状态下开展实验观察，将实验变量或所测因素的效果从多因素的作用中分离出来，并给予检定。

1. 实验调查法的优点

（1）调查结果具有较强的客观性和实用性。

（2）实验调查可以主动地进行实验控制，并较为准确地观察和分析某些现象之间的因果关系及其相互影响。

（3）可以探索在特定的环境中不明确的市场关系或行动方案。

（4）实验结果具有较强的说服力，可以帮助决定行动的取舍。

2. 实验调查法的缺点

（1）时间长，费用高。这个方法需要经过对许多对象、场景的多次观察与了解，最终经过分析得出结论，所以费时较多，且需要投入相当的费用。

（2）具有一定的局限性。只能识别实验变量与有关因素之间的关系，而不能解释众多因素的影响，不能分析过去或未来的情况。

（3）具有一定的时间限制。

（七）网络调查法

网络调查法也叫网上调查法，是指企业利用互联网了解和掌握市场信息的方式。与传统的调查方法相比，在组织实施、信息采集、调查效果方面具有明显的优势。网络调查法是通过互联网、计算机通信和数字交互式媒体，按照事先已知被调查者的电子邮箱地址发出问卷收集信息的调查方法。网络调查法的大规模发展源于 20 世纪 90 年代。具有自愿性、定向性、及时性、互动性、经济性、匿名性等特点。

（1）网络调查法的优点：组织简单、费用低廉、客观性好、不受时间与地域限制、速度快。

（2）网络调查法的缺点：网民的代表性存在不准确性、网络的安全性不容忽视、受访对象难以限制。虽然我国已是网络大国，但毕竟经济水平发展不一、人们的购物行为习惯和年龄不同、心理不一，客户未必都是上网一族，所以可能不全面也不够准确。

网络调查法是一种新兴的调查方法，它的出现是对传统调查方法的一个补充，随着我国互联网事业的进一步发展，网上调查法将会被更广泛地应用。

三、客户信息采集的策略与技巧

（1）结合企业产品或服务的实际特点，选择合理有效的方法，创新性地开展客户信息采集。企业的产品如果是大众化的，就可以选择问卷访问调查法；如果是大型机电设备，当然就可以采用专家讨论法和上门访问法；如果企业开展了网络营销、电子商务，就可以针对网络客户展开网络调查。

（2）结合企业预算情况合理选择客户信息采集方法，并予以创新。如果预算充足、人员充足，就可以较多、较广地开展全方位的调查；如果预算少就得选择节约成本费用的调查方法。

（3）根据企业对客户信息的要求，进行客户信息调查方法的策略性选择。如果企业需要详细的客户信息资料，就需要深入客户进行面谈式收集；如果只需要粗略的信息，向销售一线人员收集即可。

（4）所谓技巧，主要是指在进行客户信息采集过程中，如何通过策略性的沟通技术得到客户的配合与合作，让客户将自己的信息比较全面可靠地告诉调查者，从而得到客户的充分信息、达成调查的目标。这就需要在商务礼仪和商务沟通方面加强能力培养，多加训练，提高与客户沟通的能力。

第三节　客户信息整理与管理

一、客户信息整理

1. 客户信息整理的重点

在获取客户信息时，要充分明确自身信息需求，积极汇聚潜在客户信息，要以敏锐的触觉感知市场，洞悉自己的竞争对手，实时跟踪动态信息的流变，要对行业市场全貌有所了解。

信息收集后要进行归类整理，便于及时回复和节省时间。要学会挖掘提炼信息价值，使收集到的各类资料最大限度地服务于企业销售。

（1）大客户基础资料。大客户基础资料包括：什么样的客户，规模多大，员工多少，一年内大概会买多少同类产品，大客户的消费量、消费模式和消费周期怎样，其组织结构是什么样的，我们所拥有的通信方式是否齐全，客户各部门情况我们是否了解，客户所在的行业基本状况如何，大客户在该行业中所处地位、规模如何，并根据大客户自身的变化，进行适当的动态管理。

（2）项目资料。项目资料是评估的关键因素，在对大客户实行战略规划时，若对大客户项目没有基本的了解，就无从谈起后面的交流合作。项目资料包括：客户最近的采购计划是什么，通过这个项目要解决的问题是什么，决策人和影响者是谁，采购时间表、采购预算、采购流程是否清楚，客户的特殊需求是什么。

（3）竞争对手的资料。身处激烈的市场竞争条件下，不得不多关注自己的对手，以防止竞争对手突如其来的攻击，从而影响本企业的销售。竞争对手资料包括以下几个方面：产品使用情况，客户对其产品的满意度，竞争对手的销售代表的名字、销售的特点，该销售代表与客户的关系等。

2. 客户资料组成

在产品同质化和市场的趋同严峻的市场中如何制胜？要挖掘到客户的实际内在需求，打动客户：了解客户的家庭状况，毕业的大学，喜欢的运动，喜爱的餐厅和食物，饲养的宠物，喜欢阅读的书籍，上次度假的地点和下次休假的计划，日常行程，在机构中的作用，同事之间的关系，今年的工作目标和个人发展计划、志向等，从心底里让他信任你。

通常我们要获取的客户第一手资料如下。

（1）现场参观考察。

（2）会展观察报告。

（3）产品解剖分析。

通常我们要获取的客户第二手资料如下。

（1）报纸和专业杂志。

（2）行业协会出版物。

（3）产业研究报告。

（4）政府各管理职能机构对外公开的档案（如工商企业注册资料、上市公司业绩报告等）。

（5）政府出版物。

（6）互联网及数据库。

（7）工商企业名录。

（8）产品样本、手册。

（9）企业招聘广告。

（10）企业内部员工。

（11）经销商、供应商和客户。

（12）行业主管部门。

（13）竞争对手。

（14）信用调查报告。

（15）专业调查咨询机构。

（16）驻外大使馆和驻华机构。

（17）驻京的国际组织。

其中，互联网的功能与作用日益重要。互联网作为 20 世纪最伟大的技术发明之一，商用才十几年，却已大大改变了人们生活、工作、交往和交易的方式，成为经济全球化的重要标志和动力。网络已经成为企业情报人员收集信息的最主要的手段。报刊和其他信息收集方式已经成为辅助的手段。但是，却只有少数的企业在使用专门的情报收集系统收集信息。

3. 代表性网络渠道

随着互联网的不断发展，为吸引更多用户的访问，不少网站往往拥有很多有价值的信息，允许免费查询，以吸引更多用户的访问，用户可以利用搜索引擎找到这些网站。在搜索过程中，要充分发挥智能，特别是搜索结果的分析，不同的搜索引擎会搜索到不同的网站，同一搜索引擎在不同的时间结果也会不同，这就是一种信号，提示你哪些网站的影响面大，哪些网站是动态变化的，下面介绍几类对中小企业有帮助的网站。

（1）政府、行业协会和商会的网站。政府、行业协会和商会的网站可以进行经济贸易关系的初步调研、中国对外经贸资料的查询，可以总结出中国哪些产品在哪些国家和地区的出口额是上升或下降的，帮助在进入国别上进行决策，还可以查询对外经济贸易相关的法律法规，给出口企业很大的帮助。类似的网站往往是贸易成功的基础，有了这些网站，就可以全面了解员工国家、地区、行业或商业最新、最全的信息，为决策提供大量事实依据。外国的行业协会、地方商会也是合法获取国外同行信息的有效途径。与各国行业协会、商会联系的方法可以从中国驻外大使馆的商务处得到，也可以从互联网上可获得，如只要在网上输入一些关键词，就可以查到很多机构、贸易商或行业协会的资料。

（2）国内著名的商务网站。国内商务网站的性质或服务内容大致相同，宗旨就是促进国际贸易活动，全方位地提供全球及地区性的各类商业信息。

（3）利用网站引擎搜索。随着网络技术的成熟与发展，借助搜索引擎和网络监控系统来收集国外客户资料、竞争对手情报。

另外，电视、电台、报刊等大众传媒蕴藏着大量的对中小企业有用的企业竞争情报。例如北京电视台的经济频道、央视 CCTV-2、凤凰卫视的财经信息、《商业周刊》都含有大量的客户资料、贸易金融、市场投资行情、经济分析等咨讯。传媒上的企业广告对于分析国外市场营销特征、用户需求，了解产品式样、品质，对企业开发新产品有着参考借鉴作用。企业只要有目的地经常浏览报刊，注意收听广播，留意电视上的广告，就能得到大量有用的客户资料。

4. 客户资料的分析

对于收集到的客户资料应主要从以下八个方面分析。

（1）企业的基本情况：公司的地址、联络方式、性质、业务范围、法人代表姓名、注册资本、审批机关、股权分布、关联机构等。

（2）企业背景：公司的历史与沿革、隶属关系、业务范围的变化、股东资料与主要负责人的简历、重大事件、政界支持等。

（3）公司核心产品的研发、生产与销售状况：性能价格比、功效、技术领先性、生产目标与现实生产能力（厂房与生产线数量和规格）、销售额与销售政策。

（4）公司的发展目标与战略选择：计划产值与销售额、利润目标、主要在建与投产项目；战略模式——成本领先还是技术领先，主导型还是跟随型。

（5）市场营销：销售额、销售区域、重点市场、库存情况、客户类别、数量及分布；营销管理政策与营销的架构、策略；呆、死账管理等。

（6）重点岗位人员情况：姓名、年龄、职务与职责、文化程度、个人能力与性格爱好、与主管领导的关系、家庭成员情况及相互关系、是否有明显缺陷或是否有离职倾向等。

（7）财务与资信状况：注册资本与实有资本、开户行与开户日期、平均存款余额与信用等级、企业负债额与曾获得过的最大信用额、有无正当理由拖欠开户应收账款的历史。

（8）是否有明显不良的公共记录：如重大产品与服务质量事故，不良的诉讼、判决记录，是否可能卷入重大丑闻等。

根据以上各条作出针对该目标企业的核心能力、最短木板、可能面临的机遇与风险的综合分析判断。

二、客户信息管理

科学的客户信息管理是凝聚客户、促进企业业务发展的重要保障。客户信息是一切交易的源泉。由于客户信息自身的特点，进行科学的客户信息管理是信息加工、信息挖掘、信息提取和再利用的需要。通过客户信息管理，可以实现客户信息利用的最大化和最优化。

1. 客户信息管理的内容

网络营销中的客户信息管理是对客户信息进行收集、抽取、迁移、存储、集成、数据库的设计分析和实现的全过程。具体内容如下。

（1）客户信息的收集。客户信息的收集是客户信息管理的出发点和落脚点。客户信息的收集可以广泛地利用各种渠道和手段，最为有效的是网络营销所提供的大量信息。但也不能忽视传统的方式发挥的作用，如电话咨询和面对面交谈，它们可以作为互联网的有效补充，保证客户信息的全面性。

（2）客户信息的抽取和迁移。客户信息的抽取和迁移也是在进行客户信息的收集，但其不是直接面对客户，而是利用已有的信息进行一定的加工。因为各种行业所需的客户信息千差万别，所以各个企业都占有大量的为本企业所用的客户信息。为了实现信息使用的高效率，有必要在各个行业之间推行一套客户信息的使用标准，最大限度地取得信息的一致性。

（3）客户信息的存储和集成。客户信息的存储和处理技术是客户信息管理的核心技术，数据仓库技术在其中占有重要地位。因为客户信息是十分巨大的数据，为了能够实现数据使用的便捷高效，需要对使用的数据库进行慎重选择。建议采用大型的关系型数据库管理系统，并带有对并行处理、决策查询优化的组件。客户信息在存储过程中应考虑冗余问题，避免浪费大量有效的空间。客户信息的集成是指客户信息数据按照时间或空间的序列保存，并进行一定层次的划分后存储在数据库中。用户在查询、统计中都使用集成后的数据，可以提高运行效率。

（4）客户信息数据库的设计。客户信息数据库是以家庭或个人为单位的计算机信息处理数据库。针对不同的行业有不同的数据单元，而且客户信息数据库的更新频率较高，数据处理量逐步增大。

使用索引可以提高按索引查询的速度，但是会降低插入、删除、更新操作的性能。因选择合适的填充因子，针对客户信息数据库更新频繁的特点，亦选用较小的填充因子，在数据页之间留下较多的自由空间，减少页分割和重新组织的工作。

数据的一致性和完整性。为了保证数据库的一致性和完整性，可以设计表间关联。这样关于父表和子表的操作将占用系统的开销。为了提高系统的响应时间，有必要保证合理的冗余水平。

数据库性能的调整。在计算机硬件配置和网络设计确定的情况下，影响到系统性能的因素是数据库性能和客户端程序设计。数据库的逻辑设计去掉了所有冗余数据，提高了系统的吞吐速度。而对于表间的关联查询，其性能会降低，同时也提高了客户端的编程难度。因此物理设计对于两者应折中考虑。

数据类型的选择。数据类型的合理选择对于数据库的性能和操作具有很大的影响。在该数据库中应注意避开使用 Text 和 Image 字段，日期型字段的优点是有众多的日期函数支持，但其作为查询条件时服务器的性能会降低。

（5）客户信息的分析和实现。客户信息的分析是客户信息数据库的落脚点，是直接为企业开展其他一系列工作服务的。客户信息的分析是指从大量的数据中提取有用的信息，该信息主要可以分为直接信息和间接信息。直接信息可以从数据中直接取得，价值量较小，使用范围较小。而间接信息是经过加工获得的较有价值的信息。分析过程主要包括基本信息分析、统计分析、趋势分析、关联分析等。基本信息分析是利用客户的基本情况信息，分析本企业或产品的主要客户的特点，包括年龄、性别、职业，工资状况、学历、地理位置等。统计分析是利用所有的信息进行统计，分析企业或产品的销售额、利润额、成本量等经济指标，也包括大客户分析和业务流量分析。趋势分析是利用本企业的信息和同行业其他企业的信息，并结合国民经济的整体运行状况，对长期和短期的业务状况进行预测。关联分析是利用客户信息对产品信息、市场信息、企业信息进行分析，综合评价企业的运行状况和产品供需比例。

2. 客户信息管理的实施

网络营销中客户信息管理的实施主要是指客户信息数据库的实现。在当前环境下，客户信息数据库技术中数据仓库技术是企业使用的主流，该技术的实现也表明了当代客户信息管理系统的走向。以数据仓库系统为核心技术的数据仓库型客户信息管理系统的广泛应用，为实施以客户为中心的个性化服务提供了可能，又极大影响了企业业务流程的转变，使机构向扁平化方向发展。

数据仓库是面向主题的、集成的、稳定的、不同时间的数据集合，用以支持经营管理活动中的决策制定过程。面向主题是指数据仓库内的信息按照企业重点关注的数据（主题）进行组织，为按主题进行决策的信息过程提供信息；集成是指数据仓库内的信息不是从各个业务系统简单抽取出来的，而是经过系统加工、汇总和整理，保证数据仓库内的信息是整个企业的全面信息；随着时间变化，数据仓库的信息并不是关于企业当时或某一时刻的信息，而系统记录了企业从过去某个时刻到目前各个阶段的信息，通过这些信息，可以对企业的发展历程和未来趋势作出定量分析和预测；稳定是指一旦某个数据进入数据仓库，一般情况下将被长期保留，也就是数据仓库中一般有大量的插件和查询操作，但修改和删除操作比较少。

数据仓库的特点可以描述为主题突出的集成性的信息管理系统。它由源数据、仓库管理和分析工具组成。数据仓库的数据来源于多个数据源，包括本企业的内部数据，也有来自外部的相关数据。网络营销中源数据主要从开展网络营销的实践中获得，包括企业所关注的关于客户的各类信息。仓库管理是根据信息需求的要求进行数据建模，从数据源到数据仓库的数据抽取、处理和转换，确定数据存储的物理结构等。这一阶段是进行客户信息管理的基础，因为大量的源数据经过仓库管理进行了初步的处理。分析工具是指完成决策所需的各种信息检索方法、联机分析方法和数据挖掘方法。这一阶段是针对企业的客户群服务的，它直接与客户发生联系，因为企业的产品企划就是在这里完成的。数据仓库型客户信息系统继承了以往信息管理系统的一切手法，并以其强大的数据检索和分析功能，为企业提供了综合性的及时信息服务手段，成为客户信息管理系统发展的主流。

客户信息管理在各个方面的运用，已经显示出了强大的生命力。特别是在当今企业以网络营销为支撑来开展业务的情况下，由于网络信息的复杂性和多样性，开展信息管理迫在眉睫。客户信息管理已经也必将成为企业生存取胜的重要一环。

第四节　客户信息归档管理

一、设计客户信息档案的基本形式

客户的资料经过采集、整理与分析后，不能随意丢弃，而要作为档案进行存放，以资备查。目前，大多数企业为客户建立档案主要采取客户名册、客户资料卡和客户数据库三种形式。这些客户档案各有其特点，建档要求、适用条件和作用不同。

（一）客户名册

客户名册，又称为交易伙伴名册，是有关企业客户情况的综合记录。客户名册一般由客户信息表和客户一览表组成。

1. 设计客户信息表

客户信息表是用来记录、保存所收集到的客户信息的表格文档。不同的企业、不同类型的客户，在设计客户信息表的内容及格式上会有所不同。但就特定企业而言，客户信息表应具有相对稳定性，不能随意变更信息表的格式和内容。

2. 填写客户信息表

客户信息在收集的过程中采集渠道来源很多，收集到的信息也多种多样，而且这些信息一般是不完整、非即期的。同时，信息提供人员在提供信息时出于各种目的而存在夸大、欺骗的可能，因此，企业在正式填写客户信息表之前，需要先对收集到的客户信息进行核实、评价。核实客户信息主要是通过实地调查来进行，但在实际工作中，除了实地调查核实方式外，还可以通过电话核实及利用公开信息核实两种方式，既可以降低成本，又能获得较准确的核实效果。

3. 更新、完善客户档案信息

客户档案信息按照客户档案表格填写好后，并不意味着客户档案建立工作就完成了。因为客户档案信息的管理是一个长期的、动态的过程，需要建立一种长效机制，以增强客户档案管理的时间性和适应性。因此，企业应随着时间及经营环境的变化，不断更新和完善客户档案信息。

（1）及时更新客户档案信息。客户档案信息中的许多信息资料，如联系电话、地址、企业性质、经营政策、信用状况等信息，可能会随着时间及经营环境的变化而发生调整和改变，企业应及时掌握客户信息的变动情况，并对档案表中的信息进行及时更新。一方面让企业更好地了解客户，为客户服务；另一方面，让企业根据客户变化情况进行及时调整，避免风险与损失。客户档案信息的及时更新工作对企业理解客户、保持与客户的良好关系非常重要。因此，企业应制定严格的制度来明确各部门相关人员的汇总上报制度，同时也要派专人负责对档案表中的信息进行及时的替换、更新，以保证客户档案管理工作落到实处。

（2）不断完善客户档案信息。客户档案的建立工作是一项长期的工程，企业对客户信息的了解掌握并不能做到一步到位。因此，只有在日常的经营管理中不断地去充实完善，才能让企业对客户有更深、更详细的了解，企业也可以依此做出相应的调整，以更加符合客户的需求特点。

4. 客户一览表

根据客户信息表简单而综合地排列出客户名称、地址等内容，就形成了客户一览表或名册。

客户一览表是一种初级的客户档案形式，其内容比较简单，管理对象一般只针对正在与企业进行交易的伙伴，记录合同签订条款和执行情况等。具体操作方法是：在一项合同签订之后，由企业销售人员填写客户信息表，并将新客户增补到客户一览表或名册中。

客户一览表的优点是简便易行、费用较低。客户信息表是由销售人员负责的，受外界限制不大，而且存档期间只有很少费用支出。客户一览表的对象分类和内容也比较单一，一般只针对直接客户，所以比较容易建立保管和查找使用。特别是客户一览表简单明了地反映当前客户情况，对于管理决策者十分适用。

但是，客户一览表也有明显的不足之处，主要是缺乏全面性、客观性和动态性。首先把档案管理对象局限在现有交易伙伴，不利于潜在客户的识别和新客户的开发，同时这种档案的分类和内容也难以全面反映客户的情况。由于这类档案资料全部由销售人员填写，就受到销售人员掌握资料的多少和主观认识的限制。在动态反映客户情况方面，尽管对这种档案也有定期修订，但是间隔比较长，当销售人员很忙或外出时，难以保证及时填写新客户信息表。

由于建立客户一览表费用低，受客观条件限制小，对于尚未建立客户档案的企业，无论规模大小，都可以从这种形式起步。通过建立客户名册，收集、整理分散在企业各方面的资料，逐步建立和使用客户档案的各项制度，积累经验。但是，由于这种客户档案在适应管理需要和反映客观实际等方面的不足，还要在此基础上，考虑向其他形式发展。

（二）客户资料卡

客户资料卡也是建立客户档案的一种简便易行的方法。目前，许多企业已经开始重视建立和实施客户资料卡制度，并采用不同类型的客户卡，以相互配合使用。

1. 潜在客户卡

潜在客户卡是设计用于潜在客户调查的资料卡，其内容主要是客户个人和组织的基础信息资料，重点是了解客户需求特征、可能的购买时间、地点和方式等。潜在客户卡可以不同方式邀请潜在客户填写，主要用于潜在客户开发，制定新产品策略，促销策略等，但其内容往往需要第二手资料的补充。

2. 现有客户卡

现有客户卡是设计用于正在进行补充交易客户的管理。一旦与某位客户开始进行第一笔交易，就需要建立现有客户卡。这类卡片可以由潜在客户卡发展而来，也可以请客户或销售人员填写。其内容不仅包括客户的基础资料，还包括交易关系、企业对此客户的投入记录等。后两类资料需要随着时间的推移不断记录和补充。

3. 原客户卡

如果一个客户中止了购买行为，就要将其转入原客户卡，其内容与现有客户卡前半部分相同，但没有持续记录的要求，增加了停止购买原因、跟踪记录等内容。

与客户一览表相比，客户资料卡管理对象复杂、涉及内容繁多。所以，要求针对不同客户设计不同的资料卡，不仅包括基础资料，还要增加业务进行中的动态资料，使客户资料卡随着时间推移逐步充实、完善。同时，每类资料卡必须统一制定，必要时提供范例供填写参考，以利于进行资料的统计、分析、比较和利用。

目前，使用客户资料卡也遇到了一个普遍性的问题，即随着档案中客户卡的长期积累，加之企业业务的发展及客户的增加和变化，资料卡数量成倍增加，档案管理费用上升，查阅和分析使用档案的难度越来越大。这说明这种传统的书面档案已不能满足现代企业客户管理的需要。由此，一些实力雄厚的大企业开始在已建立的客户档案的基础上发展一种新的客户档案形式，即客户数据库。

（三）客户数据库

客户数据库运用现代计算机技术发展成果建立客户信息数据库，在客户信息存储内容、规模和咨询使用等方面都是前两种方式所不能比拟的。具体表现如下。一是客户数据库使建立大规模客户档案成为可能。同时，由于电子档案信息易于更改、复制、调阅和传输，使客户档案管理发生根本性的变化。通过客户信息数据库，企业可以随时了解客户变动情况，不断获取新信息，进行原有资料充实、调整，动态地反映客户实际情况，大大提高了查阅和使用信息的效率与方便性。二是客户数据库还带来了营销方式的变化。企业可以通过客户数据库发送营销信息，直接影响客户及收集客户反馈，调整营销策略，提供针对不同客户的特定服务。

1. 客户数据的类型

（1）客户描述性数据。此类数据是描述客户或消费者的数据类型，它通常是表格形式的摘要数据，用关系数据库的术语来讲，就是一个客户数据中的不同列。由于是客户的基本信息变动不是很快，可在较长一段时间内使用。这些信息通过客户信息表即可获得。

（2）市场促销性数据。市场促销性数据表示对每个客户进行了哪些促销活动，详细设计取决于客户关系管理数据库系统的复杂程度。最简单的形式就是列表，列出对客户进行过的促销活动。另外，还包括一些不太精确的促销活动及非常精确的个性化信息。

（3）客户交易数据。描述企业和客户相互作用的所有数据都属于客户交易数据。这类数据和促销活动的数据一样，都会随着时间迅速变化。因此，通常是将它们存放在特殊的数据库结构中，要求这种存储结构能方便地支持带有时间标记的交易数据的更新和改变。与描述性数据不同，客户交易数据是一个动态的数据。

2. 建立客户数据库应遵循的原则

（1）尽可能将客户的初始资料完整保存下来。尽管现在的数据库具有非常强大的处理能力，但不管如何，客户的原始数据信息还是最有基础、最有价值的。因此，在客户数据库建立的过程中，要始终保持原始客户数据信息的完整性。在此基础上，企业可以根据需要对原始数据进行随时加工，以提取有用信息。

（2）注意客户数据库的安全管理。客户信息数据库一旦建立，企业就要确保客户信息在计算机系统中运行的安全性，因为一旦这些信息出现丢失或是对外泄露，将会给企业造成巨大的损失。因此，对于企业信息数据库的管理，企业应建立严格的管理和使用制度，实行专人管理维护及限权使用。

（3）客户数据库的动态维护。客户数据库建立之后，要进行及时的数据更新，因为这其中有很大部分的客户资料会随着时间的变化而发生改变。因此，企业应及时将更换后的数据录入数据库中，以保证客户信息的真实性和时效性，这样的数据库才有利于企业开展良好的客户关系管理。

二、明确建立客户档案的要求

1. 主动性和计划性

有关客户的信息是大量而分散存在的，客户的每一个行为都在传递某种信息，有时他们自己也未意识到这一点。因此，这就要靠企业销售人员等有关人员主动地、有意识地去收集这些信息，而不是等客户提出需求或意见时才作记录。同时，由于客户信息产生和存在的分散性，为了有效、全面地收集这些信息，还必须有计划性，使档案工作有明确的负责人、工作内容和时间进度安排等。

2. 适用性和及时性

建立客户档案是为了用于企业营销决策和策略。所以，无论是选择客户档案的类型还是确定收集信息内容，都必须使之适应管理决策和制定策略的实际需要，保证客户管理工作有目的、有针对性地进行。建立和管理客户档案还必须具有时间意识，以适应市场竞争和客户情况的不断变化，随时反映客户的动态信息，有利于企业及时采取对策，调整策略，取得竞争优势。而拖延和滞后信息往往还使企业错过良好的市场机会，以致在竞争中处于不利地位。

3. 完整性和一致性

为了全面反映企业各类客户情况，以及便于客户档案的使用和不断完善，还应注意在建档过程中的完整性和一致性。从完整性方面看，就是要使客户档案在种类、内容方面齐全完整，使其成为一个有机整体，并系统地反映企业客户类别层次及每一个层次的信息内容结构等。保持客户档案的一致性也是十分重要的，这不仅关系到客户信息的质量，还关系到客户信息的分析利用。只有明确规定客户档案的内容标准、层次和分类标准等，才能够对不同客户、不同事件的信息进行数据处理，进行分析比较，从而得出科学的结论，并将其用于管理决策。

4. 价值性和优化性

建立客户档案，应充分利用各种客户信息来源，收集有价值的客户信息，但要注意保证档案信息的质量。例如，对从不同来源取得的同种信息进行比较核查，跟踪信息利用结果等，以确定各类信息的真正价值。此外，还要在客户信息价值分析的基础上，根据企业发展目标、市场形势变化等进行信息的优化。当客户档案发展到一定规模时，档案管理的重点应当从数量转向实用价值，适时进行客户档案的筛选和重点补充，实现既控制档案管理成本，又保证满足管理决策的需要，提高档案管理的经济效益。

5. 档案保密与法律保护

客户档案是企业的宝贵财产，所以在建立和管理客户档案过程中，应时刻注意对客户档案的保护。首先，应在建立档案的同时建立档案保管和保密制度，明确规定档案保管方法和使用范围、查阅手续等，并采取相应措施防止客户名单等信息遗失和披露。同时，要积极寻求客户档案的法律保护。在采取保密措施的条件下，客户档案成为企业商业秘密的一个重要组成部分。所以，一旦发现非法披露、使用本企业客户名单等行为，可以及时投诉工商管理部门，以争取得到法律保护，制止和处罚这种不正当竞争行为，以补偿和保护企业的经济利益。

三、整理客户档案

整理客户档案资料是根据客户关系管理的目的和分析研究的需要，运用科学的方法对所获得的各种原始客户资料进行初步加工，使之系统化、层次化、条理化，以简明的方式反映客户的总体特征，并为进一步利用客户档案资料作准备。

整理客户信息资料是由一系列互相联系的具体工作组成的，一般包括编制资料整理方案、审核调查资料、编码与录入资料三个环节。

1. 编制资料整理方案

一般来说，资料整理方案包括以下几个方面的内容。

（1）确定汇总指标，即确定需要统计哪些指标，编制何种统计表或统计图。需要注意的是，资料的整理不是汇总一个或两个指标，而是汇总多个有联系的指标所组成的指标体系。

（2）确定审核方案。即确定资料审核的内容、方法以及人员的分工安排。

（3）选择汇总方式。资料汇总主要是通过计算机来完成，要考虑选择何种软件进行汇总。

（4）定性资料的分类归档。对于难以进行量化的资料，要按照一定的标准进行分类归档，并与定量资料衔接起来，方便后续的定性分析。

（5）确定资料整理组织计划，即确定资料整理的时间进度、日程安排、经费预算、整理人员的培训和分工等。

2. 审核调查资料

调查资料的审核主要包括四个方面，即资料的准确性、完整性、真实性和时效性。资料准确性的审核就是审核访问人员的操作是否按照调查的规定进行，工作是否有记录备案。资料完整性的审核主要包括两个方面：第一，检查调查问卷是否收全，计算问卷回收率；第二，检查调查问卷中所有问题是否都填写齐全，对于有答案缺失的问卷，要查明原因，然后决定是否采纳，如果采纳，应采取措施补填，否则就应剔除该问卷。资料真实性的审核就是检查资料是否客观、真实，有无弄虚作假、前后矛盾的地方。资料时效性的审核就是通过查看问卷填写日期检查调查访问时间和资料的时效性。若延迟访问对调查结果无影响，则问卷有效；若延迟访问对调查结果有影响，则应废弃此问卷。

1）资料审核的步骤、方式和方法

为了贯彻审核的一致性原则和明确审核人员的责任，资料审核采用一卷或一表从头审到尾的方式。审核的步骤是：首先由访问人员对自己所做的所有问卷自审，然后由督导按一定比例抽选每位访问人员所做的问卷进行复核，再由制订调查方案的人员对所提交的问卷按一定比例进行抽查复核，进行最终审核。资料审核的方法包括逻辑审核和计算审核。逻辑审核就是运用知识经验对资料进行分析判断，检查调查问卷中的填答项目是否合理，有无前后矛盾、含糊其词或答非所问的地方，有无漏答和不合理的填答等。

计算审核主要是对数据进行计算性的检查，如分量相加是否等于小计，小计相加是否等于合计，各项数据在计算方法、计算口径、计量单位、时间属性等方面是否有误等。

2）不合格问卷的处理方法

不合格问卷主要有三种类型：答案缺失、回答明显错误、敷衍作答。下面分别说明对这三类问卷的处理方法。

（1）对答案缺失问卷的处理。答案缺失的问卷分为三种情况：第一，空白卷或绝大多数问题没有回答，此类问卷应作废；第二，个别问题没有回答，可能是访问人员遗漏疏忽或被访问者不愿意回答所致，这类问卷应作为有效问卷，并采取补救措施，如访问人员回忆或对被访问者进行补充调查；第三，相当多的问卷对同一个问题都没有回答，这类问卷仍应作为有效问卷，因为这很有可能是问题本身的设计出了问题。

（2）对回答明显错误问卷的处理。回答明显错误是指回答的前后矛盾或答非所问。如没有使用过某产品却回答了购后评价的问题，这类问卷应作为无效问卷。

（3）对敷衍作答问卷的处理。如全部或者大多数题目都只选择C答案，或开放式问题均未作答等，应视为无效问卷。

3）资料的分组

对资料分组时，首先要确定分组标志。分组标志主要有品质标志、数量标志、空间标志和时间标志四大类型。

品质标志是指反映事物属性或本质差异的标志，如人口按性别分为男、女两组。品质标志分组实际上是对调查资料的一种定性分类。

数量标志是指反映事物数量差异的标志，如人口按年龄分组，家庭按人口多少分组等。数量标志分组实际上是对调查资料的一种定量分类。

空间标志是指反映事物位置差异的标志，如人口按居住地区分组等。这种分组可用于研究事物在不同空间上的分布状况或进行比较研究。

时间标志是指反映调查资料的连续性或所属时间的标志，如居民收入水平按年度分组等。这种分组可用于研究事物在不同时间上的发展状况，分析事物发展变化的趋势或规律。

3. 编码与录入资料

（1）编码。编码就是将原始资料转化为计算机可以识别的数据或符号的过程，主要有预编码和后编码两种。

预编码是在问卷设计的同时就对问题设计出编码。大多数问卷中的大多数问题都是封闭式的，而封闭式问题都是采用预编码，因为这类问题的答案是设计好的。

对于单选题，编码方法是将每道题设为一个变量，然后根据答案的数量设计相应数量的代码。例如对于性别的回答，答案选项只有"男"和"女"两个，则可以对"男"编码为"1"，对"女"编码为"2"。也就是说，对于封闭式问题的编码，可直接将答案的选项对应的序号作为编码，即 A、B、C、D 分别对应 1、2、3、4。

对于多选题，编码方法是将每个选项指定为一个变量，有几个答案就有几个变量。然后用"1"表示被调查者选择了该答案，用"0"表示未选择该答案。

在调查问卷中，有时还会设计一些排序题，如让被调查者对选购某产品时考虑的因素按重要程度排序。对于排序题，编码方法是将变量设为第一重要、第二重要、第三重要，然后将每个选项分别用 1、2、3、4、…编码代替。在统计时分别统计每个选项在第一重要、第二重要、第三重要中出现的频率，然后对每个重要性程度分别赋予权重，最后求出每个选项的加权平均分就可以了。

后编码是指在调查工作完成以后再设计的编码。问卷中有时会设计一些开放式问题，这类问题调查者事先不知道可能的答案种类，只能在资料收集好之后根据被调查者的回答内容决定类别的指定代码，也就是只适合利用后编码。对于开放式问题，我们也将其指定为一个变量，然后对答案进行编码。具体的编码步骤如下：

第一步，翻阅所有的调查问卷，将开放式问题的所有答案一一列出；

第二步，把含义相近的答案归为一组，对含义相距甚远的且出现次数极少的答案，一并以"其他"来概括，作为一组；

第三步，为确定的统计分组选择恰当的描述词汇；

第四步，为每个统计分组编上代码；

第五步，把每份回收问卷中的开放式问题答案归到相应的组中，并以该组的代码作为此题答案的编码。

（2）数据录入。编码完毕后，需要选择分析软件录入数据，建立数据库。一般来说，常用的数据处理软件有 Excel 等。

思 考 题

1. 客户信息主要有哪些方面的内容？
2. 简述客户信息有什么重要性。
3. 采集客户信息有哪些方法？
4. 客户信息整理的重点内容是什么？
5. 建立客户信息归档主要有哪几种形式？

案例分析

第七章

客户分级管理

> 80%的社会财富集中在20%的人手里，而80%的人只拥有社会财富的20%，这就是80/20法则。
>
> ——维尔弗雷多·帕累托
>
> 锁定重点销售对象，将关注重点放在那些有明显购买意图并有购买能力的客户身上。
>
> ——编著者

学习目标

1. 了解客户分级管理的含义
2. 了解客户分级管理的成因、原则和方法
3. 理解"客户金字塔"模型
4. 掌握客户分级管理策略
5. 掌握大客户管理

案例导入

第一节　客　户　分　级

一、客户细分与客户分级

（一）客户细分

根据市场营销理论，客户细分是按照一定的标准（年龄、性别、收入、职业、地区等）将企业的现有客户划分为不同的客户群，同属一个细分群的客户特征彼此相似。这种细分方法虽然简单易行，但难以直接反映客户对企业的价值和客户关系的阶段，难以指导企业保持客户关系和实施有效的客户关系管理，难以提高客户的满意度和忠诚度。

（二）客户分级

客户分级是企业依据客户对企业的不同价值和重要程度，将客户区分为不同的层次，从而为企业的资源分配提供依据。对客户进行分级有利于针对不同类型的客户进行客户分析，分别制定客户服务策略。

客户分级的方法是预先给定类别，如将客户分为高价值客户和低价值客户，或者分

为长期固定客户和短期偶然客户等。然后确定对分类有影响的因素,将拥有相关属性的客户数据提取出来,选择合适的算法(如决策树、神经网络等)对数据进行处理,得到分级规则,经过评估和验证就可将规则应用在未知类型客户上,对客户进行分级。

例如,银行在长期的金融服务中,积累了大量的数据信息。银行将这些信息资源综合起来,在数据库里建立完整的客户信息。在客户信息中,大批客户可能在存款、贷款或使用其他金融服务上具有极高的相似性,因而形成了具有共性的客户群体。经过聚类分析,银行可以发现他们的共性,掌握他们的投资理念,向其提供有针对性的服务,进而引导他们的投资行为,提高银行的综合服务水平。通过客户分级,银行可以准确地把握现有客户的状况,采取不同的服务、推销和价格策略来稳定有价值的客户,转化低价值的客户,消除没有价值的客户。

1. 客户分级的理论依据

1897 年意大利著名经济学家维尔弗雷多·帕累托(Vilfredo Pareto)偶然注意到 19 世纪英国人的财富和收益模式。在调查取样中,他发现大部分的财富流向了少数人手里。同时,他还发现了一件非常重要的事情,即某一个族群占总人口数的百分比和他们所享有的总收入之间有一种微妙的关系。他在不同时期、不同国度都见过这种现象。不论是早期的英国还是其他国家,甚至从早期的资料中,他都发现这种微妙关系一再出现,而且在数学上呈现出一种稳定的关系。

于是,帕累托从大量的事实中发现:社会上 20%的人占有 80%的社会财富,即财富在人口中的分配是不平衡的。同时,人们还发现生活中存在许多不平衡的现象。因此,二八定律成了这种不平衡关系的简称,不管结果是不是恰好为 80%和 20%(从统计学上来说,精确的 80%和 20%不太可能出现)。习惯上,二八定律讨论的是顶端的 20%,而非底端的 20%。

后人对于帕累托的这项发现给予了不同的命名,如帕累托法则、帕累托定律、80/20 定律、最省力的法则、不平衡原则等。以上名称在本书中统称为二八定律。今天人们所采用的二八定律,是一种量化的实证法,用以计量投入和产出之间可能存在的关系。

企业营销可以理解为发展、维系并培养具获利性顾客的科学与艺术,客户获得成本与客户终身收益符合二八定律,即最能让公司获利的 20%的客户,贡献了公司总利润的80%,而最差的 30%的客户会使公司的潜在利润减半。因此如何区分客户的价值,就成为企业必须解决的问题。更重要的是,客户价值是变化的、动态的。尤其是在生命周期的不同阶段,价值差异会很明显。企业如果忽视这一点,就可能会误判。一旦其服务质量提高或降低一定限度,客户的赞誉或抱怨将呈指数倍的增加。不断地对所有客户资料进行分析,可以有效地掌握口碑曲线的走向,为企业改进或加强客户服务提供数据。

2. 客户分级管理的现实依据

(1)企业资源的稀缺性决定了企业不能对其客户一视同仁。按照经济学的理论,市场中资源是有限的,企业是市场中的主体之一,其资源更是有限的,无论多大的企业,分析其能使用的资源都普遍具有稀缺性。如何将企业有限的资源应用到能使企业获利最大化这个刀刃上,是企业管理战略制定的关键,这就需要企业明确地将资源用在关键客户、能为企业创造大的盈利的客户身上,满足他们的需求,从而实现企业盈利的最大化,实现企业资源的合理配置，达到经济性的要求。

（2）客户公平感满意的切实要求。不同的客户从实际需求上或是从心理上购买企业的产品都有不同的要求，在企业进行客户关系管理时，利用自己的资源所设计的客户让渡价值，大多能够让客户满意，一方面要考虑客户的实际物质的需求，另一方面更要对客户自己认为通过自己的购买多大程度上为企业创造了不同于别人的利润进行判断，同时客户对企业有一个让渡价值大小的期望，如果相距自己的期望较远，即企业给其让渡价值不能满足其期望，则可能造成心理落差，导致客户流失。尤其是企业在设计和传递一视同仁的客户让渡价值时，为企业创造商业价值大的客户心里必然在比较后产生落差；普遍小客户呢，则会沾沾自喜，因为自己没为企业创造多少价值，却可以获得同样丰厚的客户让渡价值，而这对企业来讲，则形成一种浪费。

综合来讲，从理论与现实中的分析结果来看，企业对其与客户的关系进行有效的管理，必须依照客户为企业创造价值的大小进行分级管理，以实现企业资源的有效配置，达到效率和经济的目的。

在清楚地了解客户层级的分布之后，即可依据客户终身商业价值来策划配套的客户关怀项目，针对不同客户群的需求特征、消费行为、期望值、信誉度等制定不同的营销策略，配置不同的市场销售、服务和管理资源，对关键客户定期拜访与问候，确保关键客户的满意度，借以刺激有潜力的客户升级至上一层，使企业在维持成本不变的情况下，创造出更多的价值和效益。

二、客户分级的原因

1. 不同的客户带来的价值不同

经验表明，每个客户能给企业创造的收益是不同的，对企业来讲，有一些客户就是比另一些客户更有价值。

据国外的一份统计资料证明，23%的成年男性消费了啤酒总量的 81%，16%的家庭消费了蛋糕总量的 62%，17%的家庭购买了 79%的即溶咖啡。也就是说，大约 20%的客户消费了产品总量的 80%左右，其余 80%的客户的消费量只占该产品总量的 20%。

根据美国学者雷奇汉的研究，企业从 10%最重要的客户那里获得的利润，往往比企业从 10%最次要的客户那里获得的利润多 5～10 倍，甚至更多。

Woolf Brian 曾针对某个超市的连锁店进行过调查，通过收集该店 15 000 名客户年度消费额的数据，他发现最上面的 20%客户（黄金客户）年保持率为 96%，销售额达到了整个销售额的近 84%。

Meridien Research 研究机构指出，一个企业的客户群中，前 20%的客户产生约 150%的利润，而后 30%的客户消耗了 50%的利润——他们一般是喜欢买便宜货的人，或被特别优惠的计划所吸引，而当企业开始试图从他们身上赚钱时他们便离去。

以上的研究结果虽然不尽相同，但是都表明了一个真理，那就是——客户有大小，贡献有差异。每个客户带来的价值是不同的，有的客户提供的价值可能比其他客户高 10 倍、100 倍，甚至更多，而有的客户则不能给企业带来多少利润甚至还会吞噬其他客户带来的利润。例如，美国大通银行根据客户的不同贡献将其所有的客户分为五级。

蓝色客户：每年能为银行提供 500 万美元的综合效益或 300 万美元的中间业务收入。

绿色客户：每年能为银行提供 300 万美元的综合效益或 100 万美元的中间业务收入。

红色客户：需求比较单一，赢利少，但却是银行的忠诚客户。

转移客户：需求复杂，却不能给银行带来很大利润。

清退客户：基本上不能给银行带来利润，甚至亏损。

2. 不同价值的客户分配不同的资源

现实中很多企业对待客户一律平等，无论是对大客户还是对小客户；无论是对能带来赢利的客户还是对根本无法带来赢利，甚至造成亏损的客户。尽管每个客户的重要性不容低估，但是由于不同的客户实际为企业创造的价值不同，而企业的资源又有限，因此把企业资源平均分配到每个客户上的做法既不经济也不切合实际。也就是说，企业没有必要为所有客户提供同样卓越的产品或服务，否则，往往事倍功半，造成企业资源的浪费。让带来价值少，甚至不带来价值的小客户享受与带来高价值的大客户同样的待遇，还会在一定程度上造成企业资源浪费，导致企业成本的增加、利润的降低。

例如，IBM 公司原先认为所有的客户都可能成为大宗产品和主机购买者，所以即便是小客户也提供专家销售力量且上门服务，即便是营利能力差的客户也为其免费修理旧机器。IBM 公司因此赢得了很高的美誉度，然而这是以牺牲利润为代价的⋯⋯后来 IBM 公司意识到这种策略长期不可行。20 世纪 90 年代以后，IBM 公司果断地区别对待不同层次的客户，降低服务小客户的成本，并且向非营利客户适当地收取维修费，从而使公司利润大幅度上扬。

知名的旅行社集团托马斯库克根据交易记录，将客户分成 A、B、C 三级，并针对不同级别给予不同待遇。如消费金额最低的 C 级客户如果提出很费时的服务要求（如行程规划），就必须预付 25 美元作为订金，而 A 级和 B 级客户则无须预付订金。它的负责人解释说：过滤掉随口问问或三心二意的客户，我们才能把大部分时间放在服务前两级的客户。

英国巴克莱银行也十分重视对客户群的细分，并有一套划分客户的办法，主要标准就是看给银行带来利润的大小，同时注意潜在的重点客户，即能给银行带来潜在利润的客户。巴克莱银行将客户共分为四级，相应地，将服务也分为四个层次：一是基本的、必不可少的服务；二是一般服务，即在基本服务基础上增加一些不是对所有客户都提供的服务，如电话银行；三是高级服务，包括一些可以不提供但提供了能使客户很高兴的服务；四是全面服务，包括一些客户本身都没有想到的，为客户提供特定的服务。

3. 不同价值的客户需求不同

每个客户为企业带来的价值不同，他们对企业的需求和预期待遇也就会有差别。为企业带来较大价值的关键客户期望能得到有别于普通客户的待遇，如更贴心的产品和服务以及更优惠的条件等。企业如果能区分出这部分利润贡献大的客户，然后为他们提供有针对性的服务，他们就有可能成为企业的忠诚客户，从而持续不断地为企业创造更多的利润。

例如，航空公司通过不同的营销组合，如机票价格的差异、服务的差异来区别对待不同客舱的乘客。例如，航空公司将客舱分为头等舱、公务舱、经济舱，每种客舱对应的客户都有不同的需求，这些需求在同一客舱内非常相似，可以视为一个群体，而不同客舱的客户需求差别非常大。American Airlines 就向其机组人员提供一份"铂金""黄金"客户及其座位号清单，明确提示必须提供优质、上等的服务。这样做的结果是，在从伦敦飞往纽约的同一个航班上，对于同样7个小时的航程，乘客所付的费用可以从200～6 000英镑不等。而这样大的差价，乘客并没有意见，相反，各得其乐，因为他们的需求不同。

4. 实现有效的客户沟通、提高客户满意度

有效的客户沟通应当根据客户的不同采取不同的沟通策略，如果客户的重要性和价值不同，就应当根据客户的重要性和价值采取不同的沟通策略。因此，区分不同客户的重要性和价值是有效教学客户沟通的前提。

实现客户满意度也要根据客户的不同采取不同的策略，因为每个客户给企业带来的价值不同，他们对企业的需求和预期待遇也就会有差别。

处于顶端的约 20%的客户为企业创造了大部分（70%～90%）的收入和利润，支撑着企业的运营，已经成为众多竞争者锁定的稀缺资源。如果企业能够找到这些带来丰厚利润的、最有价值的客户，并且把更多的资源用在为他们提供优质的产品和针对性的服务上，就能够提高他们的满意度，他们就有可能成为企业的忠诚客户，从而持续不断地为企业创造更多的利润。否则，一旦竞争对手对他们发起糖衣炮弹式的进攻，企业就可能失去他们。

例如，美国电话电报公司采用高新科技手段，将不同层次的客户分配给各个彼此独立的服务中心，分别为他们提供不同的服务并收取不同的费用，但客户对其中的差别一无所知。当客户呼叫客户服务中心时，客户服务中心能迅速甄别出客户类型，根据客户给企业带来的价值不同，这些自动系统能迅速地把客户呼叫转接到不同的服务中心。

美国电话电报公司对不同类型客户的服务标准（如不同客户呼叫对应的服务时间长度）不一样，对于带来高赢利的客户，客户呼叫的服务时间没有限制，唯一的目标是满足客户的需要。然而，对于带来低赢利的客户，目标是使客户呼叫的服务时间最短，降低成本，尽量保持从该类型客户得到的赢利。为了不使低赢利客户感到他们被仓促挂线，公司专门对与该类型客户打交道的服务代表进行培训，从而使这些客户感觉享受到的仍然是高水准的服务。

三、客户分级管理的原则

1. 当客户的需求存在差异时，企业需要提供不同的服务

现代社会的发展速度太快，各行各业的收入差异也逐渐拉大，不同收入的人就会产生不同的消费观念，对企业提供的产品与服务自然也会产生不同的需求与期望。

2. 给企业带来不同利益的客户，应该得到不同的服务

对于客户来讲，企业提供的服务越周到，客户就越满意。但是企业的资源毕竟是有限的，无法投入更多的资源让所有客户都能满意，迫于无奈，只能将客户分级。对于一

个只进行一次交易并给企业带来了 100 元收益的客户，账户安全这类基础性服务没问题，全球服务就别想了；而对于另一个连续 10 年给企业带来了 1 000 万元收益的回头客，不仅要保障基础服务做到位，还要提供更具价值的全球服务——企业必须用最好的资源让这样的客户更忠诚。

3. 根据成交的可能性给予客户不同的服务

如果你打理的客户太多，根本没有那么多精力关怀所有客户，企业也没有那么多资源让你照顾好所有的客户，况且有一些客户是竞争对手的忠诚客户，但工作业绩却始终压在你的肩头，这时，你就需要将手头的客户进行分类。对马上就能成交的客户，千万要照顾好，因为季度奖金就靠他们了；对半年之内不太可能成交的客户，建立信任很重要，其他方面维护得差不多就行了，成交前两个月再去重点进攻；对一两年之内不太可能成交的客户可以先放一放，只要让他们知道自己的存在就可以了。

四、客户分级管理方法

企业根据客户给企业创造的利润和价值的大小按由小到大的顺序"垒"起来，就可以得到一个客户金字塔模型，给企业创造利润和价值最大的客户位于金字塔模型的顶部，给企业创造利润和价值最小的客户位于客户金字塔模型的底部，如图 7-1 所示。客户金字塔模型可分为四层级：重要客户、次要客户、普通客户和小客户。

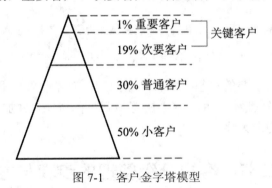

图 7-1 客户金字塔模型

重要客户、次要客户一般又称为关键客户，他们是企业的核心客户，一般占企业客户总数的 20%，企业 80% 的利润靠他们贡献，是企业的重点保护对象。

（1）重要客户，是客户金字塔中最高层的客户，是能够给企业带来最大价值的前 1% 的客户。重要客户往往是产品的重度用户，他们对企业忠诚，是企业客户资产中最稳定的部分，他们为企业创造了绝大部分和长期的利润，而企业却只需支付较低的服务成本；他们对价格不敏感，还可帮助企业介绍客户，为企业节省开发新客户的成本。重要客户是最有吸引力的一类客户，企业拥有重要客户的多少，决定了其在市场上的竞争地位。

（2）次要客户，是除重要客户以外给企业带来最大价值的前 20% 的客户，一般占客户总数的 19%。次要客户，也许是企业产品或者服务的大量使用者，也许是中度使用者，但是他们对价格的敏感度比较高，因而为企业创造的利润和价值没有重要客户那么高，他们也没有重要客户那么忠诚，为了降低风险他们会同时与多家同类型的企业保持长期关系。

（3）普通客户，是除重要客户与次要客户之外的为企业创造最大价值的前50%的客户，一般占客户总数的30%。普通客户包含的客户数量较大，但他们的购买力、忠诚度、带来的价值却远不如重要客户与次要客户。

（4）小客户，是客户金字塔中最底层的客户，是剩下的后50%的客户。小客户的购买量不多，忠诚度也很低，偶尔购买，经常延期支付甚至不付款；他们还经常提出苛刻的服务要求，消耗企业的资源；他们有时是问题客户，会破坏企业的形象。

客户数量金字塔和客户利润提供能力倒金字塔，体现了客户类型、数量分布和创造利润能力之间的关系，如图7-2所示。

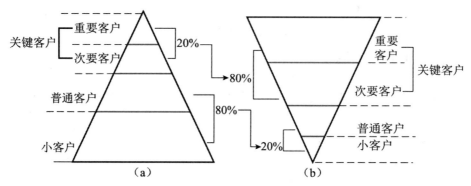

图7-2　客户数量金字塔和客户利润提供能力倒金字塔对应关系示意图

（a）客户数量金字塔，（b）客户利润金字塔

客户金字塔包含着重要的思想，那就是企业应为对本企业的利润贡献最大的关键客户，尤其是重要客户提供最优质的服务，配置最强大的资源，并加强与这类客户的关系，从而使企业的盈利能力最大化。

第二节　客户分级管理的步骤与方法

一、客户分级管理的步骤

企业根据收集的客户资料所建立的客户信息数据库，对客户信息数据进行挖掘、按照20/80法则对企业所有的客户按照以下步骤进行分级管理。

（1）寻找每一类客户的行为特征、需求价值取向和成本效益，这些是企业进行营销决策的重要依据。

（2）选定适合企业实际的客户分类方法，根据一定的企业实际和科学途径选定适合自己的客户分类方法。

（3）核算各类客户的终生商业价值，以此为客户的分组依据，运用选定的相应分类方法对企业的现实客户进行恰当分类。

（4）按照不同客户群分类进行命名，从而让企业员工知道哪类客户最为重要。

（5）弄清楚某些客户失去价值的真正原因，对这部分客户只要做最低的维护即可。

二、客户分级管理的方法

（一）二级分类法

二级分类法理论依据是我们公认的二八法则。这个法则认为企业利润中 80%的部分是由 20%的客户创造的。根据二八法则，我们可以将企业的所有客户大致划分为两个层级，黄金层级和白银层级。20%的客户构成企业的黄金层级，他们是企业盈利能力最强的客户，能够为企业创造较大的商业价值。其余的客户是白银层级客户，他们为企业创造商业价值的能力较小，但比起黄金层级的客户而言，创造能力较弱，形成较简单的金字塔模型，如图 7-3 所示。

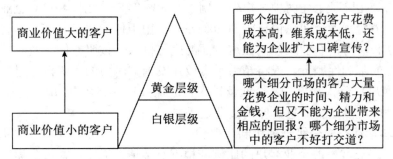

图 7-3　客户分级的二级分类法

（二）ABC 客户分级法

通过对客户资料的统计分析，可以从中找到有许多个方面相同或相似的客户群体，而且从不同角度出发，客户群有许多种分类。例如，客户群分类可按客户的地理位置、单位类型、消费规模、产品类型、产品价格等进行。这些不同的客户群体对企业的重要程度和价值是不同的，客户分类管理关键在于区分不同价值的客户，以便有效地分配销售、市场和服务资源，巩固企业同关键客户的关系。按照客户商业价值分类，找到最有价值的客户的关键客户才是企业最重要的工作,而 ABC 客户分类就是一种比较实用的方法。ABC 客户分类管理法以消费额或利润贡献等重要指标为基准，把客户群分为关键客户（A 类客户）、主要客户（B 类客户）、普通客户（C 类客户）三个类别。

1. 关键客户（A 类客户）

关键客户是金字塔中最上层的金牌客户，是在过去特定时间内消费额最多的前 5%的客户。这类客户是企业的优质核心客户群，由于他们经营稳健，做事规矩，信誉度好，对企业的贡献最大，能给企业带来长期稳定的收入，值得企业花费大量时间和精力来提高该类客户的满意度。

对这类客户的管理应做到如下几点。

（1）指派专门的营销人员（或客户代表）经常联络，定期走访，为他们提供最快捷、最周到的服务，让他们享受最大的实惠，企业领导也应定期拜访。

（2）密切注意该类客户所处行业趋势、企业人事变动等异常动向。

（3）优先处理该类客户的抱怨和投诉。

2. 主要客户（B 类客户）

主要客户是指客户金字塔中，在特定时间内消费额最多的前 20%客户中，扣除关键客户后的客户。这类客户一般来说是企业的大客户，但不属于优质客户。由于他们对企业经济指标完成的好坏构成直接影响，不容忽视，企业应倾注相当的时间和精力关注这类客户的生产经营状况，并有针对性地提供服务。对这类客户的管理应注意以下几点。

（1）指派专门的营销人员（或客户代表）经常联络，定期走访，为他们提供服务的同时要给予更多的关注，营销主管也应定期拜访。

（2）密切注意该类客户的产品销售、资金支付能力、人事变动、重组等异常动向。

3. 普通客户（C 类客户）

普通客户是指除了上述两种客户外，剩下的 80%客户。此类客户对企业完成经济指标贡献甚微，消费额占企业总销售额的 20%左右。由于他们数量众多，具有"点滴汇集成大海"的增长潜力，企业应控制在这方面的服务投入，按照方便、及时的原则，为他们提供大众化的基础性服务，或将精力重点放在发掘有潜力的"明日之星"上，使其早日升为 B 类客户甚至 A 类客户。企业营销人员应保持与这类客户的联系，让他们知道当他们需要帮助的时候，企业总会伸出援助之手。

4. 建立科学动态的分级管理机制

A、B、C 三类客户占企业客户的比例应根据具体情况而定，客户分类不是一个简单的算术公式，也不是一个模板就可以解决的。因此企业应建立科学的客户管理体系，对客户数据进行科学的统计分析，并制定一套综合性的客户资信评价标准，结合二八原则对客户进行分类，再从客户成长性、客户核心竞争力或其资金实力等方面确定潜在的关键客户。即使确定了类别的客户，也会随着内外部条件的改变而发生变化，因此，企业应建立科学动态的客户分级管理体系。

（三）四级分类法

世界上大企业通用的模型是金字塔模型，它把客户按照其终身价值大小分为四个等级。

第一层是最有价值客户（most value customer，MVC），称为 VIP 客户，其数量大概占所有客户的 1%，数量少但价值大，是企业应该全力关注的客户群体。

第二层是最具增长性客户（most growable customer，MGC），称为主要客户。这两类客户大约占 20%，是企业的"上帝"。

第三层是低贡献客户（low value customer，LVC），称为普通客户。

塔底是负值客户（below zero customer，BZC），称为小客户。这两类客户大约占 80%，属于劣质客户，如图 7-4 所示。

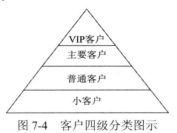

图 7-4　客户四级分类图示

1. 用心留住最有价值客户，即 VIP 客户

塔尖的客户是最有价值客户，通常也叫作 VIP 客户或大客户。这类客户数量不多，但带来的利润是最多的，是金字塔上最耀眼的明珠，我们要留住这类客户。

最有价值客户谁都想争取，应怎样让这类客户"单恋我一家"？

一般来讲，客户自身的价值越高，越看重情感体验。满足了这种需要，他们便更有可能会成为企业忠诚的朋友型客户。

2. 大力培育最具增长性的主要客户

留住最有价值客户，并不是说我们就有 80% 的利润。金字塔二级客户，也创造了很大的价值，我们同样也不能忽视。这一级的客户是具有增长性的客户，企业资源的大部分要向他们倾斜。

我们要怎样争取这类客户，大力培育，特别是培育他们的忠诚，使其贡献更多的价值？通过客户让渡价值的设计与传递，激励与关怀，使这些客户对企业产品、服务满意，进而转化为企业的忠诚客户。

3. 有效改造低贡献客户

如何对待金字塔中的第三级客户呢？

我们也可以制订消费奖励计划，如消费积分。这是一种比较有效的刺激手段，适合每个等级的客户。不同的地方在于，客户等级不同，积分奖励也不同。用在第三级客户上奖励可以小些，然后一层一层增大，不断吸引客户、刺激客户重复购买、扩大购买。

举行促销活动，举办一些让客户共同参与的活动，这些都可以鼓励、刺激这类客户消费，增强他们对企业的归属感，提高他们对企业的忠诚度。

4. 温柔淘汰负值客户

最低层负值客户，非但不能给我们带来利润，甚至还向周围的人不断抱怨，诋毁企业。那我们要不要为他们服务？

很明显，这类客户制造的麻烦远远大于价值。我们为他们提供服务，往往会得不偿失，需要果断淘汰。

抬高消费门槛，设置障碍，这是一种比较委婉的拒绝方式。现在的负值客户将来可能成为优质客户，我们温柔地淘汰，把握手的机会留给客户，也留给自己。

回过头来看看，我们要怎样有效地管理客户关系？怎样让服务得到最大化的价值？构建客户金字塔模型，把客户划分成四个等级，区别对待。留住最有价值客户，培育最具增长性客户，改造低贡献客户，淘汰负值客户。对优质的客户，我们花 80% 的力气；至于劣质客户，我们只花 20% 的力气。

（四）矩阵法

客户的商业价值大小主要分为客户商业价值和客户服务成本两个方面。矩阵分析法从客户战略重要性和客户关系管理难度两个维度出发，将客户分为关键—容易、关键—困难、不关键—容易、不关键—困难四个层次，分别对应客户四分法中的铂金层级、黄金层级、白银层级和钢铁层级，更加具体深入地剖析客户的构成。矩阵分析法也称为战略—管理难度分析法。其中评估客户战略重要性的指标有以下几个。

（1）客户购买数量或金额。客户购买产品的数量越多，金额越高，战略重要性越明显。

（2）客户的潜力和声望。有的时候，尽管某些客户当前的交易额相对而言比较小，但由于其未来购买能力比较旺盛，或者在行业内拥有崇高的威望和良好商誉，与之交易能够提升企业的知名度与美誉度，也应该将其视为关键客户。

（3）客户的市场地位。如果客户是行业内的领导者，即便当前贡献给企业的直接商业价值相当有限，考虑到其庞大的购买能力以及良好商誉，也应该将其视为战略地位非常显著的客户。

（4）在对抗竞争、进入新市场、改善技术和技巧以及影响其他关系方面发挥的作用。作用大，能为企业作贡献，即可视为战略客户，否则可以视为不重要的客户。

评估客户关系管理难度的指标有以下几个。

（1）产品特征。创新性、复杂性。一般来说，产品越是新颖、复杂，培训、维修和跟踪服务的工作量就越大，需要企业付出更多的精力进行维护。

（2）客户特征。需求、购买力、能力、实力、行为视角。客户需求和购买行为越个性化，服务成本越高；客户对产品、公司以及行业了解越充分，讨价还价能力越强，管理难度越高；如果客户属于不忠诚型，经常变换供应商，也会提高企业经营成本。

（3）市场特征。竞争者的数量、实力、优势和劣势。市场竞争越激烈、竞争的差异化越不明显，企业管理客户的成本越高，如图7-5所示。

图 7-5　战略重要性—管理难度分析法

第三节　客户分级管理的策略

一、高价值客户的管理策略

（一）集中优势资源服务于高价值客户

高价值客户，也称关键客户，是企业盈利能力最强的客户，是企业利润的基石，企业也是花了很大的代价才使彼此的关系进入稳定的状态，所以对其管理战略应该突出"保持"二字。企业必须持续不断地向他们提供超出预期的客户让渡价值，对他们设计和实施个性化的客户保持策略，充分利用包括网络在内的各种沟通手段，不断主动地与他们进行有效沟通，真正了解他们的需求，甚至是他们的客户的需求或能影响他们购买决策的群体的偏好，进而不仅为他们优先安排生产、定制化产品或服务、提供灵活的支付条件、安排最好的服务人员，而且为他们提供能为其带来最大增值的全套方案，让他们始终坚信本企业是他们最好的供应商。

（二）加强沟通和情感交流

客户的终身价值之所以高，原因在于其能持续提供较高的交易价值，为企业提供了非常重要的间接价值，也可能是二者的综合。对不同的情况，保持策略的具体内容也应该有所不同。能持续提供较高交易价值的客户称为盈利的大客户，他们无论是在当前还是在未来，都和企业进行持续的大额交易。他们多数是一些组织用户或中间用户，如工业企业、商业企业、政府机构和事业单位的集体采购。对于盈利的大客户，要努力为客户营造一种便利、熟悉、高效的交易环境，增加客户的财务利益，包括专门定制的标准化产品或标准化服务、优惠的价格、高效固定的配送渠道、快速双向的信息沟通渠道、安全便利的支付方式等。

能为企业创造巨大间接商业价值的客户被称为忠诚的老客户。这类客户的销售收入基本趋于稳定，而且维护成本较高。其之所以能成为高价值客户，原因在于两个方面，一是由于该类客户的服务成本逐年下降，使得利润增加；二是由于该类客户带来的间接价值持续增加，他们不仅会交叉购买，而且会不遗余力地为企业做义务的正面宣传，给企业带来更多的新客户。其更注重与企业在情感上的联系，寻求一种品牌上的归属感。他们对价格并不十分敏感，愿意花钱购买，愿意试用新产品，对企业忠诚。他们往往是产品的早期使用者或创新者。对于忠诚的老客户，保持策略的重点在于参与沟通，积极人性化地与客户进行定期或不定期的沟通交流，了解和尊重他们的想法与意见，并邀请他们不同程度地参与到企业的各项决策中来，努力营造一种亲密无间的关系环境，采取顾问式营销方式来切实满足他们的个性化需求，是发展客户聪明式的关系。

（三）成立高价值客户服务机构

高价值客户服务机构负责联系高价值客户，为企业高层提供准确的关键客户信息，并根据高价值客户的不同要求设计不同的产品和服务方案。高价值客户服务机构还要利用客户数据库分析每位高价值客户的交易历史，注意了解高价值客户的需求和采购情况，及时与高价值客户就市场趋势、合理的库存量进行商讨。此外，高价值客户服务机构要关注高价值客户的动态，强化对高价值客户的跟踪管理，避免高价值客户流失。

例如，英国巴克莱银行为其重要的个人客户（收入或金融资产5万英镑以上）设立了要客经理，为特大客户（收入或金融资产在25万英镑以上）设立了私人银行部。该行在全英设立了42个与分行并行的要客中心，700多名要客经理，每人配一名助理，每个要客经理大约为300名要客提供全面的服务。

二、一般价值客户管理策略

一般价值客户，也称普通价值客户。就目前而言，一般价值客户的长期盈利能力低于高价值客户。他们没有高价值客户稳定和忠诚，可能与多个企业进行交易，流失的概率较大，但他们的潜力巨大，有可能成为企业的高价值客户。所以一般价值客户关系战略的重点应突出"发展"两个字。

从客户的直接价值和间接价值突出的程度来看，一般价值客户可以进一步细分为增值潜力大的客户、没有增值潜力的客户和有战略意义的客户三种。

（一）增值潜力大的客户

增值潜力大的客户当前交易价值比较低，主要原因在于这类客户与企业的关系可能一直徘徊在考察期或形成期，双方应交易建立足够的信任和相互依赖的关系；但是由于该客户业务总量较大，要认真诊断其行为模式，分析其转换成本，如果客户的行为接近"永远失去"状态，则可以通过适当的资源投入再造双方关系，通过不断向客户提供高质量的产品、有价值的信息、优质的服务甚至是个性化的解决方案等，方便客户购买，节约客户购买总成本，进而增加客户让渡价值，让客户持续满意，并形成对企业的高度信任，从而促进客户关系顺利通过考察期和形成期，最终进入稳定期，获得客户更多的业务份额。如果客户的行为接近"总有一份"状态，则只能顺其自然，等待其行为模式有所改变后，再作调整，否则投入大量的资源并不能得到足够的回报。

例如，影音租售连锁店 Blockbuster 运用"放长线钓大鱼"策略，让客户以约 10 美元的会费获得各种租片优惠，包括每个月租五张送一张、每周一到周三租一张送一张等，从而刺激了更多的消费，也提升了客户的层级。再如，美国时装零售业巨头丽姿•克洛朋通过扩充产品线，涵盖了上班服、休闲服、超大号服装及设计师服装等系列，有效地增加了客户的购买量，从而实现了客户层级的提升。

（二）没有增值潜力的客户

针对没有增值潜力的一般价值客户，企业可以采取"维持"战略，在人力、财力、物力等方面，不增加投入，甚至减少促销努力，以降低交易成本，还可以要求一般价值客户以现款支付甚至提前预付。另外，可以缩减对一般价值客户的服务时间、服务项目、服务内容，甚至不提供任何附加服务。例如，航空公司用豪华轿车接送能带来高额利润的高价值客户，而一般价值客户则没有此等待遇。

（三）有战略意义的客户

有战略意义的客户可能在当前的交易中为企业创造的商业价值并不明显，但是由于它未来间接价值比较可观，所以也必须予以高度重视。这类客户的战略意义在于：该客户在业内有着很强的影响力，能够对其他客户起到很好的示范作用，与他们合作，可以提升企业本身的美誉度，有利于企业在竞争中脱颖而出，从而吸引其他更大规模、更具有战略意义的客户，或具有捆绑品牌的效应，或能帮助企业很容易地切入新的领域，或能优化企业的成本结构等。企业需要在考察其发展潜力的基础上，进行适当的关系投入。

案例

三、低价值客户管理策略

低价值客户，也叫小客户。对于低价值客户，企业通常的做法有两种：一种是坚决剔除，分出企业的高价值客户和一般价值客户给予全力服务，对于其他客户则给予坚决剔除，不再与他们联系和交易，当然可以如前文所述，温柔地将他们推开。另一种是坚决保留，信奉"客户上帝论"，无论客户多么难缠，都不遗余力地与客户保持一定的关系，曾经非常流行的哲理性宣言充分表达了这一点，它要求员工在与客户打交道时，必须遵守如下准则：第一条，客户永远是对的；第二条，当客户不对时，请参照第一条。这两种做法都不是正确的关系战略。企业应该在认真分析客户价值低的原因后，有选择性地取舍。低价值客户已经没有大幅度提升商业价值的空间，但是如果存在以下两种情况之一，还是值得企业与之继续保持适当的关系。

1. 存在客户服务成本下降的空间

企业能够找出与客户交往更省钱的方式，如从原来面对面的销售方式转化为电话营销、直销、电子邮件以及目录或快邮广告销售等，或由原来的直销转为由经销商销售，这样不仅保证了销售收入，也减少了整体成本，提高了利润水平。针对这种情形，企业可以采取"维持战略"，不增加关系投入，而尽量减少关系成本。

2. 有利于企业市场竞争战略的实施

有时候，保持一定数量的低价值客户是企业实现规模经济的重要保证。大规模生产可以使单位产品的成本降低，这对于那些固定成本与可变成本之比很高的企业有特别的意义，从而使企业对于那些低价值的客户有了盈利空间。有时候，保持一定数量的低价值客户是企业保住市场份额、遏制竞争对手的重要手段。不同时期，企业的目标是不一样的，有时企业的首要目标是"市场占有最大化"，这种情形在高科技和网络领域里比较常见，在这些领域里，快速改进的产品有可能占领整个市场。针对这种情形，企业可以采取"弹性"关系战略，根据企业自身的需要和市场环境的变化来调整与这类客户关系的紧密程度。

第四节　大客户管理

一、大客户概述

大客户是企业效益的主要来源，创造了企业收入的绝大部分，对企业的生存起着至关重要的作用，是企业真正意义上的生存之本、发展之源。根据"二八法则"，企业80%的利润来源于20%的高端客户，这些高端客户就是企业的大客户。大客户是客户分级中的关键客户，是企业的核心客户，他们消费量大、消费频次高，对企业利润贡献大，承担了企业绝大部分的销售量。对企业长期发展和利润贡献有着重要意义的大客户，已经成为众多企业争夺的焦点。

企业在判断和选择大客户时，应注意：不要将偶尔消费量大的团购客户视为大客户，这些客户不一定能为企业贡献持续的利润；不能单纯将需求量大的重复消费客户视为大客户，应将目标集中于利润和业绩贡献度；不能将盘剥企业的"大户"视为大客户，这类客户不具备长期发展价值。

1. 大客户的分类

按照大客户与企业的关系，可将大客户分为普通型大客户、伙伴式大客户和战略型大客户。

（1）普通型大客户。由大客户经理与采购方的决策部门组成，主要包括一些低值易耗行业。

（2）伙伴式大客户。这类大客户涉及双方的总经理、销售经理、财务经理、物流经理，人员较多，在采购计划、成本核算等多个领域都有合作。

（3）战略型大客户。这类型大客户既涉及人员，又涉及企业，包括基层销售员、采购员、高层董事长、总经理，大多成立产品研发小组、财务小组、市场营销小组、董事会联合会等组织，建立专门的合作关系处理结构。

2. 大客户的特征

大客户是商业客户中的一员，具备商业客户的基本特征，包括采购目的、采购主体、采购方式和采购后续要求上都具备的、普通的特征。但是，大客户作为商业客户中的龙头客户，必有一些独特的特征。

（1）购买次数频繁、单次数量多。大客户一般采用集中购买的方式采购生产和运营的必需品；对于临时出现的新品购买，也是多购置，进行备损；而对易耗品，大客户会与供应商签订长期间歇性的供应合同。

（2）销售管理工作复杂。大客户的销售管理工作是随大客户本身的业务发展而不断发展的，增设新业务会使客户需求和数量都发生变化。随着产品技术变得越来越复杂，大客户的购买决策层里会有更多的部门和人员参与采购决策，这使得一般销售人员可能不具备向大客户进行有效推销所需的权威性。

（3）采购集中性强。为了降低成本，满足批量生产需要，大客户经常召开行业内的供应商会议，进行大批量集中采购。

（4）对服务要求高。大客户对服务要求高，涉及面也广。除了使用前后及时、周到和全面的安装调试、实验、试用、问题解决等服务性工作要求外，还包括财务支付要求、供货周期及运输要求。大客户对生产流程要求严格、品质要求较高，因此对供应商要求严格，特别在售后服务方面。

（5）采购长期化。为了使产品生产相对稳定，大客户希望有稳定的供应渠道。大客户采购实行制度化管理，往往从长远考虑，以长期合作的思维来选择供应商。

（6）采购目的性强。大客户采购的目的主要有三类：为满足企业经营生产和加工而引发的生产资料的需求，为满足企业维持正常运营提供工作必备品的需求，为满足企业自身发展和提高的投入需求。

（7）采购主体复杂。企业内部对采购起到关键作用的采购者包括多个层面，有决策管理层、技术管理层、一线使用者、财务管理人员、产品维护人员等，每一个层面的关键人物都对采购拥有发言权、众多不同层面的决策人使采购主体多元化、复杂化。

（8）采购方式固定。大客户采购一般都有固定的采购流程，可以简单地概括为提出需求—定向询价—市场行情询价—方案分析—计划讨论—合同订立六个步骤。现实企业采购中，销售过程一般只出现以上流程的部分环节，并不一定遵循全部的流程模式。

（9）采购后续要求复杂。大客户的采购后续要求比较复杂，可以分为服务要求、财务支付要求、供货周期要求及运输要求。

3. 大客户管理的内涵和范畴

大客户管理是指企业为了集中资源优势，在深入掌握、熟悉客户的需求和发展需要的基础上，通过有计划、有步骤地开发、培育和维护具有战略意义的大客户，为大客户提供优秀产品和服务，从而建立和维护持续的客户关系，帮助企业建立和保持竞争优势的过程。

大客户管理的范畴涉及内容比较广，包括从寻找客户线索、建立客户关系、对潜在大客户销售到产品安装与实施、售后服务等诸多环节的控制与管理。大客户管理的目的只有一个，即为大客户提供持续的、个性化的产品或服务解决方案，帮助企业建立和保持竞争优势。

二、大客户购买决策

1. 购买决策的参与者

大客户购买行为的规模大、风险高、过程复杂，因此，大客户购买决策往往是由多类人员共同参与完成的，包括产品的使用者、决策影响者、决策者、批准者、采购者、信息控制者，这些人员在大客户购买决策中扮演不同的角色，发挥不同的作用。

2. 购买决策的内容

对于客户的购买行为，有一种 5W1H 的研究方法。

What——买何种产品或服务？即确定购买的对象。

Why——为什么要购买？即确定客户购买的动机。

When——何时购买？即确定购买时间。

Were——何处购买？即确定购买地点。

Who——何人购买？即确定购买的人。

How——如何购买？即确定购买方式。

对大客户购买者而言，其决策内容随其具体采购行为方式的不同而变化。一般来说，大客户的采购行为方式包括直接重购、修正采购和全新采购。

（1）直接重购的决策内容。直接重购是指采购部门按照以往惯例再行采购商品的情况。这种情况下，购买者只是根据以往采购货物的满意程度，从自己认可的供应商名单中作出选择。直接重购的决策内容最少，主要是根据以往的购买记录选定供应商。

（2）修正采购的决策内容。修正采购指购买者就产品规格、价格、发货条件及其他方面因素加以调整的情况。这时，原来被认可的供应商会产生危机感，并将全力保护自己的份额，而备选供应商则认为这是跻身其中的最佳时机。修正采购时，企业不仅要根据所要变更的产品规格、价格、交货条件及情况重新考察原有供货商的供货情况，同时还要对新的供货者可能提供的条件加以考虑。

（3）全新采购的决策内容。全新采购是指购买者首次购买某种产品或服务的情况，如修建电信大楼、购买新交换系统等。在全新采购时，企业决策内容最多，常常涉及产品的规格、价格、交货条件、交货日期、服务、付款条件、订货量及供应商等各个方面的情况。

3. 购买决策的过程

（1）引发需求。在外界因素刺激下，客户认识到有必要购买某种产品，以满足企业的某种需要。

（2）明确要求。客户产生采购需求后，进一步确定所需产品或服务的品种、数量及规格等。

（3）产品或服务分析。客户对所需产品或服务进行分析，以确定产品技术规格。

（4）物色供应商。客户通过各种途径收集有关销售企业的信息，将那些有良好信誉和合乎自身要求的销售企业列为备选对象。

（5）征求报价。客户向那些合格的销售企业征求报价，以便进行比较和筛选。

（6）选择供应商。客户对销售企业提交的正式建议书进行分析比较，在综合考查的基础上进行选择、谈判，最终确定销售企业。

（7）正式订购。客户将订单提交给最终选定的销售企业。如果客户希望长期、大量地购买产品或服务，还可以与销售企业签订一揽子合同，建立起更紧密的关系。

（8）绩效评估。客户单位有关部门对所购产品的使用情况、销售企业履行合同的情况等进行检查和评估，以便决定是否维持原来的采购渠道。

大客户决策的过程表明，销售企业必须从引发客户需求开始就主动地参与到客户的决策中，对客户的决策施加影响，引导客户决策，以保证最终销售成功。

三、与大客户建立伙伴关系

1. 建立大客户伙伴关系的重要性

所谓伙伴关系包括两种情况，一为企业和终端消费者（普通消费者）之间的良好的合作关系，二为企业与企业之间的长期合作关系。我们把这两种关系统称为企业与客户之间的伙伴关系。伙伴关系是客户忠诚的终极形式。一个规模再大的企业，它的资金、人力资源都是非常有限的。为了更有效地利用其他企业的资源，企业之间越来越需要相互依靠，建立伙伴关系也就变得越来越重要。

2. 与大客户建立伙伴关系的途径

一般而言，合作伙伴关系可以通过技术上的相互支持来实现，这种合作伙伴关系较为紧密。更重要的一点是，这种伙伴关系对建立客户忠诚也是大有帮助的。例如，证券代理公司从会计事务所了解了充足的信息和客户需求，它可以在工作中千方百计地满足客户需要，达到客户满意；对于会计事务所而言，它通过为客户提供特殊服务这种方式扩大了本企业声望，在客户中建立了良好的信誉。

3. 与大客户建立长期伙伴关系

企业可以利用数据库建立客户档案，并以此与客户保持长久的联系。例如，我国最大的网上书店当当网书店，在建立起一个大型的客户数据库之后，灵活运用客户数据库的数据，使每一个服务人员在为客户提供产品和服务的时候，明了客户的偏好和习惯购买行为，从而提供更具有针对性的个性化服务。

4. 改善大客户伙伴关系

与大客户建立伙伴关系是客户忠诚的终极形式。这种终极的忠诚度对企业来说是非常宝贵的资源，企业应当珍惜这种来之不易的宝贵资源，尽力维持这种关系，推动其向良性方向发展。

四、大客户服务策略

企业获利能力的强弱主要是由客户忠诚度决定的；客户忠诚度是由客户满意度决定的；客户满意度是由客户认为所获得的价值大小决定的；价值大小最终要靠工作富有效率、对企业忠诚的员工来创造，而员工对企业的忠诚取决于其对企业是否满意。员工满意就会为客户提供满意的服务，为企业创造价值。

1. 了解客户需求

要做到与大客户保持良好的关系，首先需要了解客户需要什么，为什么会与你合作，与你的合作能给他们带来什么样的好处等多方面的客户信息。

对于企业来说，了解客户的需求，首先就要了解客户的信息。企业在经营的过程中，一定要主动获取大客户的信息。企业不仅要研究他们本身的市场情况、经营情况，还需要对他们所处的环境、市场竞争情况等有所了解，并在此基础上，为大客户提供一些力所能及的服务和产品。

2. 服务标准细化

企业制定的客户服务标准必须是明确的、可执行的、可衡量的。否则，标准就不能称其为标准，企业员工的行为也不能得到规范，就不能达到良好的客户满意度。同时，标准也应该是公正的、众所周知的，使达到标准的员工获得奖励和鼓励，使没有达到标准的员工产生动力。

3. 加强售后服务

售后服务是保持与客户有效接触的重要手段。企业要利用好每一次售后服务的机会，来达到提高客户忠诚度的目的。

4. 客户满意度的监控

为了保证企业随时向客户提供高水平的服务，企业管理者必须拥有相应的措施随时衡量客户的满意度，并确保监控能够用于改善客户服务表现。对于表现良好的客户服务给予表彰和推广，对于尚存在差距的客户服务表现则提出相应的整改措施。

案例

思 考 题

1. 什么是客户分级？
2. 客户分级与客户细分有什么不同？
3. 为什么要对客户分级？
4. 什么是"客户金字塔"模型？
5. 简述客户分级管理策略。
6. 举例说明什么是"二八定律"。

案例分析

第八章

客户沟通管理

言不顺，则事不成。

——《论语·子路》

　　沟通可以实现企业与客户之间的良好互动，达到双赢的结果。如果不能进行有效沟通，任何伟大的构想都将失去意义。

——编著者

学习目标

1. 了解客户沟通的概念、内容与作用
2. 理解客户沟通的途径
3. 掌握客户沟通的策略
4. 掌握客户投诉的管理

案例导入

第一节　客户沟通概述

一、客户沟通的概念

　　沟通是指两个或两个以上的人之间交流信息、观点和理解的过程，也是人们分享信息、思想和情感的过程。

　　客户沟通是指企业与客户通过建立信息交流平台，拉近企业和客户的距离，加深彼此感情，从而建立良好的合作伙伴关系的过程。沟通创造需求。客观的想法、意见、需求和企业的服务理念、服务特色以及经营模式等的传递都离不开沟通。沟通可以实现企业与客户之间的良好互动，达到双赢的结果。企业如果不能进行有效沟通，任何伟大的构想都将失去意义。企业如果能进行积极有效的客户沟通，有助于拉近企业与客户的距离，有利于巩固、提升和发展与客户的关系。

　　企业与客户之间的沟通应当是双向沟通，既要使客户了解企业，也要使企业了解客户，这样，企业与客户之间才能增进彼此的了解和交流，才能够消除隔阂、化解误会、荣辱与共、利益相连。

　　所以，企业与客户之间的沟通应当包括两个方面。一方面是企业与客户的沟通，是指企业积极保持与客户的联系，通过人员沟通和非人员沟通的形式，把企业的产品或服务的信息及时传递给客户，使客户了解并且理解和认同企业及其产品或服务。另一方面是客户与企业的沟通，是指企业要为客户提供各种渠道，并保持渠道畅通，使客户可以随时随地与企业进行沟通，包括客户向企业提出的意见、建议和投诉。

二、客户沟通的作用

企业通过与客户沟通，可把企业的产品或服务的信息传递给客户，把企业的宗旨、理念介绍给客户，使客户知晓企业的经营意图，还可以把有关的政策向客户传达、宣传，并主动向客户征求对企业产品或服务及其他方面的意见和建议，理解他们的期望，加强与他们的情感交流。

1. 客户沟通是实现客户满意的基础

根据每个营销协会的研究，不满意的客户有 1/3 是因为产品或服务本身有毛病，其余 2/3 的问题都出在企业与客户的沟通上。可见，客户沟通是使客户满意的一个重要环节，企业只有加强与客户的联系和沟通，才能了解客户的实际需求，才能理解他们的期望。特别是当企业出现失误时，有效的沟通有助于更好地获得客户的谅解，减少或消除客户的不满。

一般来说，企业与客户进行售后沟通可减少退货情况的发生。例如，通用汽车公司的做法是向新车主发祝贺信，信中祝贺他选中了一辆好汽车，并且说明通用汽车公司可以提供的售后服务。与此同时，通过广告来宣传其他购买者对产品的满意。每逢节日，通用汽车公司还会给客户赠送贺卡（在内容中绝对不提公司又开发了什么新的产品，否则有急功近利的嫌疑），这样当客户又准备买车的时候很自然会首先想到通用汽车公司。

2. 客户沟通是维护客户关系的基础

客户沟通是维护客户关系的基础。企业经常与客户进行沟通，才能了解他们的需求，才能在沟通中加深与客户的感情，才能稳定客户关系，从而使客户重复购买次数增多。如果企业与客户缺乏沟通，那么好不容易建立起来的客户关系可能会因为一些不必要的误会而土崩瓦解。因此，企业要及时、主动地与客户进行沟通，并且建立顺畅的沟通渠道，这样才能维护好客户关系，赢得一大批稳定的老客户。

三、客户沟通的内容

客户沟通的内容主要是信息沟通、情感沟通、理念沟通、意见沟通，有时还要有政策沟通。

（1）信息沟通。所谓信息沟通就是把产品或服务的信息传递给客户，也包括客户将其需求或者要求的信息反映给企业。

（2）情感沟通。所谓情感沟通主要是指企业主动采取相关措施，加强与客户的情感交流，加深客户对企业的感情依恋所采取的行动。

（3）理念沟通。所谓理念沟通主要是指企业把其宗旨、理念介绍给客户，并使客户认同和接受所采取的行动。

（4）意见沟通。所谓意见沟通主要是指企业主动向客户征求意见，或者客户主动将对企业的意见（包括投诉）反映给企业的行动。

（5）政策沟通。所谓政策沟通主要是指企业把有关的政策向客户传达、宣传所采取的行动。

四、与不同类型的客户进行有效沟通

用不同的方式与不同类型的客户进行有效沟通和交流，需要一定的方法和技巧。

（一）根据客户听别人说话时注意力的集中与分散，可以把客户分为漫听型、浅听型、技术型、积极型四种类型

1. 漫听型——导入对方感兴趣的话题

漫听，就是听别人说话时漫不经心，注意力不集中。营销人员在努力地陈述自己的观点，而他压根儿就不专心注意。他们眼神飘忽，思想开小差；他们多嘴多舌，经常打断别人的话，总觉得应该由他来下断语。

对待漫听型客户，应不时地与他保持目光接触，使他专注于谈话，并不断向他提一些问题，讲一些他感兴趣的话题，强迫他集中注意力。

2. 浅听型——简明扼要阐述自己的观点

浅听，就是只停留在问题的表面，不能深入问题的实质。这类客户常常忙于揣摩别人接下去要说什么，所以听得并不真切。他们很容易受到干扰，甚至有些客户还会有意寻找外在干扰。他们喜欢断章取义，而不想听别人的完整表述。

对浅听型客户，应简明扼要地表述，并清楚地阐述您的观点和想法，不要长篇大论，以免客户心烦。

3. 技术型——提供事实和统计数据

这类客户会很努力去听说话人说话。他们只根据说话人说话的内容进行判断，完全忽视说话人的语气、体态和面部表情。对技术型客户，应尽量提供事实和统计数据，提出观点，并让他积极进行反馈。

4. 积极型——多进行互动反馈

这类客户倾听时在智力和情感两方面都作出努力，他们会着重领会说话的要点，注重思想和感受，既听言辞，也听言外之意。

对积极型客户，应注意选择他感兴趣的话题，运用语言表达技巧，与他多进行互动反馈。

（二）根据客户的工作方式和处事风格，可以把客户分为支配型、分析型、表达型、和蔼型四种类型

1. 支配型——快速步入正题

支配型的人办事严肃认真、有条不紊，他们在作决定之前会收集大量的资料。这种人很少有面部表情，动作缓慢，语调单一，使用精确的语言，注意特殊细节。

对待这种类型的客户可直接进行目光交流，说话节奏快，尽快步入正题；守时，不要拖沓；言语清晰、准确、简洁；避免过多的解释、闲聊；有条理、准备充分；注意力集中于将要产生的结果。

2. 分析型——说话方法和态度要更加正式

分析型的客户往往注重事实、细节和逻辑，强调问题的合理性、客观性。对此，要与客户目光接触，但偶尔也要转移目光；语速适中，声音柔和；不用生硬的语气和言语；向他征求建议和意见；不要在逻辑上反对他的想法；鼓励他讲出任何疑惑或担心；避免给他施加过大压力；在所有目标、行动计划和完成日期方面彼此达成一致。

3. 表达型——给他充分的时间表达自己

表达型的客户具有率直、热情、友好、活泼、外向、合群、幽默等特点。对这类客户，应给他充分的时间让他表现自己。由于他讲话富有表情，在同他讲话时你也要富有表情。你的声调应该显示出友好、热情、精力充沛、有说服力。

4. 和蔼型——建立亲密的个人关系

和蔼型的客户具有易合作、友好、赞同、有耐心、放松等特点。他们一般都不太自信，但善于表达情感，对人友好且富有同情心。跟这类客户沟通要放慢语速，以友好、朋友的方式沟通。向他们提供个人帮助，建立彼此之间的信任关系。

总之，与客户沟通要力求顺应对方的特点，选择有共同点的话题。有了共同点，彼此间的冷漠就会渐渐消退，而逐渐亲密起来。

第二节　客户沟通途径

一、企业与客户沟通的途径

（一）通过业务人员与客户沟通

企业业务人员可以当面向客户介绍企业及其产品或服务的信息，还可以及时答复和解决客户提出的问题，并对客户进行主动询问和典型调查，了解客户的意见及客户对投诉处理的意见和改进意见等。业务人员与客户沟通，双方可直接对话，进行信息的双向沟通，可使双方从单纯的买卖关系发展到个人之间的友谊，进而维护和保持长期的客户关系。例如，招商银行在每个支行均设置两名以上大堂经理，为的是第一时间了解客户需求，分流客户到最合理的处理区域，同时引导客户、帮助客户以最合理的方式完成业务。大堂经理会在营业厅不断巡视，主动热情解答客户的疑问，帮助客户处理业务，提高业务处理的效率。再如，星巴克对员工进行深度的专业培训，使每位员工都成为咖啡方面的专家，他们被授权可以和客户一起探讨有关咖啡的种植、挑选和品尝，还可以讨论有关咖啡的文化甚至奇闻、逸事，以及回答客户的各种询问。

（二）通过活动与客户沟通

通过举办活动可以让企业的目标客户放松，从而增强沟通的效果。如通过座谈会的形式，定期把客户请来进行面对面的沟通，让每个客户畅所欲言，或者发放意见征询表，向他们征求对企业的意见。通过这种敞开心扉的交流，可使企业与客户的沟通不存在障碍，同时，这也是为客户提供广交同行朋友的机会，如在座谈会上，客户之间可以相互学习、相互取经。此外，通过定期或不定期地对客户进行拜访，与客户进行面对面的沟通，也可以收集他们的意见，倾听他们的想法、看法，并消除企业与客户的隔阂。

另外，邀请客户联谊也是加深与客户感情的好方式，如一个可携带配偶出席的晚会将增进企业与客户的情谊。联谊活动有多种形式，如宴会、娱乐活动、健身活动、参观考察等。联谊的目的是拉近与客户的距离，与客户建立一种朋友式的关系。例如，花旗银行为了加强与客户的联系，经常为客户举办招待酒会、宴会、邀请少数大客户周末去郊外活动，观看演出、运动会等。花旗银行的客户说，任何一家银行都没有像花旗银行这样对客户献殷勤。

当然，企业还可以通过促销活动与客户沟通，使潜在客户和目标客户有试用新产品的理由，从而建立新的客户关系，也使现实客户有再次购买或增加购买的理由，从而有利于提升和发展客户关系。

此外，通过开展公益活动也可以达到很好的沟通效果。例如，作为一个出色的企业公民，沃尔玛自进入中国就积极开展社区服务和慈善公益活动，如开展"迎奥运、促和谐、做先锋""奥运年中国心""关爱农民工子女"等公益活动，对非营利组织和公益事业（如学校、图书馆、经济发展团体、医院、医学研究计划和环境保护方案等）的捐赠沃尔玛也十分慷慨，从而树立了良好的公益形象。

（三）通过电话与客户沟通

电话是企业与客户联系的一个重要媒介，企业无论产品还是服务都越来越重视电话营销。企业想要成功地与客户沟通，必须进行电话预约，然后再进行电话沟通。

1. 利用电话进行预约

（1）做好充分准备。

进行电话预约之前必须做好充分准备，必须弄清楚如下几点。

准备给谁打电话？

怎样介绍自己？

如何说明打电话的目的？

怎样唤起对方的好奇心？

让对方接受你的理由是什么？

如何建议会面？

怎样结束通话？

什么时候拜访对方？

（2）有明确的目的。

电话预约的目的是约见双方会面时间。如果在电话里大肆介绍或阐述，会面就显得多余了。因此，预约时要尽快提出会面的建议，而且只提出会面的建议。只有目的明确才能加快成功步伐，否则会让人很快丧失兴致。

（3）掌握电话礼仪。

电话是通过声音、语言素养和人情味来传递信息的。客户会据此对你形成印象，会下意识地作出判断。要想给客户留下良好的印象，必须掌握相关电话礼仪：应使自己保持全神贯注（挺直身子，熟记开场白、结尾词和提纲草稿等）；要保持微笑，让对方能够听到你的笑声；有力、热情地问候对方（愉快的声音能带来好情绪）。

（4）找到负责人。

有时候并非那么容易就能找到负责人并与之通话。因此，一开始就应该不断地询问"负责人是哪位"这个问题。例如，"张先生，是您亲自负责维修有关事宜吗？"他或许作作肯定回答，或许会介绍他人。一旦知道了合适的通话对象，应立即以快乐而自信的口吻说道："太棒了，王先生，我能与您本人通话。"这样，会使通话对象快乐并感觉受到重视。

（5）强调能给客户带来的好处。

多数情况下，客户如果不能立即看到能给他带来某种好处，他会下意识产生抗拒心理。因此，要强调能给客户带来某种好处，这样才能激发他的兴趣。

（6）提出会面要求。

如果客户对产品或服务感兴趣，要不失时机用建议的方式提出会面要求。

（7）处理预约异议。

有些营销人员害怕客户的反对，而实际上如果客户方面没有异议，就根本不需要营销人员了。因此，主动地着手准备应答异议是明智的做法。

预约过程中客户的异议和借口来自对新事物的担忧或兴趣。应理解客户的担心，并从异议中找到会面的必要性。

对此，销售人员应该训练有素地正确回答，从而使预约在客户心目中变得有必要。

（8）成功预约并会面

预约成功之后，接下来的是会面，也就是拜访。拜访要准时，告诉客户你已预约好了几点会面并且会准时到场，并解释你的行程距离，跟对方要路线草图。如有可能，问他能否提供合适的停车位，一旦获此优惠待遇，就意味着你已自动获得了某种特权。

提前一天打电话提醒注意预约会面，这对于双方都很有好处。

倘若你的首次拜访不能成行，请无论如何提前半个小时电话告知客户。

2．利用电话进行沟通

（1）礼貌而专业地接听电话。

接电话之前要充分作好准备；一般电话铃响两声和三声就应该接听，不要让对方等很长时间；接通电话后，要先自报公司名称和自己的姓名；确认对方要找的正是本公司，确认身份后，再谈正事；接电话的声音应和谐有序，充满热情，要控制语调，不要过高、过重、过低、过长或过短；态度应和蔼可亲；措辞得当，不要拖泥带水；适当地附和，表明在认真倾听对方所说的话；避免使用口头禅。

（2）不要让对方等待。

一般情况下，不要让打电话的人等待。在对方没有结束谈话之前不要把电话挂断。如果确实有必要挂断电话，就要告诉对方大约需要等待的时间，等他回话后，一定要记得感谢他的等待。

如果正在做其他事情，无法给客户办理业务，可以告诉他你正在办理业务，让他稍候，同时记下他的资料，并告诉他何时给他回复电话。

（3）恰当转、传电话。

有时，客户可能一时找不到他要找的人，需要帮他转电话。在转电话之前，应对打电话的人作些解释，告知要把电话转去的部门名称，要找的人的姓名、头衔。如果不知道应将电话转给谁，就让打电话的人稍等，等查清楚再把信息传递给他。

（4）使用电话录音。

如果有录音电话，应该充分使用，这样可以从容安排接电话的时间。在接听电话前可以有一些时间整理一下文件，至少整理一下思路，以便给对方提供所需要的信息。

（5）作好电话记录。

必要的时候应作电话记录，以便准确向客户提供他所需要的产品与服务。电话记录包括对方的信息，应采取的行动、来电话的大约时间，以及对打电话人的大体印象，如对方是否着急、紧张等。作好电话记录可以使你在回电话时显得更有人情味。

（6）控制对话时间。

打电话的一个普遍问题就是时间不好掌握。太长会浪费大家的时间，也容易给对方留下不好的印象。因此，电话交谈要开门见山，电话交流要尽可能快。打短电话可为自己也为别人节约时间。没有特殊原因，通话时间最好控制在 10 分钟以内。

（7）准备电话提纲。

如果不知道该如何控制电话时间，可以准备一份电话提纲，包括通话目的、观点、理由、可能出现的异议、结果等，这样在对话的时候就不会出现不着边际的闲聊。

（8）挂断电话前向客户致谢。

电话交流要亲切和谐，把该讲清楚的问题很快讲完，同时确认对方已经明白自己的意思。电话挂断之前要向客户致谢。

（四）通过电子商务手段与客户沟通

随着技术的进步和沟通实践的发展，新的沟通渠道在不断地出现，特别是互联网的兴起彻底改变着企业与客户沟通、交流的方式，企业可以在强大的数据库系统支持下，通过电子商务的手段，开设自己的网站为客户提供产品或服务信息，与客户进行实时沟通，从而缩短企业与客户之间的距离。

1．以客户价值为中心

在电子商务时代，能否清楚地了解客户的期望并满足他们是取得成功的关键。围绕客户价值这个中心，建立起客户忠诚需要做到以下几点。

（1）为客户提供准确的信息。

网络是一个虚拟的空间，在这个空间里，企业与客户无须面对面地进行交流、沟通，便捷的网络使双方远距离交流成为可能。销售人员只需一个电话和一部电脑便可轻松地进行在线销售，客户也可以根据自己的喜好在网上购买自己想要的物品。

然而，在这个虚拟的空间里，企业也同样应该为客户提供充分的选择空间和准确的信息，以便客户购买。对于提供复杂产品的公司，企业应该为用户提供适合其需要、易于比较的网上信息。

（2）为客户提供多种交流渠道。

网上交流是电子商务时代一种比较时髦的交流方式。除了这种方式之外，企业还应该为客户提供多种交流渠道，如电话、面谈、信函等。让客户在任何时间、任何地点都可以与企业保持联系，充分地传达他所需要的信息。

（3）真正解决客户的问题。

与传统的客户关系管理一样，在电子商务时代客户关系管理中，也应该以客户价值为中心，真正为客户着想，牢记客户至上的观念。企业也应该能够立即答复客户的问题、抱怨和反馈，让客户能够非常容易地购买到公司的产品或服务，并且可以通过多种方式付款。

（4）保护所有客户交易的隐私和安全。

网上客户最为担忧的可能是隐私信息被暴露和交易的安全性难以得到保障，企业要赢得长期客户，就必须尊重客户的隐私权，并保证交易的顺利达成。

（5）建立"无缝衔接"的客户关系。

建立"无缝衔接"的客户关系即在线客户可自由穿梭于公司的各个不同职能部门之间，而不受任何限制。

（6）比竞争对手更加聪明、更有进取性和前瞻性。

要想吸引网上客户的目光，获得客户的忠诚，必须比竞争对手更加聪明、更有进取性和前瞻性。

（7）实现对客户的承诺。

企业要实现对客户的承诺，不能对客户夸大其词而又无法兑现。为客户的抱怨和问题提供完善的解决方案。

2. 让客户方便地得到消息

开展电子商务的企业，在 Web 上提供的客户服务可以有多种形式。一般来说，电子商务企业应在以下几个方面为客户提供服务。

（1）回答客户的询问。

在购物阶段，客户能否在单击时打开感兴趣的内容并快速获得详细的信息与购物本身同样重要。为了留住老客户和吸引新的客户，企业在建立 Web 时应充分考虑如何回答客户询问，让客户方便快捷地获得所要的信息。

（2）提供搜索引擎和可比较信息。

电子商务实施中的一个主要问题是帮助消费者找到自己想要的产品或服务。面对成千上万的网上商店，客户有时候根本不知道该到哪里去寻找自己想要的产品，而一旦发现了所需要的产品或服务的信息，则通常希望能比较一下同类产品的价格。所以电子商务时代客户服务的一项重要工作是为客户提供搜索引擎以满足这种要求。

（3）提供技术和其他信息。

为了吸引消费者在网上购物，电子商务企业可以说是花费了不少精力，而售后服务工作对于提高客户满意度来说，也是一个不可忽视的重要部分。为此许多企业在自己的 Web 站点上为客户提供了产品的详细技术和维护信息，而许多技术信息在网下寻找是很困难的。

（4）帮助客户了解账户和订单状态。

要让客户能够很方便快捷地查到自己的账户和订单的状态。如果这一点满足不了，就容易使客户对公司的服务可信度产生怀疑。

（5）允许客户在线定制。

客户的个性化很强，因此，企业应允许客户在线定制。应允许客户随意组合自己最满意的产品，以充分体现自己的意志，并允许客户决定送货的日期等。

企业在线服务的内容很多，最主要的是要以客户价值为中心，最大限度地满足客户的个性化愿望。

3. 解决在线销售存在的问题

企业进行在线销售，不仅要考虑网站的建设问题，还要解决许多其他层面的问题。

（1）了解市场及自身条件。

一般来说，在网上从事经营活动的网站有两种：一种是现实世界中有商业原型的，如百货零售商店的在线商店、网站；另一种是现实中没有商业原型的，它必须和虚拟世界的对手抢市场。

（2）制定长期发展战略。

有时，企业为了当前的生存，很难顾及长远的电子商务策略，致使很多企业的决策人往往在长期发展策略和短期的生存压力之间摇摆不定。要开展电子商务，就不能只顾及眼前利益，企业应该有长远的眼光，制定长期的发展战略，而且要有相应的投入。

（3）真正为客户着想。

在线商店只有唯一的销售渠道——网络，而对于在网络上浏览的人来说，在线购物不过是采购物品众多方式中的一种，如果在线购物方式没有给他带来诸如节约金钱、节约时间、提供便利的服务等好处，那么，要想使他乐于在网上采购恐怕只是一厢情愿的事。因此，在线销售要从客户的角度出发，真正为客户着想，为客户提供便利的条件。

总之，在进入在线销售领域之前，必须考虑在线销售存在的问题。对于在线市场的开拓者来说，精通网络营销从某种角度来说只是掌握了一些解决具体问题的技术或技巧，而把握战略层次的问题则是赢得这个未来市场的关键，更大的挑战其实来自如何开拓。

（五）通过现代通信手段与客户沟通

随着现代通信手段的发展，企业可以通过电子邮件、手机短信和传真、微信、微博等形式与客户沟通，向客户提供产品及服务信息。

据国外有关机构统计，企业交流方式不同，其相关的成本也不相同，例如，面对面的交流平均成本为 150 美元，营业厅的交流平均成本为 12 美元，人工话务的交流平均成本为 6 美元，人工话务和 CTI 技术结合的交流平均成本为 3 美元，自动语音应答交流的平均成本为 0.5 美元，可见，呼叫中心交流的平均成本是最低的。

此外，新型的互联网呼叫中心是一个具有语音、视频和聊天的综合交互界面，客户能够随时与服务者进行面对面的交流，给客户一种亲切的感觉，有利于增进客户与企业间的沟通。

（六）通过广告与客户沟通

广告是"引起别人注意，通知别人某件事"。广告的形式多样，传播范围广，可对目标客户、潜在客户和现实客户进行解释、说明、说服、提醒等，是企业与客户沟通的一种重要途径。

通过广告与客户沟通的优点是：迅速及时，能够准确无误地刊登或安排播放的时间，并可全面控制信息内容，能让信息在客户心目中留下深刻的印象。

通过广告与客户沟通的缺点是：单向沟通，公众信任度较低，易引起客户逆反心理。这就要求企业的广告减少功利色彩，多做一些公关广告和公益广告，才能够博得客户的好感。

（七）通过公共关系宣传与客户沟通

公共关系宣传是指利用各种宣传途径、各种宣传方式向外宣传自己，提高本组织的知名度，从而形成有利社会舆论的一种宣传方式。公共关系宣传一般是运用大众传播媒介和内部沟通方法，开展宣传工作，树立良好组织形象的公关活动模式。

通过公共关系宣传与客户沟通的优点是：可以增加信息的可信度，因为它是一个与获利无关者的评论，比较可靠；另外，公共关系宣传还可使企业信息得到免费宣传，从而提高对客户的影响力。

通过公共关系宣传与客户沟通的缺点是：企业对信息没有控制权，企业希望得到宣传的，未必被新闻机构所采用，即使采用，企业也无法控制何时被采用。

企业还可以通过内部刊物发布企业的政策与信息，及时将企业经营战略与策略的变化信息传递给客户。当然，这里的信息包括新产品的开发信息、产品价格的变动信息，新制定的对客户的奖励政策、返利的变化以及促销活动的开展等。

例如，宜家就精心为每件商品制定"导购信息"，有关产品的价格、功能、使用规则、购买程序等几乎所有的信息都一应俱全。对于组装比较复杂的家具，宜家则在卖场里反复放映录像和使用挂图解释如何组装该家具。

如果你不懂怎样挑选地毯，宜家会用漫画的形式告诉你，用这样简单的方法来挑选我们的地毯：一是把地毯翻开看它的背面，二是把地毯展开看它的里面，三是把地毯折起看它鼓起来的样子，四是把地毯卷起看它团起来的样子。如果你仍不放心，宜家的《商场指南》里写着：请放心，您有 14 天的时间可以考虑是否退换。

（八）通过包装与客户沟通

包装是指盛放或包裹产品的容器或包扎物。包装是产品生产的继续，产品只有经过包装才能进入流通领域，实现其价值和使用价值。产品包装可以保护产品在流通过程中品质完好和数量完整，同时还可以增加产品的价值。此外，良好的包装还有利于客户挑选、携带和使用。

企业给客户的第一印象往往是来自企业的产品，但产品给客户的第一印象，不是来自产品的内在质量，而是来自产品的包装。包装是企业与客户沟通的无声语言，好的包装可以吸引客户的视线，给客户留下美好的印象，能够引起客户的购买欲望。例如，基于外观、华贵和精致的考虑，雅芳在包装上选择了一种光滑饱满带金属光泽的蓝色，所有的包装色彩都将以这种核心蓝为底色，这带给客户一种和谐高档的视觉感受。

包装还可以传达企业对社会、对公众的态度，以及对自然和环境的态度。现在有越来越多的生产厂商采用了无污染的、能够生物分解或循环利用的包装材料，这就向客户传达了自己对环境的爱护，从而给客户留下这家企业爱护环境、富有责任感的印象。

对银行这样的服务机构来说，"包装"就是服务的软硬件展示，如银行的营业环境及工作人员的形象等。

总之，企业与客户沟通的形式多种多样，其目的是通过经常性的沟通，让客户清楚企业的理念与宗旨，让客户知道企业是他们的好朋友，企业很关心他们，为了不断满足他们的需要，企业愿意不断地提升产品或者服务的品质及其他一切方面，这样就能够提升客户关系。

二、客户与企业沟通的途径

客户与企业的沟通，是客户将其需求或者要求反映给企业，包括将对企业的意见反映给企业的行动。客户与企业的沟通途径有来人、来函、电话、网络、电子邮件等。

根据美国消费者事务办公室的调查，90%～98%的不满意消费者从不抱怨，他们仅仅是转到另外一家，或者是因为怕麻烦，或者是因为商品价值太低而不愿浪费时间和精力，还有的是因为不知道如何投诉。

而如果客户不将心中的不满讲出来，企业就很可能不知道自己哪里出错了，从而一错再错，结果是引起更多客户的不满。

因此，为了确保客户与企业的沟通，企业必须鼓励不满意的客户提出自己的意见，这就要想办法降低客户投诉的"门槛"，为客户提供各种便利的途径，并保持途径的畅通，让客户投诉变得简单。

（一）开通24小时投诉热线或者网上投诉

设立免费热线电话，客户只要拨通热线电话，就可以免费与企业进行沟通，得到有关答复或者服务，从而为客户提要求、提建议、发牢骚敞开大门。例如，日本的花王公司运用其电子咨询系统，不仅为客户详细地了解企业及其产品提供了便利，也为企业及时了解和掌握客户的意见、建议和要求提供了可能，从而使企业做到按需生产、按需销售，保证产品适销对路。再如，惠普中国公司也为其主要客户提供了24小时及时服务呼叫电话，随时答复客户的服务要求和使用咨询等，这有利于赢得客户信任、建立良好的客户关系。

（二）设置意见箱、建议箱、意见表、意见簿、意见卡及电子邮箱等

服务行业可以在走廊上设置意见箱、建议箱或者向客户提供评议卡、意见卡，公布企业电子邮箱等。例如，医院可以在走廊上设置意见箱、建议箱或者向病人提供评议卡、意见卡等。

（三）建立有利于客户与企业沟通的制度

企业要积极建立客户投诉制度和建议制度，清清楚楚、明明白白地告诉客户企业接受投诉的部门及其联系方式和工作程序。

此外，企业还可设立奖励制度鼓励客户投诉。如联邦快递就保证，在递交邮件的次日上午 10:30 之前没有收到邮件，只要客户投诉，那么邮递费用全免。上海铁路局上海站则通过设立"乘客征求意见奖"，鼓励投诉。

总之，企业要方便客户与企业的沟通，方便客户投诉和提意见，并且尽可能降低投诉的成本，减少其花在投诉上的时间、精力和金钱等。

如果企业多创造些与客户面对面交流的机会，敞开心扉，进行平等沟通，那么企业与客户之间就没有打不开的心结，化不开的冰。

第三节　客户沟通策略

一、塑造良好的第一印象

（一）准确地称呼客户

准确地记住客户的名字在销售中具有至关重要的作用，甚至这种销售技巧已经被人们叫作记忆销售法则。可以试想一下，如果你走在陌生人群中，突然听到有人呼唤你的名字，你会是什么感受？你肯定感到兴奋和高兴！假如这个能叫出你名字的人是曾经向你推销过某种产品的人，也丝毫不影响你的愉快情绪，反而能加深对他的好感。

记住客户的名字是非常重要的事，当你问一位擅长销售的人"世界上最美妙的声音是什么"时，答案就是"听到自己的名字从别人的口中说出来"。尤其是对于销售人员来说，记住客户是至关重要的，因为，能够叫出客户的名字会使对方感觉到亲切、融洽；反之，对方就会产生疏远与陌生的感觉。因此，能不能叫出客户的名字，直接关系到销售业绩的好坏。

要记住客户的名字，准确称呼客户，可参考下面四个方法。

1. 用心听用心记

把准确记住客户的姓名和职务当成一件非常重要的事，每当认识新客户时，一方面要用心听，另一方面要用心记。如果听不清对方的姓名，销售人员可以再问一次。切记！每一个人对自己名字的重视程度绝对超出你的想象，客户更是如此！那些记错了客户名字和职务的销售人员，很少能获得客户的好感。

2. 借助笔记帮助记忆

不要太信任自己的记忆力，万一出错则得不偿失。在取得客户的名片之后，必须把他的特征、爱好、专长、生日等写在名片背后，以帮助记忆。

3. 不断重复，加强记忆

在很多情况下，当客户告诉你他的名字后，不过 10 分钟就被忘记了。这个时候，如果能多重复几遍，就会记得更牢。因此，在与客户初次谈话中，应多叫几次对方的名字。

如果对方的姓名或职务少见和奇特，不妨请教其写法与取名的原委，这样更能加深印象。

4．运用联想记忆法

这是利用对方的形象特征、个性、姓名的谐音，以产生联想从而帮助记忆的方法。

（二）开场白要提前准备

开场白是销售人员与客户见面时，前两分钟（如果电话销售是前 30 秒）要说的话，这可以说是客户对销售人员第一印象的再次定格（与客户见面时，客户对你的第一印象取决于衣着与言行举止）。客户常常是用第一印象来评价他所见到的销售人员，这就决定了客户不愿意给你机会继续谈下去。

因此，开场白要提前准备好。一般来讲，开场白包括以下几个部分。

（1）感谢客户接见你并寒暄、赞美；

（2）自我介绍或问候；

（3）介绍来访的目的，突出给客户可能带来的价值；

（4）转向探测需求，以问题结束，让客户开口讲话。

（三）寒暄是一种礼貌

寒暄其实是一种礼貌，也是在与客户接触中一个比较重要的问题。与客户的接触都是从寒暄开始的，然后慢慢地寻找购买点、切入主题，这是与客户交往的一个正常的程序。如果在与客户接触时，在本该与对方寒暄几句的时刻，反而一言不发，或者直奔主题，则是极其无礼而冒失的。

在"寒暄"一词中，"寒"是寒冷之意，"暄"是温暖之意，合起来是问寒问暖。所以，寒暄就是与客户拉家常，聊一下客户喜欢的话题，如："王主任，您的小孩在哪个学校念书？"寒暄就是说一些起始点轻松的话，如："李经理，晚上我们一起去打球怎么样？"等等。

在寒暄中，适时的赞美很重要，千万不要吝啬赞美之词。但要做到这些，观察很重要，赞美一定要具体、真诚，用真心拉近距离。

另外，寒暄也要看对象，与不同的人聊要用不同的话题，否则就会很尴尬。如与企业家聊经济话题、与政府公务员聊政治话题、与家庭妇女聊小孩子的教育话题等。

其实，寒暄的主要用途，是在人际交往中打破僵局，缩短人际距离，向交谈对象表示自己的敬意，或是借以向对方表示乐于与其结交之意。所以说，在与他人见面之时，若能选用适当的寒暄语，往往会为双方进一步的交谈作良好的铺垫。

与客户交往也是如此，当与客户见面时不直接进入主题，而是进行适当的寒暄，有助于拉近彼此之间的距离。与客户寒暄、聊天其实是打消客户戒备心理的一种方式，有利于慢慢建立一种友好的合作关系。

（四）不要不期而至

一般来说，人们在没有思想准备的情况下接受突然而至的事情，心理上多少会有些不愉快。所以，客户面对不期而至的销售人员一般不会产生好感。如果销售人员一而再、再而三地打扰客户，只能引起对方的反感。如果碰到客户心情不好时，更是不会给销售人员好脸色。曾经有一个销售人员没有约好时间就去拜访客户，不巧碰到主管采购的经理正在接受老板的批评。结果可想而知，这位经理把那位销售人员没好气地数落一通，并再也不接受他的约见了。

选择不期而至的拜访方式，不仅会占用客户的时间，引起客户的不满，也会浪费销售人员的时间和精力，做无用功。并且这种不恰当的拜访会使客户觉得推销人员素质低或者没有工作能力，连什么时候该拜访客户都不明白，因此会对销售人员失去信心，更不会购买他的产品了。

所以，拜访客户之前进行预约是非常重要的。如果销售人员能够和客户进行预约，不仅能让客户有合适的时间安排，而且还能选择适合自己销售产品的时机去拜访客户。

（五）不要急于求成

欲速则不达。在销售中急于求成往往会使客户产生厌烦和警惕心理，从而达不到成交的目的。其实，作为一名销售人员，要在与客户的交谈中了解客户的心理，然后再作出有针对性的回应才是比较合适的。例如，有的客户在作出购买的决定之前会去认真思考，他们不愿意自己的思路受到打扰。这时，销售人员就应该保持沉默，给客户冷静的思考时间，如果仍然急迫地企图通过语言来左右客户的思考，就会自讨苦吃。

还有些客户，他们往往希望能通过自己的亲身观察或体验来了解产品，等到他们自己对产品有了一定的了解之后，才会针对产品的某些特点向销售人员进行询问。这时，销售人员应该给客户提供方便，该沉默时沉默，该回答问题时就准确简洁地回答。相反，如果销售人员总是喋喋不休地在客户耳边大谈产品的好处，很容易引起客户的反感。

事实上，销售人员越是希望客户早下订单，客户越是会小心慎重。如果客户觉得销售人员非常急于把东西卖出去，他们反而会对产品或服务充满疑虑，结果事与愿违。而且，购买产品或服务时，没有人希望有一种被催促的感觉。

因此，作为一名销售人员需要明白，想要销售成功必须建立在客户满意的基础之上，这样才能有工作效率和销售业绩。但客户的满意不仅包括对产品或服务本身特点的满意，也包括情绪上的愉快。有条理而从容地适度介绍，不仅会满足客户对产品了解的需求，也让客户在心理感觉上感到舒服。如果销售人员表现得过于急切，反而会增加客户的怀疑和不满。因此，要想达到客户满意的效果，销售人员不仅要掌握必要的销售技巧，同时也要掌握适度沉默的艺术，应该沉默时就一定不要再画蛇添足地多一句嘴。

（六）把握沟通时机

有时候，沟通时机不恰当，往往使销售人员无功而返。销售人员如果在一个合适的时机与客户进行沟通，那么取得的效果要好得多，有时甚至会马上取得销售的成功。那么，销售人员如何来选择恰当的沟通时机呢？

沟通时机的选择主要看两个方面。

1. 时间的选择

销售人员在约见客户时首先要了解一下客户的时间安排。如果不提前了解客户的时间安排，那么很容易导致自己的时间和精力大量浪费，可是却得不到客户青睐的结局。每位客户在时间上都有各自的安排，销售人员不要奢望自己在任何时间打电话或者登门拜访，客户都有时间并且愿意接待。

事先对客户大致的时间安排进行充分了解，可以有效避免尴尬局面的发生。而如果掌握足够的信息，销售人员就不会客户不在的时间上门；如果清楚客户的工作规律，就可以避免打扰客户紧张忙碌的工作。

不同类型的客户的时间安排是不同的，按照不同的工作性质划分，大多数客户的时间安排大致如下。

（1）公务员：可以选择上下午的上班时间与他们沟通，不过最好错过午饭或者下班以前。

（2）教师：周末、寒暑假或者每天下午放学以后。

（3）医务工作者：周末或节假日他们常常比较忙，每天上午 10 点前或下午 4 点后可能相对轻松。

（4）银行工作人员：周末、节假日、月初、月尾及大多数企业发放工资时比较忙，通常，上午 10 点前或下午 4 点后相对轻松。

（5）财务工作人员：月初和月尾都非常忙碌，最好是月中与之联系。

尽管上述有关客户的时间安排有一定的规律可循，但是仍要注意规律之外的事情发生，如一些突发事件的出现等，况且并不是所有的客户都会遵照这些规律安排自己的时间。为了更全面地了解潜在客户的时间安排，销售人员最好在与客户交流之前再进行一番仔细调查，如了解客户最近是否有外出计划、是否生病、是否有其他活动安排等。

对客户的具体时间安排了解得越清楚，销售人员就越容易寻找到最合适的时机与客户展开沟通，从而最大限度地避免无功而返或引起客户厌烦。

了解客户的时间安排后，销售人员就可以根据这些信息选择一个合适的见面时间。具体来说，在选择见面时间时，销售人员需要结合客户的需求特点和情绪加以实施。对客户来说具有非同寻常意义的时间，很可能是最有利于展开互动沟通时间。例如，客户刚刚领到工资的时候，结婚纪念日、节假日，客户刚刚住上新房需要大量采购商品的时候，等等。

2. 环境的选择

地点选择不当是导致销售走向失败的又一常见原因，因此地点选择是否得当对于沟通能否顺利开展具有重要意义。不恰当的沟通地点可能会使客户感到不舒服、不方便或者受束缚。

所以，优秀的销售人员要根据不同的客户特点和沟通内容，学会选择最令客户感到放松和愉悦的地点，尽可能地避免商业氛围较浓的谈判场合，除非是那些需要通过商务谈判来保持联系的大客户。

（七）鉴别客户角色

对于成功的销售人员来说，充分了解客户的情况和购买程序是确保销售成功的关键所在。销售人员必须有一套科学而又系统的方法去判定谁是买方决策者、买方使用者及他们之间的关系，才能保证销售工作迅速有效地开展。

在各种客户角色中，能影响销售成败的角色包括买方决策者、买方使用者和技术人员，有时候也包括销售顾问。

1. 买方决策者

买方决策者是客户所在的组织中进行最后决定的人，销售能否成功就取决于他的意志。一般来说，这样的人是中高层管理者，对于资金的使用具有一定的决策权。所以，销售人员需要知道客户角色中谁具有直接调度资金的权力和能力，而能够影响这样的人是否购买你的产品或服务的因素有以下几个。

（1）本组织的需要状况；

（2）对产品的满意度；

（3）对公司的信任度；

（4）产品的价格是否超过预算。

所以，销售人员首先弄清楚客户中谁是具有购买决策权的人，对于顺利实现销售是最重要的。

2. 买方使用者

这一角色指的是购买产品或服务后，实际操作和使用本产品或服务的人。在销售中销售人员往往会忽视他们的作用，而这是大错特错的。因为，在影响决策者下决定的因素中，对产品是否满意的判断有相当一部分是来自使用者，使用者的意见将直接影响决策人员。所以，对于使用者，销售人员一定要给予足够的重视。

对于使用者来说，他们比较在意的是你的产品或服务能否给他们带来更高的效率和价值，所以销售人员只要把产品和服务的价值与优势给他们讲清楚，只要适合他们的需求，就可以得到他们的支持了。

3. 技术人员

在客户群体中，技术人员也是需要销售人员在销售过程中重视的，他们虽然没有决定权，却具有否定权，如果不能得到他们的认可，销售往往不会成功。因为技术人员的使命就是判断决策者提案中的技术层面的问题，提出采购的技术性标准，决定哪些销售人员的产品或服务适合组织的需要。

所以技术人员关心的焦点在产品或服务本身，他们根据产品是否符合他们的某个标准来决定销售人员是否有资格和他们的公司打交道。因此，销售人员必须十分了解自己的产品，同时也必须清楚技术性买主的各种测验标准，这样才有机会得到他们的推荐与支持。

4. 销售顾问

有时候，销售顾问对于促进销售成功也具有重要的作用，他们可以是客户所在公司的某个负责人，也可以是没有权力但消息灵通的普通员工。他们的作用在于为你提供有价值的情报消息，向你提供其所在公司、组织的情况，并且可以告诉你公司中重要人物分别扮演哪些角色，你所卖的产品如何才能成为他们的关注点。

但是，寻找销售顾问这一角色需要注意，你必须有一定的个人信誉，能够选择合适的人选，以各种手段表现出你的诚意和对他的尊重，并且需要给予恰当的回报。

二、深入了解自己的客户

（一）多方面了解客户

对于一个销售员来说，除了对本企业和所销售产品以及竞争对手的情况进行必要了解之外，还要多方面了解客户，对客户的相关信息进行全方位、深层次的研究。《孙子兵法》中说，"知己知彼，百战不殆"，销售工作也是如此。只有从多方面了解客户，掌握必要的信息，才能减少销售的阻力，使销售工作更有针对性，也更有效率。那么，如何多方面了解客户呢？

1. 需要掌握的客户信息

（1）客户的基本信息。了解客户的基本信息是销售员避免贸然销售的前提。如果对客户的姓名、联系方式、具体地址、潜在需求、个人好恶以及是否具有购买决策权等都不了解，往往会使销售工作陷入非常尴尬的境地。

（2）与客户关系密切的其他人或组织的信息。这类信息主要分两种情况，一种是针对个人客户的销售，如汽车销售、生活用品的销售等，就要了解客户与家人的喜好、生活习惯、结婚与否、子女情况如何、家庭收入水平等情况。另一种是针对公司客户的销售，如办公用品、机电设备等，就要对客户公司的性质、规模、产品和服务的销售情况，购买量如何，以及客户的主要竞争对手和合作伙伴有哪些，客户过去与哪些供应商合作，客户对供应商的意见有哪些等有所了解。而且销售员还需要弄清楚客户公司的诚信度如何、影响力大小等。

对于以上信息，如果销售员都一无所知，就无法准确分析客户的需求，也无法有效避免死账的发生。所以，了解以上信息有助于销售员更准确地分析客户的需求量，同时还有助于避免无效交易的发生。

2. 多方面了解客户的途径和方法

一个优秀的销售员会用心地从方方面面的途径去了解客户，收集与客户相关的各种信息。其实，收集客户信息的方法是多种多样的，所以销售员对客户信息的收集不必拘泥于具体的条件，只要不违反法律、法规和社会道德规范，任何时间、任何地点、任何方法都可以。例如，原一平是日本的保险推销大师，他几乎随时随地都在收集各种有用的客户信息，所以他拜访客户的成功率总是比其他保险推销员高得多。

3. 了解客户需要注意的问题

销售员可以凭借自己的智慧来收集客户信息，但在这个过程中，却不能随心所欲地进行这一工作。也就是说，在了解客户的过程中，除了遵循相关的法律、法规和社会道德规范外，还需要注意以下问题。

（1）辨别虚假信息，力求得到的信息准确无误；

（2）抓住信息中的关键部分，剔除不必要的无关信息；

（3）注意效率，以免错过最佳销售时机；

（4）不要打扰客户正常的工作和生活；

（5）不要随意透露客户的重要信息。

（二）让客户多说，你多听

在某种程度上说，销售就是一个沟通的过程，销售员不仅要向客户传递相关信息，也要从客户那里了解他们的想法和需求。如果销售员不能从客户那里获得必要的信息，那么整个销售活动将事倍功半。对于客户来说，他们不仅需要在销售员的介绍中获得产品或服务的相关信息，也需要通过一定的陈述来表达自己的需求和意见，甚至有时候他们还需要向销售员倾诉自己遇到的难题等。

所以，在销售的沟通过程中，客户并不只是被动地接受劝说和聆听介绍，他们也要表达自己的意见和要求，也需要得到沟通的另一方的销售员认真倾听。因此，让客户多说，而自己多听是销售沟通中每个业务人员必须学会的技能。

1. 如何让客户多说

沟通必须建立在客户愿意表达和倾诉的基础之上，如果客户不开口说话，那么自然也就无从倾听。因此，销售员必须学会引导和鼓励客户说话，能够让客户愿意多说。引导和鼓励说话的方式有很多，经常用到的有如下几种。

（1）巧妙地向客户提问。在很多时候客户不愿意主动透露自己的想法和相关的信息，如果仅靠销售员一人表演，就显得相当尴尬，最终也必然是无效的。所以，为了使整个沟通过程实现良好的互动，并且有利于销售目标的顺利实现，销售员可以通过适当的提问来引导客户敞开心扉。很多时候，客户也会根据销售员的问题提出自己的想法。如此一来，销售员就可以针对客户提出的问题寻求解决途径。

通常来讲，销售员可以用"什么……""为什么……""怎么样……""如何……"等疑问句来发问，这种开放式提问的方法可以使客户更畅快地表达内心的需求。

（2）向客户核实一些信息。在与客户沟通的过程中，客户会传递出各种信息，有些信息是无用的，而有些信息则对整个沟通过程起着至关重要的作用。对于重要信息，销售员在倾听的过程中应向客户进行准确核实。这样做有两个好处：一是可以避免误解客户的意见，从而及时找到解决问题的最佳办法；二是可以使客户得到鼓励，他们会因为找到了热心的听众而增加谈话的兴趣。

当然，向客户核实信息需要在适当的时机，利用一定的技巧进行，否则难以达到鼓励客户说话的目的。

（3）对客户说的话及时回应。不管是什么的沟通，如果只有一人在说而另一人毫无回应，谈话也会进行不下去，与客户沟通尤其如此。如果客户在倾诉过程中得不到销售员应有的回应，肯定会觉得这种谈话非常无味。如果能对客户说的话及时回应，可以使客户感到被支持和认可，当客户讲到要点或停顿的间隙，销售予以点头，适当给予回应，可以激发客户继续说下去的兴趣。

（4）配合其他沟通方式。用于沟通的方式除了语言外还有许多，如体贴的微笑、热情的眼神、适当的表情、得体的动作等，都可以使客户受到鼓励，从而产生说话的欲望。

2. 如何有效倾听

倾听是一门需要不断修炼的艺术。在销售中，有效倾听所发挥的作用绝不亚于陈述和提问，良好的倾听技巧可以帮助销售员解决与客户沟通过程中的许多实际问题。但是，并不是人人都能够做到有效倾听的，要想实现有效的倾听并不简单。为了达到良好的沟通效果，销售员必须不断修炼倾听的技巧。那么，如何有效倾听呢？

（1）全神贯注，专心倾听。要想实现良好的沟通，就必须集中全部的精力去听，这是有效倾听的基础。为此，销售员在与客户沟通之前应作好多方面的准备，如心理准备、身体准备、态度准备以及情绪准备等。恐慌的心理、疲惫的身体、黯然的神态以及消极的情绪等都可能使倾听归于失败。

（2）不轻易打断客户谈话。有时候客户正说到兴头上，如果突然被打断，肯定会打击客户说话的热情及积极性。这时如果再遇到客户心情不好，那无疑会使客户非常恼火。因此，当客户的谈话热情高涨时，销售员可以给予必要的、简单的回应，如"对""好的"等。除此之外，销售员最好不要随意插话或接话，更不要不顾客户喜好另起话题。

（3）谨慎反驳客户观点。一般来讲，对于客户的观点是不能反驳的，尽管有些客户的看法有些偏激。需要记住：客户就是上帝，没有人愿意自己的观点受到反驳，客户尤其如此。所以，如果你实在不能够对客户的某些观点做出积极回应，至少可以采取提问等方式改变客户的谈话重点，引导客户谈论更能促进销售的话题。

（4）倾听的礼仪。在沟通过程中，一些有关倾听的礼仪是销售员需要掌握的，这样既可以显得自身有素质和涵养，又可以表达对客户的尊重。例如，在倾听时保持视线接触，不东张西望；身体稍前倾，表情自然；表现出对客户的话题很感兴趣；随时用笔把客户的意见记录下来；插话时请求客户允许并使用礼貌用语等，这些都是销售员需要学习和实践的。

（5）总结和归纳客户的观点。在谈话的过程中及时总结客户的观点，一方面可以向客户传达你一直在认真倾听的信息；另一方面，有助于保证你没有误解或歪曲客户的意见，从而使你更有效地找到解决问题的方法。

（三）巧妙应对客户询问

在销售中，提问的能力与销售的能力是成正比的，优秀的销售员往往会根据具体的环境特点和客户的不同特点进行有效的提问。可以这么说，问得越多，销售成功的可能性越大。《销售巨人》一书的作者尼尔·雷克汉姆曾经对提问与销售之间的关系进行过非常深入的研究。他认为，在与客户进行沟通的过程中，你问的问题越多，获得的有效信息就会越充分，最终你销售成功的可能性就越大。

其实，巧妙地向客户询问好处很多，不仅可以较好地把握客户的需求，与客户保持良好的关系，还有利于掌握和控制谈判进程，减少与客户之间的误会。

但是，向客户询问是需要掌握技巧的。虽然有效的询问对于同客户保持良性沟通具有诸多好处，但是如果在提问过程中不讲究方式和方法，不仅达不到预期目的，恐怕还会引起客户的反感，从而造成与客户关系的恶化，甚至破裂。所以，销售员在向客户提问时需要掌握以下要点。

1. 必须保持礼貌和亲和力

在提问时，销售员对客户必须保持礼貌和亲和力，不要给客户留下不被尊重和关心的印象；同时还必须在提问之前进行谨慎思考，切忌漫无目的地信口开河。而且，如果销售员提出的问题因为完全没有经过大脑而显得愚蠢时，客户会心生反感，甚至会毫不犹豫地将销售员赶出门。

不管是什么客户，都不喜欢在说话时被鲁莽地打断，也不喜欢听销售员喋喋不休地夸奖自己的产品，因为很多客户在购买产品之前都将销售员看作怀有"不良企图"的人。但是，如果销售员以征求客户意见的态度向他们提出友好而切中他们需求的问题时，他们会渐渐放松对销售员的警惕和抵触心理。

2. 问题必须切中实质

在沟通中，任何提问都必须紧紧围绕特定的目标展开，这是每一个销售员都必须记住的。因此，与客户沟通过程中的一言一行要有目的地进行，千万不要漫无目的地脱离最根本的销售目标。对此，在约见客户之前，销售员应该针对最根本的销售目标和实际情况逐步分解，然后根据分解之后的小目标考虑具体的提问方式。这样提出来的问题，不仅可以避免因谈论一些无聊话题而浪费彼此的时间，又可以循序渐进地实现各级目标。

3. 多提开放性的问题

开放性提问是与封闭性提问相对的。所谓的封闭性提问是答案已经受到限定的提问，客户只能在有限的答案中进行选择。这些答案往往是"是""不是""对""错""有"或者"没有"等简短的答案，如"我能否留下产品的相关资料呢？""您是不是觉得和大公司合作比较可靠？"等。封闭性提问不仅会使客户感到很被动，还会产生被审问的感觉，而销售员也只能从客户的答案中得到极其有限的信息。

因此，销售员应该多向客户提一些开放性问题，不要限定客户回答问题的答案，而完全让客户根据自己的兴趣，围绕谈话主题说出自己的真实想法。开放性提问可以令客户感到自然而畅所欲言，有助于销售员根据客户谈话了解更有效的客户信息。而且，在客户感到不受约束、畅所欲言之后，他们通常会感到放松和愉快，这显然有助于双方进一步沟通与合作。

开放性问题包括以下疑问词以及典型问法："为什么……""……怎（么）样"或者"如何……""什么……""哪些……"等。具体的问法需要销售员认真琢磨和多实践才能运用自如。

（四）细心观察客户的反应

在与客户沟通的过程中，有经验的销售员会细心地观察客户的反应，留心客户的一举一动，从中了解各种需求信号和购买倾向，从而采取相应对策来增加交易成功的机会。

其实，一个合格的销售员在和客户沟通时往往善于察言观色，从而不断地从客户那儿体会到各种不同的信息，并从中分辨出哪些是对销售有直接帮助的购买信号，哪些是阻碍销售的警戒信号。当客户透露出购买信号时，则应耐心等待，伺机跟进，然后营造成交的气氛。当客户透露出警戒信号时，则应以虚心的态度合理地解说客户对商品的疑虑及负面看法，将问题转化为机会，为自己创造销售机会。

那么，如何细心观察客户的反应，并从中作出正确的判断呢？

1. 客户是否不断地提问题

销售员可以针对客户的问题来作出正确的判断。如果客户不断地提出问题，表示客户对你的产品或服务具有高度兴趣，你只要辨识问题中所代表的购买信号，然后再针对问题给予专业性的解说，并作好随时成交的准备就可以了。如果客户对于你介绍的产品和服务没有提问的欲望，则说明他对你的产品或服务缺少兴趣，这时就需要你进行适当的提问，进一步了解客户的需求和想法，然后再作出判断。

2. 客户是否专注倾听

这要求你注意客户的眼神，从中判断客户的想法。如果客户的眼神随着你的说明正视你或是你的产品，代表对产品有兴趣，是一个正向的需求信号。如果客户眼神飘忽不定，那么代表客户在相当程度上对你或你的产品不在乎，关注度较低，这就是一种反向警讯。也许客户只是随便地应付你一下，或者是打发无聊时间，并无任何购买动机。

3. 客户是否提出要求

如果客户对你的介绍及成交价格没有提任何要求，这说明客户无意过早成交或根本没有与你成交的打算。这时，你就需要找出问题的所在，然后拿出针对性的措施。

如果客户提出了条件，甚至是许多条件，如讨价还价、要求赠品、要求延长保修期、要求更好的付款条件、更方便的付款方式等，这是购买信号。销售员这时就要把握好成交的时机，在公司授权范围内灵活处理，以促进尽早成交。

如果客户转移话题或顾左右而言他，一般表示不想买，这时你要作最坏的打算，并保持风度。

4. 注意客户的身体语言

在与客户沟通的过程中，你可以观察客户的身体语言，体会其中传递出来的信息。

当客户出现深思动作、沉默不语时，这是一个正面的信息，表示客户已经进入评估及考虑购买阶段，这时候千万不要打断他，而是静待他的下一个问话。当客户身体向前与你靠近 30～50 厘米的距离时，暗示其对你开始信赖，安全感上升，防卫心理下降。

当客户总换姿势或皱眉头时，如果出现在开始互动时，就是一种警讯，表示客户拒绝你。但是，如果你已经持续和客户互动超过 3 分钟以上，则是一个好消息。因为这表示客户还在犹豫不决或有其他疑虑等待厘清。但是，可以确定的是他还是想买，这时候你的专业建议就可以派上用场。

但是，销售员观察客户的身体语言要不着痕迹，千万不要给客户有一丝丝被观察的感觉，因为那是不礼貌的。

5. 客户是否征求第三者意见

如果发现客户开始向第三者征求意见，则表明是想寻求客观第三者的认同，来增强购买信心。这时，销售员要注意观察第三者散发出来的信号，因为第三者的态度往往具有影响力。

（五）给客户留下选择的空间

在销售中，几乎很少遇到一接触就马上决定购买的客户，更多的情形是客户犹豫不决，使交易的时间不断延长。其实，这是很正常的，不能怪客户优柔寡断，患得患失。在购买的整个过程中，绝大多数的人都会考虑要购买的产品或服务是否能够更好地满足自己的需求，而且还要考虑质量是否有保证和使用期限、售后服务等。只有在确定各方面的条件都比较满意的情况下，购买的行为才会发生。

但是，许多客户在购买产品时会因为受到各种条件的局限而无法购买到完全称心如意的产品。例如，质量满意但价格太高，款式可以但颜色的选择太少，价格合适但缺少某些功能等。当期望中的条件不可能全部实现的时候，客户就会在心里进行一番权衡，希望利用现有的条件使自己买到物有所值而又尽可能地满足自身需求的产品。

既然客户需要针对产品的各种条件进行一番权衡，那他们在购买产品时当然希望自己能够拥有一定的选择空间。如果没有一定的选择空间，即使销售员提供的产品符合他们的要求，他们也可能会到选择空间更大的商家那里去。这种购物特点在女性客户身上表现得尤其明显。

每个客户都期望拥有更大的选择空间，以使自己能够更有弹性地选择购买哪种产品。了解到客户的这种心理，销售员在向客户推销产品时，不妨给他们留下选择的余地，让他们能够在更大的空间内进行选择。例如，多准备几种不同型号、不同质量、不同工艺的产品。当然，产品的价格也要分不同层次。这样一来，既可以满足不同客户的不同需求，又可以让每位客户都能在一定范围之内进行充分选择，从而满足客户的折中心理。

在给客户留下选择的空间以满足客户的折中心理时，销售员要做的不仅仅是把不同种类和特征的产品一一陈列在客户面前，同时还要根据自己的观察和分析，针对不同的客户需求向客户提出合理建议。例如，当客户面对诸多选择犹豫不决时，销售员如果发现客户更注重产品的质量和价格，就可以向客户着重推荐简单实用的产品；如果客户更注重产品的外观，那就可以向客户着重推荐造型别致的产品。通常，在经过自己的一番权衡和销售员的合理建议之后，客户会结合自己的权衡结果及销售员的建议内容及时作出选择，从而完成交易。

（六）弄清客户不说出需求的真相

在销售中，许多销售员都会遇到客户不愿意坦诚说出自己需求的情况。尽管销售员已经做了很多的工作，也已经了解到客户对自己的产品或服务有一定的需求，甚至这种需求还比较强烈，但是出于某种原因，客户就是不愿意向你表明这些需求。

事实上，许多客户在明确了自己的需求后不愿意向销售人员坦诚相告，往往是有一定的顾虑存在的。销售员只有了解到客户心中的顾虑并将其打消，才能让沟通变得顺畅起来。

1. 怀疑公司的可信度

不了解就会产生不信任，客户在与销售员刚接触的时候，往往会由于缺乏对其所在公司的了解而怀疑公司的可信度。因此，销售员要理解客户最初产生不信任的合理性，任何一个客户在购买之前都至少要确定这是一家正规的、不会拿到订金就消失或刚买完产品后就横眉冷对的公司。

客户的这种顾虑是正常的，也是经常会遇到的。销售员除了理解外，还要通过一些努力来消除这种顾虑，以便尽快进入沟通的实质阶段。通常，在与客户接触时，销售员要做到自信而诚恳——对产品表现得有信心，对客户显示出诚恳的态度，耐心与客户交流，然后再向客户提供能够证明公司信誉和实力的有力证据，这些证据可以是公司的相关证书，也可以是某些具有一定影响力人物的介绍信，还可以是与公司有着长期合作的客户关系说明等。

在沟通过程中，销售员的职业态度和说明资料必须互相结合，根据具体情况巧妙地运用才能真正消除客户的顾虑，而不是仅靠态度积极真诚或一股脑儿地把公司实力的相关资料摆放在客户面前就可以解决的。

2. 担心产品质量

担心产品质量有问题和担心公司诚信度一样也是正常而合理的。销售员同样要理解客户并耐心对待，因为这种情况几乎永远是避免不了的。销售员需要明白，客户对于产品质量产生怀疑并提出一系列的疑问往往不是产生了对抗的情绪；相反，这说明了他们有这方面的需求，而且他们已经开始关心产品了。所以这个时候，销售员更应该抓住这个进一步开展彼此沟通的积极信号，消除客户对于产品的顾虑，然后促使客户下决心购买。如果把客户的质疑当成拒绝的信号而放弃努力，那么前期所做的工作都将白费。

那么，如何消除客户对产品质量的顾虑呢？做法与证明公司信誉和实力的方法大同小异，只要把证明公司信誉和实力的相关资料换成能够证明产品质量的资料就行了。另外，也可以通过一些其他方式展现产品的各种优势，如现场演示、权威机构证明等。

需要注意的是，消除客户对产品质量的顾虑，需要销售员更加耐心和仔细，在涉及与竞争对手的产品进行比较时，更需要讲究技巧。

3. 对具体行情缺乏了解

销售员往往会听到客户这样说："我们再对比一下，然后再决定，"或者"有家公司提供的产品比你们的功能多，而价格却比你们的便宜"等。出现这种情况，往往是因为客户对具体的市场行情缺乏了解。在对市场行情没有一个大致了解的情况下，客户一般是不会作出购买决定的。

这个时候，销售员不要要求客户马上决定购买你的产品，而要给客户足够的考虑时间。当然，这也并不是说要你无所事事、静候佳音。如果你这时候能够帮助客户了解市场行情，反倒容易引起客户的好感，打消客户心中的顾虑。这时，你可以主动担当客户顾问的角色，让客户感到你是站在他的立场上考虑问题，而不是要急于推销自己的产品，同时在沟通过程中进一步深入了解客户需求，适时而巧妙地告诉客户，你能够满足其需求，甚至可以在某些方面做得更好。

（七）全面考察客户

每个销售员都希望在第一次与客户见面时就能拿到订单，但这种情况实在是少之又少。销售员面对更多的是不了了之的销售沟通，而且并不是拿到订单就是销售的成功，也许客户总是有各种借口不打算支付货款。如果真是如此，那可谓是"赔了夫人又折兵"！所以，为了减少无效沟通的发生以及避免发生坏账问题，销售员在挖掘客户需求的同时，有必要对潜在客户进行一番全面考察，然后确定真正的目标客户。

在进行一系列的收集和准备之后，我们可以从以下几个方面考察客户是否有可能成为自己的友好合作者。

1. 客户的需求情况

考察客户的需求情况重点包括两个方面：第一，客户是否真的有这方面的需求；第二，客户的需求量是多少。当然，分析客户的需求越全面、越深刻越好，这样既能找到那些真正的目标客户，又能发掘那些没有明显意识，但是的确有需求的客户。

其实，分析客户的需求这项工作在整个销售活动中都具有十分重要的作用。一旦认定客户有这方面的需求，销售员就应该了解客户的需求量是多少，以便采取恰当的沟通策略。例如，如果客户的需求量大，就可以在报价时留有一定余地；如果客户的需求量小，就要认真考虑自己付出的各项成本。

2. 能否满足客户的某些特殊需求

如果销售员发现客户对你的产品或服务感兴趣，就一定要抓住机会，进一步探询客户对产品的具体期望。这样，你才能知道如何满足客户的真正需要。如果客户特别强调的某些需求你不能满足，那就应该采取其他方式解决，如向客户推荐其他同类产品，或者说服客户放弃某些需求或降低某些要求等。

3. 判断客户是否具有购买决策权

虽然客户的需求与你的产品特点相符，但是你还应该确定一件事，那就是这位客户是否具有购买决策权。销售员需要根据客户的决策能力决定沟通的策略。当确定对方具有购买决策权时，销售员应该把沟通内容引向实质性问题，否则就要想办法找到真正有购买决策权的客户，然后再寻找合适的沟通时机。

4. 客户的实际支付能力和信誉

客户的实际支付能力和信誉是销售员一定要引起注意的。即便这个客户对你的产品很满意，而且也具有购买决策权，但是如果他没有足够的资金支付货款，那你就应当谨慎行事，以免造成销售后的呆账。如果确认你的潜在客户有这方面的预算，并且完全具备支付能力，那你还要对其一贯的信誉进行一番考察。

5. 客户可能合作的时间

当对客户的需求、决策权、支付能力以及信誉等问题进行全面考察之后，销售员还应该考虑目标客户可能与你合作的时间安排。如果客户在一个月以后才有可能与你商谈合作细节，那你完全可以利用这一个月的时间和其他客户进行沟通，或者充分利用这一个月的时间准确把握客户的需求及心理，以便制定最科学的沟通策略。过于紧迫地催促目标客户，一方面是对自己时间和精力的浪费；另一方面可能引起他们的厌烦和怀疑。

（八）了解客户的负面情绪

绝大多数的销售员都希望自己能够遇到善解人意和热情大方的客户：对自己持有热

情欢迎的态度，对产品优势大加赞赏，不挑剔产品的不足，在最短时间内作出购买决定，而且一次性支付现金，在购买产品之后不再有任何抱怨，下次有需求时会主动购买，介绍熟人前来购买，等等。但是，这仅仅是一厢情愿而已。在现实的销售工作中，这种幸运几乎是不可能发生的。相反，销售员往往遇到的是处处和自己作对的客户：将自己拒之门外，抱怨有加，显得烦躁，等等。

其实，客户对销售员的销售工作经常抱有一定的消极情绪，销售员必须了解这些来自客户的负面情绪，采取相应的沟通技巧，才能化险为夷，改变被动的局面。

那么，客户都有哪些负面情绪呢？

1. 逆反情绪

有些客户经常故意与销售员作对，但是却并非是在无理取闹，而是他们当时正处于逆反情绪当中，或者他们性格中的逆反因素比较多。对于这类客户，如果强行说服他们，只能使事情变得更加糟糕。

销售员需要知道，逆反情绪强烈的客户，在沟通过程中更具有独特的个性，而且他们非常不喜欢被别人控制或引导。所以，与他们沟通时要尽量避免正面与之交锋，应该利用旁敲侧击的方式让他们自己说出内心的需求。在谈话中，要尽量避免在介绍或提问时设置谈话的界限，多用开放式的提问，让客户表达自己的意见。

2. 急躁情绪

与客户沟通时，有些客户会表现得相当急躁，如语气强硬，如果自己提出的要求得不到同意就要走人，或者是当你介绍到一半的时候他们突然打断，表示自己不愿意再听下去。遇到强硬而又急躁的客户，如果销售员受其情绪感染，不能掌控沟通的气氛，就会使整个沟通氛围立刻变得紧张起来，最后使沟通无果而终。

对于表现得非常急躁的客户，销售员要保持冷静和理智，先缓和气氛，使客户的情绪平静下来，然后再谈论双方都比较关注的焦点问题。如果采用这样的沟通方式，销售成功的概率还是很大的。

3. 不平衡心理

销售人员经常会遇到客户这样的抱怨：我们上次采购的那台机器如果从别家买，可以便宜 1 000 元钱呢！以后可真得多比较比较了。再如：你们公司的产品操作不如××公司的简捷方便，可是价格却高出很多，这对我们来说挺不合适的……

这种抱怨表现了客户的一种不平衡心理，这种心理来自于两方面：一方面是你的产品与竞争对手产品之间的差异，如竞争对手产品的某种优势你的产品不具备；另一方面则来客户与周围人的对比，如同事购买同类产品的价格更低等。而且，客户一旦产生这种心理，就更容易绞尽脑汁地寻找产品的缺陷。如果销售人员不及时加以处理，就很容易导致销售的失败。

要使客户的心理平衡，关键是要掌握客户最关注的产品利益，尽可能地找出竞争对手不能提供的利益；或者将客户的注意力转移到某种新鲜事物上，活跃沟通气氛，让客户在愉快的心情中接受产品。

4. 虚荣心理

有些客户虚荣心理较强，这是正常的，如果销售员予以适当地满足，往往可以取得不错的效果。通常采取的方法是示弱、恭维等。例如，"销售工作非常辛苦，所做的一切都是为了让客户感到满意，所以无论多么辛苦都是值得的……"再如，"像您这么有眼光的人真是不多，能够结识您真是我的荣幸……"

但需要注意的是，在向客户示弱或者恭维时，一定要掌握一定的度，过度地示弱或者恭维可能会使客户对你的动机产生怀疑，从而提高警觉，增加沟通的阻碍。另外，有些客户虽然喜欢虚荣，但可能讨厌虚伪。如果发现你的表现相当虚伪，他们会产生被愚弄或欺骗的感觉，这更使沟通走向反面。

（九）耐心消除客户心中的疑虑

在销售中，销售员经常会遇到客户的疑虑和排斥，有时是用语言直接拒绝的，有时是通过动作、表情和神态表现出来的。其实，客户产生疑虑不管是出于什么原因，销售员都有义务担当起消除这些疑虑的责任，解除客户的戒备心理，而不应该轻言放弃，更不应该对客户怀有抱怨。

在客户疑虑中，往往蕴藏着契机。有时，客户会因为不了解而对产品提出疑问，但这表明他对这种产品是具有一定兴趣的。如果客户对产品没有一点儿兴趣，那么他又何必关心产品的质量是好是坏、价格是否公道？如果客户是因为一些道听途说的事情对你推销的产品存有不满，你完全可以用可信的证据当面向客户解释，这是转变客户态度的大好机会。

所以，无论从哪个角度来说，客户心中存有疑虑并不是件坏事，而是很正常的，销售员应该成为一个消除客户疑虑的高手。

在打消客户的戒备心理时，销售员最好不要在沟通一开始就直截了当地说明自己的销售意图。那些成功的销售高手通常都会在拜访客户之前掌握充分的信息，然后找一个客户比较感兴趣的话题，直到时机成熟，再引导客户参与到销售活动当中。

对于有些对公司和产品的误解已经很深的客户，销售员不可过于急躁，应该首先了解客户产生疑虑的原因，如是否曾经有过不愉快的购买经验，是从哪里听到产品不好的消息等。当了解到误解产生的原因之后再通过各种方式了解客户的需求，如过去使用过的产品不能满足其哪些需要，希望产品具有哪些特点才能满足其需求等。只有对以上信息有了充分了解之后，销售员才能针对具体问题采取相应技巧，最终化解客户对产品的误解，达到沟通目的。

三、让客户更加认同你

（一）真诚提供建议和帮助

在销售中，销售员真心诚意地帮助客户并提供完善的建议是解除客户戒备心理、让沟通变得更通畅的一种非常有效的手段。通常，客户对销售员充满了警惕和防范，因为他们害怕一不小心就进入销售员精心设计的"圈套"。之所以如此，并非客户过于小心谨慎，而是因为有相当一部分销售员不能从根本上真诚对待客户，积极关注客户的具体需求。有些销售员为了完成销售任务而不择手段，但结果是，短期的销售目标有可能实现，但销售工作会做着做着就没法做了，最终走投无路。

所以，部分销售员的恶劣行为会丑化所有销售员在客户心目中的印象，而扭转这种局面的唯一方法，就是用自己的真诚去关心客户，诚心诚意地帮助客户提出建议、解决问题。

建议与帮助是销售成交的关键所在，也是达成交易的方案。由于你对产品的了解比较专业和系统，如果再以真诚的态度把购买的建议方案传递给客户，就会使客户的购买欲望达到最高，他们也许会直接把订单给你。

提出建议和帮助的最终目的是希望获得订单。所以，销售员首先要把握的原则是让客户感到满足，让客户感受到需求能被满足、问题能够得到解决。当客户听完你的产品介绍后，心里有了购买想法，若是你能真诚、及时地给客户提供一套适合于解决客户问题的建议方案，无异于帮了客户大忙。

1. 建议的准备技巧

（1）对客户的现状有所把握；

（2）针对客户的特点分析建议重点；

（3）了解竞争者的状况；

（4）知道客户的购买程序；

（5）把握客户的决定习惯。

2. 销售现状分析

（1）厘清主要的问题及产生的原因；

（2）分析问题要依据调查的资料；

（3）问题必须是客户有兴趣、关心的；

（4）对原因的把握要得到客户的认可。

3. 制定一个标准的建议方案

（1）宗旨；

（2）目前情况；

（3）建议改善对策；

（4）比较使用前及使用后的差异；

（5）成本效益分析；

（6）结论。

需要注意的是，对客户提供的建议应从客户想要达成的目标着手拟定，在建议方案中应提出达成的目的及优点。同时，应尽可能地简明扼要，其中解决问题的措施要能针对问题的原因进行改善，并能清楚地让客户理解，同时还要有具体的资料证明你的对策是可行的。而且，在建议中要比较使用前及使用后的差别，并找出具体的证明，以便客户能客观地判断产生的差异。

另外，建议方案的成本计算要正确合理。效益包括有形的效益及无形的效益。有形的效益最好能数值化。效益必须是客户也能认定的。

当销售员真正关注客户的需求，并且真心诚意地帮助客户解决问题，在此之前客户对销售员的误解和疑虑就会得到消除，接下来的沟通自然会通畅得多。

（二）与客户寻找共同话题

在销售工作中，如果销售员在接近客户时，与客户沟通的信息不能引起客户的兴趣，只是把自己希望传递给客户的信息传递过去，往往会为失败埋下种子。完全着眼于自身意愿的销售沟通注定要经历很多波折，因为客户常常会打断你，让你"赶快离开"。即使客户允许你说完那段令人厌烦的开场白，他也不会把这些东西记在心里。

如果与客户聊他们感兴趣的话题则可以使整个销售沟通充满生机。一般情况下，客户是不会马上就对你的产品或企业产生兴趣的，这需要销售员在最短时间之内找到客户感兴趣的话题，然后再伺机引出自己的销售目的。例如，销售员可以事先从客户的工作、爱好、孩子、家庭、身体以及当下重大时事新闻等谈起，以此活跃沟通气氛，增加客户对你的好感。

通常情况下，销售员可以通过以下话题引起客户的兴趣。

（1）谈论客户的工作，如客户在工作上曾经取得的成就或将来的美好前途等。

（2）提起客户的主要爱好，如体育运动、饮食爱好、娱乐休闲方式等。

（3）谈论时事新闻、体育报道等，如每天早上迅速浏览一遍报纸，等与客户沟通时首先把刚刚了解到的重大新闻拿来与客户谈论。

（4）询问客户的孩子或父母的信息，如孩子几岁了、上学的情况、父母的身体是否健康等。

（5）谈论时下大众比较关心的焦点问题，如世界杯的赛事情况、如何节约能源等。

（6）和客户一起怀旧，如提起客户的故乡或者最令其回味的往事等。

（7）谈论客户身体，如提醒客户注意自己和家人身体的保养等。

对于销售员来说，在与客户进行销售沟通之前，花费一定的时间和精力对客户的特殊喜好和品位等进行研究是非常有必要的，这样在沟通过程中才能有的放矢。通常来讲，销售员可以通过巧妙的询问和认真的观察与分析了解客户感兴趣的话题。

销售员需要特别注意的是，要想使客户对某种话题感兴趣，你最好对这种话题同样感兴趣。因为整个沟通过程必须是互动的，否则就无法实现具体的销售目标。如果只有客户一方对某种话题感兴趣，而你却表现得兴味索然，或者内心排斥却故意表现出喜欢的样子，那么客户的谈话热情和积极性马上就会被冷却下来，这样很难达到良好的沟通效果。所以，销售员应该在平时多培养一些兴趣，多积累各方面的知识，至少应该培养一些比较符合大众口味的兴趣，如体育运动和一些积极的娱乐方式等。这样，等到与客户沟通时就不至于捉襟见肘，也不至于使客户感到与你的沟通寡淡无味。

另外，销售员在沟通之前还要对客户的实际需求进行认真分析，以便准确把握客户最强烈的需求，然后从客户需求出发寻找共同话题。在确定了客户的需求之后，虽然可以针对这些需求与客户进行交流，但是这还达不到销售沟通的目的。这就需要销售人员巧妙地将话题从客户需求转到销售沟通的核心问题上。

（三）不要过分赞美

赞美是人类沟通的润滑剂，也是有效运用"移魂大法"的必要技能。对于销售员来说，如果能够运用好这种技能，往往可以取得意想不到的效果。据专家研究，一个人如果长时间被他人赞美，其心情会变得愉悦，智商会有所下降。营销人员应该毫不吝啬地找到客户的赞美点去进行赞美，例如：

（1）××小姐的企业精致小巧，一片生机勃勃的景象，具有这样精神面貌的企业不发展壮大都很难啊！

（2）××先生的办公室布置得非常时尚，非常有现代感，想必××先生的经营理念也是紧跟社会发展的节奏和方向的。

（3）××先生这么年轻，就有今天的成就，令我们由衷佩服，确实是我们学习的榜样啊！

（4）××先生的办公厂房宽敞明亮、设施齐备，您的企业在同行中一定是最好的。

当然，运用赞美的技巧时，必须掌握好说话的时机和赞美的度。否则，客户会认为你根本不是诚心的，只是一句奉承的话而已。这样反而增添了客户对你的不信任感，拉开了你与客户之间的距离。

那么如何把握这一点而不使赞美过头呢？

1. 拿一些具体明确的事情来赞扬

如果在赞美客户时，销售员能够有意识地说出一些具体而明确的事情，而不是空泛、含混地赞美，那往往可以获得客户的认可并使其坦然接受。因此，会赞美的销售员往往会注意细节的描述，而避免空发议论。

2. 找出客户异于他人的地方来赞扬

卡耐基在《人性的弱点》一书里便讲过这样一件事：卡耐基去邮局寄信。他在等待的时候，发现这家邮局的办事员态度很不耐烦，服务质量差劲儿得很。因此，他便准备用赞扬的方法使这位办事员改变服务态度。当轮到他称信件重量时，卡耐基对办事员称赞道："真希望我也有你这样的头发。"听了卡耐基的赞扬，办事员脸上露出了微笑，接着便热情周到地为卡耐基服务起来。自那以后，卡耐基每次光临这家邮局，这位办事员都笑脸相迎。

从上面的例子可以看到，每个人都有一种希望别人注意他不同凡响的心理。因此，如果你在赞扬客户时，能适应这种心理，去观察发现客户异于别人的方面来进行赞扬，一定会取得出乎意料的效果。

3. 要善于找到客户的亮点

赞美是说给人听的，一定要与人挂钩，要善于找到客户的亮点。例如，你看到客户有一辆名牌汽车，如果你轻轻地摸着车子连声说："好车！好车！真漂亮！"这仍然起不到赞美客户的作用，因为车子再漂亮，那也是生产厂家的功劳，和车主有什么关系呢？如果这样说："这车保养得真好！"那效果就完全不同了。

4. 赞美要说到客户心里

如果你的赞美正合客户的心意，会加倍成就他自信的感觉，这的确是感化人的有效方法。也就是说，如果话能说到客户心里，说出他的心声，作用更大。

（四）切忌卖弄专业术语

销售员要熟知产品知识，就要接受技术人员的培训，因此而掌握许多关于产品的技术名词和概念，但在与客户沟通时，则不要过多地使用专业术语与技术名词，因为大多数客户只是使用者，往往听不懂专业术语。过多地使用专业术语，不仅不能让客户准确地理解产品的价值，还会让客户觉得自己很渺小，从而使销售员的形象变得傲慢、华而不实。

用客户听得懂的语言向客户介绍产品，是每个销售员应该学会的技能。这就要求销售员掌握一定的语言技巧，当需要陈述时，能够让客户准确全面地理解自己想要表达的意思。

对此，销售员需要注意以下几点。

1. 选择适合客户的交谈方式

销售员必须选择适合客户的语言和交谈方式，避免使客户如坠雾里，不知所云。如果客户听不懂你的意思是什么，你就不能打动他。

2. 陈述简洁

陈述简洁是对销售员的基本要求。在沟通时，销售员应该尽可能在较短的时间内，简单明了、干净利落地把最重要的信息传达给客户。沟通是双向的，如果总是一个人在说而不给对方表达的机会，那么沟通是无法进行的，更何况是与客户。销售员只有尽可能快地唤起客户沟通的愿望，才能使销售进行下去。

3. 表述准确

在沟通中，销售员应该把客户最感兴趣、最关注的信息传递给客户，而不能把所有的信息不分轻重地都讲给客户。所以，销售员一定要挑正确且重要的信息准确地向客户表述。这就要求销售员合理安排不同阶段的陈述重点。在沟通中，不同阶段的沟通重点是不一样的，销售员要根据具体情况把重要的信息分成几次陈述，这样才能保证客户正确理解陈述的内容。另外在表述时，销售员要发音清晰、音量适中，用词尽量准确。

4. 语言流畅

语无伦次、前后矛盾、结结巴巴、吞吞吐吐是沟通的大忌，销售员一定要克服这种情况，掌握清晰、流利的说话技能，同时做到表述连贯、逻辑合理、前后衔接，把原因和结果叙述清楚。不然的话，客户不仅会轻视你，还会怀疑你说话的真实性。但需要注意的是，语言流畅并不是要滔滔不绝地说个不停，那样会带来负面影响。

5. 尽量生动

销售的过程就是发现客户需求、激发客户购买欲望并说服其购买的过程，如果销售员能够掌握丰富生动的语言，则更加有利于销售的成功。能够打动客户的语言一般有如下特征：活泼新颖，有幽默感，易于使人产生愉快的联想并容易被记住，使人感觉叙服和可信，等等。

（五）重视客户周围的人

在销售中，销售员对于最有决策力的客户往往不会大意，但对于客户周围的人却容易轻视。但事实是，许多看起来无足轻重的人却对销售进程起着至关重要的作用。你费尽心思想获得客户的认可，但最终却因为周围的人的一句话，让一切努力都白费了。之所以出现这种情况，是因为好的客户虽然有最终的决策权，但他们却总是喜欢听一听别人的意见，既显得自己博采众长，还可以树立威望。于是，当你不小心对客户周围的某一个人显得轻视时，他就会利用自己的便利去向客户歪曲你的产品或为人。这时，想销售成功就很难了。

一般来讲，在销售中找到具有影响力和决策权的关键人物并不是一件困难的事。但除了决策人外，有时还有使用人以及维护人，这些人也绝不能忽视，他们对销售能否成功有着很重要的影响。对于他们，如果你积极努力，让他们认识到你的产品和服务的价值，他们一般都会认可。

在销售中，销售员除了寻找决策人与之沟通外，还要充分尊重其他人。而且，仅仅尊重是不够的，要让所有的人变成准客户、客户才行。

因此，销售员在访问具有决策权的客户时要尽量维护好与其周围人的关系，也尽可能多与其他人接触，这样不仅可以获得一份支持的力量，有时还可以获得意外的信息。

在面对家庭销售时，销售员首先要弄清楚谁是最终决定人，然后在他的身上下功夫，这每个销售员都知道，但也千万不要漠视其他成员。这时，要想探知谁掌握财务，可以这样说："你要是在家里大小事都管，你自个儿决定就行了。要是这类小事放手让爱人去管，回去跟你爱人说一声，让他（她）来看看。"这样的沟通方式，很容易弄清家庭中谁是决定人，而且还会为对方留足面子，为进一步销售打下基础。

如果你的产品是要卖给未成年的孩子，那么你要知道，孩子就是决定人。如果孩子喜欢上了你的产品，他会极力去说服自己的父母。但是，销售员在销售之前要先判断出孩子的父母有没有支付能力。如果没有，而孩子又喜欢上你的产品，只能让成年人在孩子面前丢面子，从而对你产生反感。

（六）保持足够的热情

热情是一个优秀的销售人员不可缺少的素质，可以这么说，如果没有热情，销售也就不会存在了。热情的态度不仅是一个销售员必备的基本条件，也是一个企业对所有员工的最基本的要求。

其实，不管什么样的事业，要想获得成功，首先需要的就是工作热情。销售事业尤其如此，因为销售员整日、整月，甚至整年地到处奔波，辛苦地推销商品，其所遭遇的失败不用说了。就是销售工作所耗费的精力和体力，也不是一般人所能吃得消的，再加上失败甚至连连失败的打击，可想而知，销售员是多么需要热情和活力！

热情可以使悲观的人成为乐观的人，使懒惰的人变成勤奋的人，使失败的销售员成为成功的销售员，热情的力量远远不止这些，甚至无法用言语清楚地表达出来。如果没有热情，就没有顶尖的销售员。没有诚挚的热情和蓬勃的朝气，销售员也将一事无成。

所以，你不仅要锻炼健康的体魄，更要具有诚挚热情的性格。热情是销售成功与否的首要条件，诚挚的热情能融化客户的冷漠拒绝，使你"克敌制胜"。

热情之所以重要，不仅是因为它可以使销售员激发出本身的潜能，也是因为客户有这种需要。客户是有血有肉的人，也是有感情的，他有种种需要。因此，销售员如果一心只想着增加销售额，赚取销售利润，而没有一丝热情，那么交易肯定是无法完成的。

所以，要想成为一名优秀的销售员，首先应该用热情去打动客户，唤起客户对你的信任和好感。这样，交易才能顺利完成。

你具有热情，客户才能感觉到你是在帮他，而不是仅仅想赚他的钱。你应该帮助他说出他的真正需要，你应该作他的热心参谋，帮他算账，帮他决策，让他切身体会到你的热情，从而感到可以相信你，进而与你签约成交。

热情是可以培养的，当你对自己和自己的产品有信心时，热情就容易培养了。只有你对自己的产品有信心，当你同客户打交道时，就会用热情去推销。这种热情是发自内心的，而不是发自口舌。一旦你建立了信心，你就会对自己的产品产生一种狂热的信仰。只有自己信服了，才能让别人信服。

热情是能够传染的。销售员要用热情来推销，并把这种热情传递给你的客户。那么，怎么来提高热情呢？

第一，勤于锻炼身体，健康的身体是产生热情的基础。一个人如果充满活力，他的精神和情感也会充满活力。很多销售员每天早晨会做些体能活动，像健身操、慢跑等，这不但可以增进他们的健康，而且可以提高他们的精力和热情。

第二，在进行推销之前，先给自己来一段精神讲话，或说些鼓舞的话。虽然对自己来一段精神讲话这种方式并不普遍，但是却极为有效，其效果就像教练对球员讲话一样。当你去见一个客户之前先给自己来一段精神讲话，推销的时候就会讲得更好，也会更成功。

第三，学会微笑，经常锻炼脸部肌肉，随时都能露出笑脸。

第四，把热情变成一种习惯，时时提醒自己要保持热情，不仅是对客户的热情，更重要的是对销售工作、对生活和生命的热情。

（七）永远不与客户起争执

为了使销售成功的概率更高，销售员要提高自身的修养，宽容大度，具备耐心，能克制自己的情绪，不管发生什么事情，都绝不与客户发生争执。与客户发生争执，如果你赢了，客户仍然不购买你的东西；如果你输了，后果更严重，你的为人和产品都将被客户彻底否定。争执会带来心理上的障碍和情绪上的对立，必然会使你无法达到自己的目的。所以，永远不与客户发生争执，客户永远是对的，这种销售理念每个销售员都要牢记。

那么，怎样做才能避免与客户发生争执呢？

1. 绝不能直接反驳客户

假如客户所说的某些话是错误或不真实的，销售员绝不能直接反驳，那样会让客户很没面子，甚至对你大动肝火。这时，如果客户所说的话是无关紧要的，销售员就可以不予理之，继续谈话；如果客户对于你的产品和服务有误解，你就应该采取先肯定、后否定的谈话方式，如"您说的没错，但是……"也就是先同意对方的观点，然后再以一种合作的态度来阐明自己的观点。

2. 注意遣词用句

销售员在遣词用句上要特别留意，说话时态度要诚恳，绝不对人，切勿伤害了客户的自尊心，要让客户感受到你的专业与敬业。

3. 让客户多说

客户有异议时，销售员要让客户说清楚他拒绝的理由，并认真听取客户的意见，进一步判断客户的需求情况。其实，让客户多说，销售员不仅可以了解客户对自己建议的接受程度，而且可以平息客户某些不愉快的情绪，让客户有一定的宣泄后，沟通起来就容易多了。

相反，如果客户还没有说几句话，销售员就说了一大堆与他意见相左的话，不仅会因为打断了客户的话而使客户感到生气，而且还会向对方透露许多信息。当对方掌握了这些信息后，销售员就处在不利的地位，客户便会想出许多拒绝购买的理由，当然就不可能达成交易。

4. 冷静分析客户的异议

客户有时与你的观点相抵触，你就需要判断产生这种异议的原因。一般情况下，客户提出的异议，能让销售员获得更多的信息，销售员要能根据这些信息进行判断。客户的异议可以分为以下三种情况。

（1）虚假的异议。客户在很多时候提出的异议并不是他们真正在意的地方，如"这个款式的洗衣机的造型好像不新颖啊""这种款式的衣服已过时了，是去年流行的款式"……这些虽然听起来是异议，但销售员不必太过在意，一言带过即可。

（2）真实的异议。客户表达对你的产品不满意，或对你的产品有意见，或目前没有需要，如"你们产品的这些功能我们都用不着。"对此，销售员就要立即处理，向客户推荐新的产品。

（3）隐藏的异议。有时，客户希望降价，但却提出其他如品质、外观、颜色等异议，以降低产品的价值，从而达到降价的目的。这个时候，客户提出的就是隐藏的异议，也就是，客户有时并不把真正的异议提出，而是提出其他各种真的异议或假的异议，目的是要借此达成解决异议的有利环境。

第四节　客户投诉管理

一、客户投诉概述

客户投诉是指客户对企业产品或服务不满意而提出的书面或口头上的异议、抗议、索赔和要求解决问题等行为，是客户购买后感觉到不满意而引发的抱怨。

从内容上，客户投诉可分为狭义和广义两种。从狭义上讲，客户投诉是指受到损害方找到第三方进行倾诉、控告的行为。从广义上讲，客户投诉是指当客户购买产品时，对产品本身和企业的服务都抱有良好的愿望和期盼值，如果这些愿望和期盼值得不到满足，就会失去心理平衡，由此产生抱怨或申诉行为。

美国商人马歇尔·费尔德认为：那些购买我产品的人是我的支持者；那些夸奖我的人使我高兴；那些向我抱怨、投诉的人是我的老师，他们纠正我的错误，让我天天进步；只有那些一走了之的人是伤我最深的人，他们不愿给我一丝机会。可见，投诉虽然不可避免，但没有投诉，企业就像失去了老师一样，得不到及时纠偏，也就不能天天进步。投诉的价值主要表现在：客户是企业有价值且免费的信息来源；客户投诉可使企业及时发现并修正产品或服务中的失误，开创新的商机；客户投诉可以帮助企业建立和巩固自身的形象。

（一）客户投诉的原因

客户投诉的原因主要集中在产品或服务本身。

1. 客户对商品本身不满意

客户对产品质量、产品价格、产品计量方面的抱怨是产生投诉的重要原因。完美的商品=好产品+好服务。100 件商品里只要有 1 件有瑕疵，对商家来说是 1%的过失，对客户来说是 100%的不满意。

2. 客户对服务质量不满意

服务标准低、服务人员态度不好及服务方式不对是导致投诉的主要原因，如对客户冷漠、粗鲁，表情僵硬，或者表示出不屑；不尊重客户，不礼貌，缺乏耐心，对客户提问和要求表示烦躁；服务僵化、被动，没有迅速、准确处理客户的问题；措辞不当，引起客户的误解。

美国管理协会（AMA）所做的一项调查显示，68%的企业失去客户，原因就是服务态度不好。商品是死的，只有在商品里附加上人的情感，才能使商品鲜活起来。交易表面上看是物与物的交换，但实质上是人与人情感的交流和沟通。

3. 受骗上当

企业在广告中过分夸大宣传产品的某些性能，引诱客户上当，造成客户预期的落空；或者企业对客户做了某种承诺而没有兑现，使客户的期望没有得到满足。例如，有的商场承诺包退包换，但是一旦客户提出退换要求，商场总是找理由拒绝。

（二）客户投诉的类型

1. 按投诉的严重程度划分，客户投诉可分为一般投诉和严重投诉

（1）一般投诉。一般投诉是指投诉内容、性质比较轻微，没有对投诉人造成大的损害或者投诉人的投诉负面影响不大的投诉。

（2）严重投诉。严重投诉是指投诉涉及的问题比较严重，对投诉人造成了较大的物质上或精神上的伤害，引起投诉人的愤怒而做出不利企业的言行。

上述两者之间也是有一定的联系：一般投诉如果处理不当，极有可能演变成严重投诉；相反，如果严重投诉处理得比较有技巧，也可以将其转化为一般投诉。

2. 按投诉内容划分，客户投诉可分为产品质量投诉、服务投诉、价格投诉和诚信投诉

（1）产品质量投诉。产品质量投诉是指投诉人对产品的质量、性能、安全等方面不满意而提出的投诉。

（2）服务投诉。服务投诉是指投诉人对企业提供的售后服务或对销售人员的服务方式、态度等方面不满意而提出的投诉。

（3）价格投诉。价格投诉是指投诉人认为他所购买的产品或服务价格过高或者物非所值而产生的投诉。

（4）诚信投诉。诚信投诉是指投诉人因购买产品或服务后，发现其使用价值或感受到的服务并非如售前或售中所宣传、承诺的那样而产生的投诉。

3. 按投诉行为划分，客户投诉可分为消极抱怨型投诉、负面宣传型投诉、愤怒发泄型投诉和极端激进型投诉

（1）消极抱怨型投诉。消极抱怨型投诉是指投诉人不停地抱怨、数落各方面的不满意，投诉的重心在表达不满意。

（2）负面宣传型投诉。负面宣传型投诉是指投诉人在公共场合或在除企业外其他人面前负面评论企业的产品、服务等，其投诉的重心在广而告之企业的缺陷或不足。

（3）愤怒发泄型投诉。愤怒发泄型投诉是指投诉人情绪激动或失控，投诉的重心在以愤怒、敌对的方式宣泄自己的不满意。

（4）极端激进型投诉。极端激进型投诉是指投诉人以极端的方式与企业发生口角或做出一些过激的行为，不达目的绝不罢休，这类投诉一般称为客户冲突。

4. 按投诉性质划分，客户投诉可分为建议性投诉、批评性投诉和控告性投诉

（1）建议性投诉。建议性投诉是指投诉人一般不是在心情不好的情况下投诉的，恰恰相反，这种投诉很可能是随着对商家的赞誉而发生的，即尽管现在这样也不错，但如果那样做就会更好。

（2）批评性投诉。批评性投诉是指投诉人心怀不满，但情绪相对平静，只是把这种不满告诉对方，不一定要对方作出什么承诺。

（3）控告性投诉。控告性投诉是指投诉人已被激怒，情绪激动，要求投诉对象作出某种承诺。

（三）客户投诉对企业的意义

一定条件下，客户投诉对企业是非常有价值的，因为企业可以通过客户投诉及时发现产品或服务的不足和失误；同时可以使企业获得再次赢得客户的机会，也可以使企业树立良好的形象。

1. 阻止客户流失

现代市场竞争的实质就是一场争夺客户资源的竞争，但由于种种原因，企业提供的产品或服务会不可避免地低于客户期望，造成客户不满意，客户投诉是不可避免的。向企业投诉的客户一方面要寻求公平的解决方案，另一方面说明他们并没有对企业绝望，希望再给企业一次机会。美国运通公司的一位前执行总裁认为："一位不满意的客户是一次机遇。"有研究发现，50%～70%的投诉客户，如果投诉得到解决，他们还会再次与企业进行交易，如果投诉得到快速解决，这一比重会上升到92%。因此，客户投诉为企业提供了恢复客户满意的最直接的补救机会，鼓励不满客户投诉并妥善处理，能够阻止客户流失。

2. 减少负面影响

不满意的客户不但会终止购买企业的产品或服务，从而转向企业的竞争对手，而且还会向他人诉说自己的不满，给企业带来不利的口碑传播。据研究发现，一个不满意的客户会把他的经历告诉其他至少 9 名客户，其中 13%的不满客户会告诉另外的 20 多个人。许多投诉案例表明，客户投诉如果能够得到迅速、圆满的解决，客户的满意度就会大幅度提高，客户大都会比失误发生之前具有更高的忠诚度。

3. 免费的市场信息

投诉是联系客户和企业的一条纽带，它能为企业提供许多有益的信息。研究表明，大量的工业品的新产品构思来源于用户需要，客户投诉一方面有利于纠正企业营销过程中的问题与失误，另一方面还可能反映企业产品和服务所不能满足的客户需要。仔细研究这些需要，可以帮助企业开拓新市场。从这个意义上，客户投诉实际上常常是被企业忽视的一个非常有价值且免费的市场研究信息来源，客户的投诉往往比客户的赞美对企业的帮助更大，因为投诉表明企业还能够比现在做得更好。

4. 预警危机

一些研究表明，客户在每四次购买中会有一次不满意，而只有 5%以下的不满意的客户会投诉。如果将对企业不满的客户比喻为一座冰山的话，投诉的客户则仅是冰山一角。企业要珍惜客户的投诉，正是这些线索为企业发现自身问题提供了可能。很多企业正是从投诉中提前发现了问题，然后进行改善，从而避免了更大的危机。

二、客户投诉管理的内容、原则与步骤

（一）客户投诉管理的内容

客户投诉管理的内容主要包括投诉预防、投诉受理、投诉处理及投诉分析。

1. 投诉预防

客户投诉管理，重要的环节在于投诉预防。因为投诉的问题越严重，挽救的成本越大，机会失去的概率也越大。抱怨是客户不满的信号，投诉预防应从识别并处理好客户抱怨做起。在与客户接触的每个环节中，企业要处理好客户的不满或抱怨。

2. 投诉受理

投诉受理是一个准确识别客户和准确识别需求的过程。企业要有客户联络中心，建立顺畅的客户投诉渠道，并有规范的处理流程，将客户投诉信息完整地收集起来，让最合适的部门处理客户投诉，以提高客户满意度，降低客户流失率。

3. 投诉处理

投诉处理也是投诉管理的核心，它可以减少客户流失并挽救那些濒临破裂的客户关系。在对投诉进行处理的时候，处理调查、分析原因和寻找对策环节必须依靠不同部门

的协作解决客户问题。在投诉处理中要注重时效性，保证处理过程高效和企业信誉的建立。同时要建立投诉回访制度，监督和追踪投诉处理效果。

4．投诉分析

投诉分析的目的是从众多投诉中，发现有规律性的问题或有价值的信息，挖掘客户的潜在需求，从投诉中寻找市场商机，让客户投诉创造利润。

（二）处理客户投诉的基本原则

在处理各种客户投诉时，要遵循客户投诉处理的基本原则，给客户投诉的问题一个圆满的结果。企业销售人员在处理客户投诉时，一般遵循 3W、4R、8F 原则。

1．3W 原则

3W 原则是指在客户投诉中，企业销售人员需要尽快知道的三件事，即

（1）我们知道了什么——What did we know；

（2）我们什么时候知道——When did we know about it；

（3）我们对此做了什么——What did we do about it。

寻求这些问题的答案和作出反应之间间隔的时间，将决定这个反应是成功还是失败。

2．4R 原则

4R 原则是指对待提升客户的四种态度，即

（1）遗憾——regret；

（2）改错——reform；

（3）赔偿——restiution；

（4）纠正——recovery。

与投诉客户打交道，企业销售人员要表达遗憾，保证解决措施到位，防止未来相同事情发生，并提供赔偿，直到解决投诉。

3．8F 原则

8F 原则是指与投诉的客户进行沟通时应该遵循的八大原则，即

（1）事实——factual，向客户承认事实真相；

（2）第一——first，率先对问题作出反应；

（3）迅速——fast，处理投诉时要果断迅速；

（4）坦率——frank，不要躲闪，要坦诚；

（5）感觉——feeling，与客户分享你的感受；

（6）论坛——forum，与客户企业内部建立信息传递；

（7）灵活性——flexibility，对外沟通的内容也应关注事态的变化；

（8）反馈——feedback，对外界的变化作出及时的反馈。

（三）客户投诉处理步骤

处理客户投诉分为以下几个步骤。

第一步，倾听客户抱怨。销售员不要与客户争论，要以诚恳的态度来倾听客户的抱怨。

第二步，分析原因。听取客户的抱怨以后，销售员一定要冷静地分析事情发生的原委，不要让事件扩大。经验不丰富的销售员往往会似懂非懂地贸然决定，甚至说些不必要的话而让事情变得更为严重。

第三步，找出解决方案。一般情况下，客户的投诉内容大都是"仔细一看发现有划痕"或是"刚买几天就坏了"等。此时，销售员要先冷静地判断这件事情自己能否处理，是否必须由公司斡旋才能够解决。若属于自己职权之外的，就应该立即转移到其他部门进行处理。

第四步，将解决方案传达给客户。关于问题的解决方案，销售员应尽快让客户知道。当然，在客户理解这个方案前，销售员必须费一番功夫加以说明和说服，以取得客户的理解和信任。

第五步，尽快处理。在客户同意解决方案后，销售员应尽快着手处理。若处理得太慢，不仅没有效果，反而可能会使问题进一步恶化。

第六步，检讨结果。为了避免类似事情再次发生，销售员必须分析原因、反省失误、吸取教训，使以后相同性质的客户投诉降至最低。

三、客户投诉处理策略

沟通是人们分享信息、思想和情感的过程，也是解决客户投诉的金科玉律。无论是哪种行业，他们在处理客户投诉的过程中都离不开与客户的沟通。企业投诉处理者努力与客户保持有效的沟通，是与客户建立良好人际关系的非常重要的一个方面。

1. 选择好时机和场合

在处理客户投诉时，企业销售人员一定要选择好时机和场合。从时机方面说，不应该马上与气头上的客户进行沟通，应该等客户的情绪相对平静以后再进行沟通。从场合看，企业销售人员必须让投诉的客户离开投诉现场，到一个比较安静的地点进行沟通，只有这样，才能提高与投诉客户沟通的效果。

2. 注意态度，冷静处理

面对投诉客户，企业销售人员一定要保持冷静，尽量做到多听少说，特别是对于冲动型客户，投诉处理者的态度就显得更加重要，因为稍有不慎，就会造成客户更大的不满意。与客户进行沟通时，投诉处理者不要中途打断客户说话，要等客户陈述完毕后再提出自己的看法。

3. 认真倾听，有效处理

聆听是一种有效的沟通方式。当客户对产品或服务进行投诉时，通过倾听客户投诉可以发现客户的真正需求，从而获得处理投诉的重要信息，弄清问题的本质及事实。善于聆听不仅可以使投诉的客户增强对投诉处理者的信任感，还可以使投诉处理者从中获取有用的信息，更有效地展开工作。

4. 争取客户谅解

谅解法处理客户投诉要求企业销售人员在接受客户投诉时，迅速核定事实，并向客户表示歉意，安抚其情绪，尽量用客户能够接受的方式取得客户的谅解。例如，考虑客户的需求或感受，或是提供充分售后服务，如免费维修、包退、包换等减少或弥补客户的损失，取得客户的谅解，赢得客户的信任。

5. 积极寻找解决问题的方案

为了平息客户不满，企业或销售员可以主动了解客户的需求和期望。单方面地提出客户投诉处理方案往往会引起客户的质疑和不满，不妨换一种思路来主动询问客户希望的解决方法，如果客户的要求在企业接受范围内，双方很容易达成共识；如果客户要求过高，那就需要采用其他的方法，如进一步沟通、关照补偿、用外部评审法等措施。

除此之外，在处理客户投诉中还要避免一些错误行为，这些错误行为主要有：在事实澄清以前便承担责任，一味地道歉或者批评自己的同事；与客户争辩、争吵，不承认错误，只强调自己正确的方面，言辞激烈，带攻击性；教育、批评、讽刺、怀疑客户，或者直接拒绝客户；表示或暗示客户不重要，为解决问题设置障碍、吹毛求疵、责难客户，期待客户打退堂鼓；问一些没有意义的问题，无视客户的关键需求；言行不一，缺乏诚意，拖延或隐瞒。

思 考 题

1. 客户沟通的作用与内容是什么？
2. 企业与客户沟通的途径有哪些？
3. 客户与企业沟通的途径有哪些？
4. 客户沟通具有哪些策略？
5. 客户投诉对企业有何意义？
6. 处理客户投诉有哪些策略？

案例分析

第九章

客户信用风险管理

人而无信，不知其可也。

——孔子

信用，是目前社会最为稀缺的资源。

——佚名

学习目标

1. 理解客户信用风险管理概念
2. 了解客户档案的内容和信用调查方法
3. 熟悉客户资信评估指标与方法
4. 掌握客户资信等级管理方法
5. 了解客户关系管理的实质

案例导入

第一节　客户信用与档案的建立

一、客户信用管理

（一）信用的内涵

1. 信用的含义

国内外对信用的定义多种多样：英语中的"Cerdit"源于拉丁语 Bonalldes 和 Credere，意为信任、信誉、相信；汉语中"信用"一词，《说文解字》称："信，诚也、从人言。"意思是指诚实守信，言行一致。在《新帕尔格雷夫经济学大辞典》中，"信用"被定义为："提供信贷意味着把对某物（如一笔钱）的财产权给予让渡，以交换在将来的某一特定时刻对另外的物品（如另外一笔钱）的所有权。"《大英百科全书》里"信用"被解释为："指一方（债权人或贷款人）供应货币、商品、服务或有价证券，而另一方（债务人或借款人）在承诺的将来时间内偿还的交易行为。"《现代汉语词典》中对于"信用"有三种解释：①能够履行跟人约定的事情而取得的信任；②不需要提供物资保证，可以按时偿付的；③指银行借贷或商业上的赊销、赊购。《辞海》将信用也分为三种解释：①以诚信任用人，当作信任使用；②遵守诺言，实践承诺，从而取得别人对他的信任；③以偿还为条件的价值运动的特殊形式。

显然，上述定义所采用的角度各不相同。从社会交往的角度来讲，信用作为一种伦理道德的约束，是参与社会和经济活动的当事人之间所建立起来的、以诚实守信为基础的道德公约。从经济活动的角度来讲，信用是一个经济范畴，是以偿还和付息为条件的价值单方面的运动，是价值运动的一种特殊形式。在这里，信用通常被认为是因价值交换的滞后而产生的赊销活动，是以协议或契约为保障的不同时间间隔下的经济交易关系。不难看出，作为道德范畴的信用是一切社会活动和经济活动的基础，而经济范畴的信用则是以道德范畴的信用为基础在经济生活中展开的运用。因此我们把前者定义为广义的信用，而作为资金借贷和市场交易规则的信用，则是狭义的信用，即建立在信用基础上的、不用立即付款就可以获取资金、物资和服务的能力。

2. 信用的特点

信用作为一种特殊的商品，与一般商品相比，具有以下特点。

（1）作为无形资产的信用。信用不能独立存在，只能依附于企业、商号或品牌等信用载体（但同时又对后者产生巨大的反作用）；由于信息的传递过程，建立信用或信誉往往需要逐渐形成；信用的"所有权"与"使用权"可以分离。

（2）外部性。在经济活动中，经济主体信用行为特征的选择（守信或失信），不仅会对自身产生后果，还会给他人（外部）带来效应。例如，守信行为可能会对其他人产生"正面"影响，引起他人的效仿，有利于形成人人守信的社会环境；反之，失信行为如果被人效仿，就会引起失信行为的恶性循环。如果守信行为得不到奖励，个人的守信收益就要小于社会的守信成本，这样就会产生信用关系中的市场失败（market failure）。其结果是守信行为倾向于减少，而失信行为倾向于增多。

（3）契约性。信用靠契约维系，信用总是在交易双方的认同基础上产生，这种认同可以是有形的契约，也可以是无形的契约，可以是普通的规则认同，也可以是仅适用于双方的特例。

（4）财产性。信用与盈利动机密切相关，实质上反映了一种财产关系，体现了一种债权债务、责任与权利关系。

（5）未来性和预期性。带来对未来经济利益的一种心理预期和要求。正如麦克鲁所说：每一种预期都是信用，商品信用被卖出去换取货币信用。

（6）风险性和利益性。任何信用都表现为一种过程，即有既定的期限性、时间性，隐藏着不确定性。不确定性意味着风险性，风险性要求获得等价的价值偿付或回报。因此，信用可以说是基于信任心理而表现为多种形式，最终是为获得"价值偿付"。这种偿付包括交易中商品物有所值、货真价实、履行契约等诸多形式。

（二）信用风险的内涵

1. 信用风险的含义

信用风险与信用活动相伴而生，只要有信用活动就会有信用缺失，因此也就产生了信用风险。信用风险是指在信用交易过程中，由于交易的一方不能履行偿付责任而给另一方造成损失的可能性，又被称为违约风险、失信风险。在信用交易中，如果一方有意欺骗对方，或者从交易起始就未准备履约，由此给对方造成损失的就属于主观违约风险。

这种由恶意欺骗、道德缺失引起的风险，又称为道德信用风险。对不属于主观恶意，而是因为其他种种诸如经济周期变化、宏观经济政策变化等非主观原因无法履约而给对方造成的风险，属于非主观违约信用风险。

2. 信用风险的成因

（1）信息不对称。在经济活动中，受信者对自己的经营状况及信贷资金的配置风险等真实情况有比较清楚的认识，而授信者则较难了解对方的经济实力、企业诚信文化等"私有信息"，他们之间的信息是不对称的，其中必然存在风险。由于信息不对称，信用合约签订之前，可能会产生信用市场交易中的逆向选择，由此导致信用风险；信用合约签订之后，占有信息优势的一方可能发生道德风险行为，同样会导致信用风险。

（2）法律不健全。经济主体的违约概率取决于违约成本，当违约的预期收益超过守信成本或从事正常经营活动带来的收益时，经营者容易选择违约，给交易对手带来信用风险。如果没有健全的法律法规来约束违约者，没有配套的惩戒机制来加大违约成本，打击失信行为，就不能保护和激励守信者。法律应加重违约者的责任，对社会意识起到一种导向作用，这样有利于营造良好的信用氛围和市场秩序，减少信用风险。

（3）信用观念淡薄。经济利益的重要性日益显著，人们在短期利益的驱动下发生了各种失信行为。社会价值观的重大变化更重视经济的发展，忽视了对人们信用意识和商业道德的教育，信用文化整体缺失，失信者得到了社会的宽容则更容易变本加厉，这一错误行为得到了放大和扩散，导致了更多信用风险的发生。

（4）宏观经济因素。信用风险是随着宏观经济的波动而变化的，当经济扩张时，总需求上升，企业的盈利水平上升，导致偿还能力增强，违约概率下降，信用风险减少；反之，经济衰退时信用风险加大。与此同时，市场利率、汇率的波动以及通货膨胀等因素，加之宏观经济政策的变动，如紧缩货币、增加税收等，都有可能导致信用风险的增加。

3. 信用风险类型

按照受险主体划分，信用风险可以划分为企业信用风险、金融机构信用风险、个人信用风险和国家信用风险。

（1）企业信用风险。企业作为受险主体，在信用活动中通常面临着交易对手失信而带来的风险，一般由三种情况引起：客户拖欠、客户赖账和客户破产。客户拖欠是主观上承认作出的承诺，由于能力或其他原因暂时不能履行承诺。客户赖账是完全否认作出的承诺。客户破产是不论主观上是否承认履行承诺，在现实中已完全丧失了履行承诺的能力。

（2）金融机构信用风险。金融机构信用风险又分为银行业金融机构风险和非银行金融机构风险。银行的信用风险从来源上划分为交易对手风险和发行者风险。前者产生于商业银行的贷款和金融衍生交易中，后者主要和债券发行相联系。从组成上看，一部分是违约风险，指交易一方不愿或无力履约致使银行遭受风险；二是履约能力变化风险，指由于履行能力的变化引起金融产品价格变化而导致的风险。

非银行金融机构主要包括证券公司、保险公司等。证券公司风险来自信用交易，如期货交易的买空卖空。保险公司的风险主要来自道德风险，如投保人在投保时隐瞒主要事实，故意制造保险事故等。

（3）个人信用风险。个人作为受险主体时面临的主要信用风险来源于金融投资和民间借贷。金融投资的风险包括违约风险和履约能力变化风险，而民间借贷信用风险的主要形式就是违约风险。

（4）国家信用风险。国家信用风险是一国政府在跨国信用活动中遭受的信用风险，主要是债务国发生重大事件，使其拒绝或无法偿还债务，从而给债权国造成的风险。

（三）客户信用风险管理的含义

1. 客户信用风险的含义

客户信用风险是指企业与客户在商品交易过程中由于通过商品赊销、分期付款以及预付定金等信用方式，可能出现债务人不能按时偿付或兑现的风险。由于现存市场经济体系中信用秩序还相当混乱，企业与客户之间欠债现象严重，资源配置及使用效率低下，假冒伪劣商品充斥市场，逃废债务现象有增无减，各种失信现象蔓延，增加了企业与客户的交易成本和投资风险，使企业与客户间信用交易和银行的信贷投资活动更趋于谨慎和收缩。

2. 客户信用风险的表现形式

客户信用风险的外在表现是对客户应收账款无法收回，产生坏账、呆账，造成资金供求矛盾，引起资金链断裂，最终导致企业破产。在与客户赊销等信用交易中，常见的信用风险表现形式有：贸易风险，客户拖欠的风险，客户赖账的风险，客户破产的风险，因付款方式的不同产生的风险，因汇率和通货膨胀产生的风险，因各国法律和诉讼方式的不同产生的法律失效风险，客户诈骗的风险等。下面主要介绍客户拖欠、赖账、破产及不同付款方式造成的信用风险。

（1）客户拖欠的风险。只要赊销，就会出现客户拖欠贷款，这种情况几乎是不可避免的。当客户企业在经营中发生短期资金紧张，以及其他意外情况时，客户就有可能不能如期或足额履行赊销合同。对于赊销或授信企业，客户就有可能短期拖欠应付账款，在账面上产生逾期应收账款。

（2）客户赖账的风险。客户赖账是客户恶意拖欠贷款行为的习惯说法。不同于临时遇难困难和濒临破产的客户企业，赖账的客户通常是有能力还款的，但就是拒绝还款，还找出种种托词和借口，能拖则拖，尽可能长时间占用赊销企业的资金。客户赖账是产生赊销坏账的主要原因之一，主要发生在品牌不良的客户身上，是一种十分恶劣的欺骗行为。

（3）客户破产的风险。客户破产是造成赊销坏账的另一项主要原因。一个企业走向破产的原因很多，分为主动破产和被动破产。一些客户企业申请破产的主要目的是逃债。客户企业被动破产的原因很多，多数是由于经营不善，还有的是发生经济纠纷、突发事件、为他人担保被拖累、被政府政策性勒令停业等。如果客户企业破产，客户就不可能正常归还所欠的贷款。

（4）不同付款方式造成的信用风险。企业在与客户进行信用交易时，采取不同的付款方式，收回贷款的风险是不同的。国际贸易的结算和付款方式比国内贸易更复杂，风险更大。

3. 客户信用风险管理

建立客户信用风险管理最主要的目的是控制信用风险，提高赊销的成功率，进而为企业争取最大的盈利。企业实施信用销售的目的是增强企业的竞争力、争取客户、扩大销售规模和市场占有率，作为其盈利增加的手段。客户信用风险管理必须加强对信用风险的控制，掌握风险控制方法，将信用风险降至最低。因此，客户信用风险管理是现代企业管理中非常重要的组成部分。从客户关系管理角度看，客户信用风险管理是指企业对客户信用交易进行科学管理以控制信用风险的技术。主要功能包括：客户信用档案建立、客户信用等级评估、客户信用限度管理、客户服务跟踪和客户关系维护。

二、客户信用档案的建立

（一）客户信用档案概述

1. 客户信用档案的概念

客户信用档案是指企业在信用管理活动中收集到的经过分析、整理、归集形成的并按一定要求保存备查和使用的客户信息载体。这里，信用信息载体包括企业信用管理部门收集的有关客户信用信息的原始资料和原始记录（如客户内部的基本信息和财务信息以及相关外部信息资料等），也包括经过信用管理人员提炼、加工、整合的可以真实、完整、准确反映客户信用水平的数据资料和报告文件（如客户资信调查报告、客户信用分析报告等）。

2. 客户档案的内容

就好像客户本身是复杂多样的一样，客户档案管理的内容也应尽量完整。归纳起来主要有以下几项。

（1）基础资料。

这是客户最基本的原始资料。主要包括客户的名称、地址、电话，所有者、经营管理者、法人代表及他们个人的性格、兴趣、爱好、家庭、学历、能力，创业时间，与本公司交易时间，企业组织形式、业种、资产等。

这些资料是客户管理的起点和基础，它们主要是通过销售员进行客户访问收集得来的。

（2）客户特征。

客户特征主要包括服务区域、营销能力、发展潜力、经营观念、经营方向、经营政策、企业规模、经营特点等。

（3）业务状况。

业务状况主要包括营销业绩、经营管理者和业务人员的素质、与其他竞争者的关系、与本公司的业务关系及合作态度等。

（4）交易现状。

交易现状主要包括客户的营销活动现状、存在的问题、保持的优势、未来的对策、企业形象、声誉、信用状况、交易条件以及出现的信用问题等方面。

对新老客户都应该建立管理卡，对他们的资料进行妥善保管，既作为公司的综合材料，同时也为营销人员外出推销提供参考。

（二）客户档案管理的原则

在客户档案管理的过程中，需要注意以下原则。

（1）动态管理。

客户资料卡建立以后置之不理，就会失去它的意义。因为客户的情况是不断发生变化的，所以客户的资料也要不断地加以整理。剔除过去旧的或已经变化了的资料，及时补充新的资料，对客户的变化进行跟踪，使客户管理保持动态性。如果建立了客户管理系统，可以及时更新。

（2）突出重点。

有关不同类型的客户资料很多，我们要通过这些资料找出重点客户。重点客户不仅要包括现有客户，而且还应包括未来客户或潜在客户。这样可为企业选择新客户、开拓新市场提供便利，为企业进一步发展创造良机。

（3）灵活运用。

收集和管理客户资料的目的是在营销过程中加以运用。所以，在建立客户资料卡或客户管理卡后不能束之高阁，应以灵活的方式及时全面地提供给销售员及其他有关部门人员，使他们能进行更详细的分析，使死资料变成活资料，提高客户管理的效率。

（4）专人负责。

由于许多客户资料是不宜流出企业的，只能供内部使用，所以客户管理应确定具体的规定和办法，由专人负责管理，严格客户情报资料的利用和借阅。建立客户管理系统的企业则要严格控制浏览权限。

（三）客户管理分析流程

1. 整理资料

将某销售员的销售业绩和客户访问资料，整理列在表格中，格式如表 9-1 所示。

表 9-1　推销业绩与访问资料

序　号	客户代号	销售额	累　计	访问次数	累　计
1					
2					
3					
⋮					
n					

2. 销售业绩分析

将销售人员的销售业绩画出比例图。假定该业务有 20 家客户，总销售额为 250 万元，但其中前 4 家的销售额就占总销售额的 80%，第 5 家到第 10 家的销售额占 15%，后 10 家仅占 5%，从中就可以找出重点客户，以提高销售效率。

3. 划分客户等级

依据客户的销售额，可以将客户分为 A、B、C 三级。具体分法如下。

（1）将客户连续三个月的每月销售额度累计后平均计算，求出客户的月平均销售额（表9-2）。

表9-2 客户月平均销售额   单位：元

月 份	销售额	累 计	平 均
6	50 000		
7	25 000	75 000	120 000÷3=40 000
8	45 000	120 000	

（2）将月平均销售额按大小顺序排列（表9-3）。

表9-3 客户月平均销售额

序 号	客户代号	月平均销售额	备 注
1			
2			
3			由大到小排列
⋮			
n			

（3）依据某月平均销售额为"登记标准额"，再将全部客户划分为若干等级。

如以排位第4的客户的月平均销售额为A级客户标准额，在此标准额以上的客户均为A级客户。

以此类推，确定B级、C级客户。

（4）客户名册登记，将全部客户分级后应分列成册。其中：

①可按客户开拓的顺序先后，排出"客户名册"（表9-4）。

②按客户的资信或规模等状况，排出"客户等级分类表"（表9-5）。

表9-4 客 户 名 册

次序	客户名称	业 种	负责人	地 址	电 话	拜访日期记录

表9-5 客户等级分类

客户等级分类	A级	业种			
		客户代码			
	B级	业种			
		客户代码			
	C级	业种			
		客户代码			

（5）对客户进行区域分析。为便于工作巡回访问、送货、催讨货款等，将客户按地区和最佳交通路线划分为若干区域并分别由业务人员负责（表9-6）。

表9-6　客户区域分布表

组 别	区域代号	所辖区域名称	组别区域界别	备 注
一	A			
二	B			
三	C			
四	D			

（6）确定客户访问计划。企业各级销售主管及业务人员对所负责地区客户的访问工作，应有周密的访问计划。访问次数依客户的不同级别而有所不同。表9-7的内容可供参考。

表9-7　客户访问计划表

级别	经办人		科长	部长	经理	总经理	备注
	走访	电访					
A级	每月3次	每月2～3次	每月1次	1～2月1次	半年1次	1年1次	
B级	每月2次	每月1～2次	1～2月1次	2～3月1次	6～12月1次	有必要时	
C级	每月1次	每月1次	有必要时	有必要时			

（四）客户资信调查

客户资信调查既是客户资信评价的依据，也是及时发现客户风险的主要手段。要获得客户资信评价的各种信息，必须做好三项工作。

一是建立客户交易台账，对每笔业务往来都应有详细的记录；

二是多与客户的会计、保管员、业务员、供应商等接触，从中获得有关客户经营及资信方面的大量信息；

三是对获取的大量信息，有些甚至是互相矛盾的信息去伪存真，去粗取精，保证信息的真实、准确和可靠。

1. 利用何种机构进行信用调查

通过金融机构（银行）进行调查。一般由业务经理提出委托申请，由业务员具体操作。通过金融机构调查，可信度比较高，所需费用少，但很难掌握其全部资产情况及具体细节，因客户的业务银行不同，所花调查时间会较长。同时目前有不少银行以为客户保密为由不愿接受调查。

利用专业资信调查机构进行调查。这种方式能够在短期内完成调查，能满足企业的需求，但经费支出较大，调查人员的素质和能力对调查结果影响很大，所以应选择声誉高、能力强的资信调查机构。

通过客户或行业组织进行调查。这种方式可以进行深入具体的调查。但会受地域限制，难以把握整体信息，并且难辨真伪。

内部调查。询问同事或委托同事了解客户的信用状况，或从本公司的派生机构、新闻报道、网站中获取客户的有关信用情况。

利用数据资料分析调查。在现实交易中，在许多营销系统中存在一些交易记录，利用数据挖掘工具和统计分析技术，可以分析出一些有价值的信息。随着信息技术的发展，这种方法的应用会更广泛。

2. 信用调查的方法

信用调查的方法有直接调查法和间接调查法。

直接调查法指企业营销人员直接与客户接触获取信用资料的方法。采用这种方法如果客户给予合作，则取得资料迅速、可靠；否则资料的使用性差。

间接调查法指通过信用评估机构、商业银行的信用部门或财务咨询公司获取客户信用资料的方法。这些资料主要有以下几种。

（1）财务报表。这是信用资料的主要来源。通过财务报表，企业就能详细了解客户的财务状况。

（2）客户以往偿还债务的行为，是指客户在过去是否有延迟付款或赖账的行为。

（3）客户的信用等级与信用报告。一般情况下，信用好的企业，信用级别较高，而经常违约的企业，信用级别较低。

（4）企业法人代表的背景。包括过去是否有被诉讼及欺诈他人的记录。

3. 调查时应注意的事项

对客户经营者进行调查时，应注意以下几点。

（1）家庭气氛和店铺内气氛是否冷淡、灰暗？

（2）夫妇关系是否紧张？

（3）所作所为是否有悖于公司的理念？

（4）是否有赌博、酗酒等不良嗜好？

（5）是否对工作放任自流？

（6）是否三心二意？

（7）是否有明确的经营方针？

（8）经营者之间是否存在争权夺利的情况？

（9）是否高高在上，只管发号施令？

（10）是否颠三倒四，朝令夕改？

（11）行踪是否飘忽不定？

（12）是否整日面容憔悴、疲惫不堪？

对客户企业状况进行调查时，应注意以下几点。

（1）职工是否团结一致？

（2）职工是否能做到令行禁止？

（3）职工能否按时、按质完成工作任务？

（4）职工流动是否居高不下？

（5）职工纪律是否松懈？

（6）职工是否向企业外部人员倾诉牢骚？

（7）办公场地是否杂乱无章？

（8）职工是否整天与网络游戏和茶水为伍？

（9）职工是否有化公为私之举？

（10）库存量是否急剧增减？

（11）与主要客户的关系是否稳固？

（12）领导不在时，职工是否兴高采烈？

在调查客户资金状况时，应注意是否有下列行为。

（1）手持现金不足，提前收回贷款。

（2）持票据贴现。

（3）延期支付债务。

（4）出现预收款融资票据和借入性融通票据。

（5）为筹资而低价抛售。

（6）提前回收赊销款。

（7）开始利用高息贷款。

（8）开始躲债。

（9）与业务银行关系紧张。

（10）经营者经常奔走于各类金融机构。

（11）客户的其他债权者无法索回贷款。

（12）票据被银行拒付。

（13）银行账户被冻结。

在调查客户支付情况时，应注意是否有下列行为。

（1）不能如约付款。

（2）推迟现金支付日期。

（3）推迟签发票据。

（4）要求票据延期。

（5）托词本公司的付款通知书未到。

（6）开始进行小额融资。

（7）对催讨贷款搪塞应付。

（8）小额贷款都不能支付。

（9）票据被银行拒付。

（10）要求延长全部票据的支付期限。

4. 调查结果的处理

（1）调查完成后，应编写客户信用调查报告。因为对客户的管理是一个动态的过程，所以要定期写成书面的客户资信调查报告，及时报告给主管领导。平时还要进行口头的日常报告和紧急报告。定期报告的时间要求依不同类型的客户而有所区别。调查报告须在指定时间提交给主管领导，应按公司统一规定的格式和要求编写。调查报告应力戒主观臆断，要以资料事实说话，但又不能罗列过多数字，调查项目应保证明确全面。

（2）信用状况突变情况的处理。业务员如发现自己所负责的客户信用状况发生变化，应直接向领导报告，按"紧急报告"处理。采取对策必须有领导的明确指示，不得擅自处理。

对于信用状况恶化的客户，原则上可采取如下对策：要求客户提供担保人和连带担保人，增加信用保证金，公正交易合同，减少供货量或实行发货限制，接受代位偿债和代物偿债。有担保人的，向担保人追债；有抵押物担保的，接受抵押物还债。

第二节　客户信用等级评估

一、客户资信评估概念及内容

客户资信是指客户在商品买卖和货币借贷行为中，作为债权人贷出货币或赊销商品以及作为债务人按约定日期偿还贷款或商品价款并支付利息的行为。这里，我们更关注的是买卖行为中的信用。

客户资信评估是指企业自己或聘请资信评估机构在对客户进行全面考察分析的基础上，对其履行各种经济承诺（包括借贷承诺、债务承诺等）的能力及其可信任程度所进行的综合分析和评价。客户资信评估要依据一定的标准进行，资信评估机构和人员不仅要评估企业的货币支付能力、还贷能力和偿债能力，而且要对企业的内在素质和经营管理水平及状况作出评价。

根据客户的行业性质，客户可分为工业用户和中间商即商业客户。如对于酒厂来说，客户主要是经销商，其资信评估的内容主要包括五个方面：一是企业素质，二是资金实力，三是资金信用，四是盈利能力，五是发展前景。工业客户的资信评估内容包括企业素质、资金实力、盈利能力、资金信用、生产要素利用情况、经营效率、发展前景七个方面。商业客户的资信评估内容包括企业素质、资金实力、资金信用、财务和盈利能力、发展前景五个方面。下面以商业客户为例详细说明。

（一）企业素质

在企业素质方面，主要考察企业的领导者素质、员工素质和管理能力及技术装备水平、竞争能力和拥有的无形资产等内容，侧重分析企业领导才干和领导水平。

领导者素质通常包括道德素质、文化素质和业务素质。道德素质是指管理人员必须对事业有强烈的责任感，必须品德高尚；文化素质和业务素质是指管理人员应博学多才、多谋断，通晓业务和技术，敢于创新。

管理能力主要有决策能力、组织指挥能力、处理日常事务的能力。决策能力由观察、判断、分析问题的能力和决断创新能力等构成。决策能力表现为善于出主意、想办法，提出科学方案，作出正确决定，推动管理系统和被管理者去完成任务。组织指挥能力表现为生产经营中驾驭整个管理系统和被管理对象去实现确定的目标。而处理日常事务的能力要求管理者做到在繁杂的日常事务中有条不紊，百密无疏。

企业员工素质的标准通常以懂业务、守纪律、尽心尽力为企业经营和生产服务，全心全意为广大消费者服务的程度来衡量。

（二）资金实力

资金实力强弱在一定程度上反映企业的规模大小和资信程度的高低。反映企业资金实力的主要指标如下。

1. 注册资金

企业注册资金是企业投资人在国家注册登记机构登记的自有资金的总额。注册资金的数额越大，企业的资金实力相对越雄厚。但是随着工商登记对注册资金的改革，由实缴制变为认缴制，因而注册资金只能供参考。

2. 投资总额

企业投资总额是指按照企业预定的经营规模需要，投入的经营场所建设资金和经营流动资金的总额，是企业的自有资金及其借贷资金之和。企业的投资总额越大，其规模越大。但现实中，不少企业固定投资大，而流动资金少，经营困难。也有一些高技术企业，资本投资少，而人力资本大都需要区别对待。

3. 企业资金自有率

企业资金自有率是企业自有资金（所有者权益总额）占其资产净值的比重。企业自有资金比率越高，说明企业资金实力越强，偿债能力越强，承担风险的能力越强，越有自我发展的条件。

（三）资金信用

资金信用是指企业在生产经营结算中延期收、付款的行为或资金的借贷关系，是影响企业资信度的重要因素之一。资金信用主要是资产质量。资产质量是考核企业经营状况的重要内容，流动资产负债率和呆滞资金占有率从数量与质量两个方面反映企业资产的质量。流动资产负债率是企业流动资产与流动负债的比率，又称流动比率，它是反映企业偿债能力强弱的重要指标。资产对负债的比率越高，说明企业偿债能力越强。呆滞资金占有率越高，说明企业全部占用资金中处于呆滞状态的资金越多，其承担风险能力越低，企业资产质量越差。同时，企业在商品往来中的信用状况也是考核的内容，贷款偿还率是反映这方面信用好坏的最直接的指标。

具体来讲，反映企业资金信用状况的指标主要有以下几种。

1. 贷款偿还率

贷款偿还率是指一定时期内，企业到期偿还的贷款额占全部贷款余额的比例，是考核企业银行贷款偿还情况的指标。其计算公式为

$$贷款偿还率 = \frac{当前到期并已偿还的借款额}{期末借款总余额}$$

$$= \left(1 - \frac{期末逾期未偿还借款余额}{期末借款总余额}\right) \times 100\%$$

逾期贷款是贷款危险的信号，银行通常以逾期贷款率作为考核企业贷款流动性和偿还情况的重要指标。借款能否及时偿还，综合反映了企业经营活动情况，在企业资金周转的过程中，任何环节上出现问题，都会影响借款的及时偿还。因此，企业贷款偿还率在一定程度上反映了贷款的风险程度，表明了企业的资金信用状况。

2. 货款支付率和货款回收率

货款支付率和货款回收率都是反映企业在一定时期内，因购买材料、半成品等和销售产品而发生的货款收支情况的指标，主要考核企业结算货款支付和收回的程度。

其计算公式分别为

$$货款支付率 = \frac{期初应付货款 + 本期外购货款 - 期末应付货款}{期初应付货款 + 本期外购货款}$$

$$货款回收率 = (期初应收货款 + 期初发出商品价款 + 本期营销收$$
$$入总额 - 期末应收货款 - 期末发出商品价款) / (期初$$
$$应收货款 + 期初发出商品价款 + 本期营销收入总额)$$

企业能否按时支付全部货款直接表明了企业的承债能力，反映企业的资金信用状况；企业能否按时回收全部货款直接影响企业资金的周转，影响企业经营活动的延续。因此，在收付货款上表现出良好的资金信用的企业，其资信度必然也高。

（四）财务和盈利能力

1. 流动性比率

所谓流动性，是指企业除现金外的其他资产能否及时兑换成现金的程度。流动性越高，表示企业的资信越好。流动性比率，主要有以下几种。

（1）现金比率。这个比率反映企业用手中现金偿付流动负债的能力。其计算公式为

$$现金比率 = \frac{货币资产 + 短期投资}{流动负债}$$

短期投资是指企业购入的各种能随时变现的证券等，其流动性与货币资产相差无几。

（2）流动比率。这个比率反映企业用流动资产偿还流动负债的能力。其计算公式为

$$流动比率 = \frac{流动资产}{流动负债}$$

（3）速动比率。这个比率反映企业用速动资产偿还流动负债的能力。但需要注意的是，要分析其中应收账款的账龄和性质。一些企业长期形成的不良应收账款，实际上很难快速收回。其计算公式为

$$速动比率 = \frac{货币资产 + 短期投资 + 短期应收票据 + 应收账款}{流动负债} \times 100\%$$

（4）应收账款周转率。这个比率反映企业收回应收账款的效率和应收账款的流动速度。其计算公式为

$$应收账款周转率 = \frac{赊销收入净额}{平均应收账款余额}$$

应收账款周转率越高，表示应收账款的变现能力越强，收款工作效率越高，减少坏账损失的可能性就越大。

（5）存货周转率。这个比率反映企业存货资产的流动程度，也反映企业运营和管理存货的效率。其计算公式为

$$存货周转率 = \frac{产品销售成本}{平均存货}$$

2. 资本结构比率

这一类比率主要用以评定企业的长期偿债能力，评价企业资本结构是否合理。企业的长期偿债能力越强，资本结构越合理，资信度越高，主要包括以下几种。

（1）负债比率。这是衡量企业长期补偿能力的指标，也是反映债权人借出资金安全程度的指标。其计算公式为

$$负债比率 = \frac{负债总额}{全部资产（扣除折旧后的净额）}$$

（2）所有者权益比率，即企业资金自有率。其计算公式为

$$所有者权益比率 = \frac{所有者权益总额}{资产净额}$$

（3）负债权益比率。这个比率反映企业负债与所有者权益的数量关系，用以评价企业的财务风险。其计算公式为

$$负债权益比率 = \frac{负债总额}{所有者权益总额}$$

企业的负债对所有者权益的比率越高，企业的财务风险越大，债权人的保障程度就越小，企业的资信度也就越差。

（4）利息保障倍数。这个比率反映企业用盈利支付债务利息的保证程度，一般以倍数表示。其计算公式为

$$利息保障倍数 = \frac{利润总额+利息费用}{利息费用}$$

3. 盈利能力比率

这一类比率主要从不同角度测算企业盈利能力的水平，衡量企业管理绩效的优劣。盈利水平越高，企业的资信度越高。主要包括以下几种。

（1）资本金利润率。它反映投资人投入企业中的资金的获利能力。其计算公式为

$$资本金利润率 = \frac{利润总额}{所有者权益平均余额}$$

（2）营业收入利税率。它反映企业营业净收入的获利能力。其计算公式为

$$营业收入利税税率 = \frac{利税总额}{商品销售收入净额}$$

（3）成本利润率。它反映企业产品销售成本的获利能力。其计算公式为

$$成本利润率 = \frac{利润总额}{商品销售成本}$$

（4）资产报酬率。它反映企业资产的获利能力。其计算公式为

$$资产报酬率（税前） = \frac{利润总额+利息费用}{平均资产余额}$$

$$资产报酬率(税后)=\frac{税后利润+利息费用\times(1-所得税税率)}{平均资产余额}$$

（5）财务杠杆。企业用于长期资产投资的资金主要来源于两个方面，即借债和投资人的投资。一般认为举债是比要求投资人增加投资更具吸引力的筹资方式，因为借债利息是计算应税收益的扣减项目，超过利息的投资收益归所有者所有，所以企业通过借债筹集资金，可为所有者带来额外利益。这种由于借债使企业保持适当的资本结构而为企业所有者带来的额外收益被看作企业理财的成果，称为财务杠杆。其计算公式为

$$财务杠杆 = 资产报酬率 - 所有者权益报酬率$$

分析企业财务杠杆应注意，举债虽会给企业所有者带来好处，但也会增加企业的财务风险，如果负债率太高，一旦利润率下降至利息率之下，企业将蒙受损失，影响企业的资信。

（五）发展前景

发展前景主要通过市场分析，判断企业在市场中的地位、企业的竞争能力和应变能力，评价企业的发展规划、管理手段以及制定的措施是否切实可行等方面的情况。

在具体评估时，可以根据实际选取这些指标中有代表性的指标作为考核评估的依据。

二、客户资信评估的方法

客户资信评估工作要以科学的态度，坚持客观、公正、超脱、实事求是的宗旨。方法可以采取定量分析与定性分析相结合，静态分析与动态分析相结合，做到准确、全面地反映企业的资信状况。

由于企业注重的方面不同，选择的评价内容不同，因而评价方法也有所不同。这里简要介绍几种不同的评价方法。

（一）"5C"评估法

所谓"5C"评估法，是指重点分析影响信用的五个方面的一种方法。这五个方面分别是：品行（character）、能力（capacity）、资本（capital）、抵押品（collateral）和条件（conditions）。这五个单词的第一个字母都是 C，故称为"5C"。这是一种质的标准评价。

品行是指客户的信誉，即履行其偿债义务的可信程度；品行包括企业法定代表人的个人品德，如诚实、守信等。该因素在信用评估中最为重要，因为客户是否愿意尽最大努力归还货款，直接决定着账款的回收速度和数量。因此，将品行列为客户信用品质的第一因素。

能力是指客户的偿债能力，包括客户偿债能力的历史记录、现有偿债能力及企业实力等。

资本是指客户的一般财务状况，如实有资本金、负债比率、流动资产比率和速动比率等财务分析指标。

抵押品是指客户为了获得商业信用而提供给企业作为担保的资产。企业一旦收不到客户的款项时，就可以变卖其抵押品加以弥补。

条件是指一般经济发展趋势或某些地区的特殊发展对企业偿债能力可能产生的影响。

企业对客户进行以上五个方面的定性分析，基本上可以判断其信用情况。

（二）信用评分法

信用评分法是一种定量分析法，即从数量分析的角度来评估客户信用的一种方法。其计算公式为

$$S = a_1 f_1 + a_2 f_2 + \cdots + a_n f_n = \sum_{i=1}^{n} a_i f_i$$

式中，S 为某企业信用评分；a_i 为事先拟定出的对第 i 种财务比率或信用品质的加权权数；f_i 为客户第 i 种财务比率或信用品质的评分。

其计算表如表 9-8 所示。

表 9-8　信用评分计算

项目	财务比率和信用品质（1）	分数（f_i）0～100（2）	预计权数（a_i）（3）	加权平均数（S_i）（4）=（2）×（3）
流动比率	1.9	90	0.20	18.00
资产负债率/%	50	85	0.10	8.50
销售净利率/%	10	85	0.10	8.50
信用评估等级	AA	85	0.25	21.25
付款历史	尚好	75	0.25	18.7
企业未来预计	尚好	75	0.05	3.75
其他因素	好	85	0.05	4.25
合计	—	—	1.00	83.00

在采用信用评分时，分数在 80 分以上者，说明企业信用情况良好；分数为 60～80 分者，说明企业信用情况一般；分数在 60 分以下者，则说明企业信用情况较差。

（三）等级评定法

等级评定法是指对评价内容的指标进行考核评定等级，按每一等级给定的分数计分，最后得出总分，再按总分确定客户的资信等级。表 9-9 给出了一个供参考的企业信用等级评定表。

表 9-9　企业信用等级评定（参照指标）

项目	分数	项目	分数
一、企业经营者素质	10	能力	3
经历	2	二、企业经济实力	15
业绩	2	1.净资产	8
信誉	3	0～99 万元	2
100 万～499 万元	4	资本利润率	10
500 万元以上	8	五、企业发展前景	10

续表

项目	分数	项目	分数	
2. 固定资产净值+长期投资	7	1. 主产品寿命周期	4	
0～99 万元	1	2. 营销环境	3	
100 万～499 万元	3	3. 市场预期影响	3	
500 万元以上	7			
三、企业资金结构	30	企业等级		参数分值
资产负债率	8	A		85～100
流动比率	8	B		75～84
速动比率	8	C		60～74
债务股权比率	6	D		40～59
四、企业经营效益	35	E		0～39
销售费用率	7			
存货周转率	8			
销售利润率	10			

（四）A–FA 综合评判法

由于客户资信是由多项因素构成的，有些可以通过指标的定量计算评价，而多数指标难以精确描述定量，因而计量评价一直十分困难。对于这些模糊指标，目前多是采用点值法和因素比较评定法。这里还可以运用层次分析法、模糊综合评判法，以及精确值测评法相结合，进行客户信用评价的 A–FA 方法。它可以解决精确描述的硬指标考核与非精确描述的软指标评价在通常情况下的分离问题。其步骤如下。

1. 确立评价指标体系

客户资信是受多层次、多因素的复杂影响的，要想对客户资信进行科学的量化处理，首先应建立科学的评价指标体系，使各因素之间的关系层次化、条理化，并能够区别它们各自对评价目标影响的程度。运用层次分析法，将复杂的评价问题分解成不同层次的子系统进行分层优化处理，则较为科学合理。

层次分析法把众多的指标因素分为最高层、中间层和最低层。最高层表示评价的最终目标，这里即是客户资信评价；中间层表示达到评价的最终目标所涉及的中间层指标，这里是指评价要素。企业素质、资金实力、资金信用、盈利能力、发展前景五大要素基本上概括了企业信用的情况，因而仍可作为评价中间层指标。所以关键是最低层具体评价指标，即子因素指标的确立。建立特征指标体系的方法是：根据企业实际初步拟定特征指标体系方案，经专家咨询修正后，采用主成分分析法，对指标进行简化。即对初拟指标采用两两比较进行指标间的 Person 相关及 F 检验，计算出各指标间的相互密切程度，然后根据需要确定。

在建立特征指标体系时应注意以下几点。

（1）指标必须是描述一种行为，即具有实践性。

（2）采用的特征指标体系应一目了然，要使评价者和被评价者即客户都能理解，避免过于复杂和难懂在心理上带来不利的影响。

（3）建立特征指标体系要有成本观念，过于详细会延长评价时间，增加评价费用。但过于简单也不行，不足以充分反映信用真实程度，会使客户感到自己的信用度未受到公正的评价。

根据以上方法我们可以建立客户资信评价的层次指标体系。

通过图 9-1 可以看出，其中 C2、C3、C4 可以通过测量精确定量，而 C1、C5 则采用模糊评判。

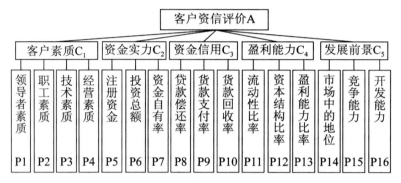

图 9-1　评价指标结构

2. A-FA 综合评判

A-FA 综合评判步骤如下。

（1）确定模糊评价指标集：$X = (X_1, X_2, \cdots, X_n)$；

（2）确定评语集：$V = (V_1, V_2, \cdots, V_m)$；

（3）确定评语集隶属度集合：$U = (U_1, U_2, \cdots, U_m)$；

（4）确定各指标权重集（可以采取层次分析法或专家排序法）：$A = (a_1, a_2, \cdots, a_n)$；

（5）计算隶属度矩阵 $\underline{R}$；

（6）计算综合隶属度矩阵：$G = \underline{R}U$；

（7）计算确定百分率；

（8）将确定百分率集转置后与综合隶属度矩阵合并，得到新的综合隶属度集合 D；

（9）计算评价指标确定值与模糊结果的最后得分；

（10）按照评出的客户资信得分给出相应的资信等级评定。

3. 样本识别

在实际评价过程中，由于会有评价人员人为的"偏爱"，因此必须对样本进行识别，以便剔除那些极端的评价结果。评价指标体系多层次性的作用，使得这种"偏爱"干扰分布在对每项指标的评价中，而不是简单地落在评价结果的最高分或最低分上。为此，应采用样本识别技术进行处理。

（五）经验评估法

这种方法是一种比较直接的资信评估方法。即选定几项评价指标，评价人员按照提供的客户资料和实际了解的情况，根据自己的经验直接给出某一指标的等级，最后再对各项指标等级进行权衡，确定客户信用等级的一种办法。

如某企业对客户资信等级评价依据回款率（应收款额）、支付能力（还款能力）、使用（经营）竞争对手产品情况三项指标确定。

1. 回款率（应收款额）

回款率是评价客户资信等级的主要指标，一般情况下，A级客户的回款率必须达到100%，如果回款率低于100%则资信等级相应降低。评价期内回款率低于95%，降为B级；低于90%，降为C级；低于85%，降为D级。

2. 支付能力（还款能力）

有些客户尽管回款率高，但由于其支付能力有限而必须降低资信等级。如某客户尽管不欠本企业的货款，但欠其他厂家的货款甚巨，这样的客户最多只能认定为C级客户。

确定客户的支付能力主要看以下几项指标。

（1）资产负债率。如果客户的资产主要靠贷款和欠款形成，资产负债率较高，短期内支付能力虽然较强，但从长期来看，其支付能力是难以保持的，资信等级应当降低。

（2）经营能力。如果客户的经营能力差，长期亏损，则支付能力必然较差。

（3）客户、职员、供应商的满意程度。如果都有不满，说明缺乏支付能力，已经拖欠他人账款。

（4）是否有风险性经营项目。如果客户投资于风险较高、资金占用量大、投资周期长的项目，必然影响其支付能力。

3. 使用（经营）竞争对手产品情况

凡使用（经营）竞争对手产品者，资信等级最高为B级；以竞争对手产品为主者，资信等级最高为C级。

采用上述三项指标对客户资信等级进行评价，评价结果可能不一致，在这种情况下，以资信等级最低的一项作为该客户的资信等级。

除了依据上述三项主要指标对客户资信等级进行评价外，还要根据客户对公司产品的重视程度、接货和服务要求、接受公司营销政策的情况、不良记录等多项因素对客户资信等级进行修正。

（1）对本公司产品的重视程度。如果客户以本公司为主要供应商，则资信等级应较高；如果同等对待本公司与其他供应商，则资信等级应较低；如果不以本公司为主要供应商，本公司供货量占其采购量的比例很小，则资信等级应更低。

（2）接货和服务要求。如果客户接货及时并且对营销服务要求不高，则有利于开展营销活动，其资信等级也应较高；如果客户经常不及时接货或提出一些苛刻要求，其资信等级就应降低。

（3）接受公司营销政策情况。如果客户不能很好地接受公司的营销政策，如经常要求更改合同、压量压价等，则资信等级要大大降低。

（4）不良记录。如果客户在业务交往中有过不良记录，如欠款不还等，无论是针对本公司还是针对其他公司，其资信等级都应降低。

第三节　客户信用限度管理

一、客户资信等级的管理

（一）客户资信等级的划分

无论运用哪种方法评价，最终都要给客户资信评定出等级来。一般都设 A 级、B 级、C 级和 D 级。也有将 A 级分为 AAA 级、AA 级、A 级，将 B 级分为 BBB 级、BB 级、B 级，将 C 级分为 CCC 级、CC 级、C 级的，这样便有四级十个档次。客户不同的资信等级代表着一定内涵。

A 级：A 级客户的盈利水平很高；短期债务的支付能力和长期债务的偿还能力很强；企业经营处于良性循环状态，不确定因素对企业经营与发展的影响很小。

B 级：B 级客户的盈利水平在同行业中处于平均水平；具有足够的短期债务支付能力和长期债务偿还能力；企业经营处于良性循环状态，但企业的经营与发展易受企业内外部不确定因素的影响，从而使企业的盈利能力和偿债能力产生较大波动。

C 级：C 级客户的盈利水平相对较低，甚至出现亏损；短期债务支付能力和长期债务偿还能力不足，经营状况不好；促使 C 级客户经营与发展走向良性循环的内外部因素较少。

D 级：D 级客户亏损严重，基本处于资不抵债的状态，短期债务支付困难，长期债务偿还能力极差；企业经营状况一直不好，基本处于恶性循环状态，促使 D 级企业经营及发展走向良性循环状态的内外部因素极少，企业濒临破产或已经资不抵债，属破产企业。

（二）不同资信等级客户的管理

资信等级评价不是最终目的，最终目的是利用资信等级对客户进行管理。营销部门应针对不同资信等级的客户采取不同的营销管理政策。

对 A 级客户，其资信较好，可以不设限度或从严控制，在客户资金周转上偶尔有一定困难，或旺季进货量较大，资金不足时，可以有一定的赊销额度和回款宽限。但赊销额度以不超过一次进货量为限，回款宽限以不超过一个进货周期为限。

对 B 级客户，可以先设定一个信用限度，以后再根据资信状况逐渐放宽。一般要求现款现货。但在如何处理现款现货上，应讲究艺术性，不要让客户难堪。应该在摸清客户确实已准备好货款或准备付款的情况下，再通知公司发货。对特殊情况可以用银行承兑汇票结算，允许零星货款的赊欠。

对 C 级客户，应仔细审查给予少量或不给予信用限度，要求现款现货。如对一家欠债甚巨的客户，业务员要坚决要求现款现货，丝毫不能退让，而且要考虑好一旦该客户破产倒闭应采取怎样的补救措施。C 级客户不应列为公司的主要客户，应逐步以资信良好、经营实力强的客户取而代之。

对 D 级客户，不给予任何信用交易，坚决要求现款现货或先款后货，并在追回货款的情况下逐步淘汰该类客户。

此外，要注意新客户的资信等级评价。新客户一般按 C 级客户对待，实行现款现货。经过多次业务往来，对客户的资信情况有较多了解后（一般不少于 3 个月），再按正常的资信等级评价方法进行评价。需要注意的是，要提防一些异常狡猾的小客户或经销商，他们在做头几笔生意时故意装得诚实守信，待取得信任后再开始行骗。

（三）客户资信等级的定期核查

客户资信状况不断变化，有的客户资信等级在上升，有的则在下降。如果不对客户资信等级进行动态评价，并根据评价结果调整营销政策，就可能会由于没有对资信等级上升的客户采取宽松的政策而导致不满，也可能会由于没有发现客户资信等级下降而导致货款回收困难。因此，应定期对客户的资信等级进行核查，以随时掌握客户资信等级变动情况。一般应一个月核查一次，核查间隔时间最长不能超过 3 个月。对客户资信等级核查的结果必须及时通知有关部门。

二、客户信用限度的确定

信用限度又称信贷限度，包括信用限额和信用期限，其主要内容如下。

（1）对某一客户，唯有在所确定金额限度内的信贷才是安全的，也只有在这一范围内的信贷，才能保证客户业务活动的正常开展。

（2）确定信用限额的基准是客户的赊销款与未结算票据额之和。

（3）确定信用期限是企业资金能够正常运转的时限。

（一）信用额度的确定

信用额度是指企业根据其经营情况和客户的偿付能力规定允许给予该客户的最大的赊购金额。信用额度的确定在应收账款信用管理中具有特殊意义，它能防止由于给予某些客户过度的赊销，超过其实际偿付能力，而使企业蒙受损失。当客户的订单不止一份，而是在一定时期内有连续多项订单时，为了避免重复地对客户进行信用分析和信用标准的评估，就可根据测定对不同的客户制定相应的信用额度。这样便能控制客户在一定时期内应收账款金额的最高限度。在日常业务中，企业可以连续地接受客户的订单，办理赊销业务，对于每个客户，只要其赊销额不超过其规定的信用额度，便可视为正常。一旦发现某客户赊销额达到其信用额度，并且赊销规模还在进一步扩大，便应重新对其进行信用分析，并经有关负责人批准后方能办理赊销业务。

信用额度实际上表示企业愿意对客户承担的最大赊销额。其限额的大小与信用标准、信用期限、坏账损失、收账费用等的大小直接有关，企业理财人员应在可能获取收益和可能发生损失之间进行衡量，合理确定信用额度。

确定客户信用额度的方法如下。

1. 销售额测定法

客户信用额度＝客户购入额×客户资信等级赊销率

2. 综合判断法

根据客户收益性、安全性、流动性和销售能力、购货情况及员工素质等综合确定一个大致的信用限度额，然后根据支付状况和交易额大小，适当地逐步提高信用限度额。

3. 资信系数确定法

信用额度的计算方法为

$$信用额度 = \frac{12个月累计销售额}{12} \times 资信系数$$

该资信系数可按产品在市场上的畅销程度、客户的资信评估情况来确定。产品越畅销，资信系数就越小，甚至直到 0；客户的资信等级越高，其资信系数越大，一般不要超过 3。当资信系数为 0 即意味着客户一定要先付款才能提货，款到开单，款到提货。资信系数大意味着可以欠较多的款来提货。一般直接客户的资信系数最大为 2，商业公司的资信系数最大为 3，特殊的客户和重要客户可以按特定的系数。如资信系数为 1，确定其资信天数是 30 天，如资信系数为 2，则资信天数即为 60 天；资信系数为 3，则资信天数为 90天。当然企业可以根据自身的资金承受能力和市场竞争状况对资信系数适当地加以调整。如 A 级客户确定资信系数为 3，B 级客户确定为 1，C 级、D 级客户确定为 0 等。

需要注意的是，随着市场营销情况和客户信用情况等的变化，企业可能或愿意承担的赊销风险也在变化，过去可以接受的，过一个阶段后可能成为企业不愿接受的。因此，每隔一个阶段企业应对客户的信用额度恰当地重新核定，对信用额度建立定期和不定期的检查和修改制度，使信用额度经常保持在企业所能承受的风险范围之内。

（二）信用期限的确定

信用期限是指信用销售的允许期限，在风险管理中具有十分重要的意义。设定合理信用期限既是信用促销的手段，也是加强货款回收管理的重要内容之一。信用期限的确定常用的有两种方法，即谈判法和计量分析法。谈判法就是指双方根据市场条件和各自承受的能力以及对客户资信评估的结果，谈判确定信用期限，如设 3 天、7 天、10 天或1 个月、3 个月等。这种方法随意性较大，因而风险也较大。计量分析法即是根据企业资金状况和信用成本分析确定信用期限的方法，常用的有客户 DSO 计算法和边际分析法。

1. 客户 DSO 计算法

DSO（days salas outstanding，销售额回笼天数）的计算可用如下公式。

$$DSO = \frac{应收账款金额-本月与上月销售额}{前月的销售额} \times 前月实际天数 + 累计天数$$

具体计算示例如表 9-10 所示。

表 9-10　DSO 计 算

该月实际天数	30	31	30	31
	2005 年 4 月	2005 年 5 月	2005 年 6 月	2005 年 7 月
销售额/元	53 674	52 927	57 915	58 836
已收账款金额/元	51 440	53 726	54 214	60 435
应收账款金额/元	121 052	121 344	125 213	121 516
DSO/天	72	70	69	64

如 2005 年 7 月

$$DSO = \frac{121\ 516 - (58\ 863 + 57\ 915)}{52\ 927} \times 31 + (30 + 31) = 64（天）$$

又如，2005 年 6 月

$$DSO = \frac{125\ 213 - (57\ 915 + 52\ 927)}{53\ 674} \times 30 + (31 + 30) = 69（天）$$

在计算出该客户的销售额回笼天数后，可以据此设定一个资信期限，一般应小于或等于销售额回笼天数。

同时，要了解该客户对公司全年执行购销协议的情况和付款情况。还要了解该客户与其他供应商的业务量情况。通过上述几个方面的了解分析，一般企业能对该客户的情况有比较多的了解。

2. 边际分析法

这一方法是将信用期限内的边际收益与其边际成本相比较，当获取的边际收益大于边际成本时，则这种延长信用期限的方案是合理的。

现举例来比较不同信用期限的决策。

某企业以往销售采用现金交易，每年可销售 60 000 件产品，每件产品售价为 2 元，每件产品单位变动成本为 1 元，固定成本为 12 000 元。如企业尚余 40% 的生产能力，准备扩大销售，并考虑给客户一定的商业信用，以促进销量。经预测，如信用期限为 1 个月，全年销售量可达 80 000 件，但要增加相应的信用费用 4 000 元，估计坏账损失率为 2%；如信用期限为两个月，则可扩大销量至 100 000 件，信用费用增到 8 000 元，坏账损失率为 5%。企业资金利润率为 20%，根据上述情况分别列表，如表 9-11 所示。

表 9-11　某企业信用期限决策（边际分析）

项　目	现金销售	1 个月信用期销售	两个月信用期销售
销量/件	60 000	80 000	100 000
销售收入/元	120 000	160 000	200 000
销售成本/元	72 000	92 000	112 000
变动成本/元	60 000	80 000	100 000
固定成本/元	12 000	12 000	12 000
毛利/元	48 000	68 000	88 000
信用费用/元	—	4 000	8 000
坏账损失/元	—	3 200	10 000
利润/元	48 000	60 800	70 000

从表 9-11 可看出企业可能获取的利润，30 天信用期比现款销售要多 12 800 元（60 800–48 000），60 天信用期比现款销售多出利润 22 000 元，60 天信用期比 30 天信用期又多 9 200 元。

接着计算企业由于延长信用期多占用资金而造成的机会成本损失。

30 天信用期应收账款资金占用额

=应收账款平均资金占用额×销售成本率

=日营销额×信用期限×销售成本率

$$=\frac{160\,000}{360}\times30\times\frac{92\,000+4\,000}{160\,000}=8\,000\text{（元）}$$

同理，

$$60\text{ 天信用期应收账款资金占用额}=\frac{200\,000}{360}\times60\times\frac{112\,000+8\,000}{200\,000}=20\,000\text{（元）}$$

企业的资金利润率为 20%，可分别计算 30 天和 60 天的应收账款资金占用的机会成本：

30 天信用期机会成本=8 000×20%=1 600（元）

60 天信用期机会成本=20 000×20%=4 000（元）

30 天信用期实得增加利润=12 800-1 600=11 200（元）

60 天信用期实得增加利润=22 000-4 000=18 000（元）

通过上述计算可知，与现款销售方案相比，30 天信用期是有利的，扣除坏账损失和机会成本后，实际可增加利润 11 200 元；但 60 天信用期更为有利，它可净增利润 18 000元，比 30 天信用期多增加了净利 6 800 元（18 000-11 200）。

（三）营运资产分析模型

营运资产分析模型是我们用于企业信用分析工作的另一个重要模型。该模型自 1981年在国外开始应用，在计算客户的信用限额方面具有非常实用的价值，我国企业一般很少核定客户的信用限额，应用该模型可以补充这方面的不足。

与国外另几类企业预测模型（如 Z 计分模型或八撒利模型）不同，营运资产分析模型属于一种管理模型，它不是用来预测客户破产的可能性，而是用来评估客户的资金实力和信用。

1. 营运资产和评估值计算

该模型首先提出考察的指标是营运资产，以此作为衡量客户规模的尺度，这一指标与营销营业额无关，只同客户的净流动资产和账面价值有关。

（1）营运资产的计算。公式为

$$\text{营运资产}=\frac{\text{营运资本}+\text{净资产}}{2}$$

其中，营运资本=流动资本-流动负债，净资产即为企业自有资本或股东权益。

从这个公式可以看出，该模型在营运资产的计算上，不仅考虑了客户当前的偿债能力，而且还考虑了客户的净资产实力。用这两个方面的综合平均值来衡量客户风险具有很大的功效。因为从信用管理的角度来看，仅考虑客户的流动资产和流动负债情况，还不足以反映客户真正的资本实力，净资本是保障客户信用的另一个重要指标。

（2）评估值计算。在计算营运资产的基础上，该模型应用四个常用的财务比率进行计算，得到评估值，该评估值作为衡量客户资信状况的另一个重要指标。使用的四个常用财务比率分别是：

$$流动比率 = \frac{流动资产}{流动负债} \quad \cdots\cdots\cdots\cdots A$$

$$速动比率 = \frac{流动资产 - 存货}{流动负债} \quad \cdots\cdots\cdots\cdots B$$

$$短期债务净资产比率 = \frac{流动负债}{净资产} \quad \cdots\cdots\cdots\cdots C$$

$$债务净资产比率 = \frac{债务总额}{净资产} \quad \cdots\cdots\cdots\cdots D$$

评估值=A+B-C-D

在上述公式中我们看到，A、B 两项表示客户的资产流动性，而 C、D 两项表示客户的资本结构。流动比率越高，评估值越高；资本结构比率越高，评估值越低。这说明使用评估值来评估客户的资信状况，不仅考虑了客户的资本流动性，同时也考虑了客户的资本结构。

2. 信用限额计算

将前面的营运资产计算和评估值加以综合考虑，即可计算出客户的信用限额。

具体方法是，每个评估值都对应一个百分比，以该百分率乘以营运资产即得出了信用限额。例如，某客户的营运资产是 1 000 万元，其评估值计算结果是 0.50，对应的百分比为 20%，那么该客户的信用限额是 1 000 万元×20%＝200（万元）。

问题的关键是营运资产的百分比的确定。这是一个经验性的数字，评估值代表了评估的信用等级，在不同的等级上，可给予的营运资产百分比是不同的，这是专业分析人员在大量经验基础上获得的重要数据，如表 9-12 所示。

表 9-12　评估值与经验性统计比率

计算值	风险类别	信用程度	营运资产的百分比
小于-4.6	高	低	0
-4.6～-3.9	高	低	2.5
-3.9～-3.2	高	低	5
-3.2～-2.5	高	低	7.5
-2.5～-1.8	高	低	10
-1.8～-1.1	有限	中	12.5
-1.1～-0.4	有限	中	15
-0.4～0.3	有限	中	17.5
0.3～0.9	有限	中	20
大于1	低	高	25

需要指出的是，针对不同的行业，上述百分比是不相同的，需要专业研究人员加以认真总结确定。

另外，用评估值表示客户的信用等级与营运资产百分比的对应关系也可根据企业的经营状况及信用政策进行调整。例如，在形势较好的时候，可以给予较高的百分比；在形势较差的时候，可以给予较低的百分比。该模型所使用的财务数据和比率并不复杂，可直接在财务报表中获得，因此较为实用。

3. 营运资产分析用于信用决策

从上面的分析和计算看出对客户营运资产的分析，不仅可以直接计算客户的信用限额，而且可以较为直观地反映客户的信用风险程度，可以作为选择客户或确定信用条件时提出重要决策的参考依据。在这方面可参考图 9-2 所示的营运资产分析决策线图。

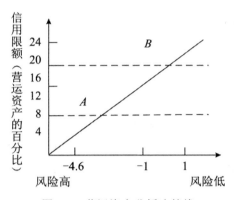

图 9-2　营运资产分析决策线

由该图看到，随着资产负债表评估值由小到大形成一条上升趋势的决策线，客户的财务评估值与营运资产百分比之间存在一一对应的关系，这种关系反映了客户风险程度。在 A 点以下的客户，评估值较低，营运资产百分比也较小，应视为交易风险大的客户群，尽量避免与之交易。在 B 点以上的客户，资信评估较好，可放心与之交易。

另外，如果确定信用限额，则在决策线以上为风险较大的选择，在决策线以下较为安全。企业可以制定一定的信用标准，按照该决策线指示的范围进行客户分类、筛选和最终交易决策。

三、客户资信的控制

采用较严密的客户资信控制制度，对每个用户都建立档案，对每个客户购货数量、付款情况都有记录。根据用户不同的资信情况、业务量大小给予客户相应的信用限度，如果超过规定的时间（资信天数）不付款或订货总量（欠款金额+新订单金额）超过信用额度，就停止发货。

资信限度的调整必须由营销人员提出申请，填写资信限度申请表，再报告各级经理审批同意后交财务部审核，并按建立资信限度的原则予以确定。随着客户业务情况的变化和发展，一般每 3 个月应对客户资信情况进行一次分析和调整（图 9-3），特殊情况需要调整的，须经理和财务总监批准后方可进行。

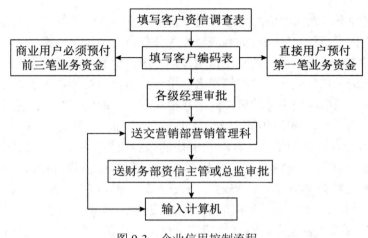

图 9-3　企业信用控制流程

一旦客户出现如下情况：①欠款总额+合同金额＞资信限额；②欠款时间超过规定的资信天数，企业对该客户新订单就不能履行，该客户便进入了"黑名单"，如果企业是使用计算机管理的，配货单就不能开出。并发出预警报告，如严重超过信用限度亮红灯，达到信用限度亮黄灯，如不超过信用限度亮绿灯。也可加上语音提示；如"危险，该客户限额已超出！"或"危险，该客户信用期限已超出！"等。进入"黑名单"的客户要由营销部门和财务部门审核分析原因，并采取相应措施，以在增加销售和防止坏账中取得一个平衡点。对"黑名单"，一般必须经财务总监或总经理审批后方可释放。财务总监或总经理一般在以下两种情况下会批准：一是客户已付款（可能在银行账上还未进公司账户，可凭付款凭证）；二是填写"申请发货表"，在此表中要清楚地填写每项内容，必须详细说明发货理由。

四、诚信缺失所引发的电子商务信用风险问题

电子商务确实给人们带来了极大的方便。对于商家来说，采用网络营销的方式，可以降低采购成本，减少存货，缩短生产周期，提高用户的服务效率，降低营销费用，提高企业知名度，改善企业的经济效益与竞争力；对于消费者来说，节约了购物时间，突破了时间和空间上的限制，在价格上可以享受更多选择的自由和优惠，获得一站式服务。相对于传统企业而言，电子商务具有时间优势、空间优势、速度优势、成本优势、个性化优势。电子商务应该是一个双赢的过程，但是，前提条件是交易双方都必须保持诚信。电子商务与传统商务相比，与诚信的关系更加密切，没有了诚信，电子商务就无从谈起。因此有人说诚信是电子商务的咽喉也并不为过。如果没有完善的信用体系作保证，个人和企业的交易风险都将提高，电子商务交易各方的安全就无法得到保障，电子商务的可持续发展将难以为继。

在电子商务快速增长和经济全球化的发展趋势中，电子商务交易的信用危机也悄然袭来。电子商务作为虚拟经济、非接触经济，与传统商务模式的重大区别就在于商务活动各方的信息沟通方式。传统商务模式的信息沟通是面对面的或可感知的，如声音、文件等，而电子商务的信息沟通是无须见面和不可感知的，仅为电子信息，导致了严重的

信息不对称。这种不可感知的信息沟通方式降低了从事商务活动各方对履约能力信任的预期，也为各方提供了可能发生违约的客观环境和条件。与传统商务相比，电子商务在客观上加大了交易各方的安全风险，特别是信用风险。虚假交易、假冒行为、网上盗窃等各种违法违规行为和现象屡屡发生，使得消费者对电子商务望而却步，对于"良莠不齐"的中小企业尤为如此。诚信缺失引发的风险问题在很大程度上制约了电子商务的发展。尽管有许多问题，电子商务在营销中的应用仍然是速度惊人，而且渗透到众多产品营销中。

根据中国消费者协会的统计，在增长最快的服务类投诉中，互联网服务位居第一，投诉仍以网络安全和网上购物为主。网上购物往往通过网上银行付款，而一不留神就会被无孔不入的网上陷阱偷去账户、密码等个人信息，导致账户内财产的损失。此外，网上购物中商品或服务与宣传不符引起的消费纠纷更多。目前在电子商务交易中的诚信缺失引发的风险问题具体表现主要有：虚假信息泛滥、交易违约频发、支付问题等。近年来国家出台了一系列加快电子商务发展的政策，同时也出台了电子商务管理的法律条例，使这一新兴的模式得到更广泛的应用，但其中的问题更需要行业和个人的自律。

第四节　客户服务跟踪与关系维护

一、加强客户关系管理的方法

对客户进行管理，需要采用科学的管理方法。一般来讲，客户管理方法主要有拜访管理、关系管理与筛选管理。

（一）拜访管理

管理客户，首先必须了解客户。而要了解客户，就要多与客户进行接触，倾听客户意见。接触的途径就是实施拜访管理。营销人员在进行拜访的时候，至少要做以下三项基本工作。

1. 倾听

倾听可以帮助你了解客户的真实情况，加强与客户的沟通。

倾听的方式既可以是拜访客户、召开客户会议，也可以是热情接待来访客户，还可以是利用现代通信工具与客户进行沟通交流。即深入到客户中去，倾听他想说的事情，了解他不想说的事情；从另一方面来看，倾听是个很好的市场调查机会，借此可以了解客户对企业产品是否满意。同时要认真处理客户来函来信，及时清除客户疑惑。现在许多企业通过安装客户免费"热线"投诉电话来处理客户抱怨和倾听客户的声音。

根据《华尔街日报》的头条新闻，在麦迪逊地区，有个聪明的汽车营销商——威斯康星，他就是以耐心聆听客户的心声，而使事业蒸蒸日上的。这个商人向客户提供一项特别的免费服务，客户的车子进行维修或清洗时，就有特别司机接送他们上下班。这项服务引起了广泛的注意，但他做的服务还不仅如此，每半年他还为这些司机举办晚会。在晚会当中，他会询问司机们客户对他的看法、服务员的工作态度，还有他的业务进步情形。试想：如果没有慰问，这些司机谁会告诉他宝贵的意见呢？可以说有了这项特别的服务，他不但和客户取得联系，业绩比起同业更是高上一筹。

2. 教育

教育是相互的：一是对客户进行教育，引导客户树立正确的合作、消费等观念，教会客户如何查询、购买和使用企业的产品和服务；二是虚心接受客户的意见，将客户信函、来电公布在企业醒目的公告牌上，把真实、完整的信函和来电展示给大家看，使营销人员倾听到客户的声音。

3. 帮助

帮助客户解决购买、接送、安装、支付、使用等方面所产生的问题，为客户提供优质服务；指导客户的业务，培训客户的员工，帮助客户提高经营绩效。

（二）关系管理

营销人员如果能与客户搞好关系，那么他就能与客户做成交易，进而培养客户的忠诚，建立长久的业务关系。对重点客户更要进行深度沟通。

1. 为每个重点客户选派精干的大户业务代表

对许多企业来说，重点客户（大客户）贡献了企业大部分销售额，营销人员与重点客户打交道，除了在客户准备购买时进行业务访问外，还要做其他一些事情，如邀请客户外出，共同进餐，或者一起游玩，对他们的业务提供有价值的建议等。因此很有必要为每个重点客户安排一名专职的业务代表。这名业务代表既要承担营销员的职责，又要充当关系经理的角色。其职责，一是协调好客户组织机构中所有对购买有影响的人和事，以顺利完成营销任务；二是协调好企业各部门的关系，为客户提供最佳的服务；三是为客户的业务提供咨询与帮助。

2. 加强对客户的追踪服务

对客户的追踪是与客户建立长久关系的有效途径。美国营销培训大师汤姆•霍普金斯认为，对客户的追踪有 4 种方法。

（1）电话追踪。电话追踪也许是最常见和成本最低的，同时也是最难将追踪活动转化为营销和长久关系的追踪方式。潜在客户可能通过自动应答机器以及语音邮件等设备回避接听你的电话。营销人员必须很有创意并激起对方足够的好奇，使他们希望与你交谈。

（2）邮件追踪。这是一种常见的追踪方法，但是邮件应别具特色。就如电话追踪，你也应该使你的计划个性化，以使客户或潜在客户有所记忆。例如，你可以在邮件中包含额外优惠，即当客户回信时将会得到的物质鼓励，也许是特别促销折扣或者商家优惠券。如果营销人员应用这个方法，应让客户知道你将在几天后打电话以求得他们的反馈。注意将要打的这个电话为有效的追踪联系开辟了另一扇大门。这是一个良性循环。客户感到自己被尊重，并且你在与他们联系以期维持或获得他们的生意时，可以受到热情的欢迎。

（3）温情追踪。每个人都喜欢得到别人的感谢，所以利用追踪系统让客户知道你感谢他们的生意以及所有他们推荐的生意。温情追踪应该成为你营销保留节目的永久部分，一般采取致谢短信的形式。

（4）水平追踪。水平追踪是指在不同的时间采用不同的追踪方式对客户进行追踪。

例如在下次营销会议上，可以采用另外一种追踪办法，等等。

（三）筛选管理

筛选管理是指企业营销人员每年年末，对手中掌握的客户进行筛选。筛选是将重点客户（大客户）保留，而淘汰无利润、无发展潜力的客户。在筛选时，营销人员应将客户数据调出来，进行增补删改，将客户每月的交易量及交易价格详细填写，并转移到该客户明年的数据库里。有些客户数据库里仅填写了客户名称及地址，其他交易情况则空缺，此时就应将该客户有关情况记录进去，诸如客户组织中主管人员的性格志向、营业情况、财务状况，甚至将竞争对手情形一并记入，这些数据资料十分重要，是营销员开展营销工作不可或缺的。

实际上挑选大客户有很多定量和定性的参考指标，并不是靠几个简单的数据就确定了。选择大客户应符合企业当前目标，并综合公司战略、营销目标、细分市场、竞争对手的客户现状等众多因素。当市场不景气时，营销员更要加强对客户的筛选。在筛选客户时，营销员可以从以下五个方面衡量客户，作为筛选依据。

（1）客户全年购买额。将1—12月的交易额予以统计。

（2）收益性。收益性即该客户毛利额的大小。

（3）安全性。营销员要了解货款能否足额回收，客户今年的货款没有结清，哪怕他发誓明年购买量是今年的几倍、十几倍，也要坚持让他结清货款再说。

（4）未来性。营销员要了解客户在同行中的地位及其经营方法，看其发展前途。

（5）合作性。营销员要了解客户对产品的购买率、付款情况等。

针对上述五种衡量指标逐一打分，满分100分。其中购买量40分，收益性10分，安全性20分，未来性15分，合作性15分。对客户作如此筛选之后，营销员会发现有一些客户犹如仓库里的呆滞品或残次品，对此就要给予特别处理，甚至"丢弃"。

二、建立客户服务规范

（一）客户服务的原则

一个企业的竞争力归根结底是通过对客户价值链施加影响，并在为客户创造价值的过程中形成的。为客户创造价值体现在两个方面：降低客户成本和增加客户价值。如何做到降低客户成本和增加客户价值，则取决于企业的产品（或服务）被客户使用的方式，即企业价值链与客户价值链之间的联系。这就需要提高客户服务的水平。客户服务的基本原则是平等互利，共同发展。企业要以客户的价值观作为自己的价值观，以客户的需要作为自己的需要。

（二）建立客户服务制度

企业能向客户提供什么样的服务，不单单是员工一厢情愿的事情，制度合理与否会极大地影响企业输出给客户的服务质量。简言之，服务制度就是向客户提供服务的方式。服务方式决定于企业的服务理念。企业可以从以下6个方面制定服务制度。

1. 客户退货

退货本是一件很平常的事情，但我们不能不说，退货是对企业服务制度优劣的一个极大考验，对客户来说，如果退货是一个漫长、费力和苦恼不堪的过程，他一定会后悔与这样的企业打交道。企业为退货而制定的制度应向客户表达这样的立场："我们尽快为您办理退货，我们的工作人员会按您的要求处理这件事，您不必担心。"

2. 客户退款

客户退款时，往往会遇到这样的推诿："我无权退款，这事得由经理点头才行。"企业应向一线员工授权，允许他们在必要时为客户退款。企业应该有这样的制度来保证这一点：一切以客户为中心，一切都为了使客户满意，应从客户的立场出发，确定企业应该承担的责任。

3. 客户电话咨询

打电话是客户寻求新的服务时更愿意采用的方法。打电话不仅仅是为了方便，很多时候是一种试探，客户从电话中获得的服务信息和服务态度将左右他的购买行为。在企业和客户的电话交往过程中，如果把客户从一个人推到另一个人，或者从这个部门推到另一个部门，客户就必须一遍又一遍地解释自己的问题。这种情况肯定会在客户心目中留下恶劣的印象。企业管理人员必须在普通礼貌用语的基础上量体裁衣，为你的企业设计并制定出有特色、规范的接电话用语。

4. 客户想亲自找更高级的主管

有时候，客户想与企业中他所认为能负责的高级主管谈论问题，可是这一要求往往得不到满足，秘书、一线服务人员以及门卫，都以充分的理由挡住客户。客户这时会觉得被人推托或自感无足轻重。有时，客户还受到员工的刁难，因为在某些员工看来，客户跳过自己与上级直接谈论问题，是对自己的一种轻视。对于购买行为来说，客户的这一要求或许没有多大必要，但就因为是客户的要求，所以可能的话必须予以满足，这是"上帝"的权利，我们无以阻挡。

5. 客户需要对建议信的答复

一个企业客户虽然很多，但乐于给企业提点建议的人却不是很多，因此，客户的建议信对于企业来说是弥足珍贵的。客户既然通过书面这种郑重的方式向企业提出建议，或提出投诉，说明他们对企业寄予希望。据国外有关机构调查，客户对企业提供的服务不满时，向企业提出意见的，八成还会做回头客；什么也不说的，至多有两成还会再光顾。面对客户的热情，企业没有理由冷面相对。这是企业绝好的公关和争取客户的机会。在现实生活中，有关爱企业的客户，有希望企业蒸蒸日上的客户，他们的建议、投诉有助于企业更好地发展。

6. 信守对客户的诺言

给客户许了诺言，但又不恪守诺言，这是商家的第一大致命过错。一个公司如果要在客户服务中获得成功，就必须让他的雇员恪守诺言，即使在他已不负责这方面的服务之后。假如某个员工无法全部解决客户的问题，他也应关注事情的进展，确保有个妥当的安排，这样即便是开始不满意的客户，也会感到满意。

这样做很重要，因为缺乏服务的连贯性，许了诺言而又食言，只会给客户留下坏印象。他们会感到你并不在乎他们的问题是否得到解决。他们会认为你的公司不负责任，不看重与他做的买卖。这时你的客户就会拿着钱到别处去花，是把客户留给你自己，还是把他们推给别人呢？你当然可以选择！

就像许多其他服务理念一样，最好的方案和制度建议都出自每天与客户打交道的人。在制定服务制度时，一定要认真地从员工那里征求反馈意见。

三、加强客户关系管理

客户关系管理源于"以客户为中心"的商业模式，是一种旨在改善企业与客户之间关系的管理机制。它实施于企业的市场营销、技术支持等与客户有关的工作部门。目标在于通过提供快速、周到、优质的服务来吸引和保持更多的客户，通过优化面向客户的工作流程以减少获取客户和保留客户的成本。公司可以利用客户关系管理系统与有价值的客户保持经常联系，并与客户达成交易。可以说客户关系管理不仅是一项营销技术，更是一种选择客户、管理客户，确保企业长期价值最大化的商业战略。

与人为善、服务社会是中国五千年文化的传统美德；服务经营、体察客户的细微需求更是中国商人自古至今成功的秘诀，如老字号"内联升"早在清朝就有了"履中备载"，用来记载客户的个性需求。在以"利润为中心"的商业模式向"以客户为中心"转变的背景下，如果企业与客户保持广泛、密切的联系，价格将不再是最主要的竞争手段，通过提供超越客户期望的服务，可将企业极力争取的客户发展为忠实客户。客户关系管理就是把客户放在了核心位置，如果企业能够很好地吸收客户关系管理理念并予以运用，便会看到利润、客户忠诚度和客户满意度等多方面的丰收。客户关系管理的具体目标可归结为"提高客户满意度、降低客户流失率"，从而在一对一营销的基础上，获得并保持客户，最终获取客户的终身价值。

每一个现代企业都已经意识到了客户的重要性，与客户建立友好的关系可以说关系到企业的生死成败。但是在传统的企业结构中，要真正和客户建立起持续、友好的个性化联系并不容易。原因很简单——技术上无法达到，观念上无法想象。如售后维修有时间地点的限制，难以提供24小时的即时服务；或者某个客户的购买喜好只为单个营销人员所知，到了其他推广或售后服务人员那里就可能无法获得最适宜的选择；一些基本客户信息在不同部门的处理中需要不断重复，甚至发生数据丢失。更重要的是，营销人员往往仅从完成营销定额的角度出发，在营销过程中缺乏与后台支持人员的沟通，让客户在购买之后才发现服务和产品性能并不像当初营销人员描述的那样，因而有上当受骗之感。这些常见的"企业病"都是由于企业的运作流程没有按照"以客户为中心"的宗旨去设计实施，而是各部门从自身的利益出发、多头出击的结果，在短期内是可以赢得订单，却损害了与客户的长期合作关系，最后仍然要由企业花费大量的时间和金钱来修补。客户关系管理给企业增加的价值主要从以下两方面来体现。

一是通过对客户信息资源的整合，在企业内部达到资源共享，从而为客户提供更快速周到的优质服务，吸引和保持更多的客户。

二是通过对业务流程的重新设计，更有效地管理客户关系，降低企业成本。客户关系管理的核心是客户的资源价值管理：通过满足客户的个性需求，提高客户的忠诚度和保有率，从而全面提升企业的盈利能力和竞争力，根据对客户特征、购买行为和价值取向的深入分析，为企业的决策提供科学、量化的指导，使企业在市场上保持稳定持续的发展能力。

客户关系管理通过对客户数据的收集、整理和挖掘，能够实现如下四种功能。

（1）赢回客户。当客户停止购买某种产品或服务时，客户关系管理系统将允许公司通过提供一系列的步骤和措施使客户继续留在公司里。在整个过程中，实践选择是至关重要的。一项研究表明，在客户背叛公司的第一周里与他们取得联系并将其赢回的概率是在第四周与其联系的四倍。在通信行业，如移动服务，这一点尤为突出。

（2）提高忠诚度。事实上，客户对公司的忠诚度是非常难以度量的。以下三个步骤可以帮助公司提高现有客户对公司的忠诚度。首先弄清谁是真正带给公司利润的客户。"20%的客户带来80%的利润"的理论提醒公司要明白谁是那20%的客户，谁是那80%的客户。当明白了这些客户群之后就可以区别对待并为他们定制用于提高忠诚度的亲和活动。同时利用更为详尽的客户资料，将有助于发现潜在的目标客户。一个较为完整的客户信息库使公司有能力向用户准确地提供他们确实需要的东西。这种市场推广方式易于与客户建立牢固的关系，并提高忠诚度。

（3）交叉营销和深度营销。客户关系管理系统将帮助公司营销更多的产品给现有的用户。交叉营销促使公司去明白那些已经购买一种或几种产品的客户，是否需要公司其他的产品。对一个电信公司来讲，一个语音用户也可能是一个数据用户。在已有的语音用户群中发现潜在的数据用户并将服务推销给他们将是一个有效的市场推广办法。深度营销是一种鼓励用户更新换代所用商品的推销办法。当一种新的，可以取代老的产品的东西出现之后，营销人员可以与那些正在使用这些老产品的客户联系并试图说服他们去购买新的产品。因为这两者营销办法的对象都是那些已经是公司客户的人，因此花费在争取这些客户上的费用将比争取全新的客户要低得多，而且随着客户停留在公司时间的增长，公司从这些客户获得的利润将逐步提高。

（4）赢取新客户。帮助赢取新客户也是客户关系管理的重要目的之一。有三个重要的因素在开拓新市场时要考虑：市场定位、客户选择、资源利用。有效的市场定位帮助公司提供合适的产品或服务给消费者。市场推广、广告宣传以及价格策略将依据这个定位来决定。CRM系统提供的详细的客户数据分析将帮助公司有效地进行市场定位和客户选择。同时，根据这些分析结果所得到的信息，将帮助公司决定投入多少资源去开发这些新的市场和客户。

当然仅以客户为中心是不够的，因为传统的企业已经形成的强大的文化、体系和习惯，正使企业走向衰败。主要体现在以下三个方面。一是以内部为中心，关于产品、服务和企业发展方向的决定大多数都是从内部作出的，企业的需要经常被置于企业想要服务的对象之前。二是职能管理方面，每一个独立部门都努力优化自己的内部效率，各部门间常常争夺企业资源，而且在处理客户关系时缺乏远见，难以满足各方面的需求。三是以控制管理为核心，经理是脑，员工是手。管理层掌握企业的发展战略和决策的权力，管理层安排做什么，下属员工就做什么。这种古老的控制指挥方法不改变，不可能搞好客户服务。因此只有对客户服务、流程管理和员工参与采取完整而系统的方法，才能使企业成为行业的领先者，做到比对手更好、更快、更新。

思 考 题

1. 什么是信用风险？其产生的原因是什么？
2. 信用风险具有哪些形式？
3. 客户档案管理具有哪些原则？
4. 客户管理分析流程是什么？
5. 客户资信评估的内容有哪些方面？
6. 客户资信评估有哪些方法？
7. 简述客户资信等级的管理。
8. 如何对客户信用限度进行确定？
9. 如何对客户信用进行控制？
10. 简述客户服务跟踪与关系维护。

案例分析

第十章

客户满意管理

> 客户满意，是因为你做了客户期望你做的，你达到客户的期望，那是你该做的，但是不会让客户忠诚。
>
> 客户高度的满意会导致高度的忠诚，这既是目标又是一种销售理念。
>
> ——编著者

学习目标

1. 理解客户满意的概念与意义
2. 熟悉客户满意的途径与策略
3. 掌握客户满意度评价指标体系
4. 掌握客户抱怨的处理流程

案例导入

第一节　客户满意概述

一、客户满意的内涵

客户满意（customer satisfaction）是 20 世纪 80 年代后期出现的一种经营思想，它要求企业的整个经营活动必须以客户的满意程度为指针，要从客户的角度，用客户的观点而不是企业自身的利益观点来分析考虑客户的需求，应尽可能全面地尊重和维护客户的利益。不少企业不断追求高度满意，因为那些一般满意的客户一旦发现有更好的产品时，会很容易地更换供应商。只有那些十分满意的客户才有比较高的忠诚度，他们一般不会轻易更换供应商。因此，有些企业一直追求全面客户满意（total customer satisfaction）。对于以客户为中心的企业来说，客户满意既是一种目标，同时也是一种市场营销手段。因为高度的客户满意是企业最有说服力的宣传。企业要在激烈的市场竞争中处于不败之地，就必须不断地追踪了解客户的期望与抱怨，及时改进产品和服务，从而在有限的资源范围内使客户满意管理优化。

1. 客户满意的含义

20 世纪 90 年代开始，许多学者开始对消费者满意度进行大量研究，到了 90 年代后期，客户满意度的研究已经成为继企业形象（corporation identity，CI）研究热潮后的又一极热门的话题，许多企业和市场研究机构都投入了较大的人力、物力和财力去开展研究，并取得了一些实践经验和理论成果。客户满意成为 21 世纪初兴起的服务营销和客户关系管理的核心理念，这些理论成果包括以下几方面。

美国著名营销学菲利普·科特勒（Philip Kotler）认为，满意是一种人的感觉状态水平，它来源于对一件产品所设想的绩效或产出与人们的期望所进行的比较。科特勒把客户让渡价值定义为整体客户价值与整体客户成本之间的差额部分，并认为客户满意程度的大小在于企业向消费者让渡的价值的大小。

理查德·奥立弗（Richard Oliver）对满意度的定义是客户满足情况的反馈。它是对产品或者服务性能，以及产品或者服务本身的评价。

杰姆·G.巴诺斯（James G.Barnes）认为保留的客户并不一定都是忠诚的，虽然客户满意度的提高有利于提高客户保持度，因为有的公司采用高转移成本，使不情愿留下的客户勉强留下，给客户造成感情上的伤害，他会为公司传播不好的口碑，这时这位客户对公司的价值会很小甚至是负值，所以靠提高转移成本而留下的客户不是忠诚的客户，也绝不会为公司创造长远的利润，至多只能创造短期的利润。但忠诚的客户大多是保留下来的客户，所以忠诚的客户才是最有价值的客户，忠诚的客户因为推荐和增加他在公司的支出份额和重复购买，可以为公司创造长期的利润。

詹姆斯·赫斯克特（James Heskett）等学者认为，客户价值是客户满意的原动力，也经研究得出利润增长与客户忠诚度相关联，以及客户忠诚度与客户满意度相关联的结论，因此让客户满意的过程就是一个价值让渡的过程。詹姆斯·赫斯克特在其专著中十分强调客户忠诚度对企业长期利润的贡献。

我国学者简洁而直观地把客户满意定义为客户所体验的高兴程度，他们也同样强调客户满意度对企业利润的显著影响。

在这里采用科特勒的定义，所谓客户满意是一种感觉状态的水平，它来源于客户对产品或服务可感知的绩效与客户的期望所进行的比较。因此，客户满意度是绩效与期望差异的函数。绩效与期望之间的不同差异就形成了不同程度的客户满意，满意用数学公式可以表示为

$$满意 = \frac{可感知绩效}{期望值}$$

当满意的数值小于1时，表示自己对一种产品或事情可以感知到的结果低于自己的期望值，即没有达到自己的期望目标，这时客户就会产生不满意。该值越小，表示客户越不满意。当满意的数值等于1或接近于1时，表示客户对一种产品或事情可以感知到的结果与自己事先的期望值是相匹配的，这时客户就会表现出满意。当满意的数值大于1时，表示客户对一种产品或事情可以感知到的效果超过了自己事先的期望，这时客户就会兴奋、惊奇和高兴，感觉的状态就是高度满意或非常满意。这里所指的绩效来源于客户让渡价值，而客户对产品或服务的期望则主要来源于以往自身的购买经验、他人经验的影响，以及营销人员和竞争者的信息与承诺。

2. 客户满意的特征

（1）主观性。客户满意是客户消费了企业提供的产品和服务之后所感到的满足状态，这种状态是个体的一种心理体验。甲十分满意的产品和服务，乙不一定十分满意，因此不能追求统一的满意模式，而要因人而异，提供有差异的满意服务。

（2）层次性。客户满意从纵向可以分为三个层次，如图 10-1 所示。

图 10-1 客户满意的层次

物质满意层是指客户在对企业提供的产品核心层的消费过程中所产生的满意，如功能、质量、特性、包装等，它是客户满意中最基础的层次。

精神满意层是指客户在对企业提供的产品形式和外延层的消费过程中产生的满意，如产品的形象和服务等。

社会满意层是指客户在对企业提供的产品的消费过程中，所体验到的社会利益的维度程度，如产品的道德价值、政治价值和环境价值。

以上三个满意层次具有递进关系。从社会发展过程中的满足趋势看，人们首先寻求的是产品的物质满意层；只有这一层次基本满意后，才会推及精神满意层；而精神满意层基本满意后，才会考虑社会满意层。

（3）相对性。客户满意是相对的，不同的客户需求偏好不同，同样的服务，满意程度是不一样的，因此没有绝对的满意。但是企业可以通过不懈地追求向绝对满意趋近。

（4）阶段性。企业在客户关系导入期和形成期的时候可能让客户满意，但随着竞争对手产品和服务的提升，客户可能在稳定期对企业提出更高的要求，如果企业不能达到客户的要求，客户就会不满，甚至可能中止与企业的关系。因此，客户满意是分阶段不断变化的，在某一时点满意不代表永远满意，偶尔的不满也不代表企业完全丧失补救机会。

二、影响客户满意的因素

影响客户满意的因素是多方面的，涉及企业形象、产品、营销与服务体系、企业与客户的沟通以及客户关怀等各种因素。其中任何一个方面给客户创造了更多的价值，都有可能增加客户的满意度；反之，上述任何一个方面客户价值的减少或缺乏，都将降低客户的满意度。根据"木桶原理"，一个木桶所能装水的最大限度，由其最短的一块木板决定。同样，一个企业能够得到的最大的客户满意度，由其工作和服务效率最差的一个环节或部门决定。也就是说，企业要达到高度满意，必须使所有的环节和部门都能够为客户创造超出其期望值的价值。

影响客户满意的因素可归结为以下 5 个方面。

1. 企业因素

企业是产品与服务的提供者，其规模、效益、形象、品牌和公众舆论等在内部或外部表现的东西都会影响消费者的判断。如果企业给消费者一个很恶劣的形象，很难想象消费者会考虑选择其产品。

2. 产品因素

产品因素包括四个层次的内容。

（1）产品与竞争者同类产品在功能、质量、价格方面的比较。如果有明显优势或个性化较强，则容易获得客户满意。

（2）产品的消费属性。客户对高价值、耐用消费品要求比较苛刻，因此这类产品难以取得客户满意，但一旦客户满意，客户忠诚度将会很高。客户对价格低廉、一次性使用的产品要求较低。

（3）产品包含服务的多少。如果产品包含服务较多，则难以取得客户满意，而不含服务的产品只要主要指标基本合适，客户就容易满意。如果其产品与其他厂家差不多，客户很容易转向他处。

（4）产品的外在因素，如包装、运输、配件等，如果产品设计得细致，有利于客户使用并能体现其地位，会使客户满意。

3. 营销与服务体系

企业的营销与服务体系是否有效、简洁，是否能为客户带来方便，售后服务时间长短，服务人员的态度、响应时间，投诉与咨询的便捷性等都会影响客户满意度。同时，经营商作为中间客户，有其自身的特殊利益与处境。企业通过分销政策、良好服务赢得经销商的信赖，提高其满意度，能使经销商主动向消费者推荐产品，解决消费者一般性的问题。

4. 沟通因素

厂商与客户的良好沟通是提高客户满意度的重要因素。很多情况下，客户对产品性能的不了解，造成使用不当，需要厂家提供咨询服务；客户因为质量、服务中存在的问题要向厂家投诉，与厂家联系如果缺乏必要的渠道或渠道不畅，容易使客户不满意。

5. 客户关怀

客户关怀是指不论客户是否咨询、投诉，企业都主动与客户联系，对产品、服务等方面可能存在的问题主动向客户征求意见，帮助客户解决以前并未提出的问题，倾听客户的抱怨、建议。通常客户关怀能大幅度提高客户满意度，增加客户非常满意度。但客户关怀不能太频繁，否则会造成客户反感，适得其反。

三、客户满意的衡量

1. 客户满意的衡量指标

客户满意的衡量指标是用来测量客户满意级度的一组项目因素。要评价客户满意的程度，必须建立一组与产品或服务有关的、能反映客户对产品或服务满意程度的项目。

企业应根据客户需求结构及产品或服务的特点，选择那些全面反映客户满意状况的项目因素作为客户满意度的总体评价指标。全面是指评价项目的设定应既包括产品的核心项目，又包括无形的、外延的产品项目；否则，就不能全面地了解客户的满意度，也不利于提升客户的满意水平。

一般来说，企业产品的客户满意指标可以概括为以下六项。

（1）品质。品质包括功能、使用寿命、安全性、经济性等。

（2）设计。设计包括色彩、包装、造型、体积、质感等。

（3）数量。数量包括容量、供求平衡等。

（4）时间。时间包括及时性、随时性等。

（5）价格。价格包括心理价值、最低价值、最低价格质量比。

（6）服务。服务包括全面性、适应性、配套性、态度等。

企业服务的客户满意指标可概括为绩效、保证、完整性、便于使用、情绪和环境六项。

客户对产品或服务需求结构的要求是不同的，而产品或服务又由许多部分组成，每个组成部分又有许多属性。如果产品或服务的某个部分或属性不符合客户要求，他们就会作出否定的评价，产生不满意感。由于影响客户满意的因素很多，因而还应该选择那些特定的、具有代表性的因素作为评价项目。一般做法是在总体指标下，再设立一些具体的二级指标和三级指标，使每一个指标具体化。这样客户满意度测评指标体系就构成了一个多层次、多指标的结构体系。具体指向的满意指标设立方式如表 10-1 所示。

表 10-1　具体指向的满意指标设立方式

一级指标	二级指标	三级指标
客户满意度	产品质量	产品使用寿命
		故障率
		质量可靠性
		质量保质期
	交货与运输	交货周期
		交货准时性
		发货准确性
	售后服务	服务人员的响应速度
		人员专业性
		维修质量/返修频率
		配件供应及时性

例如，在对超市的客户满意度分析中，各衡量指标包括地理位置的优越性、服务时间长短、内外卫生清洁、空气流通、光线充足、进出方便、便民措施的到位性、服务亲切感、导购耐心讲解、退货保障、投诉渠道畅通、可信赖度、价格的合理性、品种齐全、标志清楚、付款等候时间短、优惠活动多、商品有特色、新鲜等具体指标；对于某款中高级轿车客户满意度调查则可以从以下项目因素进行衡量：品牌、漆面质量、密封性、外形、内饰质量、内部空间、舒适性、空调性能、行李箱空间、动力性、制动性、可操控性、燃油经济性、安全可靠性、噪声、售后服务和保养费用等。

2. 客户满意度

客户满意是通过客户满意度来衡量的，即客户满意的程度。客户满意度可分为不满意、满意与高度满意，也可以用百分比度量满意度，从 0～100% 依次为不满意、满意与高度满意。客户满意度是指由客户对其购买产品的预期（或理想产品）与客户购买和使用后对产品的判断（或实际产品）的吻合程度来决定的。客户满意表征是对满意程度的重要特征描述，是用直观的手段表达客户满意程度，如表 10-2 所示。

表 10-2　满意表征的具体描述

状　态	表　征	具　体　描　述
非常不满意	愤怒、恼怒、投诉	客户在消费了某种商品或服务后感到愤怒、恼羞成怒、难以形容，不仅企图找机会投诉，而且还会利用一切机会进行反宣传以发泄心中的不快
不满意	气愤、烦恼	客户在购买和消费某种商品或服务后所产生的气愤、烦恼状态。在这种情况下，客户尚可勉强忍受，希望通过一定的方式进行弥补，在适当的时候，也会对其进行反宣传，提醒自己的亲朋好友不要去购买或消费同样的商品或服务
一般	无明显正、负情绪	客户在消费某种商品或服务的过程中没有明显情绪的状态，也就是对此既说不上好，也说不上差，还算过得去
满意	称心、赞扬、愉快	客户消费了某种商品或服务之后所产生的称心和愉快的状态。在这种状态下，客户不仅对自己的选择予以肯定，还会乐于向亲朋好友推荐，自己的期望与显示基本相符，找不出大的遗憾所在
非常满意	激动、满足、感谢	客户在消费某种商品或服务之后形成的激动、满足、感谢状态。在这种状态下，客户的期望不仅完全达到，没有任何遗憾，甚至可能大大超出了期望。这时客户不仅为自己的选择而自豪，还会利用一切机会向亲朋好友宣传、介绍推荐，希望他们都来消费

客户满意度是衡量客户满意程度的量化指标，由该指标可以直接了解企业或产品在客户心目中的满意分级度。下面通过几个主要的综合性数据来反映客户满意状态。

（1）美誉度。美誉度是客户对企业的褒扬程度。对企业持褒扬态度者，肯定对企业提供的产品或服务满意。即使本人不曾直接消费该企业提供的产品或服务，也一定直接或间接地接触过该企业产品和服务，因此他的意见可以作为满意者的代表。

借助对美誉度的了解，可以知道企业所提供产品或服务在客户中的满意状况，因此美誉度可以作为衡量客户满意程度的指标之一。

（2）指名度。指名度是指客户指名消费某企业产品或服务的态度。如果客户对某种产品或服务非常满意，他们就会在消费过程中放弃其他选择而指名道姓、非此不买。

（3）回头率。回头率是指客户消费了该企业的产品或服务之后再次消费或如果可能愿意再次消费，或介绍他人消费的比例。当一个客户消费了某种产品或服务之后，如果心里十分满意，那么他会重复消费。如果这种产品或服务不能重复消费（如家里仅需一台冰箱），但只要可能他是愿意重复消费的。或者虽不重复消费，却向领导、亲朋好友大力推荐。引导他们加入消费队伍。因此，回头率也可以作为衡量了解民意的重要指标。

（4）抱怨率。抱怨率是指客户在消费了企业提供的产品或服务之后产生抱怨的比例。客户的抱怨是不满意的具体表现，通过了解客户抱怨率，就可以知道客户的不满意状况，所以抱怨率也是衡量客户满意度的重要指标。

抱怨率不仅指客户直接表现出来的显性抱怨，还包括客户存在于心底未予倾诉的隐性抱怨。因此了解抱怨率必须直接征询客户。

（5）投诉率。客户投诉是不满意的具体表现。投诉率是指客户在购买或者消费了某企业或某品牌的产品或服务之后所产生投诉的比例，客户投诉率越高，表明客户越不满意。

但是，这里投诉率不仅指客户直接表现出来的显性投诉，还包括存在于客户心底未予倾诉的隐性投诉。研究表明，客户每四次购买中会有一次不满意，而只有 5%的不满意客户会投诉，另外 95%的不满意客户只会默默地转向其他企业。

所以，不能单纯以显性投诉来衡量客户的满意度，企业要全面了解投诉率还必须主动、直接征询客户，这样才能发现可能存在的隐形投诉。

客户对某企业或某品牌的产品或服务的事故承受能力，也可以反映客户对某企业或某品牌的满意度。当产品或者服务出现事故时，客户如果能表现出容忍的态度（既不投诉，也不流失），那么表明这个客户对该企业或品牌肯定不是一般的满意。

（6）销售力。销售力是指产品或服务的销售能力。一般而言，客户满意的产品或服务有良好的销售力，而客户不满意的产品或服务就没有良好的销售力，所以销售力也是衡量客户满意度的指标。

客户满意度指标是用于衡量客户满意分级度的项目因子或属性。找出这些项目因子或属性，不仅可以测量客户的满意状况，而且还可以由此入手改进产品和服务的质量，提升客户满意度，使企业永远立于不败之地。

3. 客户满意度测试的对象

由于不同的客户在事前对企业的期待是不同的，有的客户容易满意，有的客户却不容易满意。因此在测试客户满意度时，仅征询少数人的意见是不够的，必须以少数人为对象，然后再将结果平均化。

（1）现实客户。客户满意度测试的对象一般是现实客户，即已经体验过本企业产品或服务的现实（既有）客户。

实际上，大多数企业不是因为吸引客户过少而失败，而是由于未能提供客户满意的产品或服务而使客户流失和业绩减退。因此，测试并提高现实客户满意度非常重要。它投入少，但效果很明显，因为它是以特定客户为对象的，目标固定。

（2）使用者和购买者。客户满意度测试是以产品或服务的最终使用者还是以实际购买者为测试对象，这是需要预先明确的。由于产品或服务的性质不同，这两者经常存在差异。

通常的理解是把购买者与最终使用者合二为一，这在很多情况下是事实。以购买者为测试对象是通常的做法，但相反的情况也不少。例如，不直接面向最终消费市场，以企业使用为主的生产资料，其使用者多是制造部门，而购买者则是供应部门。再如，小孩子，虽然他们是最终使用者，但与购买者发生分离的情况下，谁的需要应该优先考虑呢？也就是说，以谁为测试对象呢？

当然企业的理想是使这两者都满意，可以将两者都列为测试对象。在发生困难的情况下，也要注意使两者能达到一定的均衡。

（3）中间商客户。企业把产品或服务提供给客户的方式是不一样的。有些企业并不与消费者直接见面，而需要经过一定的中间环节。这时，客户对产品或服务的满意度，与批发商、零售商这样的中间商就有很大关系，因此测试中也不可忽略对中间商的测试。

以家电企业为例。过去家电产品大多由非制造厂商所能控制的中间商来代销，要提高客户的满意度，就要求各零售店也加强服务，或由制造厂商协助进行员工的教育工作。在制造厂商来看，他们的客户除了最终消费者之外，还包括中间商，最终消费者的满意固然重要，中间商的满意也不可忽视。因此，当企业的生产经营活动需经由中间环节才能最终接触到客户时，必须把中间商也列为测试对象。

（4）内部客户。客户满意度的测试不仅要包括传统的外部客户的调查，还要包括企业内部客户的调查。

在很多企业中，由于没有树立"内部客户"的观念，各部门之间的隔阂很严重。各部门的员工对外部客户的需求很重视，却忽视了上下线其他部门这样的内部客户，互不合作甚至互相拆台的事情时有发生。

实际上，企业作为对外提供产品和服务的整体，内部各部门彼此之间也应该以对待外部客户那样的方式相待，只有整个流程的各部门都能为其他部门提供满意的产品和服务，才有可能最终提供给客户满意的产品和服务。

因此，企业的内部员工满意度是客户满意测试中不可忽视的环节，内部员工也是重要的测试对象。

四、客户满意的意义

激烈的竞争迫使企业在生产经营中关注客户，并以客户的需求和利益为中心，最大限度地满足客户的需求，提升企业的竞争优势。客户满意对企业的意义主要表现在以下几个方面。

1. 有利于获得客户的认可，造就客户忠诚

客户满意包括物质满意、精神满意和社会满意，能够使客户在购买和使用企业产品或服务的过程中体会舒适、美感，体现自我价值。对于围绕客户满意运作的特色服务，更将使客户感受到企业的温情和诚信，有利于客户识别和认同。

2. 是企业最有说服力的宣传手段

对于以客户为中心的公司来说，客户满意既是一种目标，也是一种市场手段，因为高度的客户满意率是企业最有说服力的宣传。客户满意率不仅决定了客户自己的行为，客户还会将自己的感受向其他人传播，从而影响他人的行为。研究表明，如果客户不满意，他会将其不满意告诉22个人，除非独家经营，否则他不会重复购买；如果客户满意，他会将满意告诉8个人，但该客户未必会重复购买，因为竞争者可能有更好、更便宜的产品；如果客户非常满意，他会将非常满意告诉10个人以上，并肯定会重复购买，即使该产品与竞争者相比并没有什么优势，随着客户满意度的增加和时间的推移，客户推荐将给企业带来更多的利润，同时，企业因宣传、推销方面的成本的减少，也将带来利润的增加。因此，有人形容"一个满意的客户胜过十个推销员"。这也是企业为何要将客户满意度作为营销管理的核心内容的一个主要原因。

3. 直接影响商品销售率增长与利润增加

如果客户高度满意，随着时间的推移，客户会主动给企业推荐新客户，形成一种口碑效应，由此导致企业销售额有较大增长。同时，由于宣传、销售等方面的费用降低，企业经营成本下降，也会带来大量的利润增加。本田雅阁曾经连续几年获得"客户满意度第一"的殊荣，这一事件的宣传有助于公司销售更多的雅阁汽车。

4. 是企业战胜竞争对手的最好手段

客户满意是企业建立和发展的基础，如何更好地满足客户的需要，是企业成功的关键。市场竞争的加剧，足以让客户有更加充裕的选择空间，竞争的关键是比较哪家企业更能够让客户满意。如果企业不能满足客户的需要，而竞争对手能够使他们满足，那么客户很可能就会叛离，投靠到让他满意的企业中去。

可见，只有能够让客户满意的企业才能在激烈的竞争中获得长期的、起决定性作用的优势。谁能更好地、更有效地满足客户需要，让客户满意，谁就能够营造竞争优势，从而战胜竞争对手、赢得市场。

正如著名企业家福特所说："最有效、最能满足客户需求的企业，才是最后的生存者。"

5. 可以降低企业的经营成本

这种降低主要来自以下三个方面。

（1）交易成本降低。由于满意客户在重复购买时，对商品和购买过程有所了解，因此交易成本会降低；而与一般客户相比，满意客户购买数量更大、品种更多，从而进一步降低交易成本。

（2）失败成本降低。在与满意客户的交易中，企业用于退换商品、弥补操作失误、处理客户抱怨等方面的开支会极大地减少，失败成本降低。

（3）获取新客户的成本降低。满意客户会将其经历通过积极的口头传播告诉他人，这无疑会使企业能以较低的成本获得大量的新客户。

6. 有利于提升企业的竞争力，提高企业管理水平

客户满意度管理可以使企业在思想观念上发生深刻的转变，使其意识到客户始终处于主导地位，从而确立"以客户为关注焦点"的经营战略。在制定企业决策时，与客户进行广泛交流并征求客户意见，实现客户满意，可以提升企业的竞争力、提高企业的管理水平。

此外，高度的客户满意还会使客户尝试购买企业的新产品，为企业和它的产品进行正面宣传，忽视竞争品牌和广告，对价格不敏感，对竞争对手的产品具有较强免疫力，等等。现代化必须充分了解客户的让渡价值，通过企业的变革和全员的努力，建立"客户满意第一"的良性机制。

第二节　客户满意度提高的途径与策略

一、客户满意度提高的途径

（一）产品满意

产品满意是客户满意的前提。客户与企业的关系首先体现在产品细节上，从这个细

节关系出发才有全面的客户满意，背离这个细节，就没有满意的根。一般认为，要做到产品满意，就要做好下列 3 个方面的工作。

1. 了解客户需求

客户在购买某种产品时，实际希望得到的并不是其物质本体，而是这种产品所带来的服务，即产品的使用价值。更高的要求是得到的不仅是一种服务，而是在寻求一种服务的"群"。

需要强调的是，客户的需求是相当大的"群"。构成这种"群"的每一个要素都会对产品引起需求，区别于竞争对手的关键也在客户方面，并由此而产生竞争状态的变化。这种变化是由于需求群中的重点移动所引起的。即使重点产生移动，需求群的总体仍然是作为企业存在的必要条件。因此，企业必须经常研究分析这种"需求的群"。

2. 适应客户需求

（1）战略与客户需求群体的适应。这是战略上适应客户的第一个标准。"需求群体"分为产品的性能、辅助服务、价格三大类，而且还可以进一步细分。在这些众多的要素中，企业重点解决的中心问题应该是感动和吸引客户。企业吸引客户的各种手段，不可能是平均适度的，应该有核心的内容。产品的性能也好、辅助服务也好、价格也好，如果都成为企业吸引客户的要点，那么企业提供的产品或服务也就没有特色了，同时经营资源也不能集中使用，适应客户战略最终是难以实现的，因此明确吸引客户要点的核心是十分必要的。

明确吸引客户要点的核心与业务活动领域的基本战略方针紧密相关，企业必须把吸引要点的业务活动置于自己有力的控制管理之下。重点放在产品性能上的企业，不能把产品开发委托给他人进行；重点放在辅助服务上的企业，必须把售后服务和流通系统置于自己强力控制管理之下；考虑以价格为重的企业，不能在根本的生产技术上长期依靠他人。

（2）战略如何适应客户需求的变化。如何适应客户需求的变化是战略与客户相适应的第二个标准。当变化在一定程度上可以预知时，企业制定预测这种变化的战略实施方案是很有必要的。最积极的办法是自己主动去促其发生变化，这样做可以在一定程度上预知客户的什么需求在变化。

（3）用客户影响客户。在客户之间的相互影响作用中，最明显的是"客户吸引客户"的现象。某个企业购入一种设备后，其他企业看着好，也想购入相同的设备；这些购买该设备的企业成为活广告，招来了其他的客户，使企业的客户越来越多，这就是"客户吸引客户"的现象。利用这种效果的战略要点，是集中精力和资源赢得成为市场上活广告的客户，并且研究如何有效地利用这种由客户创造出来的波及效果。

在客户之间的相互影响中，另一种比较明显的现象是"需求吸引需求"，彼此吸引的现象不仅发生在客户之间，即使在一个客户身上，也可能有需求吸引需求的情况。例如，一个人有了处理文字存储的电脑，接着又想拥有功能更全的电脑；新建了住宅后，自然有维修和改建的需求；打算买毛衣去了百货商店，看到流行时装的总体式样后，很想连裤子带鞋都有配套。总之，在满足客户的任何一种需求时，会派生出其他一些需求。

需求吸引需求的原因是若干需求在客观上是连锁式地联系在一起的，一个需求表现出来，自然具有产生其他需求的可能性。如果能够有效地利用这种可能性，抓住连锁式的需求总体，就能以较小的投入取得较大的效果，这可以说是一种杠杆作用。

3. 提供满意产品

企业了解客户需求与适应客户需求的最终目的，是为客户提供满意的产品，从而实现客户满意。产品满意的内容包括以下两个方面。

（1）产品功能满意。产品功能，也就是产品的使用价值，这是客户花钱购买的核心。客户对产品的功能需求有两种形式。一是显性功能需求，这是客户明显意识到的，能够通过调查报告反映出来。二是潜在功能需求，这是客户没有明显意识到的，不能通过调查完全反映出来，但如果企业能向客户提供，他们一定会满意。因此，研究产品的功能需求，一方面可以通过消费者调查实现，另一方面交易借助创新推论让客户确认。

客户对产品的功能需求包括以下几点。

一是物理功能需求。物理功能是产品最核心的功能，也是它最原始的功能，是产品存在的基础。失去了物理功能，产品也就失去了存在的价值。物理功能需求，是客户对产品的主要需求。客户之所以愿意购买，首先是消费它的物理功能，但由于消费需求的层次不同，所以即使是同一物理功能，不同客户需求也不尽一致。

二是生理功能需求。生理功能需求是客户希望产品能尽量多地节省体力付出，方便使用。生理功能需求与物理功能需求相比，处于次要位置，只有物理功能需求得以满足后，人们才会更多地考虑生理功能需求。

三是心理功能需求。心理功能需求是客户对满足其精神需求而提出的。在产品同质化、需求多样化、文化差异突出的消费时代，心理功能需求及其满足是企业营销的重点。客户在心理功能需求上主要包括审美心理功能需求、优越心理功能需求、偏好心理功能需求、习俗心理功能需求和求异心理功能需求。

（2）产品品位功能。产品品位满意是产品在表现个人价值观上的满意状态。产品除了使用功能外，还有表现个人价值的功能，产品在多大程度上能满足客户的个人价值需求，不仅决定着产品的市场卖点，还决定着客户在产品消费过程中的满意分级度，进一步决定着消费忠诚。所以，根据客户对产品品位的要求来设计产品品位是实现产品品位满意的前提。

产品品位满意表现在三个方面。

一是价格品位。价格品位是产品价格水平的高低。理论上讲，消费者购买产品时寻求功能与价格间的合理性，但事实上不同客户对功能的要求与判断是不同的，因而对价格的反应也不同。有人追求低价格，有人追求高价格，同一客户在不同产品上的价格品位也会不同。

二是艺术品位。艺术品位是产品及其包装的艺术含量。艺术含量高，则产品的艺术品位高，否则艺术品位就低。一般而言，客户都欣赏艺术品位高的产品，一方面艺术品位高的商品给人以艺术享受，另一方面消费艺术品位高的商品不仅是消费者自我感受，而且也向他人展示自身的艺术涵养与艺术修养，产品成为个人艺术品位的代表。

三是文化品位。文化品位是产品及其包装的文化含量，是产品的文化附加值。一个看似十分平凡的产品，一旦富含了丰富的文化，那么它就有可能身价百倍。产品的文化品位是其艺术品位的延伸，不同消费者群有不同的文化。消费的文化特征也越来越突出地体现出来。有时，你无法从功能或价格的角度解释某一层面的消费现象或某一具体消费行为，说到底，这就是产品消费的文化底蕴。

（二）服务满意

在新的时代，传统的产品营销方式显得不够用了，需要借鉴服务的营销创新。传统的客户服务从属于产品销售的一个环节，是产品的附属品。在市场竞争异常激烈，特别是在同类产品间的技术差异越来越小，消费者对服务品质越来越苛求的今天，客户服务质量在竞争中的地位已发生质的变化，服务已上升为竞争的重要环节。服务满意已经成为赢得客户满意的保证。

什么是客户服务？简言之，客户服务是企业向客户直接或间接提供无形利益，并使客户获得一系列满足感的行为。服务是一种既看不到又摸不着的非实体，它的形式各异，但各种服务方式的目的都在于促进市场营销。

服务满意首先必须在全体员工中树立"客户第一"的观念，没有这样的观念，服务就不可能使客户满意。

1. 服务承诺

所谓服务承诺，是企业向客户公开表述的要达到的服务质量。首先，服务承诺一方面可以起到树立企业形象、提高企业知名度的作用，另一方面可以成为客户选择企业的依据之一，但更重要的是，它还可以成为客户和公众监督企业的依据，使企业得到持续改善的压力。其次，建立有意义的服务承诺的过程，实际上是深入了解客户要求、不断提高客户满意度的过程，这样可以使企业的服务质量标准真正体现客户的要求，使企业找到努力的方向。再次，根据服务承诺，企业能够确定反映客户需求的、详细的质量标准，再依据质量标准对服务过程中的质量管理系统进行设计和控制。最后，服务承诺还可以产生积极的反馈，使客户有动力、有依据对服务质量问题提出申诉，从而使企业明确了解所提供服务的质量和客户所希望的质量之间的差距。

2. 客户服务

有服务的产品才能充分地满足用户的需要，缺乏服务的产品只不过是半成品，所以服务是产品功能的延伸。例如，发型设计服务，理发本身不属于客户服务，但客户在理发前后或过程中所得到的待遇却属于客户服务。假如客户提出一些特别的处理要求，那也属于客户服务的一项内容。在服务完成之后，假若客户的惠顾得到感谢和赞扬，这些行为也应归入客户服务。

对企业来说，有更好的服务才能取得更大的利润，服务不但能树立企业的良好形象，更能因此创造产品的附加值。服务的利润有时比产品本身的销售利润重要，尤其当产品的销售利润因为其他竞争产品的增多而下降时，服务所产生的利润就更为重要了。

3. 服务补救

所谓服务补救，是指企业在对客户提供服务出现失败和错误的情况下，对客户的不满和抱怨当即做出的补救性反应。其目的是通过这种反应，重新建立客户满意和客户忠诚。由定义看出，服务是一种反应，是企业在出现服务失误时，对客户的不满和抱怨所做的反应。

在提供服务的过程中，即使最优秀的企业也不可避免出现服务的失败和错误。这是因为一方面服务具有差异性，即服务产品的构成成分及其质量水平经常变化，很难界定；另一方面服务具有不可分离性，即生产服务的过程就是消费服务的过程，客户只有加入生产服务的过程中才能最终消费服务。此外，有的服务失败和错误，是企业自身问题造成的，如由于员工的工作疏忽将一间空房间同时租给两位客户。有的服务失败和错误，则是由不可控因素或客户自身原因造成的，如飞机因天气恶劣而晚点或因寄信人将地址写错而导致的投递错误，则是不可避免的。

对于企业来说，为客户提供完美的服务是一种最理想的状态，但即使是最优秀的企业，也不可能百分之百地避免失误。失误发生后，如果客户向企业提出抱怨，那么企业对客户抱怨的处理过程将变为维系客户关系的关键，这个处理过程通常被称为服务补救管理。

如果服务补救失误，不满意的客户不但不再光顾该企业，还会向自己的朋友和亲人表达内心的不满，企业会由于负面影响而失去更多的潜在客户。相反，如果企业采取积极正确的方法应对服务失败，不仅能挽救当前的失误，还可以使客户重新建立信心，增强客户的满意度和忠诚度，维护客户与企业的长久关系。

4. 亲情营销

亲情营销是美国通用电气 20 世纪末期提出的服务战略和通用电气公司面向消费者个性化的理念。公司为此设立了五个电话应答中心，构建了遍及全球的电子邮件网，为消费者提供了使用保养家用电器的知识，诊断他们遇到的故障与问题，为他们提供最迅速的技术援助。公司要求各部门从三个层面展开亲情营销，第一是立即解决问题，第二是营销作业层，第三是产品开发信息反馈层，通过建立消费者想法系统，把消费者的意见和需求量化，作为设计、开发新产品的依据。

亲情营销的核心是精确化服务，即以 10 倍于追求情人的热情，精确地了解客户希望的商品和服务的个性，找准客户，精确地介入他购买和更新产品的意愿。

通用电气公司前董事长杰克•韦尔奇强调："通用电气营销中有一点被忽略了，那就是非正式价格，我以为这是个了不起的创见。当质量、品种、价值的正式价格已和竞争者不相上下时，营销着力点就在于建立企业与客户之间的非正式关系。"

亲情营销是经营哲学领域客户满意的具体体现，它并不在意效益是否降低，而着力消除企业与消费者在时间与空间上的距离。企业通过建立、拓展、保持和强化对客户的服务，实现各方面利益的最大化。

二、客户满意度提高的策略

1. 塑造以客为尊的经营理念

以客为尊的经营理念是客户满意最基本的动力，是引导企业决策、实施企业行为的思想源泉。麦当劳、IBM、海尔和联想等中外企业成功的因素就是它们始终重视客户，千方百计地让客户满意，其整体价值观念就是"以客为尊"。

以客为尊的经营理念，从其基本内涵上来看，大致有三个层次：客户至上、客户永远是对的和一切为了客户。如果没有这种经营理念，员工就缺失求胜求好的上进心，缺乏优秀企业那种同心协力的集体意志。麦当劳的创办人雷·克罗克（Ray Kroo）曾用简单的几个字来注释麦当劳的经营理念：品质、服务、整洁、价值。有明确的且为全体员工所接受的目标，企业才能充满活力，真正地为客户服务。以客为尊的经营理念不仅要在高级管理层加以强调，更重要的是要使之深入人心，使企业内部全体人员都明确这一观念的重要性。

2. 树立企业良好的形象

企业形象是企业被公众感知后形成的综合印象。产品和服务是构成企业形象的主要因素，还有一些不是客户直接需要但却影响客户购买行为的因素，如企业的购物环境、服务态度、承诺保证、品牌知名度和号召力等。这就要求企业做到以下几点。

（1）理念满意。理念满意即企业的经营理念带给客户的心理满足状态。其基本要素包括客户对企业的经营宗旨、质量方针、企业精神、企业文化、服务承诺以及价值观念的满意程度等。

（2）行为满意。行为满意即企业的全部运行状况带给消费者的心理满足状态。行为满意包括行为机制满意、行为规则满意和行为模式满意等。

（3）视听满意。视听满意即企业具有可视性和可听性的外在形象带给消费者的心理满足状态。视听满意包括企业名称、产品名称、品牌标志、企业口号、广告语、服务承诺、企业的形象、员工的形象、员工的举止、礼貌用语及企业的硬件环境等给人的视觉和听觉带来的美感与满意度。

3. 开发令客户满意的产品

产品价值是客户购买的总价值中最主要的部分，是总价值构成中比重最大的因素。客户的购买行为首先是冲着商品来的，冲着商品实用性和满意度来的，也就是冲着商品的价值来的。这就要求企业的全部经营活动都以满足客户的需要为出发点，把客户需求作为企业开发产品的源头。因此，企业必须熟悉客户、了解客户，调查客户现实和潜在的需求，分析客户购买的动机和行为、能力、水平，研究客户的消费传统和习惯、兴趣、爱好。只有这样，企业才能科学地顺应客户的需求走向，确定产品的开发方向。

4. 提供客户满意的服务

热情、真诚地为客户着想的服务能带来客户的满意，所以企业要从不断完善服务系统、以方便客户为原则，从产品特有的魅力和一切为客户着想的体贴等方面去感动客户。售中和售后服务是商家接近客户最直接的途径，它比通过发布市场调查问卷来倾听消费者呼声的方法更加有效。在现代社会环境下，客户也绝对不会满足于产品本身有限的使用价值，还希望企业提供更便利的销售服务，如方便漂亮的包装，良好的购物环境，热情的服务态度，文明的服务语言和服务行为，信息全面的广告、咨询，快捷的运输服务，以及使用中的维修保养等。服务越完善，企业就越受欢迎，客户的满意度也就越高。

5. 科学地倾听客户意见

现代企业实施客户满意战略必须建立一套满意分析处理系统，用科学的方法和手段检测客户对企业产品和服务的满意程度，及时反馈给企业管理层，为企业不断改进工作、及时地满足客户的需要服务。

目前，很多国际著名企业都试图利用先进的传播系统缩短与消费者之间的距离。一些企业建立了"客户之声"计划，收集反映客户的想法和需求的数据，包括投诉、评论、意见和观点等。日本的花王公司可以在极短的时间内将客户的意见和问题系统地录入计算机，以便为企业决策服务。据美国的一项调查，成功的技术革新和民用产品，有60%～80%来自用户的建议。美国的宝洁日用化学产品公司首创了客户免费服务电话。客户向公司打进有关产品问题的电话时一律免费，不但个个给予答复，而且进行整理与分析研究。这家公司的许多产品改进设想都是来源于客户免费服务电话。

6. 加强客户沟通与跨国关怀

企业要完善与客户沟通的人员组织和相应的制度，保证沟通渠道畅通，快速及时地与客户进行沟通。企业要定期开展客户关怀活动，特别是客户刚刚购买产品，或到了产品的使用年限，或产品的使用环境发生变化时，企业的及时感谢、提醒、咨询和征求意见往往能收到客户非常满意的效果。

为了加强与客户的沟通，企业要建立客户数据库。客户数据库是进行客户服务、客户关怀、客户调查的基本要求。企业要努力使客户数据库从无到有，逐步完善、全面，否则，客户满意无从谈起。企业还要关注客户感受。有许多被公认的优秀企业（如亚马逊公司）都非常注重收集日常与客户间的联络信息，了解是客户关系中的哪个环节出现了问题，找出问题的根源并系统地依据事实进行解决。

7. 控制客户的期望值

客户满意与客户期望值的高低有关。提高客户满意度的关键是企业必须按照自己的实际能力，有效地控制客户对产品和服务的期望值。营销人员应该控制客户的期望值，尽可能准确地描述产品或服务，不要夸大产品的性能、质量等，否则只能吊起客户的胃口，效果适得其反。由于客户的期望值可能还会变化，在描述产品和服务内容后，还要描述与竞争对手的比较及市场需求的变化，必要时也可以介绍产品的不适用条件，让客户有心理准备，达到控制客户期望值的目的。如果为了得到客户而误导客户，玩文字游戏，赋予客户过高的期望、过大的想象空间，麻烦一定随之而来。如果客户期望比较客观，企业的工作成果能够超越客户的期望，客户会非常满意。

除此之外，企业还可以把提高客户满意纳入企业战略范畴。企业要把客户满意作为一项长期工作，从组织、制度、程序上予以保证。企业还应该经常进行客户满意度调查。由于市场环境经常发生变化，如技术进步、竞争对手变化等，经常性的客户满意度调查有助于企业及时发现问题，采取相应对策，避免客户满意度大幅度下滑。

第三节　客户满意度的评价

一、客户满意度的概念与用途

1. 客户满意度的概念

客户满意度，简言之，就是客户满意的程度。Oliver（1997）给予"满意度"的正式定义是：满意度是客户满足情况的反馈，是对产品或者服务性能以及产品或者服务本身的评价，给出了（或者正在给出）一个与消费的满足感有关的快乐水平，包括低于或者超过满足感的水平。客户的满意程度与客户的容忍区域的大小有关。容忍区域（zone of tolerance）代表着客户的一系列期望，这些期望与渴求的价值（客户希望得到的价值水平）和必要的价值（客户愿意接受的价值水平）有关。在这两个水平之间存在的就是容忍区域（图10-2）。如果客户的经历落在容忍区域之内，客户大概会对价值感到满意或者说这种价值会被认为是可以接受的；如果客户的经历落到了必要的价值水平以下，那么这种价值就会被认为是不可接受的，结果也会是不令人满意的；如果客户经历的价值水平超过了渴求的价值水平，客户就可能会十分满意，甚至会产生惊喜，如图10-3所示。

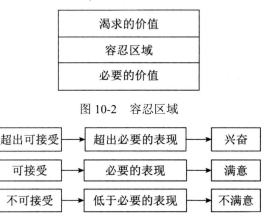

图 10-2　容忍区域

图 10-3　客户满意状态的三种表现

2. 客户满意度的用途

客户满意指标体系具有以下几方面的用途。

（1）测定企业过去与目前经营管理水平的变化，分析竞争对手与本企业之间的差距。

（2）了解客户的想法，发现客户的潜在要求，明确客户的需要、需求和期望。

（3）检查企业的期望，以达到客户满意和提高客户满意度，有利于制定新的质量或服务改进措施，以及新的经营发展战略与目标。

（4）明确为达到客户满意，企业在今后应该做什么，是否应该转变经营战略或经营方向，从而紧随市场的变化而变化。

（5）增强企业的市场竞争能力和企业盈利能力。

二、客户满意度评价指标体系有关论述

测量客户的满意度，核心的问题是确定客户满意指标体系。客户满意指标（customer satisfaction index，CSI）是由设在美国密歇根大学商学院的国家质量研究中心和美国质量协会共同发起并研究的一个经济类指数。客户满意指标是指一组与提供物品有关的、能反映客户对提供物品满意程度的项目因素。由于客户对提供物品需求的强度不同，而提供物品又由许多部分组成，每个组成部分又有许多属性，如果提供物品的某个部分或

属性不符合客户要求，他们就会作出否定的评价，产生不满意感。可见，影响客户满意水平的因素非常多，所以，如何从中选择既能全面反映客户满意状况又有代表性的项目，建立科学的指标体系成为正确测量客户满意度的关键。

国内外的许多学者从不同的角度提出了略有差异的客户满意度评价指标体系，为我们的具体研究提供了有益的借鉴。

1. 客户满意度评价的维度

在确定详细具体的指标体系之前，需要明确客户满意度评价的大致方向、内容和维度，在维度构建的框架内来细化客户满意度评价指标体系。由于服务的无形性，对它的满意程度的测量明显要难于有形产品，所以学者喜欢将客户满意度评价研究的重点集中在服务领域，很多经典的评价维度和指标体系都来源于服务营销专家的智慧与实践。

服务营销的著名专家贝尔、帕拉苏拉曼和泽塞莫尔从一般性原则的角度出发，提出消费者在评价服务的质量和满意度时，会主要考虑以下五个维度。

（1）可靠性。可靠性是准确可靠地执行所承诺服务的能力。从更广泛的意义上说，可靠性意味着企业按照其承诺行事，包括送货、提供服务、问题解决、定价方面的承诺。客户喜欢与信守承诺的企业打交道，特别是那些能信守关于核心服务方面承诺的企业。

（2）响应性。响应性是指帮助客户及提供便捷服务的自发性。该维度强调在处理客户要求、询问、投诉、问题时的专注和快捷。响应性表现在客户在获得帮助、询问的答案及对问题的注意前等待的时间上，也包括为客户提供其所需要服务的柔性和能力。

（3）安全性。安全性被定义为雇员的知识和谦恭态度及其能使客户信任的能力。它包括客户身体上的安全性、财务上的安全性和对企业及其员工的信任程度。在客户感知服务包括高风险、客户不能确定自己有能力评价服务的产出、客户关系形成的早期阶段等情况下，安全性这一维度可能特别重要。

（4）移情性。移情性是企业给予客户的关心和个性化服务。移情性的本质是通过个性化的或者定制化的服务使每个客户感到自己是唯一的和特殊的。

（5）有形性。有形性被定义为有形的工具、设备、人员和书面材料的外表。一般新客户喜欢用它来评价服务的质量及满意程度。

另一个服务营销的著名专家格罗鲁斯在综合比特纳、拉斯特和奥利弗等人的研究基础上，从评价内容的角度出发，提出了客户感知质量和满意程度的七项标准。

（1）职业化程度和技能。客户认为服务提供者及其员工、经营系统和有形资源应当具有以专业方式来解决他们问题的知识和技能。

（2）态度与行为。客户认为企业员工（与客户接触的员工）应当关注他们，并且积极主动地解决他们在接受服务过程中所面临的问题。

（3）易获得性与灵活性。服务的地点、时间、服务企业员工和运营系统应当根据客户的要求灵活地加以设计和运营，这样客户可以很容易地接受企业的服务；如果客户有要求，也可以根据客户的要求灵活地对服务作出调整。

（4）可靠性与可信度。如果服务提供者及其员工能够信守诺言而且全心全意地为客户服务，那么，客户就会对企业产生信任感，认为企业是非常可靠的。

（5）服务补救能力。如果出现客户意料之外的事情或服务失误，企业应当立即主动采取措施来控制局面，并找到客户可以接受的新的解决方案。

（6）服务环境组合。服务的有形环境和其他环境应当对服务过程起到有力的支持作用。

（7）声誉与信用。客户对服务提供者应当具有信任感，服务应当是物有所值的，客户可以与企业一起分享良好的服务绩效和价值。

贝尔等人和格罗鲁斯的评价维度尽管角度不同，但彼此的一致性是非常明显的。他们都是从客户的角度来评判企业所提供的服务的质量状况以及给客户带来的满足程度，而且涉及的内容非常全面，评价的项目不仅包括服务的结果，也广泛涵盖了服务提供的过程，如格罗鲁斯的评价维度中职业化程度与技能、声誉与信用是和服务结果有关的评价维度，而态度与行为、易获得性与灵活性、可靠性与可信度、服务补救能力和服务环境组合等都是与服务过程有关的评价维度，并且这些维度都或多或少地必须遵循可靠性、响应性、安全性、移情性、有形性等一般原则。

尽管贝尔等人的研究具有普遍的指导意义，但是其局限性也是很明显的。首先，他们的研究毕竟是从服务的角度出发的，并不能涵盖所有的行业和市场，评价维度不具有普遍适应性。其次，他们并没有指出各个维度之间的相对权重，也没有指出寻找和界定相对权重的方法和途径，给实际运作带来一定的困扰。最后，他们的研究在强调关系、承诺、互动的今天需要做适当的扩展。

为了有效地避免第一和第三种情况，我们需要从新的角度来确定客户满意度评价的维度。杰姆·G. 巴诺斯的研究为我们提供了很好的借鉴。他另辟蹊径，从客户价值内涵的角度提出了客户满意度评价维度。根据马斯洛的需求层次理论，杰姆·G. 巴诺斯将一个企业或组织提供给客户的东西相应地分为五个层次，这些东西可以被称为供给或者是价值主张，不管企业或者组织是何种类型，它们都会在这五个层次中的每一个层次上为客户提供一些东西。这五个层次按照从下到上的顺序分别是核心产品或服务、流程和系统支持、技术表现、与组织的互动、情感要素。我们在价值设计的论述中，在这五个层次的基础上，抽象出了三个层次的价值内涵：核心产品、服务支持与流程以及人员互动，可以将其列为评价客户满意度的主要维度。我们认为，从价值内涵的本身来评价客户满意度，具有本原性和深入性，在越来越忽视价值载体（实体产品和服务）而重视价值内涵的今天，这种评价维度非常适用。

2. 客户满意度评价的指标体系

在客户满意度评价的具体指标体系方面，也有很多学者进行了理论性和实证性的探讨。美国学者阿伦·杜卡认为不同行业与市场中的客户满意度评价指标具有一定的同质性，事实上存在着一个可以适用于许多不同产品和服务的通用指标体系，这个抽象的、普遍适用的指标体系分为三个方面：与产品有关的指标、与服务有关的指标和与购买有关的指标。其中，与产品有关的指标具体包括价值—价格的关系、产品质量、产品利益、产品特色、产品设计、产品可靠性和统一性、产品或服务的范围等；与服务有关的指标具体包括保修期或担保期、送货服务、处理客户抱怨、问题的解决等；与购买有关的指标具体包括礼貌、沟通、获得的难易和方便程度、企业名誉、企业竞争实力等。当然，处于不同行业和市场的企业每次在具体运用这些指标时，还必须进一步定义、阐述、解释和细化。

国内学者李蔚认为服务满意度指标体系应该包括：绩效（指服务的核心功能及它所达到的程度，绩效通常是结果导向），保证（指核心服务功能提供的过程中的正确性及回应性，它强调的是服务过程中的态度，因此它是过程导向），完整性（涉及提供的服务的多样性以及是否周到），便于使用（指有关服务的可接近性、简易性以及使用的灵巧）和情绪/环境（指核心服务功能以外的感受）等内容。而产品满意度指标体系则可以从品质（包括功能、使用寿命、用料、可靠性、安全性、经济性），设计（包括色彩、包装、造型、体积、装饰、手感、质地），数量（包括容量、成套性、供求平衡），时间（包括及时性、随时性），价格（包括最低价位、最低价质比即产品价位和质量的比值、心理价格、商值即产品价位与产品使用时间之比），服务（包括全面性、适应性、配套性、全纵深性、全过程性、态度、价格、方便性），品位（包括名牌感、风格化、个性化、多样化、特殊化、身份感）等方面进行评估。

三、建立客户满意度指标体系的步骤

1. 提出问题

进行客户满意度指标体系建设的第一步，就是要明确影响客户满意的因素有哪些，同时还必须考虑如何将这些因素获得与量化，即包括对下面几个问题的回答。

（1）影响购买和使用的客户满意的因素有哪些？

（2）在这些满意因素中，哪些因素能成为满意指标？

（3）每一个满意指标对购买和使用的影响程度如何？

（4）上述数据可以从哪些渠道获得？

（5）应该采用何种方式采集数据？

（6）采集数据时应注意哪些问题？

2. 采集数据

由于构建客户满意度指标体系基本上是一个基于客户调查的过程，故对调查方法的选择将直接影响最终结果的客观性与科学性。除了二手资料收集外，还有三种常用的数据收集方法：抽样问卷调查、深度访谈和焦点访谈。在获得所需要的数据后，需要对其进行归类整理、统计分析，从而找出研究对象和被研究对象的相关性。

3. 建立行业客户满意因素体系

通过分析、整理收集的二手资料和内部（外部）访谈获得的信息，建立客户满意因素体系表，对各类指标的属性进行充分分解，则初步建立起客户满意因素集合，为下一步展开收集工作提供调研目标。行业客户满意因素体系包括的因素很广，往往包含一些不重要的"噪声因素"，同时还存在一些因素具有相同内涵的现象，需要从中遴选出适合特定企业的因素组成客户满意度指标体系。

4. 建立企业客户满意度评价指标体系

在建立企业客户满意度指标体系的过程中，首先，在客户满意因素体系中剔除与其他因素高度相关的因素，使剩余的因素保持相对独立。例如，有两个客户满意因素，分别是货品种类是否齐全和是否能够购买到您需要的货品，这两个指标的相关程度较高，只能选择一个作为满意指标。其次，要在行业客户满意因素体系中剔除对客户满意指标影响较小的因素，这些因素对客户满意指标有一定的影响，但是影响程度微乎其微，为了避免它们对其他重要因素的干扰，同时也从成本角度考虑，要将它们剔除，仅保留与客户满意指标有较强相关性的因素作为满意指标。例如，对于耐用消费品，售后服务是一个非常重要的因素，但是对于快速消费品，售后服务的重要程度又变得非常小。

剔除不需要的因素后，将剩余的因素按照行业客户满意因素体系的框架归纳起来，同一级按照权重的不同排定次序，就初步形成了客户满意指标体系。在一个完整的客户满意指标体系中，一般还包括一些辅助指标和相对指标。辅助指标包括客户的行为意向等，如客户重复购买倾向、客户忠诚度等；相对指标一般指横向对比指标，如主要竞争对手的满意度、行业领导者的满意度等。加上特定辅助指标和相对指标后，就形成了一个完善的客户满意指标（CSI）体系，如表 10-3 所示。

表 10-3　客户满意度评价指标体系

一级指标	二级指标	三级指标
客户满意度指数	客户期望	对产品或服务质量的总体期望 对产品或服务质量满足客户需求程度的期望 对产品或服务质量稳定性的期望
	客户对产品质量的感知	客户对产品质量的总体评价 客户对产品质量满足需求程度的评价 客户对产品质量可靠性的评价
	客户对服务质量的感知	客户对服务质量的总体评价 客户对服务质量满足需求程度的评价 客户对服务质量可靠性的评价 给定价格时客户对质量级别的评价 给定质量时客户对价格级别的评价
	客户对价值的感知	客户对总成本的感知 客户对总价值的感知
	客户满意度	总体满意度
	客户抱怨	感知与期望的比较 客户抱怨
	客户忠诚	客户投诉情况 重复购买的类型 能承受的涨价幅度 能抵制竞争者的降价幅度

四、客户满意度战略的制定与实施

评价客户满意度是为了改善对客户的产品与服务提供及客户体验。一个企业的资源有限，不可能将任何影响客户满意度的问题全部立刻解决，通常应当分出轻重缓急，在一段时间内重点解决那些影响重大的问题。

通常客户对因素重要性和满意度的评价，能够区分出四种类型的因素。

（1）急需改进的因素。对客户是重要的，满意度评价是较低的。

（2）应该继续保持的因素（优势的因素）。对客户是重要的，满意度评价是较高的。

（3）不占优先地位的因素。对客户是不重要的，满意度评价是较低的。

（4）锦上添花的因素。对客户是不重要的，满意度评价是较高的。

1. 客户满意度战略的制定

通过上述分析，可以制定相应的客户满意度战略框架，该框架可以区分为四个区域，如图 10-4 所示。

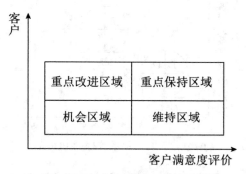

图 10-4　客户满意度战略制定示意图

（1）重点改进区域。客户对急需改进的因素期望过高。而企业在这些方面的表现比较差，如果问题不能得到解决，就会导致客户的流失。这些因素是企业提高客户满意度的切入点，必须重点改进。

（2）重点保持区域。客户对优势的因素期望较高，而企业在这些方面的表现也非常好，企业要继续保持并发展这些优势因素。

（3）机会区域。不占优先地位的因素，是目前客户和企业都忽视的区域，客户期望低，企业在这些方面的表现也比较差，但是它可以挖掘出提升客户满意度的机会点。

（4）维持区域。锦上添花的因素，对决定整体客户满意度重要程度较低，企业在这些方面的表现也比较好，但它对企业的实际意义不大，不需要花太大的精力，只要维持现状就可以了。

2. 客户满意度战略实施

根据上述战略目标框架，企业就可以制订并实施相应的客户满意计划，从而和客户建立长期稳定的合作关系。企业可以采用 PDCA 的思想和方法实施客户满意计划，PDCA循环是质量管理专家戴明博士提出的概念，所以又称为戴明环，P、D、C、A 四个英文字母所代表的意义如下。

P（plan）——计划，确定工作目标，制订实现目标的方法、计划。

D（do）——执行，执行计划。

C（check）——检查，检查计划实际执行的效果，比较和目标的差距。

A（action）——处理，包括两个内容：总结成功的经验，并予以标准化以巩固成绩；对于没有解决的问题，查明原因，其解决的方法也就成为一个 PDCA 循环的内容。如此周而复始，不断推进工作的进展。

PDCA 在质量管理中得到了广泛的应用，成为质量改进一个不可缺少的工具，其实 PDCA 是对持续改进、螺旋式上升工作的一种科学的总结，可以广泛地应用于企业管理工作，包括客户关系管理。如前面建立客户满意度的评价指标体系可以作为 PDCA 环中的 P，那么客户满意度调研方案的制定与实施作为实现这个目标的重要方法就成为 D 的主要内容。PDCA 环在客户关系管理中不断循环的结果就是从微观水平方向上体现企业客户关系的维持—改善—维持的持续改进过程，从宏观垂直方向上体现企业客户关系的螺旋式上升过程，如图 10-5 所示。

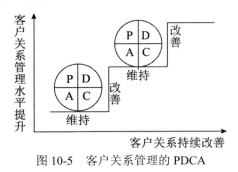

图 10-5　客户关系管理的 PDCA

第四节　客户抱怨管理

一、客户抱怨的含义

客户对产品或服务的不满和责难称为客户抱怨。客户抱怨是由对产品或服务的不满意而引起的，所以抱怨行为是对不满意的具体行为反应。客户对产品或服务的抱怨，一方面，意味着经营者提供的产品或服务没达到客户的期望，没有满足客户的需求；另一方面，表示客户仍旧对经营者有所期待，希望能改善产品或服务水平。所以，经营者要正视客户不满意，从不满之中发现商机。客户抱怨的目的就是挽回经济上的损失。客户抱怨可分为私人行为和公开行为。私人行为包括回避重新购买或不再购买该品牌、不再光顾该卖场、说该品牌或该卖场的坏话等；公开行为包括向卖场或制造企业、政府有关机构投诉，要求赔偿等。

二、客户抱怨发生的主要原因

1. 客户不满意销售者所提供的服务

服务人员没有提供令人满意的服务，包括服务方式不佳，如接待慢，搞错了顺序，缺乏语言技巧，不管客户需求和偏好一味地对产品加以说明，商品的相关知识不足，无法满足客户的询问；服务态度不好，如只顾自己聊天不理会客户的招呼，紧跟客户一味地鼓动其购买，客户不买时就板起面孔、瞧不起客户，表现出对客户的不信任，对挑选商品的客户不耐烦；销售员自身有不良行为，如对自身的工作流露出厌倦、不满情绪，对其他客户进行议论，自身的举止粗俗或工作纪律差、销售员之间起内讧；等等。这些都是客户抱怨产生的最主要原因。美国管理协会所做的一项调查显示：68%的企业失去客户，原因就是服务态度不好。商品是死的，只有在商品里附加上人的情感，才能使商品鲜活起来。

2. 客户不满意所购买的商品

企业没有认真全面地提高产品质量，造成客户对商品不满意，这也是抱怨的重要原因。完美的商品=好产品+好服务。100 件商品里只有 1 件有瑕疵，对商家来说也许仅仅是 1%的过失，而对客户来说却是 100%的不满意，这就是著名的"100-1=0"定律。有数据表明，消费者协会收到客户的投诉大部分都集中在商品质量问题上。例如，消费者辛辛苦苦攒了点钱，从看房、买房、装修再到乔迁，前前后后花了大半年时间，搬进去没几天，下了一场暴雨，发觉屋顶渗水，撬开一看，全是破钢筋烂水泥，再请人一量，原来的 100 平方米的房子，已缩水到 90 平方米。乔迁的喜悦还没有缓过神来，突如其来的"灾难"使一家人陷入悲愤之中，想想当初销售人员的笑脸全是一场骗局。所以，好服务要建立在好商品的基础上，否则态度再好，也只能说明"忽悠"的道行深罢了。

3. 广告误导导致客户抱怨

企业在做广告时夸大产品的价值功能、不合实际地美化产品，大力宣传自己的售后服务而不加以兑现，这些往往会招致客户的不满和投诉。例如，2008 年 6 月至 12 月，我国各地食品药品监督管理部门通报并移送同级工商部门查处的违法药品广告 24 565次、违法医疗器械广告 1532 次、违法保健食品广告 15 196 次。这些违法广告都含有不科学地表示产品功效的断言和保证，一些违法药品、医疗器械广告还利用患者或医疗机构的名义为产品功效作证明，严重欺骗和误导消费者。

4. 客户为了增加谈判筹码而抱怨

客户总是喜欢把 A 产品与 B 产品进行对比，然后把 A 产品说得一无是处，其实如果他碰到 B 产品的销售人员，同样也会把 B 产品贬得一文不值；更有些心怀叵测的客户抓住厂家一些鸡毛蒜皮的小事不放或者干脆无中生有制造事端，给厂家的销售人员造成心理压力。其实抱怨只是手段，目的只是增加谈判的筹码，从厂家获取更多优惠条件（如价格、付款条件）或达到某种特别的目的。

三、客户抱怨产生的影响

据一项权威调查测算，对小额商品来说，在产生不满的客户中，虽然有 96%的客户未抱怨，但是 63%的不满意客户将不再购买而选择别的品牌。而无论是产品还是服务，其价值越大，不满意客户表达怨言的比例就越大。

1. 口碑效应使得负面影响加大

调查的结果还反映，在每 100 位不满意的客户中，约有 13%的不满意客户平均每人会向 20 个人诉说（传播不满的消息），其余不满意客户平均会向 9 个人诉说。也就是说，

100 个不满意的客户将会把自己不满意的信息传播并影响约 1 043 个人。另据日本一项对有 540 位客户共 1 037 起反映不满意的购买经历所作的调查显示：在不满意的购买经历中，有 25%导致了客户购买其他品牌的产品，19%引起客户停止购买原来的产品，13%使客户再次光顾原商店时进行了仔细的审视，3%使客户向生产商投诉，5%使客户向零售商投诉，35%导致客户退货。

2. 对企业信誉造成损害

客户一旦对自己的一次购买经历过程产生不满和抱怨，将会对企业的信誉产生很大的影响。而一项研究表明，在服务型企业中，把客户不满意程度降低 5%便可提高效益25%～85%，回头客较之新客户更有利可图。因为回头客光顾次数多，购买的数量大。虽然对回头客常常实行优惠价，但回头客可以降低公司的经营成本，因为争取新客户的花费往往是留住回头客的 5～7 倍之多。

四、客户抱怨管理的意义

1. 改善产品与服务

不管产品的生产设计多么完善，总存在一定的不足。在处理客户抱怨的过程中，可以依据客户对产品的意见进行不断的改进生产技术，增加功能，以更好地满足客户需求，同时扩大和提高企业的质量与创新意识。对于客户抱怨的服务问题，通过企业在抱怨管理过程中对客户综合服务的相应充实，服务能力会得到改善和加强，同时企业会因此形成更加规范合理的服务体系和服务流程。

2. 开创商机

客户抱怨处理不仅仅能使企业及时发现并修正产品或服务中的失误，还可以为企业开创新的商机。客户抱怨实际上是一个非常有价值且免费的信息来源，很多企业新产品的研发都得益于客户抱怨，从中发现客户的新需求，由此开发新产品，如海尔洗地瓜的洗衣机的开发就开拓了新的商机。所以说客户抱怨管理不只是单纯处理抱怨或满足客户的需求，而是开拓一条非常重要的反馈信息渠道。

3. 赢得客户

向企业抱怨的客户一方面要寻求公平的解决方案，另一方面也说明他们并没有对企业绝望，而是希望再尝试一次。企业积极且系统地处理来自客户的咨询、建议与抱怨，同时补偿客户在利益上的损失，可以赢得客户的谅解和信任，维护企业良好的形象，保持企业与客户关系的稳定和发展。当企业令人满意地处理好客户抱怨时，这些客户再度购买的比例将高达 70%，即在 100 个抱怨客户中，有 70 位客户可能成为企业的回头客。显然，及时处理并有效化解客户的抱怨和投诉，对企业来说不仅仅是挽回眼前的损失，更重要的是可以重塑客户对企业的信心，使这些客户有可能成为企业的忠诚客户，并带来正面的口碑效应。

五、客户抱怨处理的流程

客户之所以抱怨，说明企业提供的产品或服务与客户的期望存在差异，也显示了企业的不足。客户能否"再次满意"取决于企业在处理客户抱怨时是否与客户原本的期望达成一致，达到或高于客户期望值的处理才算成功。要使客户"再次满意"，企业光有良好的政策方针还不能转变客户的态度，积极并准确地行动才是关键。处理客户抱怨的流程一般有以下八个步骤。

1. 聆听客户抱怨

客户只有在利益受到损害时才会将抱怨转变为投诉，所以商家要虚心接受客户抱怨，耐心倾听客户诉说。在聆听客户抱怨时，一般要注意以下几个方面。

（1）客户服务人员不可以和客户争论，要以诚心诚意的态度倾听客户的抱怨，不只是用耳朵听，还要用心去听。让客户的怒火尽情发泄，在其愤怒发泄完之前，客户服务人员是不可能帮他们解决任何问题的。如果客户的怨气不能够得到发泄，他就不会听任何人的解释，以致针锋相对，最终造成双方沟通的障碍，局面无法收拾。许多难缠的客户在表达不满时会表现得比较激动、怨气十足，此时客户服务人员尽量不要打断他们，更不能告诉他们"冷静一下"，哪怕是有礼貌地说："请您冷静一下好吗？"因为得到的回答永远是："你凭什么叫我冷静！"只有让客户将不满发泄出来后，他的情绪才会逐渐平稳下来，恢复理智。因此，此时冷静的人应该是客户服务人员自己。

（2）变更场所，尤其对于感情用事的客户而言，变个场所就能让客户恢复冷静。例如，几位客人在某火锅店吃饭，吃完饭后发现饭店在搞促销，可以摇一个转盘进行抽奖。这几位客人抽中了一碗杂面，但是得下次来才可以吃，客人觉得不怎么样，问促销的小姐能不能再摇一次，小姐说"不能"。于是这几位客人就在这里大吵大闹，引来好多人观看。如果这时不变更一下场所，可能都收不了场。聪明的做法是赶紧把这几位客人请进办公室，让他们消消气，生意才不致受到影响；否则，在大庭广众之下，只能使事态变大，造成更大的负面影响。

（3）应注意不要马上承诺，要想方设法以"时间"换取冲突冷却的机会。可以告诉客户："我回去好好地把原因和内容调查清楚后，一定会以负责的态度处理的。"这种方法是要获得一定的冷却期，尤其当客户抱怨的是个难题时，应尽量利用这种方法。

2. 理解客户的感受

客户肺活量再大，也会有没力气或停下来喘口气的时候，这时就是客户服务人员站出来说"我听明白您的话了"的时候，这样客户觉得自己的力气和唾沫没有白费，并且客户服务人员要及时表明自己对客户发火的理解和歉意，"发生这么严重的事情，难怪您今天会有这么大的火气，以前每次接到您的电话我都非常高兴，因为您总是……我对发生这样的事情深感歉意"。让客户感受到愤怒和委屈被人理解。但是不要解释事情的缘由，即使你理解了客户此时的心情，对客户还未平稳的情绪而言，马上解释事情的缘由无异于火上浇油。因为客户会认为客户服务人员在推卸责任，不想解决问题。这是处理客户抱怨的大忌，也是企业常常犯的错误。很多时候本不是企业的责任，但是即使事情不是企业的错，客户也会认定错全在企业。这种情况下，客户服务人员还是不得不准备好承受所有的责备，甚至要作好面对客户提出的一些过分要求的心理准备。对于客户服务人员，此时应能承受压力，面对客户始终面带微笑，并且时刻提醒自己：当一个人怒发冲冠时，他才不管你是谁、你帮他做了多少事呢，你只是他在气头上抓到的第一个发泄对象而已，他所说的话都不是出于私愤，并不是针对你个人。

3．分析客户抱怨的原因

聆听客户的抱怨和理解客户的感受后，客户服务人员必须冷静地分析客户抱怨的原因与重点。经验不丰富的销售人员往往似懂非懂地贸然断定，甚至说些不必要的话而使事态更加严重。销售过程中所发生的拒绝和反驳的原因是千差万别的，抱怨的原因同样也是各种各样的，因此，必须加以分析。引起客户抱怨的原因可能有以下三个方面。

（1）由于销售人员解释不够、没履行约定、不诚实等原因所引起的，尤其是不履行约定和不诚实所引起的投诉，很容易扭曲公司形象，使企业受到牵连。

（2）由于客户本身的疏忽和误解所引发的。

（3）由于商品本身的缺点和设备不良所引起的。这种情形虽然责任不在销售人员，但也不能因此避而不见。

4．转换客户的要求

当客户确认客户服务人员已经理解了他的感受，并了解了事情的经过后，接下来的问题是客户服务人员了解客户对解决事情的要求。当客户感觉到已经有人在关心问题结果时，对立的情绪就会平稳下来，也达到了缓和气氛的目的。客户服务人员应避免对客户的要求说"不"。无论何时，客户最不愿意听到的就是自己的要求被拒绝。同时，客户服务人员要找出客户最关心的是什么，这是问题得到解决的关键。一个情绪激烈或者理智不清的人，或许有时候会提出很多要求，有的甚至有些过分。因此，客户服务人员应分析什么才是客户最关心的问题，同时要考虑公司的利益，引导客户将要求进行转换，找出客户要求与公司利益的平衡点。

客户服务人员应记住，千万不要重复客户的要求，而只需要重复事情的经过。如果客户服务人员把客户的要求也重复了，就等于给了客户信心，坚定了他对自己要求的强硬态度，认为客户服务人员会为他解决问题，会出现客户希望越大，失望越大的情况。客户服务人员要学会给自己解决问题留有余地；否则，在后面的问题解决过程中会把自己置于"险境"。例如，希尔顿酒店有一条"承诺做好，送上最棒"的训导，就是告诉人们，在服务过程中，面对客户作出承诺时要留有余地，然而努力去做，可以达到超出期望的效果。

5．找出解决问题的方案，及时通知客户

客户服务人员应根据了解的情况，详细核实事情的经过，了解事情真正的起因，结合客户的要求，提供多种解决问题的方法供客户选择。当客户面对两种以上的选择时，思维会受到一定程度的限制，接受意见也会更快。客户服务人员不要总想着推脱责任，而要想着自己可以为客户做些什么。如果问题一时无法按照客户的要求得到解决，客户服务人员应先与客户沟通，让他了解事情的每一步进程，争取圆满解决抱怨，并使最终结果超出客户的预期，让客户满意，从而达到在解决抱怨的同时抓住机会，不让客户流失的目的。如果客户服务人员不得不拒绝客户的要求，也要当机立断，用一种委婉的语气立刻表达清楚，以防自己变得更加被动。抱怨出现后，客户服务人员要以积极的态度去处理，不要回避，不要把客户的要求"扔"在一边，不要自欺欺人。因为客户最终还是会主动找上门的，并且还会因为客户服务人员对他们的要求置之不

理而更加恼怒。

6. 反馈结果并表示感谢

客户服务人员找出解决问题的方案后要再次向客户表示歉意，并将自己认为最佳的一套解决问题的方案第一时间提供给客户。如果客户提出异议，可以再换另一套方案，待客户确认后再实施。若处理结果让客户满意，要对客户的理解和支持表示感谢；如果还是不能让客户满意，客户服务人员只好再回到上文的第五步，甚至第四步。如果客户同意解决方案，客户服务人员应尽快处理。如果处理得太慢，不仅没有效果，有时还会使问题恶化。

7. 对改进的内容进行跟踪回访

对抱怨得到圆满处理的客户，应给予回访，特别是遇到重大的节假日，一个电话或一张电子贺卡，都可以达到感动客户的目的，从而提高客户的满意度。对没有得到满意处理的客户，客户服务人员也应选择适当的机会进行回访。也许事情过去了，客户已经将事情的危机转化，并且意识到问题并没有当时想象的那么严重。例如，客户抱怨甲快递公司的服务质量不好、服务不到位，耽误了他们的某些生意。由于甲快递公司没有及时处理好客户抱怨，客户选择了别的快递公司。客户在使用别的公司的服务后，感觉还不如以前的公司服务质量好，但碍于情面，不好再选择甲快递公司。此时客户服务人员可通过对客户进行跟踪回访，给客户也给公司一个机会。

8. 检讨处理结果，吸取教训，避免重蹈覆辙

为了避免同样的事情再度发生，企业必须分析原因、检讨处理结果、牢记教训，做到举一反三，使未来同性质的客户投诉减至最少。

思 考 题

1. 客户满意及特征是什么？
2. 影响客户满意的因素有哪些？
3. 提高客户满意的途径有哪些方面？
4. 提高客户满意有哪些策略？
5. 如何建立客户满意度指标体系？
6. 客户抱怨发生的主要原因是什么？
7. 处理客户抱怨具有哪些步骤？

案例分析

第十一章

客户忠诚管理

衡量一个企业是否兴旺发达，只要回过头看看其身后的客户队伍有多长就一清二楚了。

——彼得·德鲁克

企业发展需要的是更多下次再来或口碑相传的忠诚客户，满意只是服务工作的起点，而非终点。

——编著者

学习目标

1. 理解客户忠诚概念
2. 掌握客户忠诚度
3. 熟悉客户忠诚度测评与计划
4. 重视客户关怀

案例导入

第一节　客户忠诚概述

一、客户忠诚的含义

客户忠诚这一概念最早产生于 1952 年，即对同一产品重复购买的行为。之后，不少学者对客户忠诚进行了研究。如雅各布·雅各比（Jacob Jacoby）和罗伯特·切斯特纳特（Robert W. Chestnut）从客户行为测评的角度提出高频度的购买即客户忠诚。这种形式的忠诚可以通过购买份额、购买频率等指标来衡量，但是单纯的行为取向难以揭示忠诚的产生、发展和变化，这就需要分析客户的潜在态度和偏好。后来，美国学者何兰·迪克（Alan S.Dick）和库纳尔·巴苏（Kunal Basu）引入了相对态度的概念，他们指出真正的客户忠诚应是伴随有较高态度取向的重复购买行为。1996 年，Cremer 和 Brown 提出：客户忠诚是"客户从特定服务商处重复购买的程度以及在新的同类需求产生时，继续选择该服务商的倾向"。他们据此将客户忠诚进一步划分为行为忠诚、意识忠诚和情感忠诚，指出行为忠诚是客户实际表现出来的重复购买行为；意识忠诚是客户在未来可能购买的意向；情感忠诚则是客户对企业及其产品的感情，如客户是否会向其他人推荐企业及其产品等。他们将态度取向纳入了研究范畴，使客户忠诚的概念更为全面和客观，为进一步的研究奠定了良好的基础。理查德·奥利弗（Richard W.Oliver）则将客户忠诚定义为：

忠诚是不管外部环境和营销活动如何具有导致行为转换的潜力，消费者都承诺对企业及其产品在未来保持始终如一的再购买及支持。

通过不同学者对客户忠诚的探讨，可以简单地把客户忠诚理解为：客户对某一特定产品或服务产生了好感，形成了偏好，进而重复购买的一种行为趋向。客户忠诚实际上是一种客户行为的持续性。客户忠诚表现为两种形式：一种是客户忠诚于企业的意愿；另一种是客户忠诚于企业的行为。而一般的企业往往容易将此两种形式混淆，其实这两者具有本质的区别，前者对于企业来说本身并不产生直接的价值，而后者则对企业来说非常具有价值：道理很简单，客户只有意愿，却没有行动，对于企业来说没有意义。企业要做到两点：一是推动客户从意愿向行为的转化程度，二是通过交叉销售和追加销售等途径进一步提升客户与企业的交易频度。

产生客户忠诚的因素主要包括以下四点。

（1）产品和服务的特性。企业长期提供的是价格合理、质量可靠、合乎客户使用要求的产品和服务，已经赢得了客户的高度认可。

（2）避免购买风险。当客户面临众多新的选择时，往往会选择自己熟悉的品牌和企业，以降低购买风险。所以，一个企业要从竞争对手那里夺得一个对方的长期客户是十分困难的。

（3）降低客户的相关购买成本。客户要寻找一个新厂商，必须花费相当多的时间、精力和金钱，为了降低这方面的代价，客户宁愿选择熟悉的厂商，与其进行长期合作。

（4）符合客户的心理因素。客户对某一品牌或某一企业的产品和服务忠诚，可能是为了体现自身的价值，或是认同对方的价值观，也可能是因为对企业的承诺放心等。例如，客户购买奔驰轿车可能是为了显示身份，而购买海尔家电可能是对公司"全心全意为客户服务"的价值观认同。

二、客户忠诚的分类

通过客户忠诚的内涵可以将客户忠诚进行分类，主要有以下类别。

1. 垄断忠诚

垄断忠诚源于产品或服务的垄断。一些企业在行业中处于垄断的地位，在这种情况下，无论满意与否，客户都别无选择，只能长期使用这些企业的产品或服务。垄断忠诚的客户通常是低依恋、高重复的购买者，因为他们别无选择。例如，一些资源性垄断行业，由于国家赋予的垄断特权，没有相同服务的提供者或转换的成本过高，客户只能接受他们的服务，唯一的选择就是忠诚。

2. 亲缘忠诚

企业自身的雇员甚至包括雇员的亲属会义无反顾地使用该企业的产品或服务，这是一种很牢固的客户忠诚，但是很多情况下，这些客户对该产品或服务并非完全满意，甚至会产生抱怨。这些客户选择该产品或服务，仅仅是因为他们属于这个企业，或是其亲属属于这个企业，这种忠诚称为亲缘忠诚。

3. 利益忠诚

利益忠诚源于企业给予客户的额外利益，如价格刺激、促销政策激励等。有些客户属于价格敏感型，较低的价格对其有很大的诱惑力，因此在同类产品中，他们对于价格低的产品保持着一种忠诚。这些低依恋、低重复购买的客户是不能发展为企业需要的忠诚客户的，如一些经常关注商场打折信息、不关心产品区别的客户总是购买某一时点最便宜的品牌。另外，新进入市场的企业在推广产品时会推出一些优惠政策，这些政策对很多客户有着巨大的诱惑力，因此在此期间这些客户往往对这种产品保持一种忠诚。但这类客户的忠诚不是完全稳固的，一些客户通过初期的使用慢慢对这一产品真正产生了兴趣，或是对该企业感到十分满意，这种忠诚就变得稳定和持久了；而另一些客户则在产品的价格上涨或是企业的优惠政策取消后，就离开了该企业，这种忠诚也就消失了。

4. 惰性忠诚

惰性忠诚是指客户出于方便的考虑或者是因为惰性，会长期地保持一种忠诚，这种情形在一些服务行业中尤为突出。例如，很多人会长期而固定地在某家超市购物，原因仅仅是这家超市离家近；一些采购人员会选择固定的供货商，原因是他们已经熟悉该供货商的订货程序等。惰性忠诚的特点是低依恋、高重复购买。

5. 信赖忠诚

客户对企业的产品或服务感到满意，并逐步建立一种信赖关系后，往往会形成一种忠诚。这种忠诚不同于前面的几种，它是高可靠度、高持久性的。这一类型的忠诚客户可以看成企业的追随者和义务推销员，他们不仅是自身对企业的产品或服务情有独钟，而且还会主动将其满意感受告诉自己的亲朋好友，并向其推荐企业的产品或服务。这类客户才是企业最为宝贵的资源，这种客户忠诚才是企业最为渴求的客户忠诚。信赖忠诚的特点是对企业高依恋、高重复购买。事实上，客户关系管理所要研究并帮助企业最终获得的正是这种信赖忠诚。

6. 潜在忠诚

潜在忠诚是指客户虽然拥有但是还没有表现出来的忠诚。通常的情况是，客户可能很希望继续购买企业的产品，或是享受企业的服务，但是企业的价格、适用性等因素限制了客户的这种需求。因此，对这类客户，企业可以通过了解其特殊需要，对自己的产品或服务进行适当的调整，将这种潜在忠诚转变为其他类型的忠诚，尤其是信赖忠诚。

三、客户忠诚的意义

由于客户忠诚体现在行为上，是客户的一种持续购买行为，会给企业带来长期且具有累积效应的收获。从客户生命周期来看，一位客户保持忠诚越久，企业获得的收入也就越多，但成本增加得很少，从而获得更多的利润。客户忠诚给企业带来的价值体现在以下几个方面。

1. 增加企业的竞争力

忠诚的客户经常会反复购买某一企业的产品或服务，甚至会保持相对稳定的购买频率。而且，他们在购买某一企业的产品或服务时，选择具有多样性。只要是同一企业的产品和服务，他们都愿意购买。忠诚客户较其他客户更关心该企业的新产品或新服务，一旦企业研发出了新产品，忠诚的客户一般会在第一时间响应。忠诚的客户会排斥该企业的竞争对手，只要他们对该企业的忠诚没有改变，竞争对手很难运用低价或诱导转换等策略将其吸引过去变成自己的客户。

2. 产生口碑效应

客户忠诚会提升企业在客户心中的形象。多数在接受别人推荐后作出首次购买决策的客户，在使用该产品以后如果感觉良好，他们就会随即推荐给更多人，从而产生口碑推荐的"乘数效应"。研究证明，在消费者购买决策信息来源中，口碑传播的可信度最大，远胜过公共信息和商业信息对消费者购买决策的影响。因此，忠诚客户主动地推荐和口碑传播会使企业的知名度与美誉度迅速提升。特别是风险较大的产品，客户在购买之前很难评估产品的质量，这时忠诚客户的口碑十分重要，能对购买活动起到很好的促进作用，远远胜过企业自身的广告。

3. 产生溢价

忠诚客户在与企业关系维系的过程中常常能获得较大的价值，如独特的产品与情感需求的满足等。因此，忠诚客户不像新客户那样对价格敏感，大多数忠诚客户往往因满足需求而愿意承受一定程度的溢价。他们不仅不会计较较高的价格，而且企业对新客户所必须支付的营销和服务成本在老客户这里都可以省去。忠诚客户所支付的价格实际上要比新客户高，因此，企业将会从忠诚客户那里获得比新客户更高的利润。

4. 节约成本

忠诚的客户可以使企业节约营销成本和服务成本。企业赢得一位新客户不仅要付出广告宣传成本、时间成本和精力成本等，而且在相当长的一段时间内，这些付出的成本很难在新客户的基本贡献中得到补偿。忠诚客户会持续地重复购买产品并将产品向他人进行推荐，给企业带来不断增长的收入，使企业维持忠诚客户的成本呈不断下降趋势，客户的终身价值随着时间的推移而增长。例如，长期客户订单通常比较频繁、相似，而且购买量比较大，他们对企业的产品或服务非常了解，知道如何方便地从企业得到服务，从而可以为企业降低服务成本。

客户忠诚可以减少开发新客户的成本。开发新客户的成本是指企业为吸引客户、向客户销售、服务客户及保留客户而消耗的各类资源。对新客户开展的广告宣传、向新客户推销和营销所需要的资金，销售人员的管理费用等都构成客户成本。忠诚客户不仅有利于减少服务过程中的不确定性因素，提高服务效率，还有利于增强对新客户的新项目开发、服务供给等工作的针对性，从而大大降低新客户开发成本。

5. 提高企业的盈利能力

尽管可以通过价格手段或者其他激励的方式吸引新客户，忠诚客户仍然是企业更大的潜在利润来源，因为忠诚客户更愿意支付全价。忠诚客户不会等甩卖时才去购买，也不会在有折扣时囤积产品。他们帮助企业最大化产品和服务全价出售的百分比，这样就提高了企业的盈利能力。

弗里德里希·赖克赫尔德和厄尔·赛斯指出，客户忠诚度每增加5%就可以使企业的盈利能力提升一倍。这主要是因为企业80%的销售额来源于忠诚客户。许多学者认为，忠诚客户会随着他们的满意度和舒适度的提高而增加与这家企业来往的业务量。有些企业甚至声称他们20%的客户创造了120%的利润，20%的忠诚客户把他们绝大部分的业务都给了这家企业。客户忠诚度的取得依靠的是高质量的服务和确保客户完全满意。只有企业的每位成员都为内部和外部的服务质量及保持客户负起责任,这样的结果才会出现。

6. 增强员工和投资者的满意度

客户忠诚度还会增强企业员工和投资者的自豪感与满意度,进而提高员工和投资者的队伍保持率。忠实的员工可以更好地为客户提供产品和服务,忠诚的投资者也不会为短期利益而做出损害长远价值的行为,从而为进一步加强客户忠诚形成良性循环,最终实现企业总成本的降低和生产力的提高。

因此,客户忠诚度越高,客户保持越持久,企业获取的利润也就越高,它是企业获得竞争优势的重要因素。今天的企业不仅要使客户满意,更要紧紧地维系住客户,使他们产生较高的忠诚度。

第二节 客户忠诚度

一、客户忠诚度的含义

客户忠诚度是指客户对产品或服务忠诚的程度,是客户忠诚的量化指标,表现为客户继续接受该产品或服务的可能性。有的客户非常忠诚,有的客户则不是很忠诚,忠诚度具有不同的层次。菲利普·科特勒认为,客户忠诚度是指客户从本企业购买的产品数量与从竞争对手处购买数量的百分比,比值越高,忠诚度就越高。简单来看,忠诚度可以分为三个层次。

1. 忠诚

忠诚的客户是品牌的拥护者,他们现在对产品或服务的满意度较高,将来也会继续坚定地购买。例如,瑞士军刀的爱好者会不断地告诉身边的人这种刀的好处、用途等。这种具有忠诚度的客户会成为此产品的免费宣传者,会不断地向别人推荐该产品。

2. 一般忠诚

一般忠诚的客户现在对其他品牌还有一定的倾向,将来的购买态度还不太确定,是企业可能的支持者。例如,一对美国夫妇,妻子喜欢中国菜,丈夫则对东方食物不感兴趣,那他们对中国餐馆仅仅是一般忠诚。如果在这家餐馆增加一些美式餐点,他们对这家餐馆的忠诚度就会增加。

3. 不忠诚

不忠诚的客户现在对产品或服务的满意度较低,将来也不会再购买,是企业竞争对手的支持者。一般来说,不忠诚的客户不会成为忠诚的客户,他们对企业经济的增长贡献不大,企业的目标尽量不要设定在这样的客户上。假设有这样一个业务员,他长年累月都在全国各地做产品推销,为了给客户一个干练的好形象,他每个月都要理发一次。由于经常出差,又是男同志,对发型的要求也不是很高,所以他不太计较理发店的档次和理发师的水平,每到一个地方都随便找一家理发店把长长了的头发剪掉,不过价格不能超过 20 元。像这样的客户,对任何一家理发店的依赖程度都接近于零,也不太可能再次光顾。他就是典型的不忠诚客户。

企业的目标并不是使所有的客户都忠诚,提高客户忠诚度也并不是指一定要提高所有客户的忠诚度。正确的做法是：在对客户进行细分的基础上，采取有针对性的策略，最大限度地让更具有价值的客户满意。例如，瑞典银行组织的实证性研究表明：客户的满意度很高，但企业却没有盈利。在研究了客户的存货行为，并将收入利润同成本比较后，他们发现，80%的客户并不具有可盈利性，而这类客户对从银行获得的服务却很满意；20%的客户贡献了超过银行利润资金的100%，但这类客户却对银行的服务不满意。所以，瑞典银行采取措施努力改善对可盈利客户的服务，并取得了极好的成果。

忠诚包括态度和行为两方面的内容。从态度上讲，忠诚是客户的一种心态，客户忠诚的管理是企业管理的目标；从行为上讲，客户忠诚是一种行为，企业要采取多种方案巩固行为模式、加强客户的忠诚行为，这两者结合起来就是对客户忠诚度的管理。

二、客户忠诚度的影响因素

影响客户忠诚度的因素有很多，对这些因素进行简单的归纳，主要有以下几个方面。

1. 客户满意度的大小是客户忠诚的重要因素

客户满意是理论界较早提出用于解释客户忠诚的一般理论，认为客户满意是客户忠诚的重要因素。客户越满意，重复购买的可能性就越大。国外许多理论和实证研究都证实了客户满意与客户忠诚有正相关的关系，然而客户满意并不等同于客户忠诚，也有研究表明许多企业客户满意度高而忠诚度却很低。

根据马斯洛的需求层次理论，可以把客户期望分为基本期望和潜在期望。客户忠诚随着基本期望的满意水平的提高而提高，但忠诚到了一定水平后，无论客户满意水平如何提高，客户忠诚水平都会基本保持不变或变化不大。这是因为基本期望是客户的低层次需求，客户认为企业的产品就应该具备这些价值，并满意特别的吸引力，其他企业的产品也有类似的价值。尽管客户满意且对产品的评价也不差，但缺乏再次购买的欲望。要真正提高客户的忠诚度就要在客户的潜在期望上下功夫，提升客户潜在期望的满意水平可以有效地提高客户忠诚。因为客户从产品中得到了意想不到的价值，是其他企业或产品所没有的。满足了客户的潜在期望而使客户感到愉悦，促使客户下次购买时再选择该产品，体验到更多的愉悦，然后逐渐对产品产生信任或信赖，就形成了长期的忠诚关系。

2. 建立诚信机制是企业获取客户忠诚的前提

客户忠诚研究表明，忠诚客户的维系成本较低，重复购买率较高，这是企业从中获取长期收益的根本原因。因此，长期与客户建立彼此忠诚的关系对于企业十分重要，而任何一种关系要保持一段时间，前提都是要彼此之间建立信任感。要与客户建立信任关系，首先应将企业和产品的信息全面、真实地传递给客户，不向客户提供虚假信息；同时，企业应对在交易过程中收集到的有关客户信息进行有效的管理，充分尊重客户的隐私权，这样才有助于客户忠诚的建立。

3. 优质服务在建立和维系客户忠诚中的作用不可低估

客户服务是客户满意的一个重要因素，无论企业生产什么产品都需要为客户提供优质的服务，服务质量的好坏直接影响企业与客户的关系。通过客户服务建立与客户的长期关系是提供差异化产品的手段之一，可以有效地提高市场的竞争力。如今，产品同质化日益严重，企业要在核心产品和期望产品上下功夫以区别竞争对手已经十分困难，为客户提供超越期望的服务才是差异化策略的重要方法。海尔为客户提供优异的服务塑造了海尔的差异化品牌形象，使其在众多国内外家电品牌的包围中脱颖而出，取得了市场的竞争优势。

服务是客户满意的基础，仅仅对服务满意的客户不一定忠诚，但超值的服务不仅会使客户满意而且还会产生愉悦感，形成客户忠诚。要切实提高服务水平，就必须强调服务的个性化程度，企业应充分运用客户数据库提供的资料，根据不同客户的类型，提供有针对性的服务项目。

客户总是希望有较高水平的售后服务，若这些服务达不到他们期望的水平，后果则与该公司制造了劣质产品一样，最终都会失去客户的信任。

4. 转移成本是提高客户忠诚的直接原因

转移成本是客户重新选择一家新的产品或服务提供商时所付出的代价。它不仅包括货币成本，还包括由不确定性而引发的心理和时间成本。借助客户忠诚营销计划，通过价格优惠或其他措施以鼓励客户进行重复购买，增加客户从一个品牌转移到另一个品牌所需要的一次性成本，即转移成本。通过提高转移成本的方式留住有价值的客户被许多国外企业证明是培育忠诚客户的有效方法。

国内企业虽然也在尝试此类方法，但往往形式单调，难以达到留住客户的目的。在这方面，国内企业可以借鉴国外企业的成功经验，留住更多的客户，实现客户忠诚。

5. 优质产品永远是客户重复购买的最佳理由

客户忠诚的重要表现是重复购买，而重复购买意向的产生与客户在实际使用产品的过程中得到的满意度密切相关。为客户提供优质的产品和服务是企业的责任，而优质的产品和服务会为企业带来重复购买的客户，这些客户最终会成为企业的财源。由此可知，优质产品和服务的作用不可低估。

6. 一线员工是造就客户忠诚的基础

对于大多数企业而言，一线员工就是生产人员、现场销售人员和服务人员，或者是呼叫中心客服人员，这些一线员工将会直接与客户接触。所以，一线员工的行为举止在客户心中留下的印象是非常深刻的，他们是造就客户忠诚的基础。美国《哈佛商业评论》编辑康特认为，员工是组织里级别较低的人，他们很容易破坏服务策略。

三、提高客户忠诚度的原则

1. 控制产品质量和价格

产品质量是企业开展优质服务、提高客户忠诚度的基础。世界众多品牌产品的发展历史告诉我们，客户对品牌的忠诚在一定意义上也可以说是对其产品质量的忠诚。只有过硬的高质量产品，才能真正在人们的心目中树立起金字招牌，从而受到人们的爱戴。当然仅有产品的高质量是不够的，合理地制定产品价格也是提高客户忠诚度的重要手段。企业要以获得正常利润为定价目标，坚决摒弃追求暴利的短期行为；要尽可能地做到按客户的预期价格定价。所谓预期价格，是大多数客户对某一产品的心理估价。如果企业定价超出预期价格，客户会认为价格过高，名不副实，从而削弱购买欲望；如果企业定价达不到预期价格，客户又会对产品的性能产生怀疑，进而犹豫不决。

2. 了解企业产品

企业必须让销售人员完全充分地了解企业的产品，传授关于产品的知识和提供相关的服务，从而让企业赢得客户的信赖。同时，销售人员应该主动地了解企业的产品、服务和所有折扣信息，尽量预测到客户可能提出的问题。

3. 了解企业的客户

企业应该尽可能地了解相关客户的情况，这样你就可以提供最符合他们需求和消费习惯的产品和服务。和他们交谈，倾听他们的声音，这样你就不难找到使他们不满的根源所在。当客户与服务提供者相互了解后，如企业了解客户的服务预期和接受服务的方式等，服务过程就会变得更加顺利，时间也会缩短，而且服务失误率也会下降。由此，为每个客户提供服务的成本会减少，反过来企业的利润就会增加。企业常陷在自己的世界里，就会察觉不到客户的实际感受。站在另一个角度上，或当一次竞争对手的客户，对企业会有很大的帮助。

4. 提高服务质量

企业的每位员工，都应该致力于为客户创造愉快的购买经历，并时刻努力做得更好，超越客户的期望值。要知道经常接受企业服务而且感到满意的客户会对企业作正面的宣传，而且会将企业的服务推荐给朋友、邻居、生意上的合作伙伴或其他人。他们会成为企业"义务"的市场推广人员。许多企业，特别是一些小型企业，就是靠客户的不断宣传而发展起来的。在这种情况下，新客户的获得不再需要企业付出额外的成本，但显然又会增加企业的利润。

5. 提高客户满意度

客户满意度在一定意义上是企业经营"质量"的衡量方式。通过客户满意调查、面谈等，真实了解客户目前最需要的是什么，什么对他们最有价值，再想想他们能从你提供的服务中得到这些认知的最好的做法。但是，除了销售活动、售后服务和企业文化等因素外，客户满意度的高低还会受法律等其他一些强制性约束条件的影响。对于那些由于心理特性和社会行为方式而背离曾经忠诚过的企业的客户，放弃无疑是企业的最佳选择。从这个意义上讲，企业应该尽可能地提高客户满意度，而非不惜一切代价致力于全面的甚至极端的客户满意。

6. 超越客户期待

不要拘泥于基本和能够预见的水平，而向客户提供渴望的甚至是意外惊喜的服务。在行业中确定"常规"，然后寻找常规以外的机会，给予超出"正常需要"的、更多的选择。客户是会注意到你的高标准服务的。也许这些可能会被企业的竞争对手效仿，但企业只要持续改进就一定不会落于人后。

7. 满足客户个性化要求

通常企业会按照自己的想象预测目标客户的行动。事实上，所有关于客户人口统计和心理方面的信息都具有局限性，而且预测模型软件也具有局限性。因此，企业必须改变大众营销的思路，注意满足客户的个性化要求。要做到这一点就必须尽量占有客户知识，利用各种可以利用的机会来获得更全面的客户情况，包括分析客户的语言和行为。

如果企业不是持续地了解客户，或者未能把所获得的客户知识融入执行方案之中，就不可能利用所获得的客户知识形成引人注目的产品或服务。

8. 正确处理客户问题

要与客户建立长期的相互信任的伙伴关系，就要善于处理客户的抱怨或异议。有研究显示，通常在 25 个不满意的客户中只有一个人会去投诉，其他 24 个则悄悄地转移到了其他企业的产品或服务上。因此，有条件的企业应尽力鼓励客户提出抱怨，然后再设法解决其遇到的问题。

有研究显示：一个最好的客户往往是受过最大挫折的客户。得到满意解决的投诉者，与从没有不满意的客户相比，往往更容易成为企业最忠诚的客户。一般而言，在重大问题投诉者中，有 4% 的人在问题解决后会再次购买该企业产品，而小问题投诉者的重购率则可达到 53%，若企业迅速解决投诉问题，重购率为 52%～95%。

当然，客户满意度并不等于客户忠诚度。不满意的客户并不一定抱怨，而仅仅会转向其他企业。但是，客户忠诚度的获得必须有一个最低的客户满意度作为基础。客户的抱怨可以成为企业建立和完善业务的最好路标。客户能指出系统在什么地方出了问题，哪里是薄弱环节，客户能告诉企业产品在哪些方面不能满足他们的期望，或者企业的工作没有起色。同样，客户也能指出企业的竞争对手的优势，或企业员工在哪些地方落后于人，这些都是企业给咨询师付费才能获得的内容和结论，而善于利用客户意见的企业则由此获得了一笔免费的财富。

9. 让购买程序变得简单

无论在商店里、网站上还是企业的商品目录上，购买的程序越简单越好。简化一切不必要的书写、填表步骤，帮助企业的客户找到他们需要的产品，解释这个产品如何工作，并且做任何能够简化交易过程的事情，制定标准简化的服务流程。

10. 服务内部客户

所谓内部客户是指企业的任何一个雇员。每位员工或者员工群体都构成了对外部客户供给循环的一部分。如果内部客户没有适宜的服务水平，使他们以最大的效率进行工作，那么外部客户所接受的服务便会受到不良影响，必然会引起外部客户的不满甚至丧失外部客户的忠诚。如果企业对这一问题不给予足够的重视，势必会导致较低的客户忠诚度和较高的客户流失率，最终导致企业盈利能力降低。

四、提升客户忠诚度的途径

客户忠诚度被认为是企业取得长期利润增长的有效途径，所以企业只有不断提高自身的服务效率，完善服务方式，通过让客户满意逐步培养客户的忠诚，才能为企业带来新的收益。因此，以客户为焦点，争取客户—留住客户—扩大客户群—保持客户忠诚—建立持久的客户关系—提高企业的营利能力，是企业持续发展的必然策略。根据客户忠诚的影响因素和原则寻求提高客户忠诚度的途径则成为企业的必然选择。

1. 不断完善服务体系

美国管理学家彼得·德鲁克（Peter.F. Drucker）曾指出：企业营销的目的在于充分认识和了解客户，以使产品或服务能适应客户需要。企业服务水平的高低决定着客户的忠诚程度，这就要求企业树立为客户服务的思想，不断完善服务体系。

（1）提供特色服务。除了完整的营销过程中质量、服务和关怀的保证外，企业要寻找最吸引客户的方式，为客户提供特色服务，以增加客户的价值。例如，让客户参与合作，让产品更加适应客户的特殊需要和期望，提供与众不同的特色服务等。

（2）完善售后服务体系。客户忠诚度体现在客户对其产品的重复购买频率上。但要保持较高的重复购买率，没有高水平的售后服务是办不到的。高水平的售后服务是企业接近客户、取得客户信赖的最直接途径。据 IBM 估算，若对产品售后所发生的问题能迅速而又圆满地加以解决，客户的满意度将比没发生问题时更高，从而可以使回头客不断增加、市场不断扩大。售后服务是一个系统工程，须用完善的售后服务体系加以保证，要使客户对从购得产品的那一刻起直到产品消费完毕，包括送货上门、安装调试、人员培训、维修保养、事故处理和零配件供应等的每个环节都处于满意状态，真正放心购买。

（3）建立快速的客户信息传递系统。企业应设计一个行之有效的客户信息传递系统，并从创建之日起就对其加以管理和维护，具体的做法包括以下几个方面。①企业要建立并使用客户数据库，确认客户价值。数据库的结构要便于获得、分析和利用客户各方面情况，包括偏好、个人生活方式等信息。②让客户填写信息表。信息表设计要大小合适、容易读懂、易于接受，内容尽可能丰富、时效性强、实用性强、针对性强；在内容上不要重复，应具有简洁并且目的明确的表格形式，尽可能做到方便即时收发和填写。③对填写信息表或者问卷的客户，要给予适当的奖励。④要对收集到的信息及时跟踪和利用，虚心接受客户的意见和建议，采用积极的措施来应变，并充分利用客户的反馈信息，改进企业的服务方式，让客户满意。

2. 培养以客户忠诚为导向的员工

没有忠诚的员工，就不可能有客户忠诚的基础。不管组织内的领导人拟定什么样的策略，客户看到的都是一线员工的表现，一线员工执行能力的好坏影响着客户忠诚。忠诚员工更愿意为企业工作，尽力为企业建立客户忠诚。

（1）制订员工培训计划。企业应以满足客户需求为中心，以获取客户忠诚为导向，这样才能带动企业的发展。企业可以通过培训的方式，使客户忠诚的观念深入员工内心。一线员工作为与客户直接接触者，应当有足够的服务意识。企业把高水平的服务提供给客户，客户才能满意，进而才能忠诚。所以要从思想观念、工作态度等方面培训员工，让他们树立起客户忠诚的观念。企业可以考虑用部门会议、企业的新闻简讯、课程录像带等，把信息传达出去；对现有忠诚度和预定忠诚度比率进行讨论，每月评估和客户直接接触的员工，利用测量忠诚度要素的数据作为检查的标准。

（2）将客户忠诚目标纳入员工绩效考核范畴。一线员工在培养客户忠诚的活动中扮演重要的角色。为了提高员工的工作效率，企业可以对改善客户忠诚方面表现优良的员工进行奖金和升迁加级等奖励。具体的做法是：让员工组成工作小组，执行特定的任务，以对客户保持率的评估、对吸引初次惠顾者办法的探讨作为对其进行考核的标准。

3. 提高客户满意度

客户满意度和客户忠诚度是两个不同的概念，客户忠诚度是建立在客户满意度基础之上的，通常只有满意的客户才有可能成为忠诚的客户。所以，企业要想最大限度地增强盈利能力、获得长久的发展，就必须提高客户满意度。提高客户满意度可通过创新、增加与客户的沟通、正确处理抱怨来实现。

（1）以创新超越客户的期望。让产品超越客户的期望，是争夺客户、增加市场份额、培养客户忠诚的有效方法。例如，日本汽车的平均交货期为两周，而丰田公司在不断缩短这一交货期，研究如何在一周内交货。缩短客户等待的时间，就是超越了客户的期望，这就是一种创新的方式。这种创新对客户来说，等于得到了额外利益，因此在同类产品中客户会选择丰田汽车。不断创新是客户对其他汽车品牌忠诚度平均不到50%，而对丰田汽车忠诚度高达65%的直接原因。

（2）增加与客户的沟通。企业要认真倾听客户的意见，发表自己的看法，在客户需要的时候随时与之交流，消除客户的不满。改善与客户的沟通将给企业带来利润回报。如果沟通能够达到讨论、辩论及自由交换意见的程度，双方可以坐下来一起讨论，给予对方真诚、坦率的回馈，那么企业将形成产品与服务之间的良性循环。讨论的话题可以是企业所做的是否正确，什么是客户想要的或不想要的，客户的观点和感受是什么，等等。增加与客户的沟通将成为企业形成新产品的宝贵财富，并能促进企业形成新的想法和新的活动。

（3）正确处理客户的抱怨。客户抱怨既是好消息也是坏消息。一方面，客户能把企业的产品与服务的不足指出来，使企业有改进的方向；另一方面，它说明了企业目前存在问题，需要改进。企业可以把处理抱怨的过程当成建立客户忠诚度的好机会。研究表明，妥善处理抱怨反而更容易建立客户忠诚、减少客户抱怨。企业使抱怨降低有利于进一步降低客户流失率。企业快速有效地处理客户抱怨，还可以积累应付不满意的宝贵经验。

4．不断改进产品质量，优化产品设计

产品质量是客户对品牌忠诚的基础，无论如何也不能奢求人们去购买并忠诚于那些质量低劣的产品。世界众多名牌产品的历史都说明，客户对品牌的忠诚在一定意义上也可以说是对其产品质量的忠诚。只有高质量的产品，才能真正在人们的心目中树立起"金字招牌"，受到人们的喜爱。企业具体的做法包括以下两点。

（1）应当树立以赢得客户忠诚为准则的质量理念。由于企业处在不断变化的竞争环境中，质量管理可能存在缺陷或不足，客户对产品的期望水平也在不断提高，企业应当对质量进行持续改进，体现客户忠诚的要求，以赢得客户忠诚为标准。

（2）应继续优化形式产品设计。按照现代市场营销理论，形成产品的形态、包装、商标等，是产品不可缺少的组成部分，是客户选择产品的重要依据。随着生活的改善和消费观念的变迁，消费者在购买行为中越来越多地注重心理需要的满足，对产品的造型、色泽、商标和包装等的要求越来越高。所谓货比三家，比得更多的是形式部分，如果企业这方面工作不足，客户忠诚度就低。优化形式产品设计的关键是提高针对性，每一种产品都有特别包装和商标才能达到惹人喜爱的目的。

5．提高转换成本

提高转换成本是业界用以增加客户忠诚度的通用战略。转换成本会出现在多种消费限制的情景下。例如，一系列的消费需产生较大的初始成本或持续的消费才可以获得不

断增长的奖励。除货币性的成本外，转换成本还表现为面对一位新的服务提供者所导致的不确定性引起的心理上和时间上的成本。一般情况下，服务的转换成本要高于产品的转换成本。服务固有的本质决定了其转换成本难以估计，或者由于只有有限的提供者导致很高的转换成本，除客户感知的不确定性和市场结构因素外，竞争的强度和诸如会员制、客户俱乐部等忠诚度计划也增加了感知的和实际的转换成本。因此，企业可以通过提高转换成本增加客户忠诚度。

6. 塑造良好的企业形象，树立品牌

客户对品牌的忠诚不仅是出于对产品使用价值的需要，也带有强烈的感情色彩。日本最大的企业形象设计所兰德社（Landor）的 Kawada 曾评论道："松下电器和日立电器在质量、价格等方面并不存在什么差别，可有的客户之所以只购买松下电器（或日立电器），是因为他更喜欢这家公司。"与价格、质量等因素不同，企业形象是提高品牌忠诚度的"软件"，它要求企业作长期的、全方位的努力，任何一个有损于企业形象的失误，哪怕是微小的失误，都有可能严重削弱客户的忠诚度，甚至导致客户忠诚的转移。

7. 持续经营

实施持续经营为客户创造价值是每一个企业成功的基础。实施持续经营为客户创造价值有利于培养客户忠诚；反之，客户忠诚又会给企业创造利润和价值。但是，持续经营不能把利润放在核心地位，利润仅仅是价值创造的一种结果。持续经营的真正内涵是为客户创造价值及培育客户忠诚，这样才能实现企业的持续发展、减少客户流失。企业持续经营依靠的是核心能力，这就要求企业努力开发新技术、培养高素质的接班人、实施外部成长策略以赢得客户忠诚。

五、客户满意度与客户忠诚度的关系

1. 自由条件下的客户满意度与客户忠诚度的关系

大量研究表明，客户满意度和客户忠诚度之间存在着一定的关系，如图 11-1 所示。

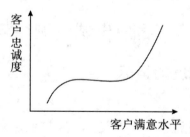

图 11-1　客户满意度与客户忠诚度关系曲线

从图 11-1 可以看出，客户满意度与客户忠诚度关系曲线上有一段较为平缓，客户满意度的提高并没有使忠诚度得到相应的提高，这一阶段即为高满意度低忠诚度的情况。而在图的右上端，客户满意度和客户忠诚度呈现出近似线性的关系，而且斜率很大，客户满意度上升或是下降都会引起客户忠诚度的巨大变化。造成这一现象的原因是，客户的期望是由基本期望和潜在期望构成的，当客户的基本期望的满意度达到一定程度，客户忠诚度就会随着满意度的提高而提高，但是这种满意度对客户忠诚的边际效用是递减

的。尤其是客户忠诚度上升到平均忠诚度（行业平均水平的产品和服务所激发的客户忠诚度）附近，不管企业采取何种措施提高客户满意度，客户忠诚度的变化都不大。这是因为基本期望对客户而言需求层次比较低，其他供应商也能提供类似的价值，因此，客户很难作出不满意的评价却缺乏再次购买的热情。但是当客户从产品或服务中获得意想不到的价值（包括物质、心理、精神等方面的价值），满足了自己的潜在期望时，客户就会感到高度满意，在下次购买时，为了再次体验到这种感觉，客户很可能仍然选择同一品牌。经过多次重复购买，客户对该产品和服务逐渐产生信任和依赖，形成长期的忠诚。

2. 限制条件下的客户满意度与客户忠诚度的关系

在限制条件下，如行业垄断、高转移成本、方便性、心理障碍等，客户的情感忠诚并不能导致行为忠诚。根据限制强度从大到小，客户满意度和客户忠诚度之间表现出完全无关到极弱相关，再到弱相关等。例如，在完全垄断行业，限制是无限的，尽管客户很不满意，但是由于没有其他的替代品或其他供应商选择，即使是极其愤怒的客户，也只好表现为忠诚于唯一的厂商。如我国早期的电信和邮政等都是最好的例证。在这样的行业里，客户的忠诚度和满意度是毫不相干的，所有的客户都表现为百分之百的忠诚。

根据上面的分析可以得出结论：客户满意度不一定必然导致客户的忠诚，客户满意度是一种心理的满足，是客户在消费后所表露出的态度；但客户的忠诚是一种持续交易的行为，是为促进客户重复购买而产生的。客户忠诚度的获得必须有一个最低的客户满意度，在该水平线以上的一定范围内忠诚度不受影响，但是满意度达到某一高度，忠诚度会大幅度增长。

需要注意的是，提高客户的满意度和忠诚度，并不是一定要提高所有客户的满意度和忠诚度。正确的做法是，在对客户进行细分的基础上，采取有针对性的策略，最大限度地让更有价值的客户满意，而不是取悦所有客户。

第三节　客户忠诚度测评与计划

一、确定测评客户忠诚度的指标

1. 客户重复购买的次数

客户重复购买的次数是指在一段时间之内，客户对某一种产品重复购买的次数越多，说明客户对该产品的忠诚度越高；反之，则越低。由于产品的用途、性能、结构等因素也会影响客户的再购买次数，因此在确定这一指标的合理界线时，要根据不同产品的性质区别对待，不能一概而论。

2. 客户购买挑选时间

客户购买产品都要经过挑选这一过程。但由于信赖程度的差异，对不同产品客户挑选时间是不同的。根据购买挑选时间的长短，可以确定客户对品牌忠诚度的大小。通常，客户挑选的时间越短，说明他对该品牌的忠诚度越高；反之，则说明他对该品牌的忠诚度越低。在利用客户购买挑选时间测定品牌忠诚度时，也要考虑产品的属性。个别属性的产品与服务，客户几乎对品牌不太介意，而化妆品、酒、计算机与汽车等服务产品的品牌，在客户作出购买决策时则起着举足轻重的作用。

3. 客户对价格的敏感程度

客户对价格都是非常重视的，但这并不意味着客户对产品或者服务价格变动的敏感程度相同。事实表明，对于喜爱和信赖的产品或服务，客户对其价格变动的承受能力强，即敏感程度低；而对于不喜爱和不信赖的产品或者服务，客户对其价格变动的承受力弱，即敏感程度高。因此，可以依据客户对价格的敏感程度来测量客户对某品牌的忠诚度。对价格的敏感程度高，说明客户对该品牌的忠诚度低；对价格的敏感程度低，说明客户对该品牌的忠诚度高。

4. 客户对竞争产品的态度

根据客户对竞争品牌的态度，可以从反面来判断对某一品牌忠诚度的高低。如果客户对竞争品牌有兴趣并抱有好感，那么就表明他对本品牌忠诚度较低；如果客户对竞争品牌不感兴趣，或没有好感，就可以推断他对本品牌的忠诚度较高，一般对某种产品或服务忠诚度高的客户会不自觉地排斥其他品牌的产品或服务。

5. 客户对产品质量的承受能力

任何产品或服务都有可能出现因各种原因而造成的质量问题，即使是名牌产品也很难避免。如果客户对该品牌产品或服务的忠诚度较高，当产品或服务出现质量问题时，他们会采取宽容、谅解和协商解决的态度，不会由此而失去对它的偏好；如果客户的品牌忠诚度较低，当产品或服务出现质量问题时，他们会深深地感到自己的正当权益被侵犯了，可能产生很大的反感，甚至会通过法律方式进行索赔。当然，运用这一指标时，要注意区别事故的性质，即是严重事故还是一般事故，是经常发生的事故还是偶然发生的事故。

除了通过上述指标来衡量客户忠诚度外，还可应用态度忠诚和行为忠诚来分析客户忠诚，把态度弱、重复购买行为可能性小的客户视为毫无忠诚；把重复购买行为可能性大而态度弱的客户视为惯性忠诚；把态度强而重复购买行为可能性小的客户视为潜在忠诚；把重复购买可能性大、态度强的客户视为忠诚。忠诚的客户是厂商最想获得的，因为他们会购买大量的产品，而且会把产品推荐给他人。

二、制订客户忠诚计划

（一）设计并管理客户忠诚计划

忠诚计划又称客户忠诚计划，是指为驱动客户进行重复购买，而对客户的重复购买行为进行某种形式的回报的一种市场促进策略。忠诚计划的本质就是对客户的购买赋予一定的价值，这种价值需要不断地进行购买行为（或推荐）才能不断累积，而达到一定的标准后就可以将这些价值变现，即通过奖励忠诚客户、刺激消费、留住核心客户。它是实施高效营销的一种重要方式。

麦肯锡公司的调查显示：美国约有53%的日用品消费者和21%的休闲服饰消费者加入忠诚计划。在加入日用品忠诚计划的消费者中，有48%的人比加入前增加了消费支出，而休闲服饰的消费者中，有 18%的人增加了消费支出。

客户忠诚计划是激励客户持续购买企业产品或服务的一种促销工具，其实施基础是客户的累积购买，通过客户累积购买的回报来加强客户对企业品牌的感情，使企业建立起与客户之间长期的相互作用，从而增加有价值的客户关系，并从最好的客户那里确定、维持并增加市场客户保有率。客户忠诚计划的主要作用就是吸引、发展和保留忠诚客户。从过程角度讲，客户忠诚计划制订流程分为八个部分，每个部分之间并不彼此独立，而是形成了一个动态的闭环流程，通过闭环的操作流程，从而设计一个有效的客户忠诚计划方案。

1. 建立客户忠诚计划数据库

客户数据库是企业实施客户忠诚计划的技术保障，是定制个性化奖励方案的基础。为了实施客户忠诚计划，企业首先应建立客户数据库。企业建立的客户数据库主要包括两方面的内容：一是反映客户个人基本情况的静态资料，如姓名、年龄、性别、地址、电话、经济状况、受教育程度、职业、社团活动等基本资料；二是反映客户行为情况的动态资料，如业务使用行为、通话行为、消费行为、客户偏好等，以及参加各种促销活动次数等随时间而变化的资料。移动运营商通常有三种途径获取客户信息：一是通过发行客户卡来了解客户基本信息，二是通过企业的 BOSS（business & Operation Support System）系统可以方便快捷地了解客户的行为及消费数据等方面的信息，三是通过设立专门的服务部门收集，如客户俱乐部、客户服务中心等来收集客户信息。此外，客户数据库的设计应该有利于分析客户信息，提高识别客户的行为、价值和需求分析能力，从而为设计差异化的客户忠诚计划奖励项目及服务方式提供有效的支撑。

2. 明确忠诚计划的目的和目标

忠诚计划的目的是提升客户的忠诚度，确定竞争优势，最终提升企业的效益和利润。制订清晰明确的目标不仅有助于忠诚计划沿着正确的方向前进，而且便于对企业的投入和产出进行细致的衡量。例如，移动运营商在建立自己的忠诚计划时明确表示：在现有投入和客户保持率的基础上，通过增加 25%的投入，将客户流失率降低 5%，或者某种新业务使用率提升 15%。确定好这样的问题后，就为后续的目标客户的确定和忠诚计划方案的确定提供了基础。

3. 细分客户

经过对客户数据的汇编和分析，进一步细分客户，以便更好地了解他们未来的行为。这会帮助企业为一个或更多客户群制订出目标忠诚计划。企业可能会发现以下四种类型的客户都存在。

（1）真正客户。这些客户经常购买企业的产品或服务并向别人积极推荐企业。这种类型的客户是企业最想保持和发展的，因为他们会成为企业未来生意的支柱。要了解什么让他们满意，用忠诚度计划向他们提供最大的价值。

（2）有限忠诚。这些客户喜欢企业的产品或服务，但是由于一些因素，如更好的有竞争力的报价可能会让他们离开企业。企业应该找出这些客户满意完全满意的原因，并在他们离开前进行纠正。

（3）被迫忠诚。因为企业的产品特色，这些客户还留在这里，但只是因为换用其他产品的成本太高了。这些客户对于与企业做生意并不满意，将来某个适当的时候他们就会逃走。如果企业找出他们的需要或企业能改进的地方，就能把他们转换成忠诚客户。

（4）高风险客户。这一组群的客户经常只根据价格高低购买，如果他们发现了更低的价格就会离开。这些客户不值得企业花费有限的营销资金，价格敏感的客户很少能变成忠诚客户。在制订忠诚度计划时，只对企业想要保留的客户进行奖励是十分重要的。然而，这些客户当中有一些人确实有合理的理由感到不满意。在这种情况下，不要行动太慢了，在永远失去他们以前，最好能加以鉴别并解决他们的问题。

4．明确忠诚计划的目标客户

目标客户和客户细分是一个紧密相连的互动体，我们在进行客户细分时，首先需要了解的是现有客户是谁？是哪些人在使用企业的产品和服务？他们消费的是多少？目前企业是否可以准确地跟踪客户的各种消费信息？他们的需求是什么？什么能够给他们带来价值？当对目标客户有一个大体的认识之后，我们就可以通过数据库资料进行适当的整理、分析和数据挖掘，帮助企业了解客户的消费需求、偏好、购买习惯等重要信息，以便发现关键客户，确定客户类型，然后再根据不同的客户类型制订不同的忠诚计划。

5．明确忠诚计划所提供的价值

一个具有吸引力的忠诚计划必须使客户感觉到该计划是有价值的，是值得参与的。也就是说，该计划能够激励客户将购买当作一系列相关的序列决策过程而不是只考虑眼前利益的短期行为。而且，客户忠诚计划回报价值太高或太低，将会影响客户忠诚计划的效果，当回报价值太低时，客户未必愿意参与这个计划，即使参与，计划对他们的捆绑力度也是非常低的。而当客户忠诚计划的回报太高时，虽然客户参与的意愿相当强烈，但又会严重降低企业的利润率，得不偿失。

结合忠诚计划针对性地细分市场客户的具体需求，提供给客户与公司的核心产品和服务相关的切实利益，提高客户的利益认知，这就需要企业不断地收集能够带给客户的各种潜在利益。通过对细分市场进行调研，深入研究客户的利益需求，企业需要站在客户的角度考虑目标客户的需求是什么？企业是否可以提供相关的产品和服务满足客户的需求？对目标客户而言，哪些利益是关键利益？

6．制订客户忠诚计划

了解客户忠诚计划的模式。近年来，随着以累计积分为主要形式的忠诚计划在各行各业的广泛应用，企业设立忠诚计划的模式有向纵深方面的发展趋势。企业在个性化忠诚计划奖励项目设计方面，不应单纯利用经济利益优惠来激励客户，而应着重于客户建立情感层面的一对一的关系提高客户的个人情感和品牌情感转换成本。归纳起来主要有以下几种。

（1）独立积分计划。独立积分计划是指某个企业仅为消费者对自己的产品和服务的消费行为及推荐行为提供积分，在一定时间段内，根据消费者的积分额度，提供不同等级的奖励。这种模式比较适合于容易引起多次重复购买和延伸服务的企业。

（2）积分计划联盟模式。联盟积分是指众多的合作伙伴使用同一积分系统，这样客户凭一张卡就可以在不同商家积分，并尽快获得奖励。相较于企业自己设立的积分计划的局限性，联盟积分则更有效、更经济、更具有吸引力。

（3）联名卡和认同卡。联名卡是非金融界的营利性公司与银行合作发行的信用卡，主要目的是增加公司传统的销售业务量。认同卡是非营利团体与银行合作发行的信用卡，持卡人主要为该团体成员或有共同利益的群体，这类关联团体包括各类专业人员。持卡人用此卡消费时，发卡行从收入中提成出一个百分比给该团体作为经费。

（4）会员俱乐部。有的企业客户群非常集中，单个消费者创造的利润非常高，而且与消费者保持密切的联系，非常有利于企业业务的扩展。他们往往会采取俱乐部计划和消费者进行更加深入的交流，这种忠诚计划比单纯的积分计划更加易于沟通，能赋予忠诚计划更多的情感因素。作为忠诚计划的一种相对高级的形式，会员俱乐部首先是一个"客户关怀和客户活动中心"，但现在已经朝着"客户价值创造中心"转化。而客户价值的创造，则反过来使客户对企业的忠诚度更高。

选择客户忠诚计划。一个完善的客户忠诚计划包括三个层次。

第一层：通过以积分为载体的积分计划为用户提供套餐、新业务折扣、自供奖品、外购奖品、内部级差服务（服务优先级）。

第二层：通过客户卡计划，以积分互换、积分联盟、联名卡等形式为用户提供各类差异服务。

第三层：通过客户俱乐部，以会员俱乐部的形式为用户提供各类特色、个性化、互动服务体验设计。

明确了以上的问题之后，结合细分市场客户的价值需求，然后就可以确定是采用独立积分计划、积分计划联盟模式、联名卡模式还是会员俱乐部模式。

7. 评估与监督客户忠诚计划

企业需要根据忠诚计划的生命周期设定有针对性的定量及定性指标，以便衡量忠诚计划的效果，并根据实施效果对客户忠诚计划进行及时的调整。

8. 完善客户忠诚计划数据库信息

客户行为变化是一个持续的过程，因此，客户忠诚计划数据库需要是动态的。所谓动态，就是指数据库能够实时地提供客户的基本资料和历史交易行为等信息，并且在客户每次交易完成后，能够自动补充新的信息，这样才能为客户的忠诚计划的完美实施提供更可靠的数据支撑。

（二）客户忠诚计划的类型

客户忠诚计划中会设计回馈或激励措施，以保留现有客户并吸引新客户。基于回馈和激励机制，有如下一些常见的忠诚计划类型。

（1）感激型。感激型计划是向长期重复购买产品或使用服务的客户免费提供额外的产品或服务。例如，通信服务提供商向用户免费提供额外通话时间。

（2）回馈型。回馈型计划是向客户提供与企业产品或服务无关的回馈。例如，信用卡公司赠送"回馈积分"，积分可用于购买其他各类产品。

（3）合作型。合作型是企业签署互利的特殊长期协议，要求双方互相进行重复购买。企业还可通过特殊计划与零售客户建立合作关系，如推荐新客户会获得奖励。

（4）回扣型。回扣型是在这类计划下，企业向忠诚客户提供价格优惠方案。例如，通信服务提供商向用户通话时间越长则费用单价越低的特殊资费计划。

（5）亲和型。亲和型是在这类计划下，企业通过提供无形回馈和承担社会责任获得良好商誉。

（三）客户忠诚计划失败的原因

企业缺乏精心设计和有效实施，是忠诚度计划失败的主要原因。一项失败的计划只会加大企业的成本，而不会增加企业的收入和利润。企业将会长期受困于这样的负面影响：客户不断期望获得更多的激励，但并不产生更多的价值。此外，这种境况会导致客户弱化对企业产品和服务质量的感知，对品牌建设和利润毫无贡献。阻碍忠诚度计划成功的原因有以下几个。

（1）设计不当。

（2）回馈政策不充分或缺乏吸引力。

（3）计划实施不当。

（4）计划沟通不足。

（5）计划未与组织的政策和程序整合。

为了克服上述障碍，企业采用的客户关系管理解决方案应该灵活提供多种忠诚度计划，这些忠诚度计划能自动与组织的政策和程序整合。

第四节　客户关怀管理

一、客户关怀概述

1. 客户关怀的含义

关怀，即关心爱护。客户关怀（customer care），即对客户的关心与爱护，它是一种高层次的客户沟通形式。客户关怀是指企业寻求获得新客户，提供适当的服务，进而建立客户忠诚的过程。

客户关怀一般由三个主要阶段构成。

（1）倾听。企业应该建立完善的沟通渠道来倾听自己的客户的心声。对客户来说，一个令人顿感挫败的经历是他们无法找到表达他们的疑问或不满的方法。建立传统的投诉中心或者应用电话和互联网等科技的现代投诉中心，都将有助于与客户沟通。

投诉处理机制（complaint handing mechanism）是一种被动的、反应式的方式，企业通过这个机制来回应客户投诉。企业应该转而应用积极主动的体系，以新颖的方式获得客户的反馈。反馈机制对客户来说应该是可行的、容易的、简单的以及广泛知晓的。

（2）回应。首先，企业必须能接听并回应客户打来的每一个电话，妥善地处理每一个投诉和服务要求。其次，企业应该提高内部流程、方法、程序和人力方面的能力，以便在预计的时间内按照要求来回应客户投诉。

（3）改进。企业需要不断地从以前的客户投诉和不满中学习，以便尽可能少地出现同样的问题。客户关怀机制应该为产品改进、新产品开发、服务提供机制的改进、员工培训、活动策划、品牌建立等活动提供信息。

2. 客户关怀理念的提出与发展

随着竞争日益激烈，企业依靠基本的售后服务已经不可能满足客户的需要，必须提供主动的、超值的和让客户感动的服务才能赢得客户信任。客户关怀理念最早由克拉特巴克提出，他认为客户关怀是服务质量标准化的一种基本方式，从产品和服务设计到包装、交付和服务，涵盖企业经营的各个方面。归结起来是为客户所感知到、体会到和以一致方式交付的服务和质量。客户关怀来源于市场营销理论的概念。在以客户为中心的商业模式中，客户关怀成为企业经营理念的重要组成部分，已演变成客户关系管理的关键思想之一。

3. 客户关怀的内容

客户关怀开始只是在服务领域。由于注重客户关怀可以使客户明显感到服务增强，为企业带来更多的利益，于是客户关怀不断地向实体产品销售领域扩展，贯穿售前、售中到售后的体验的全部过程，也贯穿市场营销的所有环节。

（1）售前客户关怀。售前客户关怀主要是通过对客户进行宣传教育，加强客户对产品知识的学习。主要形式包括产品推广、展示会、广告宣传和知识讲座等。售前客户关怀的好坏直接关系到企业能否争取到客户资源，能否创造客户价值。

（2）售中客户关怀。售中客户关怀与企业提供的产品和服务联系在一起，产品订单的处理以及各种有关的细节，都要与客户的期望相吻合。售中客户关怀可以为客户提供各种便利，如良好的洽谈环境、简化的交易手续。售中客户关怀体现为过程性，在购买产品的过程中，让客户在轻松的气氛中去感受优质的服务。

（3）售后客户关怀。售后客户关怀是提供优质全面周到的售后服务，不仅是客户关心的内容，而且也是企业争夺客户资源的重要手段。售后客户关怀集中体现在高效地跟进和圆满完成产品的维修等相关步骤，其目的是促使客户产生重复购买行为。

4. 客户关怀的目的

随着市场竞争的不断加剧，客户关怀日益成为各商家关注的核心话题。客户关怀成为商家客户营销策略的一个重要组成部分。国际上一些非常有权威的研究机构，经过深入的调查研究以后分别得出了以下四点结论。

① 把客户的满意度提高五个百分点，其结果是企业的利润增加 1 倍；

② 一个非常满意的客户其购买意愿比一个满意客户高出 6 倍；

③ 2/3 的客户离开供应商是因为供应商对他们的关怀不够；

④ 93%的企业 CEO 认为客户关系管理是企业成功和更有竞争能力的最重要的因素。

毫无疑问，高价值客户的生命周期越长久，企业的相对投资回报就越高，给企业带来的利润就会越大。由此可见，保留优质客户对商家非常重要，而保留客户靠的就是全面的客户关怀。

二、客户关怀的原则与手段

1. 客户关怀的原则

提高客户忠诚度，保留优质客户，是一项非常富有挑战性的工作，有效的客户关怀策略有助于达到这一目标。为此，企业应遵循以下五个原则来实施。

（1）急客户之所急。客户关怀不是表面文章，而是用心关怀客户，感知客户所需，帮助客户实现期望。在这一点上企业销售服务人员的态度非常重要，只要你用心，客户总能感知到，有时即使结果没有达成，客户也会很感激。

（2）给客户惊喜。 客户关怀追求的是给客户惊喜。一个平平淡淡的关心和让客户惊喜的关心的效果绝对不同，两者可能在成本上没有太大不同，但结果却有天壤之别。

（3）精准化关怀。不同类型客户的需求不同，不同客户的感知不同，所以当面对不同客户时，如刚开始接触的客户、成熟期的客户、衰退期的客户等，或者对于特殊的客户，如孕妇、儿童、老人、残疾人等，要考虑其具体需求，进行精准的关怀定位，给予差异化的关怀服务。

（4）全面接触客户。客户关怀要注重与客户的全面沟通和互动，让客户有充分表达的机会，并注重反馈，不仅要依靠意见本、客户投诉，而且要主动通过各种渠道收集客户意见主动改进。全面的客户接触要求建立一个畅通、便捷的信息共享平台这个平台，可以是一个俱乐部一个网络群，也可以是网络论坛。

例如，当你走进星巴克时，吧台服务员无论多么忙，都会回过头来与客户眼神接触，笑着说："欢迎光临。"为了与客户有多方面的交流，星巴克还建立了熟客俱乐部，会员主要是自发加入，他们大部分是通过网络进行沟通，星巴克每月会给会员发送资料。这样，客户接触的不仅仅是星巴克的店面，网络上的交流、会员之间的互相沟通都是星巴克带给客户的另一种关怀体验。

（5）以客户为中心 。客户关怀必须以客户为中心，一切要从客户的需求出发，这是最基本的一点。

2. 客户关怀的手段

客户关怀的手段有以下几种。

（1）俱乐部活动。通过办理会员卡的形式建立会员俱乐部，方便企业对会员的信息、积分、兑奖进行管理，有利于促进销售、拉近客户关系。积分是商家评估客户价值的重要依据，根据积分对客户进行奖励，或者让高额积分的客户享受更优惠的价格，可以有效提升客户黏性，同时刺激客户消费积极性。

（2）转介绍活动。企业可以通过口碑让每个老客户为企业介绍新客户，以此来达到扩大企业销售的目的。

（3）市场活动。企业可以定期对企业、品牌、产品、服务、政策等进行大规模宣传，扩大企业、品牌、产品及服务的市场效应。

（4）老客户优惠活动。为了使新客户成为回头客，企业可以选择一些有特殊意义的日子，如元旦、春节、劳动节、儿童节、建军节、教师节、中秋节、国庆节以及企业周年庆典等有象征性意义的日子，针对老客户推出返利优惠活动。

（5）亲情服务。特别的纪念日对每个人来说都是特殊的，如果商家能够抓住时机在客户的生日或在重要节假日，寄送本企业的贺卡、小礼品或送上祝福短信无疑会加深客户对该商家的印象，被划分到"亲朋好友"之列，客户自然更加忠诚。例如，一些金融机构开通了电子账单信用卡消费提醒服务，客户消费后手机会收到提示短信。

（6）个性化服务。为客户提供个性化服务措施，如开通800、400服务热线、提供日常经营技术支持、开展客户需求研讨、进行客户需求评估等。

（7）公关活动。成功的企业离不开公关活动。公关活动是产品市场营销活动中的一项重要内容，也是客户关怀的重要手段。公关活动可以在社会中提升企业形象，扩大企业知名度和产品知名度，从而促进产品销售。如食品企业开展的关爱健康有奖智力竞赛活动，对提高企业形象、提升品牌美誉度起到重要的作用。

三、制订客户关怀计划

客户关怀计划是对未来客户关怀工作的安排。通过制订客户关怀计划与客户深入沟通，倾听客户的意见，随时关注客户的新需求，解决客户的难题，关注企业客户资源的动态变化，挖掘客户更多更深层的应用，为客户提供更多更新的应用，保持长久关系，争取实现经营客户和持续销售的目的。

制订、审批和执行客户关怀计划，反映企业对客户的关怀情况，了解客户对企业的反馈意见，及时调整客户关怀体系，并对客户的反馈意见进行处理，防止与降低客户的流失。同时借扩大客户关系的关怀活动，对目标客户展开推广和有效公关，增进与扩大客户关系，为产品/解决方案进入客户或扩大销售提供公关平台。

一项完整的客户关怀计划应包括计划执行周次、开始日期、结束日期、计划名称、工作内容、传播方式、适应客户群、负责人、所需资源及工具等，如表 11-1 所示。

表 11-1　客户关怀计划内容

周次	开始日期	结束日期	计划名称	工作内容	传播方式	适应客户群	负责人	所需资源及工具
计划1	2016-03-15	2016-03-22	客户档案整理	对现有客户档案按经营思路进行	—	全体老客户	张三	公司客户档案 客户档案整理表
计划2	2016-03-22	2016-03-24	客户细分	将客户分为VIP、普通、重要客户	—	全体老客户	张三	公司客户档案 客户细分方法介绍
计划3	2016-03-22	2016-03-31	老客户拜访	对现有老客户进行本年度一次集中拜访	现场拜访、电话拜访	全体老客户	张三	客户详细信息 走访标准问卷 服务时间表
计划4	2016-04-01	2016-04-31	客户俱乐部活动	建立俱乐部制度及积分规则	电话、期刊、现场服务	全体老客户	张三	俱乐部管理表 积分兑换礼品 俱乐部规则
计划5	2016-04-10	2016-04-14	小规模培训会	软件升级、培训设备、培训老师、邀请人员、试讲	现场服务、期刊、电话传真	简单应用客户	张三	PPT 报名表 反馈表 任务表
计划6	2016-05-15	2016-05-16	春游	邀请人员、选择路线、费用预算、内容准备、工具准备	电话	VIP 客户	张三	游戏工具 课程内容
计划7	2016-05-17	2016-05-24	小规模培训会	邀请人员	电话、传真	简单应用客户	张三	相关工具
计划8	2016-05-25	2016-05-29	小规模培训会	报表分析	电话、传真	VIP 客户	张三	老师邀请

四、实施客户关怀的细节

企业的客户成千上万，企业对如此多的客户又了解多少呢？不了解客户就无法对客户加以区别。应该采取何种措施来细分客户，对细分客户应采取何种形式的市场活动，采取何种程度的关怀方式，才能够不断地培养客户的满意度，这是企业传统客户关系管理面临的挑战。

因为通常最有利可图的客户都是长期客户，所以不要因为犯以下错误而失去他们。

1. 接受员工的高流动率

高流动率在一些行业内是一个不争的事实，但在大多数情况下员工离职是因为他们没有得到很好的对待。客户流失也是如此。除非系统可以真正地驾驭你的业务，首先你要拥有长期的员工，否则你就不要期望拥有长期的客户。如果流动率很高，那么就找出解决办法。否则客户流动率永远都会很高。

2. 采取不同的方式对待新客户和现有客户

为新客户提供折扣或奖励通常是必要的，但是现有客户可能很快抱怨他们的忠诚没有得到奖励的事实。努力思考你能够给新客户提供什么奖励并且确保如果不能给现有客户提供更多的奖励就提供尽可能多的奖励。永远不要忘记，虽然新客户可以在顶端产生影响，但对现有客户的销售却可以在底线上创造出更大的影响力。

3. 介绍太多的新面孔

人们很容易假设长期客户喜欢你的品牌，但往往他们喜欢的是你的员工（客户是从员工那里购买，而不是从公司购买）。人际关系是大多数小型企业的生命线，所以不要轮换销售人员、客户服务代表或者主要联系人，除非绝对必要的时候。当员工与客户之间建立关系，要尽可能保护和培养那种关系。就强大的业务联系而言，员工很少是可以互换的。

4. 太过于关注价格

成为低成本的供应商是一个竞争优势，但要有好运气才可以维护这种优势。如果你的竞争对手计划通过降价抢走你的客户，你的目标是要提供最佳的价值，而不必提供最低的成本，因为价值是你可以通过价格、时间表、服务和人际关系的结合更有机会维持的东西。如果你的市场营销把重点放在价格上，你会培养客户不断地寻找更低的价格，要么是从你那里寻找更低的价格，要么是从竞争对手处寻找更低的价格。至少要像你花费时间去寻求降低成本和价格一样多的时间去寻找增加价值的方式。

5. 在增长客户的花费上太过用力

努力向现有客户销售更多很好，但不要盲目地销售。首先要了解每一个客户的需求，然后努力满足他们的需求。永远不要向客户介绍他们不需要的产品或服务。永远不要说："我们还可以为您做什么其他事情？"除非你已经知道答案，并准备好描述和提供一个好的解决方案。否则，你只是推动，而客户讨厌被推动。

6. 将你的优先事项当成理所当然的事情

每一个公司都有可以维持业务正常进行的主要产品或服务。每一个公司也都有可以维持业务进行的主要客户。那些是你的"重要事项"（旨在与"原则"相联系），随着时间的推移，更新和更高调的项目获得了全部的关注，而以前的优先事项可能会被当成理所当然的事情。做一个你不能失去的客户的名单。然后列出那些客户买什么东西。这是你做生意的基础。将注意力放在你的重要事情上。

7. 鼓励错误的重点

这样的事情经常发生在销售过程中，当开发新客户的提成比例比维持现有客户的提成高的时候就会出现这样的问题。如果情况是那样，而我是一个销售人员，当我开发新客户可以获得更高的提成的时候，我为什么还要努力工作维持现有客户呢？这种方法只有在其他人系统地接管其他销售人员的现有客户的时候才管用。

8. 让解决问题变得很困难

政策和方针在确保员工顺从方面很好，但是一个有问题的客户并不在乎政策；她只想让她的问题得到解决。让员工把投诉和解决方案政策当成指导方针而不是规则，并且要允许他们自由调整。如果你的员工有自由去调整，那么解决客户问题或投诉就是你的公司建立更强大的客户关系的时候。

思 考 题

1. 什么是客户忠诚与客户忠诚度？
2. 影响客户忠诚度的因素有哪些？
3. 提高客户忠诚度的原则有哪些？
4. 提高客户忠诚度途径是什么？
5. 论述客户忠诚度与满意度的区别。
6. 简述计划关怀概念及其内容。
7. 简述客户关怀的原则与手段。
8. 实施客户关怀应注意哪些问题？

案例分析

第十二章

客户流失管理

> 争取一个客户不容易，失去一个客户很简单。
>
> ——佚名
>
> 客户关系的挽回阶段好比是企业与客户的"复婚阶段"。
>
> ——苏朝晖

学习目标

1. 理解客户流失概念与原因分析
2. 熟悉客户流失的分类
3. 掌握客户流失的识别与预警
4. 掌握客户流失管理策略

案例导入

第一节　客户流失管理概述

一、客户流失的概念

客户流失是指企业客户由于种种原因而转向其他企业产品或服务的现象。客户流失可以是与企业发生一次交易的新客户的流失，也可以是与企业长期发生交易的老客户的流失；可以是中间商客户（代理商、经销商、批发商和零售商）流失，也可以是最终客户流失。不论是哪一类客户，由于种种原因，随时都存在离开企业的可能。一般来说，老客户的流失率小于新客户的流失率，中间客户的流失率小于最终客户的流失率。

在传统经营思想中，企业似乎只关心如何获取新的客户，如何扩大销售额，而忽视了如何保持已有的老客户。其实老客户才是企业最具有吸引力的群体，因为老客户为企业贡献更多的利润，企业保持老客户的成本要比获取新客户低得多。避免老客户流失是保持市场份额、提高企业盈利水平和竞争力的有效手段。

二、客户流失的影响因素

客户流失的原因往往是多方面的，但综合起来看可以分成两大部分：主观因素和客观因素。

1. 主观因素

从根本上看，客户不满意是导致客户流失的根本原因。客户满意"是指一个人通过对一个产品的可感知效果与他的期望值相比较后，所形成的愉悦或失望的感觉状态"。亨利·阿塞尔也认为，当商品的实际消费效果达到消费者的预期时，就导致了满意，否则，会导致客户不满意。这种不满意主要表现在以下几个方面。

（1）产品因素。产品因素有产品质量低劣或不稳定，品牌单一或不全，样式单调或陈旧，产品附加值低，价格缺乏弹性，产品销售渠道不畅，广告宣传虚假，售后服务滞后，投诉处理效率低，产品缺乏创新，导致客户"移情别恋"等。

（2）服务因素。服务因素有：服务环境脏，服务秩序乱，服务态度差，服务能力弱，服务效率低，服务设施落后，服务流程烦琐，服务项目不全，服务环节欠缺，服务数量不足，服务渠道不畅，服务缺乏个性化与创新化，收费不尽合理，等等。

（3）员工因素。员工是企业和客户衔接的主要纽带，很多客户的流失往往直接或间接地来源于企业员工本身的行为，常见的有：仪表不整，言行不一，缺乏诚意与尊重，缺乏责任心与事业感，知识面窄，能力不强，整体素质差，等等。

（4）企业形象因素。例如，对产品形象、服务形象、员工形象、企业的生活与生产环境形象、企业标识，企业精神、企业文化、企业责任、企业信誉等的不满意。

2. 客户因素

客户因素主要体现在以下几个方面。

（1）客户因素。例如，客户往往对产品或服务期望太高，而实际的消费体验比较差，所以心理不平衡，产生了不满情绪。由于不满，客户就要流失掉。当然，由于客户消费的多样化、多层次化、复杂多变性和非理性化，因此，客户在消费时，并不承诺放弃尝试其他企业的产品或服务。另外，由于购买力的提高，其需求与期望也会发生相应转移，他可以把货币选票投在他认为有价值的产品或服务上。

（2）竞争者因素。竞争者通过正当手段或不正当手段建立了某种竞争优势，挖走或吸引走本企业客户。客户毕竟是有限的，特别是优秀的客户，更是弥足珍贵的，20%的优质客户能够给一个企业带来80%的销售业绩，这是一个恒定的法则。所以优秀的客户往往会成为各大厂商争夺的对象。当某个企业稍加疏忽自己的客户，而该企业的竞争对手却对其动之以情、晓之以理、诱之以利，况且任何一个品牌或者产品肯定都有软肋，商战中的竞争往往是抓住对手的软肋，一有机会，竞争者就会乘虚而入。因此，被竞争对手挖走优秀客户在每个行业都是存在的。所以，这也警示了企业应该关注的问题，那就是加强员工团队的建设问题，要有凝聚力、团结一致，时时保持对对手的警惕。

（3）社会因素。社会政治、经济法律、科技、教育、文化等多方面的政策对客户的购买心理与购买行为也会造成影响。如市场的波动会导致客户流失。市场波动往往会导致企业失去客户，任何企业在发展中都会遭受震荡，企业的波动期往往是客户流失的高频段位。以伊利集团为例，如果不是当年高层的政变，也就没有今天的蒙牛集团了。再有一个问题就是当企业资金出现暂时的紧张、出现意外的灾害时，都会让市场出现波动，这时候，嗅觉灵敏的客户也许就会出现倒戈。其实，在当代市场中，以利为先的很多商人大多是墙头草，哪边有钱可赚就可能会倒向哪边。

（4）其他因素。例如，战争、季节、时令、自然灾害等因素而使客户流失。

三、客户流失的原因

在营销手段日益成熟的今天，客户仍然是一个不稳定的群体，因为他们的市场利益驱动杠杆还是偏向于人、情、理的。如何来提高客户的忠诚度是现代企业营销人员一直在研讨的问题。客户的变动，往往意味着一个市场的变更和调整，一不小心甚至会对局部（区域）市场带来致命的打击。这个现象在医药企业的处方产品中凸显，一个医院由一个代表做到一定的销售量，但是这个医药代表离开后，销售量的下滑是很明显的。如果你是公司的管理者，请务必在关键时刻擦亮你的眼睛，以免你的客户在不经意间流失，给公司的市场运作带来不利影响。当然，这其中的因素与地区的主管、经理也有很大的直接关系。

1．公司人员的流动导致客户流失

这是现今客户流失的重要原因之一，特别是公司的高级营销管理人员的离职变动，很容易带来相应客户群的流失。因为职业特点，如今，营销人员是每个公司最大最不稳定的"流动大军"，如果控制不当，在他们流失的背后，往往是伴随着客户的大量流失。其原因是这些营销人员手上有自己的渠道，也是竞争对手企业所看到最大的个人优势和资源。这样的现象在企业里比比皆是。

2．竞争对手夺走客户

任何一个行业，客户毕竟是有限的，特别是优秀的客户，更是弥足珍贵的，20%的优质客户能够给一个企业带来80%的销售业绩，这个恒定的法则每个企业都很清楚。所以优秀的客户自然会成为各大厂商争夺的对象。

3．市场波动导致失去客户

企业在发展过程中会出现一些波折，企业的波动期往往是客户流失的高发期。例如，企业高层的动荡、企业资金周转不灵、出现意外灾害等，都会导致企业波动，从而导致市场波动，因为任何一个客户都不愿意和动荡不安的企业长期合作。

4．细节的疏忽使客户离去

客户与厂家是因为利益关系而联系在一起的，但情感也是一条很重要的纽带，一些细节的疏忽，往往也会导致客户的流失。企业忽视的一个问题是，消费者是"上帝"，但是忘记了一个原则，经销商是企业的衣食父母。例如，一个民营企业老板比较吝啬，一些区域代理商大老远地来到企业参观，最终连顿饭都不给吃，返程的票都不帮忙联系，送站问题也不考虑，这些细节问题造成一个非常不良的印象。

5．诚信问题让客户失去

厂家的诚信出现问题，有些业务经理喜欢向客户随意承诺条件，结果又不能兑现，或者返利、奖励等不能及时兑现给客户，客户最担心和没有诚信的企业合作。一旦有诚信问题出现，客户往往会选择离开。例如，一家企业，他们给经销商的承诺很多，进货额达30万元就给一台微型车，但是半年过去了，企业又在互相推脱。这样一来，客户的心里就有一种企业不够诚信的感觉。

6．店大欺客，客户不堪承受压力

店大欺客是营销中的普遍现象，一些著名厂家的苛刻的市场政策常常会使一些中小企业不堪重负而离去。或者是"身在曹营心在汉"，抱着一定的抵触情绪推广产品。一遇到合适时机，就会甩手而去。医药、大型超市连锁企业都是典型的例子，一些小企业进店费用很高，对小企业而言根本就接受不了，一个单品要 1 万元的进店费用，但是一般的大众消费品卖多少才能够赚到进店费，企业真的不曾考虑吗？难道不是这些曾经的小企业把你的生意和市场做大和做强的吗？

7. 企业管理不平衡，令中小客户离去

营销人士都知道二八法则，很多企业都设立了大客户管理中心，对小客户则采取不闻不问的态度。广告促销政策也都向大客户倾斜，使得很多小客户产生心理不平衡而离去。其实不要小看小客户 20%的销售量，如一个年销售额 10 亿元的公司，照推算其小客户产生的销售额也有 2 亿元，且从小客户身上所赚取的纯利润率往往比大客户高，算下来绝对是一笔不菲的数目。因此，企业应该重视一些小客户。

8. 自然流失

有些客户的流失属于自然流失，公司管理上的不规范，长期与客户缺乏沟通，或者客户转行转业等。关键所在就是企业的市场营销和管理不到位，不能够与一线的市场做更多的沟通，现在的商业领域很广泛，生产企业也处在供大于求的状态，所以企业如果不能够很好地维护你的客户，那么客户的资源肯定会流失。

当代企业应该针对性地加强企业的管理、市场、营销的观念，在理性的战略思维角度多为客户着想，为自己的企业的员工着想，为自己的产品开发着想，这也是摆在一些企业工作中的首要问题。

第二节　客户流失的类型

一、客户流失的类型

客户流失对企业来说无疑是利润的漏斗，为了更好地避免客户流失，就必须针对不同的客户流失类型对症下药。归纳各企业流失的特点，对企业客户流失可以进行如下分类。

1. 按照客户流失原因分类

按照客户流失的原因可分为四类：自然流失、恶意流失、竞争流失和过失流失。

（1）自然流失。这种类型的客户流失不是人为因素造成的，典型的例子如搬迁。这种情况在美国或中国这样的国家发生的频率更高一些，因为在这两个国家，地域广大，人们可以很容易地在运营商地界之间迁移。所以，面对这种情况，企业几乎无能为力，但幸好这种类型的客户流失并不严重，而且对企业的影响也比较小。当然，企业还是可以采取一些措施来尽量减少由此带来的损失，一个典型的做法是广泛建立企业的连锁服务网点和经营分公司，让客户在更多的地方见到该企业的身影。

（2）恶意流失。所谓"恶意流失"是从客户的角度来说的，一些客户为了满足自己的某些私利而选择了离开你的企业。这种情况虽然不多，但是也时有发生。例如，很多电信运营商的用户在拖欠大额的通信费用后，选择了离开这家电信运营商，再次投靠别的运营商，从而达到不交费的目的，等等。

（3）竞争流失。这种类型的客户流失是由于企业竞争对手的影响而造成的。市场上没有常胜将军，任何一个企业都处在激烈的竞争环境中，稍有不慎就会陷入泥潭，甚至落入深渊。市场上的竞争往往是白热化的，突出表现在价格战和服务战上。产品投入市场初期，用户对价格和质量比较敏感，这个时期的商家竞争就主要集中在价格上。竞争结果往往是使不同商家的价格和产品质量趋于等同，这时候的竞争就突出反映在商家所能够提供的服务上了。

案例

（4）过失流失。我们把除上述三种情况之外的客户流失统称为过失流失，之所以用这个名字，是对企业而言的，因为这些客户的流失都是由于企业自身工作中的过失造成的。这种类型的流失是占客户流失总量比例最高的，带给企业影响最大的，也是最需要重点考虑的。前面已经分析了客户为什么会离开你的企业，可以看到，其中最主要的原因都是企业自身造成的：粗制滥造产品、对客户不闻不问、对员工置之不理、忽视反馈信息、不关心企业的形象、思想消极、故步自封等。之所以造成客户流失，是因为客户的需求难以得到满足、客户对企业没有足够的信心。

2. 根据客户所处的关系生命周期阶段分类

据客户所处的关系生命周期阶段客户流失可分为考察期流失客户、形成期流失客户、稳定期流失客户、退化期流失客户。

各类客户流失的原因不尽相同，挽救成功的概率和挽救的价值也不一样，应根据具体情况决定要不要挽救。一般来说，第一、第二类流失客户挽救成功的概率大，因为客户关系建立时间尚不长，转换成本不大；而第三、第四类流失客户挽救成功的概率小些。

3. 按照客户流失的重要程度分类

企业可以根据流失客户对于企业的存在价值把客户分为重点客户、普通客户、小客户和劣质客户四类。

（1）重点客户。重点客户即给企业创造重要价值的客户。

（2）普通客户。普通客户是指那些仅次于重点客户的、能给企业创造价值的客户。

（3）小客户。小客户是指零散的、给企业带来价值有限的，而且规模也有限的客户。

（4）劣质客户。劣质客户是指那些不仅给企业带来的利益有限，而且还会给企业带来麻烦和负面影响的客户。

二、正确看待客户流失

1. 客户流失会给企业带来负面影响

客户流失会影响企业财力、物力、人力和企业形象，给企业造成巨大的损失。流失一位重复购买的客户，不仅使企业失去利润，还有可能影响企业对新客户的开发。当客户流失成为事实的时候，企业如果不能尽快、及时地恢复客户关系，就可能造成客户的永远流失，成为竞争对手的客户。

2. 客户流失是不可避免的

客户发展是一个新陈代谢的过程，有的客户进来，有的客户离开，客户具有一定的流动性。在各种因素的作用下，客户流动的风险和代价越来越小，客户流动的可能性也越来越大。不论是新客户还是老客户在任一阶段、任一时点都有可能流失，特别是由于客户本身原因造成的流失，企业是很难避免的。企业产品或者服务不可能完全得到所有客户的认同，因此，留住所有的客户是不现实的。企业应当正确看待客户的流失，确保客户流失率控制在一定的水平。

3. 流失客户有被挽回的可能

研究显示，向四个流失客户销售产品会有一个可能成功，而向 16 个潜在客户销售会有一个成功。可见，争取流失客户的回归比争取新客户容易得多。在客户流失前，企业要有防范意识，努力维护客户的忠诚度。当客户流失成为事实的时候，企业也应积极对待他们，与他们继续建立合作关系。

三、区别对待不同的流失客户

由于不是每位流失客户都是企业的重要客户，所以，如果企业花费了大量的时间、精力和费用，留住的只是使企业无法盈利的客户，那就不得偿失了。因此，在资源有限的情况下，企业应该根据客户的重要性来分配投入挽回客户的资源，主要侧重挽回重点客户。

针对不同类型的流失客户，企业应该采取的基本态度有如下几点。

1. 对流失的关键客户要极力挽回

一般来讲，流失前能够给企业带来较大价值的客户，被挽回后也将给企业带来较大的价值。因此，挽回给企业带来较大价值的关键客户应该是挽回工作的重中之重，他们是企业的基石，失去他们，轻则会给企业造成重大的损失，重则会使企业伤及元气。所以，企业应该不遗余力地在第一时间将关键客户挽回，而不能任其流向竞争对手。

2. 对流失的普通客户要尽力挽回

普通客户的重要性仅次于关键客户，而且普通客户还有升级的可能，因此，对于普通客户的流失要尽力挽回，使其继续为企业创造利润。

3. 对流失的小客户可见机行事

由于小客户的价值低，对企业要求又很高，数量多而且零散，因此，企业对这类客户可以采取冷处理，顺其自然；若不用很吃力，或者是举手之劳，则可试着将其挽回。

4. 彻底放弃不值得挽留的劣质客户

例如，以下情况的流失客户就根本不值得挽回。

（1）不可能带给企业利润的客户。

（2）无法履行合同规定的客户。

（3）无理取闹，损害了员工士气的客户。

（4）需要超过合理的限度，妨碍企业对其他客户服务的客户。

（5）声望太差，与之建立业务关系会损害企业形象和声誉的客户。

总之，对有价值的流失客户，企业应当竭力、再三挽回，最大限度地争取与他们再次合作；对于其他类型的流失客户也应尽量挽回；但对于企业来说是劣质客户的，应当断即断，果断放弃。

第三节 客户流失识别与预警

一、客户流失识别

通常情况下，每个客户在一定期间内会购买企业产品或接受企业服务，如果一个客户超过一定时期未购买或接受企业的服务，可以认为这个客户已经流失或者存在流失的风险，可以成为客户流失分析的对象。例如，东风标致规定，通常每个客户每年应该进场维修四次以上，如果该客户已经六个月以上未到场进行维修，那么就可以认为这个客户已经流失或者存在流失的风险，就应该成为客户流失分析的对象。

针对客户流失，企业一般可以借助下列指标来进行识别。

1. 客户指标

客户指标包括客户流失率、客户保持率和客户推荐率等。

（1）客户流失率是客户流失的定量表述，是判断客户流失的主要指标，用公式表示：客户流失率=客户流失数/消费人数×100%，它直接反映了企业经营与管理的现状。

（2）客户保持率是客户保持的定量表述，也是判断客户流失的重要指标，用公式表示：客户保持率=客户保持数/消费人数×100%或（1-客户流失率），它反映了客户忠诚的程度，也是企业经营与管理业绩的员工重要体现。

（3）客户推荐率是指客户消费产品和服务后介绍他人消费的比例。客户流失率与客户保持率、客户推荐率成反比。通过客户调查问卷和企业日常记录等方式可获得上述客户指标信息。

2.市场指标

市场指标主要包括市场占有率、市场增长率、市场规模等。通常客户流失率与上述指标成反比。企业可通过市场预测统计部门获得这方面的信息。

3.收入利润指标

收入利润指标包括销售收入、净利润、投资收益率等。通常客户流失率与此类指标成反比。企业可通过营业部门和财务部门获得上述信息。

4.竞争力指标

在激烈的市场竞争中，一个企业所流失的客户必然是其他企业所获得的客户。

因此，判断一个企业的竞争力，便可了解该企业的客户流失率。通常竞争力强的企业，客户流失的可能性要小些。企业可借助行业协会所开展的各类诸如排名、达标、评比等活动或权威部门和人士所发布的统计资料获得上述信息。

二、客户流失的识别流程

1. 筛选流失客户

通过客户关系管理系统对一个时间节点前一定时期未购买或接受企业的产品或服务的客户进行筛选，把筛选出的客户作为流失客户。

2. 初步分析

收集某一段时间内有关客户流失状况（如保持、流失倾向、流失）的数据，加上客户的基本特征（如性别、年龄、职业、婚姻、文化程度、家庭结构、性格、业余爱好等）和影响客户流失的变量作为目标数据库。在此基础上，企业对筛选对象进行初步分析，分析的内容主要包括：已购产品类型和服务类别，客户职业、客户类型、客户所在区域的分布，最后一次购买产品或接受服务类别及时间等内容。

3. 流失原因调查

不同行业客户流失的原因各有不同。例如，商业银行客户流失与账户包含的业务数量、客户拥有的产品数量、客户与银行接触的主要渠道三个变量有显著的相关性。客户流失原因调查可通过电话访问、登门拜访、信件、电子邮件以及利用各种活动来进行。

4. 统计结果分析

企业以收集的数据为依据，利用统计工具对客户流失信息进行分析，分析内容包括：客户流失的原因及所占比例分析；客户流失数量及所占比例分析；客户流失方向及所占比例分析。

在统计分析的基础上，企业还可以选用数据挖掘工具建立客户流失识别系统。以一部分实际数据输入变量，经由该识别系统，得到一个流失可能性的输出。将此输出值与实际流失状态进行比较，算出此识别系统的误差大小，并对此系统的有效性进行评价。

5. 根据分析结果进行整改

针对客户流失的原因制定明确、具体、可行的整改措施，根据机会—威胁—优势—劣势（SWOT）分析明确各自的优势和劣势，从而提出合理的竞争策略，让客户重新体验企业的产品与服务，和客户重新建立起信任关系。

三、客户流失预警与防范

在激烈竞争的市场，企业一旦发生客户流失，特别是大客户的流失，企业业绩将会受到严重影响。客户流失后再进行挽救工作，企业不仅要消耗大量的资源，而且挽救结果也是未知的。所以，在客户关系维系方面，客户流失预警与防范工作要重于客户挽救工作。防范客户流失的工作既是一门科学，又是一门艺术，它需要企业不断地探索有效的流失防范措施。防范客户流失的主要措施有以下几项。

1. 建立以客户为中心的客户管理机构

客户关系管理机构的职责是制订长期和年度的客户关系管理计划，制定沟通策略，定期提交报告，落实企业向客户提供的各项利益，处理客户投诉，维持同客户的良好关系。客户关系管理机构只有详细地收集客户资料，通过建立客户档案对客户进行科学管理，并及时与客户进行有效沟通，增进彼此间了解和信任，适时把握客户需求，才能真正实现掌控客户的目的。

2. 实施全面质量管理

通用电气前总裁韦尔奇曾说："质量是通用电气维护客户忠诚最好的保证，是通用电气对付竞争者的最有力的武器，是通用电气保持增长和盈利的唯一途径。"客户追求的是较高质量的产品和服务，如果企业不能给客户提供优质的产品和服务，客户就不会对企业提供的产品和服务满意，更不会建立较高的客户忠诚度。因此，企业应实施全面质量管理，在产品质量、服务质量、客户满意和企业盈利方面形成密切关系。

3. 建立内部客户体制，提升员工满意度

一个企业存在的价值在于，它既能为员工提供就业机会，又能为客户提供有价值的产品和服务。从这个意义上说，衡量一个企业是否优秀的标准，应该看它是否令员工和客户都满意。

我们常说：顾客是上帝。从表面上看，客户的满意度是最重要的，其实在当今高度重视人力资源的今天，员工满意的重要性远远超出客户的满意。因为只有让员工满意的企业，才能够更好地激发员工工作的热情和创造力，为客户提供更好的服务，最终给企业带来更大的价值。因此，企业要防止客户流失，就要提升客户的满意度，而要提升客户满意度，就要通过建立内部客户关系提升员工满意度。

4. 重视客户抱怨管理

企业与客户间是一种平等的交易关系，在双方获利的同时，企业还应尊重客户，认真对待客户的抱怨。客户有抱怨意味着企业提供的产品和服务没达到客户的期望，没有满足客户的需求。同时，抱怨也表示客户仍旧对企业有所期待，希望企业能改善服务水平。从这种意义上来看，客户的抱怨实际上是企业改进工作、提高客户满意度的机会。对于客户的不满与抱怨，企业如果能采取积极的态度进行处理，并对服务、产品或者沟通等原因所带来的失误进行及时补救的话，企业还会重新建立起信誉，提高客户的满意度，维持客户的忠诚度。

5. 建立客户流失预警系统

对客户流失管理有关有效的方法就是建立客户流失预警系统。流失预警的目的是通过特定算法分析出哪些客户具有较大的流失概率，从而对这些客户进行有目的、有区别的挽留工作，尽量减少客户流失带来的损失。

客户流失预警从本质上来说是一种数据分析过程，常用的数据分析方法主要有逻辑斯蒂回归、决策树、神经网络等，这些方法在银行、保险、社会保障等领域得到了广泛应用。

通过客户流失模型，企业可以提高对高价值客户挽留的成功率，降低客户流失率，降低挽留服务的成本，做到有的放矢，减少由于客户流失带来的收入损失。

6. 制定客户流失解决方案

在客户流失预警系统分析的基础上，制定客户流失解决方案。客户流失解决方案可以划分为以下四个部分。

（1）发现挽留的机会。建立客户流失预测模型，对现有客户进行流失倾向评估，按倾向高低进行判别。判别时，要结合客户价值进行分群，优先考虑中高价值客户的挽留。

（2）制定挽留策略。对圈定的客户进一步分群，将他们划分为几种类型，然后逐群制订有针对性的挽留策略。例如，对电信运营商来讲，有客户群组属于夜间通话多的客户，那么针对他们的挽留策略可以推出夜间通话优惠的资费方案。

（3）实施挽留措施。对筛选出的预警高危客户进行分析，针对不同高危客户开展回

访，实施有效的挽留策略，将回访过程进行详细记录。

（4）评估挽留效果。分析挽留工作的成效，不断总结经验。

第四节　客户流失管理策略

一、着眼于当前的应急性措施

面对客户的流失，有些工作是迫在眉睫的。对于这些情况，企业应该重点抓好以下两项工作。

1.　访问流失的客户，争取把流失的客户找回来

具体方法包括以下几点。

（1）设法记住流失的客户的名字和地址。

（2）在最短的时间用电话联系或直接访问。访问时，应诚恳地表示歉意，送上鲜花或小礼品，并虚心听取他们的看法和要求。

（3）在不愉快和不满消除后，记录他们的意见，与其共商满足其要求的方案。

（4）满足其要求，尽量挽回流失的客户。

（5）制订措施，改进企业工作中的缺陷，预防问题再次发生。

（6）想方设法比竞争对手做得更多、更快、更好一些。

2.　正确处理客户抱怨，提高经济客户投诉问题的效率

具体步骤包括以下几点。

（1）道歉。让你的客户知道，因为你给客户带来的不便而抱歉。即便这并不是你的过错，也不管这是谁的过错，你所要做的第一件事就是向客户道歉。你还得告诉他们，你将完全负责处理客户的投诉。

（2）复述。用自己的话把客户的抱怨复述一遍，确信你已经理解了客户抱怨之所在，而且对此已与客户达成一致。如果可能，请告诉客户你愿意想尽一切办法来解决他们提出的问题。

（3）移情。当与客户的交流达到一定境界时，你会自然而然地理解他们提出的问题，并且会欣赏他们的处事方式。你应当强调，他们的问题引起了你的注意，并给了你改正这一问题的机会，对此你感到很高兴。

（4）补偿。尽己所能满足客户的要求。你可以尽量提供客户他想从你这里、需要从你这里、期望从你这里得到的任何东西。在你解决、客户的抱怨后，你还可以送给他们其他一些东西，如优惠券、免费礼物、同意他廉价购买其他物品。

（5）跟踪。客户离开前，看客户是否已经满意。然后，在解决投诉的 1 周内，打电话或写信给他们，了解他们是否依然满意，你可以在信中夹入优惠券。一定要与客户保持联系，尽量定期拜访他们。

（6）企业想方设法一定要比竞争对手做到更多、更快、更好一些。这样，才会给客户留下深刻的印象，客户也才会投给企业更多的货币选票。

二、着眼于长远的永久性措施

1. 树立客户满意理念，提高客户满意度

近年来，成功企业的经营实践表明：客户满意是企业活动的基本准则，是企业获取竞争优势的锐利武器。

美国维持化学品公司总裁威廉姆·泰勒认为：我们的兴趣不仅仅在于让顾客获得满意感，我们要挖掘那些被顾客认为能增进我们之间关系的有价值的东西。企业在与客户建立长期的伙伴关系的过程中，向客户提供超过其期望的客户价值，使客户在每一次的购买过程和体验中都能获得满意。每一次的满意都会增强客户对企业的信任，从而使企业能够获得长期的盈利与发展。

企业应该经常进行客户满意度的调查。一些研究表明，客户每 4 次购买中会有 1 次不满意，而只有 5%的不满意客户会抱怨，大多数客户会少买或转向其他企业。所以，企业不能以抱怨水平来衡量客户满意度。企业应通过定期检查，直接测定客户满意状况。可以在现有的客户中随机抽样本，向其发送问卷或打电话咨询，以了解客户对公司业绩各方面的印象。也可以通过电话向最近的买主询问他们的满意度是多少，测试可以分为高度满意、一般满意、无意见、不太满意、极不满意。在收集有关客户满意的信息时，询问一些其他问题以了解客户再购买的意图将是十分有利的。一般而言，客户越是满意，再次购买的可能性就越高。衡量客户是否愿意向其他人推荐本公司及其产品也是很有用的，好的口碑意味着企业创造了高的客户满意度。了解了客户的不满意所在才能更好地改进，赢得客户满意，防止老客户的流失。

2. 提供客户满意的产品与服务

为客户提供满意的产品与服务，这就要求企业必须识别自己的客户，调查客户的现实和潜在的要求，分析客户购买的动机、行为、能力，从而确定产品的开发方向与生产数量，进而提供适销对路的产品来满足或超越他们的需求和期望，使其满意。客户追求的是较高质量的产品和服务，如果我们不能给客户提供优质的产品和服务，终端客户就不会对他们的上游供应者满意，更不会建立较高的客户忠诚度。因此，企业应实施全面质量营销，在产品质量、服务质量、客户满意和企业营利方面形成密切关系。

另外，企业在竞争中为防止竞争对手挖走自己的客户，战胜对手，吸引更多的客户，就必须向客户提供比竞争对手具有更多"客户让渡价值"的产品。这样，才能提高客户满意度并加大双方深入合作的可能性。为此，企业可以从两个方面改进自己的工作：一是通过改进产品、服务、人员和形象，提高产品的总价值；二是通过改善服务和促销网络系统，减少客户购买产品的时间、体力和精力的消耗，从而降低货币和非货币成本。

很多企业为了发现自身存在的问题，经常雇一些人装扮成潜在客户，报告潜在购买者在购买公司及其竞争者产品的过程中发现优缺点，并不断改进。

客户与企业间是一种平等的交易关系，在双方互利的同时，企业还应尊重客户，认真对待客户提出的各种意见及抱怨，并真正重视起来，才能得到有效改进。在客户抱怨时，认真坐下来倾听，扮好听众的角色，有必要的话，甚至拿出笔记本将其要求记录下来，要让客户觉得自己得到了重视，自己的意见得到了重视。当然仅仅是听还不够，还

应及时调查客户的反映是否属实，迅速将解决方法及结果反馈给客户，并提请其监督。

客户意见是企业创新的源泉。很多企业要求其管理人员都要去聆听客户服务区域的电话交流或客户返回的信息。通过倾听，我们可以得到有效的信息，并可以据此进行创新，促进企业更好地发展，为客户创造更多的经营价值。当然，还要求企业的管理人员能正确识别客户的要求，并正确地传达给产品设计者，以最快的速度生产出最符合客户要求的产品，满足客户的需求。

3. 有效实施企业内部营销

内部营销（internal marketing）是与外部营销（external marketing）相对应的概念，它的意思是使员工热爱公司的品牌，然后再让他们去说服客户热爱这一品牌，充分调动企业员工的积极性、主动性和创造性，使其充分参与企业的经营活动，从而激发其成就感、事业感和自豪感，最终实现由员工满意向客户满意的转变。

从上述的定义来看，内部营销是通过能够满足雇员需求的分批生产来吸引、发展、刺激、保留能够胜任的员工。内部营销是一种将雇员当成消费者、取悦雇员的哲学。它是一种通过形成分批生产来满足人类需求的策略。

员工会自动热爱自己的公司和它的品牌吗？坦率地说，不会。从现实情况来讲，有些人工作的目的就是养家糊口。企业可以接受这样平庸的绩效，但肯定是不提倡的。如果某个员工对公司的品牌或产品兴趣索然，那么他对工作就会兴趣索然，对客户服务也会兴趣索然。这样糟糕的客户服务会让公司关门的。相反，如果某个员工激情四溢，他身边的同事很容易就能感觉到他热爱自己的公司，而客户也会受其影响。

菲利普·卡特勒曾指出：内部营销是指成功地雇用、训练和尽可能激励员工很好地为客户服务的工作。这也就是说向内部人员提供良好的服务和加强与内部人员的互动关系，以便一致对外地开展外部的服务营销。这里所说的对员工的雇用、训练和激励的内容包括服务人员的训练、服务人员的处置权、服务人员的义务和职责、服务人员的激励、服务人员的仪表、服务人员的交际能力、服务人员的服务态度等；内部营销过程实际上也就是对服务营销组合中各人员要素的管理过程。

内部营销是一项管理战略，其核心是培养员工的客户服务意识，把产品和服务通过营销活动推向外部市场之前，应先将其对内部员工进行营销。任何一家企业事先都应该意识到，企业中存在内部员工市场，内部营销作为一种管理过程，能以两种方式将企业的各种功能结合起来。首先，内部营销能保证公司所有级别的员工，理解并体验公司的业务及各种活动。其次，它能保证所有员工准备并得到足够的激励以服务导向的方式进行工作。内部营销强调的是公司在成功达到与外部市场有关的目标之前、必须有效地进行组织与员工之间的内部交换过程。

1981 年，瑞典经济学院的克里斯琴·格罗路斯（Christian Gronroos）发表了论述内部营销概念的论文。他认为，公司设置了强有力的营销部门，并不意味着这家公司实施了营销导向；公司实施营销导向的关键问题，是要培养公司经理和雇员接受以客户为导向的观念，而这一工作比为客户开发有吸引力的产品和服务更为棘手。在此基础上，菲利普·科特勒进一步提出了"营销化"的理论，指出要使公司营销化，就是要在公司里创造一种营销文化，即培养和训练公司员工以满足客户需求作为宗旨和准则，并逐步在意识上和行为上产生认同感。20 世纪 80 年代，营销文化、企业文化成为世界各国理论界和企业界研究的热门话题。

内部营销基于这样的假设：第一，组织中的每个人都有一个客户；第二，在员工有效地为客户服务之前，他们必须像对待最终客户一样服务于内部客户并以此为乐，即"只有拥有满意的员工才能拥有满意的客户"。最初，内部营销被描述为，"将雇员当作客户，将工作当作产品，在满足内部客户需要的同时实现组织目标"，"通过创造满足雇员需要的工作来吸引、发展、激励和保持高质量的雇员，是将雇员当作客户的哲学，是一种使工作符合雇员需要的战略"。内部营销的目的是"激励雇员，使其具有客户导向观念"，强调在企业内部管理活动中使用类营销方法（marketing-like approach）以使员工具有主动的销售意识，从而使得内部营销成为整合企业不同职能部门、促进企业战略有效实施的一种工具。国内学者的研究基本限于对国外研究成果的翻译和介绍，并通常将内部营销作为一种人力资源管理工具和方法加以探讨。

酒店内部营销研究发现，影响员工满意度的内部条件按照影响程度的高低依次分为：工作本身、培训、报酬、提升的公平性、在尊重和个人尊严方面所受到的待遇，团队工作、公司对员工生活福利的关心程度。有鉴于此，内部营销要围绕员工的情感和需求，吸引、培训、激励、沟通及保留员工而努力。

4. 树立企业良好的形象

树立企业良好的形象，即在客户和社会公众中树立、维持和提升企业形象。良好的企业形象既可以创造消费需求、增强企业筹资能力，又可以改善企业现状、开拓企业未来。企业在树立自身良好的形象时可以从内部与外部两方面去做。

（1）在企业外在建设方面。抓企业环境，如创建花园式工厂活动，把现场管理整顿与标准化、艺术化有机结合起来，不断加大环境卫生检查的力度，使地面标化建设在巩固中提高，在发展中不断完善。

（2）在企业内在建设方面。加强企业文化建设，积极为职工创造良好的文化娱乐环境。针对职工的兴趣适时地举办丰富多彩、寓教于乐的文化体育活动，注重活动质量，增强精品意识，精心营造健康、文明、向上的浓厚氛围，使职工、群众在高质量、高品位的文化娱乐活动中得到愉悦和熏陶，在这样一个企业环境里受到生活和工作带来的心旷神怡和由衷的自豪感。

内外兼抓的企业文化有利于企业树立全新的企业形象。良好的企业形象，对内能产生强大的凝聚力和向心力，对外能树立企业的良好信誉、扩大市场影响、提高竞争能力。

5. 提高企业的管理

提高企业的管理，即通过加强内部自身管理和外部客户管理，来赢得更多的客户与市场，获得更大的经济效益与社会效益。管理是现代企业前进的两大车轮之一，管理也是生产力。要保证客户流失率下降，企业可以自上而下地加强管理，完善各项制度，常见的有以下几点。

（1）建立强有力的督办系统，迅速解决市场问题，保证客户利益。

（2）建立投诉和建议制度。

（3）建立预测系统，为客户提供有价值的信息。

6. 不断创新

面对瞬息万变的市场环境，面对个性化、多样化的客户需求，面对优胜劣汰的游戏规则，企业唯有不断地创新、创新、再创新，才能持续地发展与壮大。

7. 与客户建立战略联盟

与客户建立战略联盟即与客户建立一种互相依赖、长期稳定、利益共享、风险共担的战略联盟关系。

防范客户流失工作既是一门艺术，又是一门科学，它需要企业不断地去创造、传递和沟通优质的客户价值，这样才能最终获得、保持和增加客户，锻造企业的核心竞争力，使企业拥有立足市场的资本。企业与客户合作的过程经常会发生很多短期行为，这就需要企业对其客户灌输长期合作的好处，对其短期行为进行成本分析，指出其短期行为不仅给企业带来很多的不利，而且还给客户带来了资源和资本的浪费。企业应该向老客户充分阐述自己企业的美好愿景，使老客户认识到自己只有跟随企业才能够获得长期的利益，这样才能使客户与企业同甘共苦，不会被短期的高额利润所迷惑，而投奔竞争对手。

思 考 题

1. 简述客户流失及其原因。
2. 客户流失的影响因素有哪些？
3. 客户流失有哪些类型？
4. 如何正确看待客户流失？
5. 如何对待不同的流失客户？
6. 如何进行客户流失预警与防范？
7. 简述客户流失管理策略。

案例分析

主要参考文献

[1] 哈维·汤普森. 谁偷走了我的客户[M]. 北京：北京联合出版社，2016.

[2] 苏朝辉. 客户关系管理[M]. 第三版. 北京：机械工业出版社，2015.

[3] 汤兵勇，雷铁. 客户关系管理[M]. 第三版. 北京：高等教育出版社，2015.

[4] 袁航，魏蕾等. 客户关系管理实务[M]. 上海：上海交通大学出版社，2015.

[5] 孙伟.客户关系管理实务[M]. 北京：北京科学技术文献出版社，2015.

[6] 骆金鸿，来文珍，李莉. 客户关系管理[M]. 沈阳：东北大学出版社，2015.

[7] 马刚，李洪心等. 客户关系管理[M]. 大连：东北财经大学出版社，2015.

[8] 栾港. 客户关系管理理论与应用[M]. 北京：中国工信出版社，2015.

[9] 魏文静. 企业信用管理[M]. 北京：高等教育出版社，2015.

[10] 乌尔瓦希·毛卡尔等. 客户关系管理[M]. 马宝龙，姚卿，译. 北京：中国人民大学出版社，2014.

[11] 乌金涛，严鸣. 客户关系管理[M]. 北京：中国人民大学出版社，2014.

[12] 徐伟. 客户关系管理理论与实务[M]. 北京：北京大学出版社，2014.

[13] 谷再秋，潘福林. 客户关系管理[M]. 第三版. 北京：科学出版社，2014.

[14] 李怀斌，刘丽英. 客户关系管理[M]. 大连：东北财经大学出版社，2013.

[15] 曹基梅. 客户关系管理[M]. 长沙：湖南大学出版社，2013.

[16] 杨军，郑璁. 客户关系管理[M]. 成都：西南交通大学出版社，2014.

[17] 张云起. 营销风险管理[M]. 北京：高等教育出版社，2014.

[18] 姚飞. 客户关系管理[M]. 北京：机械工业出版社，2014.

[19] 苏朝辉. 客户关系管理——客户关系的建立与维护[M]. 北京：清华大学出版社，2014.

[20] 吴宏晖. 客户忠诚的秘密[M]. 北京：北京大学出版社，2012.

[21] 彭龙. 客户不要解释要效果[M]. 北京：新华出版社，2012.

[22] 张冬梅，吴美丽，朱岩. 客户关系管理教程[M]. 北京：清华大学出版社，2012.

[23] 周贺来. 客户关系管理实务[M]. 北京：北京大学出版社，2011.

[24] 李志刚. 客户关系管理理论与应用[M]. 北京：机械工业出版社，2011.

[25] 刘子安. 销售与客户关系管理[M]. 北京：对外经济贸易大学出版社，2011.

[26] 郭汉尧. 客户分级管理实务[M]. 武汉：华中科技大学出版社，2010.

[27] 苏朝辉. 服务营销管理——服务业经营的关键[M]. 北京：清华大学出版社，2012.

[28] 夏永林，顾新. 客户关系管理理论与实践[M]. 北京：电子工业出版社，2011.

[29] 扈健丽. 客户关系管理[M]. 北京：北京理工大学出版社，2010.

[30] 刘澄，徐明威. 信用管理[M]. 北京：经济管理出版社，2010.

[31] 李功成. 这样服务最优秀[M]. 北京：清华大学出版社，2010.

[32] 邵兵家. 客户关系管理[M]. 北京：清华大学出版社，2010.

[33] 赵溪. 客户服务导论与呼叫中心实务[M]. 北京：清华大学出版社，2009.

[34] 霍亚楼. 客户关系管理[M]. 北京：对外经济贸易大学出版社，2009.

[35] 孟昭春. 成交高于一切[M]. 北京：机械工业出版社，2007.

[36] 范云峰. 客户不是上帝——管理客户策略[M]. 北京：京华出版社，2006.

[37] 范云峰. 换个思维找客户——开拓客户的技巧[M]. 北京：京华出版社，2006.

教学支持说明